云南交通防灾减灾知识与对策系列丛书

Disaster prevention and mitigation laws, regulations, reserve plan and related document assembly on transportation

交通运输防灾减灾工作
法规、条例、预案及相关文件汇编

云南交通职业技术学院　编

人民交通出版社股份有限公司
China Communications Press Co.,Ltd.

内 容 提 要

本书根据云南交通运输业防灾减灾工作实际,按照国家、部局、地方、地方行业四个层次,将云南公路交通自然灾害、公路运输事故灾害、水上运输事故灾害防灾减灾中依照的法规、条列、预案等汇编成册,供相关人员使用。

值得注意的是,在应急管理的实践中,各种突发事件如果能有效地处理和控制,其不良影响将会极大地缩小。反之,一些突发性的危机事件就可能导致相当严重的后果,甚至演变成灾难。为此,本书提供了多个交通灾害预防、应急处置案例,以及预案启动格式文本、突发事件新闻发布稿格式文本、应急预案写作方法和注意事项,目的是让业内灾害应急管理人员认识和了解不同种类灾害、突发事件应急管理的特点、任务、原则、组织体系、工作流程及机制,以利于提高业内应急管理的能力和水平。

本书可供交通、国土资源、防灾减灾、水利水电、矿山、国防工程等部门从事灾害应急和安全管理的人员阅读和参考。

图书在版编目(CIP)数据

交通运输防灾减灾工作法规、条例、预案及相关文件汇编/云南交通职业技术学院编. —北京:人民交通出版社股份有限公司,2014.11

ISBN 978-7-114-11489-2

Ⅰ.①交… Ⅱ.云… Ⅲ.①交通运输管理-防灾-法规-汇编-中国 ②交通运输管理-减灾-法规-汇编-中国 Ⅳ.①D922.149 ②X4

中国版本图书馆 CIP 数据核字(2014)第 135067 号

云南交通防灾减灾知识与对策系列丛书

书　　名:交通运输防灾减灾工作法规、条例、预案及相关文件汇编
著 作 者:云南交通职业技术学院
责任编辑:黎小东　刘永超
出版发行:人民交通出版社股份有限公司
地　　址:(100011)北京市朝阳区安定门外外馆斜街 3 号
网　　址:http://www.ccpress.com.cn
销售电话:(010)59757973
总 经 销:人民交通出版社股份有限公司发行部
经　　销:各地新华书店
印　　刷:北京市密东印刷有限公司
开　　本:787×1092　1/16
印　　张:18.75
字　　数:450 千
版　　次:2014 年 11 月　第 1 版
印　　次:2014 年 11 月　第 1 次印刷
书　　号:ISBN 978-7-114-11489-2
定　　价:38.00 元

PREFACE

序

交通运输是国民经济的重点战略产业，是国民经济的重要基础设施，是行业产业间联系的桥梁和纽带。安全、经济、快捷、便利地实现人行其便、货畅其流，是交通运输行业的主要职责。

云南地处欧亚大陆东南部，山地面积约占94%，在地形上具有山峦起伏、沟壑纵横、沟床纵度大、流域形状便于水流汇集等特点，为滑坡、泥石流等地质灾害提供了必要的形成条件，已成为全国地质灾害最为严重的省份之一。近几年云南连续干旱，地下水位下降显著，土体干燥，主汛期又集中降雨，山坡稳定性差，导致崩塌、滑坡、泥石流范围增大、数量增多。总之，多种类、高频率、大范围、重量级的自然灾害时常对云南交通运输网络造成损毁。

在交通运输飞速发展的同时，交通事故已成为全球一大公害。据世界卫生组织（WHO）统计，目前，全球每年约有120多万人死于交通事故，因交通事故受伤人数达到5000余万，迄今，全球交通事故造成的死亡人数远远超过了两次世界大战中罹难人数的总和，交通事故已成为全球非正常伤亡的重要因素。与发达国家相比，我国的道路交通事故率明显偏高，造成这种差距的主要原因是“人、车、路、环境”诸要素配合失调和交通管理滞后。云南全省海拔相差甚大，最高点6740米，最低点76.4米，整个地势自西北向东南倾斜。由于地理环境的特殊制约，长大纵坡及小半径曲线路段较多，因而云南成为了全国道路交通事故多发省份。

提高云南交通运输网络承灾能力，加强云南交通运输网络自然灾害预防、交通事故灾害预防与灾害救援和处治能力建设，直接关系到云南经济社会发展的稳定。云南省交通运输厅高度重视交通防灾减灾工作，委托云南交通职业技术学院，根据云南交通运输实际，立项开展交通防灾减灾对策及知识普及研究，重点研究和解决以下几个问题：一是系统分析云南交通运输网络所处的地理地质环境和制约因素；二是系统梳理危及云南交通运输网

络安全的灾害种类、分布和特征；三是针对典型自然灾害和事故灾害对交通运输网络及其运输工具和人民生命财产造成的威胁和损害，系统提出预防、应急对策和相关应对措施；四是系统整理和序化交通灾害应急管理的政策、法规、标准和相关应急预案；五是指导交通运输网络和应急设施的覆盖规划，以及对关键交通设施的维修与加固；六是为交通运输网络灾害预防与救援提供决策咨询依据，提高应急管理部门的配合度和应急决策水平；七是对云南交通运输业有关单位工程技术人员、管理干部和交通院校相关专业学生进行培训、宣传和教育等。

历时两载，研究成果《云南交通防灾减灾知识与对策系列丛书》终于付梓出版了。这是云南交通运输行业落实科学发展观的重要举措，是提高云南交通运输网络防灾减灾能力建设的重要成果，体现了云南交通战线的广大职工敢于创新、勇于担当的气概，对工作的专注和热爱，心系人民生命财产安全的强烈责任感和使命感。我向参与这项工作的省内外协作单位、专家、学者和身处交通运输第一线的相关工程技术人员和管理干部表示衷心感谢，向编撰该系列丛书的各位编者表示敬意和祝贺。希望参与丛书编撰的专家、学者和老师们注意跟踪和了解丛书的使用效果，多方收集反馈意见，使丛书得到进一步完善，成为云南开展交通防灾减灾培训、宣传和教育的一套优秀丛书，为构建安全、畅通、便捷、和谐的交通运输体系和中国面向东南亚、南亚的国际大通道做出积极贡献。

云南省交通运输厅厅长：刘一平

2014 年 9 月

FOREWORD

前言

我国各级政府、行业主管部门和企事业单位在与自然灾害、事故灾害，以及其他灾害的长期斗争中积累了许多行之有效的应急管理经验，制定了一系列行之有效的方针政策、法规、条例，初步建立起了灾害应急管理体系，灾害应急管理的“一案三制”（体制、机制、法规及应急预案）建设稳步推进，为加强防灾减灾工作、实施应急管理奠定了重要基础。面对各种类型的交通运输灾害，单纯从工程技术、安全技术的角度去实施防灾减灾对策和措施是远远不够的，还必须充分认识到“一案三制”建设的必要性和重要性，使交通运输行业广大工程技术人员、管理干部、普通工人和其他从业人员认识和了解行业应急管理的组织架构、应急响应机制的构成、应急预案的作用，以及工程技术处治、应急管理必须遵守的法规和条例，并具备一定应急管理意识和能力。只有这样，我们才能临危不惧、遇难不慌、有效管控、协调统一地预防灾害的发生，控制灾害的蔓延，尽快恢复正常的社会秩序，还社会以安宁、祥和。

本书辑录了国家、部（局）、地方、地方行业四个层面与公路交通自然灾害、道路运输事故灾害、内河航运事故灾害防灾减灾和应急管理相关的法规、条例和预案，同时，还列举了若干典型交通灾害的应急（救援）预案，供有关人员参考。

云南交通职业技术学院杨金华、柏松平、李昆华、李昆等四位老师为本书的主要编写人员，李昆华老师负责全书的统稿工作。此外，本书在编写过程中，得到了云南省交通运输厅科教处、云南省交通科技教育研究会、云南省公路开发投资有限责任公司等单位领导、专家、学者和技术人员的大力支持和帮助，在此，一并向他们表示最诚挚的感谢。

云南交通职业技术学院

2014 年 9 月

CONTENTS

目录

1 国家交通运输防灾减灾相关法规和条例

1－1 中华人民共和国突发事件应对法 …… 3
1－2 中华人民共和国道路交通安全法 …… 13
1－3 中华人民共和国道路运输条例 …… 29
1－4 中华人民共和国防震减灾法 …… 38
1－5 地质灾害防治条例 …… 50
1－6 中华人民共和国气象法 …… 57
1－7 中华人民共和国水土保持法 …… 63
1－8 中华人民共和国防洪法 …… 70
1－9 中华人民共和国防汛条例 …… 80
1－10 中华人民共和国危险化学品安全管理条例 …… 86
1－11 中华人民共和国内河交通安全管理条例 …… 99
1－12 中华人民共和国内河避碰规则 …… 110
1－13 中华人民共和国港口法 …… 120

2 部(局)交通运输防灾减灾相关法规和条例

2－1 道路危险货物运输管理规定 …… 129
2－2 突发气象灾害预警信号发布试行办法 …… 139

3 云南交通运输防灾减灾相关法规和条例

3－1 云南省防震减灾条例 …… 143

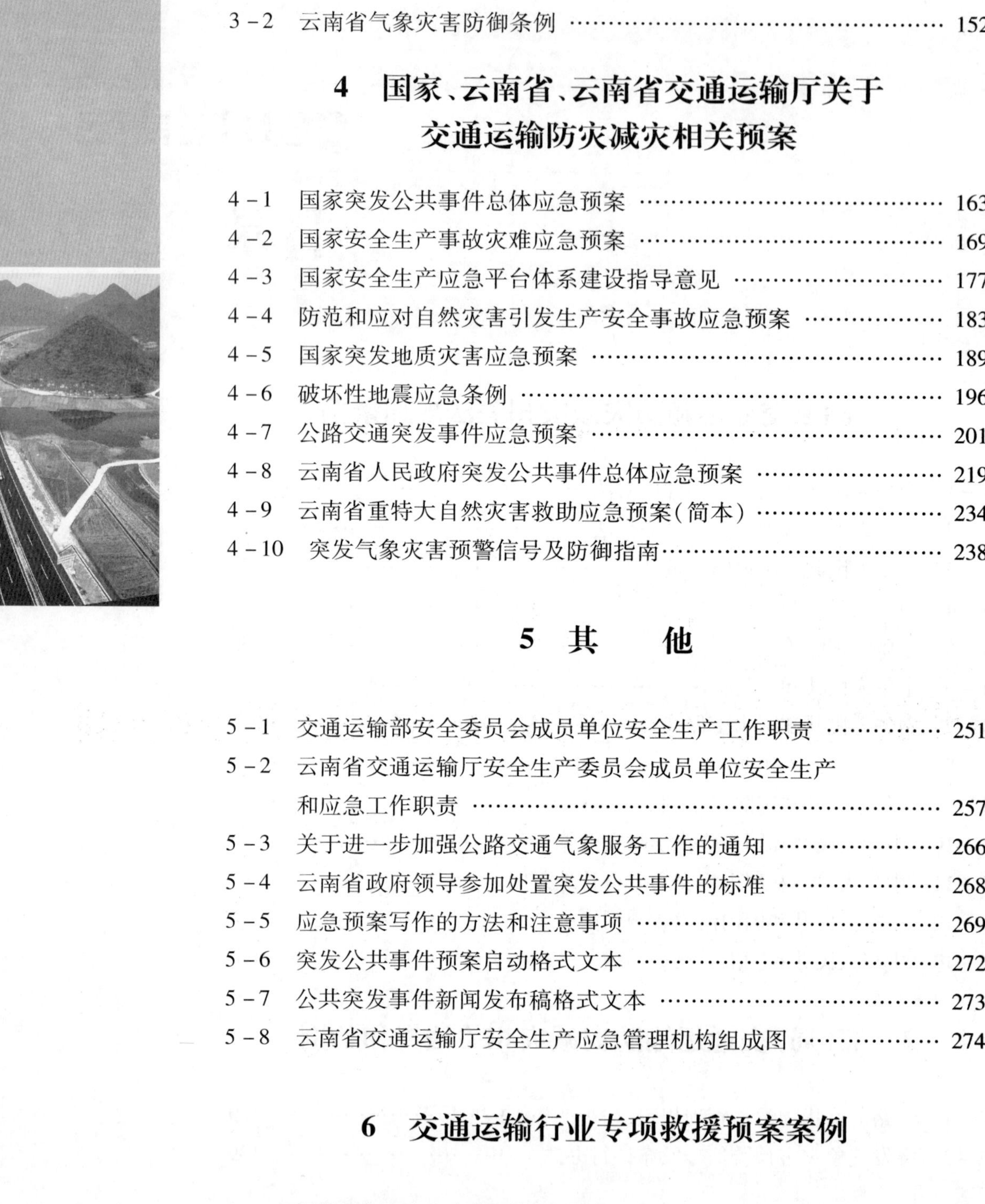

3－2　云南省气象灾害防御条例 …………………………………… 152

4　国家、云南省、云南省交通运输厅关于交通运输防灾减灾相关预案

4－1　国家突发公共事件总体应急预案 ……………………………… 163
4－2　国家安全生产事故灾难应急预案 ……………………………… 169
4－3　国家安全生产应急平台体系建设指导意见 …………………… 177
4－4　防范和应对自然灾害引发生产安全事故应急预案 …………… 183
4－5　国家突发地质灾害应急预案 …………………………………… 189
4－6　破坏性地震应急条例 …………………………………………… 196
4－7　公路交通突发事件应急预案 …………………………………… 201
4－8　云南省人民政府突发公共事件总体应急预案 ………………… 219
4－9　云南省重特大自然灾害救助应急预案(简本) ………………… 234
4－10　突发气象灾害预警信号及防御指南………………………… 238

5　其　　他

5－1　交通运输部安全委员会成员单位安全生产工作职责 …………… 251
5－2　云南省交通运输厅安全生产委员会成员单位安全生产和应急工作职责 ………………………………………… 257
5－3　关于进一步加强公路交通气象服务工作的通知 ……………… 266
5－4　云南省政府领导参加处置突发公共事件的标准 ……………… 268
5－5　应急预案写作的方法和注意事项 ……………………………… 269
5－6　突发公共事件预案启动格式文本 ……………………………… 272
5－7　公共突发事件新闻发布稿格式文本 …………………………… 273
5－8　云南省交通运输厅安全生产应急管理机构组成图 …………… 274

6　交通运输行业专项救援预案案例

6－1　坍塌、垮塌施工意外事故抢险应急预案………………………… 277
6－2　××公路投资公司灾害性气候条件应急处置预案 …………… 284

1

国家交通运输防灾减灾相关法规和条例

1－1　中华人民共和国突发事件应对法

（2007年8月30日第十届全国人民代表大会常务委员会第二十九次会议通过）

第一章　总　　则

第一条　为了预防和减少突发事件的发生，控制、减轻和消除突发事件引起的严重社会危害，规范突发事件应对活动，保护人民生命财产安全，维护国家安全、公共安全、环境安全和社会秩序，制定本法。

第二条　突发事件的预防与应急准备、监测与预警、应急处置与救援、事后恢复与重建等应对活动，适用本法。

第三条　本法所称突发事件，是指突然发生，造成或者可能造成严重社会危害，需要采取应急处置措施予以应对的自然灾害、事故灾难、公共卫生事件和社会安全事件。

按照社会危害程度、影响范围等因素，自然灾害、事故灾难、公共卫生事件分为特别重大、重大、较大和一般四级。法律、行政法规或者国务院另有规定的，从其规定。

突发事件的分级标准由国务院或者国务院确定的部门制定。

第四条　国家建立统一领导、综合协调、分类管理、分级负责、属地管理为主的应急管理体制。

第五条　突发事件应对工作实行预防为主、预防与应急相结合的原则。国家建立重大突发事件风险评估体系，对可能发生的突发事件进行综合性评估，减少重大突发事件的发生，最大限度地减轻重大突发事件的影响。

第六条　国家建立有效的社会动员机制，增强全民的公共安全和防范风险的意识，提高全社会的避险救助能力。

第七条　县级人民政府对本行政区域内突发事件的应对工作负责；涉及两个以上行政区域的，由有关行政区域共同的上一级人民政府负责，或者由各有关行政区域的上一级人民政府共同负责。

突发事件发生后，发生地县级人民政府应当立即采取措施控制事态发展，组织开展应急救援和处置工作，并立即向上一级人民政府报告，必要时可以越级上报。

突发事件发生地县级人民政府不能消除或者不能有效控制突发事件引起的严重社会危害的，应当及时向上级人民政府报告。上级人民政府应当及时采取措施，统一领导应急处置工作。

法律、行政法规规定由国务院有关部门对突发事件的应对工作负责的，从其规定；地方人民政府应当积极配合并提供必要的支持。

第八条　国务院在总理领导下研究、决定和部署特别重大突发事件的应对工作；根据实际需要，设立国家突发事件应急指挥机构，负责突发事件应对工作；必要时，国务院可以派出工作组指导有关工作。

县级以上地方各级人民政府设立由本级人民政府主要负责人、相关部门负责人、驻当地中国人民解放军和中国人民武装警察部队有关负责人组成的突发事件应急指挥机构，统一领导、协调本级人民政府各有关部门和下级人民政府开展突发事件应对工作；根据实际需要，设立相关类别突发事件应急指挥机构，组织、协调、指挥突发事件应对工作。

上级人民政府主管部门应当在各自职责范围内，指导、协助下级人民政府及其相应部门做好有关突发事件的应对工作。

第九条 国务院和县级以上地方各级人民政府是突发事件应对工作的行政领导机关，其办事机构及具体职责由国务院规定。

第十条 有关人民政府及其部门作出的应对突发事件的决定、命令，应当及时公布。

第十一条 有关人民政府及其部门采取的应对突发事件的措施，应当与突发事件可能造成的社会危害的性质、程度和范围相适应；有多种措施可供选择的，应当选择有利于最大程度地保护公民、法人和其他组织权益的措施。

公民、法人和其他组织有义务参与突发事件应对工作。

第十二条 有关人民政府及其部门为应对突发事件，可以征用单位和个人的财产。被征用的财产在使用完毕或者突发事件应急处置工作结束后，应当及时返还。财产被征用或者征用后毁损、灭失的，应当给予补偿。

第十三条 因采取突发事件应对措施，诉讼、行政复议、仲裁活动不能正常进行的，适用有关时效中止和程序中止的规定，但法律另有规定的除外。

第十四条 中国人民解放军、中国人民武装警察部队和民兵组织依照本法和其他有关法律、行政法规、军事法规的规定以及国务院、中央军事委员会的命令，参加突发事件的应急救援和处置工作。

第十五条 中华人民共和国政府在突发事件的预防、监测与预警、应急处置与救援、事后恢复与重建等方面，同外国政府和有关国际组织开展合作与交流。

第十六条 县级以上人民政府作出应对突发事件的决定、命令，应当报本级人民代表大会常务委员会备案；突发事件应急处置工作结束后，应当向本级人民代表大会常务委员会作出专项工作报告。

第二章　预防与应急准备

第十七条 国家建立健全突发事件应急预案体系。

国务院制定国家突发事件总体应急预案，组织制定国家突发事件专项应急预案；国务院有关部门根据各自的职责和国务院相关应急预案，制定国家突发事件部门应急预案。

地方各级人民政府和县级以上地方各级人民政府有关部门根据有关法律、法规、规章、上级人民政府及其有关部门的应急预案以及本地区的实际情况，制定相应的突发事件应急预案。

应急预案制定机关应当根据实际需要和情势变化，适时修订应急预案。应急预案的制定、修订程序由国务院规定。

第十八条 应急预案应当根据本法和其他有关法律、法规的规定，针对突发事件的性质、特点和可能造成的社会危害，具体规定突发事件应急管理工作的组织指挥体系与职责和突发事件的预防与预警机制、处置程序、应急保障措施以及事后恢复与重建措施等内容。

第十九条 城乡规划应当符合预防、处置突发事件的需要，统筹安排应对突发事件所必需的设备和基础设施建设，合理确定应急避难场所。

第二十条 县级人民政府应当对本行政区域内容易引发自然灾害、事故灾难和公共卫生事件的危险源、危险区域进行调查、登记、风险评估，定期进行检查、监控，并责令有关单位采取安全防范措施。

省级和设区的市级人民政府应当对本行政区域内容易引发特别重大、重大突发事件的危险源、危险区域进行调查、登记、风险评估，组织进行检查、监控，并责令有关单位采取安全防范措施。

县级以上地方各级人民政府按照本法规定登记的危险源、危险区域，应当按照国家规定及时向社会公布。

第二十一条 县级人民政府及其有关部门、乡级人民政府、街道办事处、居民委员会、村民委员会应当及时调解处理可能引发社会安全事件的矛盾纠纷。

第二十二条 所有单位应当建立健全安全管理制度，定期检查本单位各项安全防范措施的落实情况，及时消除事故隐患；掌握并及时处理本单位存在的可能引发社会安全事件的问题，防止矛盾激化和事态扩大；对本单位可能发生的突发事件和采取安全防范措施的情况，应当按照规定及时向所在地人民政府或者人民政府有关部门报告。

第二十三条 矿山、建筑施工单位和易燃易爆物品、危险化学品、放射性物品等危险物品的生产、经营、储运、使用单位，应当制定具体应急预案，并对生产经营场所、有危险物品的建筑物、构筑物及周边环境开展隐患排查，及时采取措施消除隐患，防止发生突发事件。

第二十四条 公共交通工具、公共场所和其他人员密集场所的经营单位或者管理单位应当制定具体应急预案，为交通工具和有关场所配备报警装置和必要的应急救援设备、设施，注明其使用方法，并显著标明安全撤离的通道、路线，保证安全通道、出口的畅通。

有关单位应当定期检测、维护其报警装置和应急救援设备、设施，使其处于良好状态，确保正常使用。

第二十五条 县级以上人民政府应当建立健全突发事件应急管理培训制度，对人民政府及其有关部门负有处置突发事件职责的工作人员定期进行培训。

第二十六条 县级以上人民政府应当整合应急资源，建立或者确定综合性应急救援队伍。人民政府有关部门可以根据实际需要设立专业应急救援队伍。

县级以上人民政府及其有关部门可以建立由成年志愿者组成的应急救援队伍。单位应当建立由本单位职工组成的专职或者兼职应急救援队伍。

县级以上人民政府应当加强专业应急救援队伍与非专业应急救援队伍的合作，联合培训、联合演练，提高合成应急、协同应急的能力。

第二十七条 国务院有关部门、县级以上地方各级人民政府及其有关部门、有关单位应当为专业应急救援人员购买人身意外伤害保险，配备必要的防护装备和器材，减少应急救援人员的人身风险。

第二十八条 中国人民解放军、中国人民武装警察部队和民兵组织应当有计划地组织开展应急救援的专门训练。

第二十九条 县级人民政府及其有关部门、乡级人民政府、街道办事处应当组织开展应急知识的宣传普及活动和必要的应急演练。

居民委员会、村民委员会、企业事业单位应当根据所在地人民政府的要求,结合各自的实际情况,开展有关突发事件应急知识的宣传普及活动和必要的应急演练。

新闻媒体应当无偿开展突发事件预防与应急、自救与互救知识的公益宣传。

第三十条 各级各类学校应当把应急知识教育纳入教学内容,对学生进行应急知识教育,培养学生的安全意识和自救与互救能力。

教育主管部门应当对学校开展应急知识教育进行指导和监督。

第三十一条 国务院和县级以上地方各级人民政府应当采取财政措施,保障突发事件应对工作所需经费。

第三十二条 国家建立健全应急物资储备保障制度,完善重要应急物资的监管、生产、储备、调拨和紧急配送体系。

设区的市级以上人民政府和突发事件易发、多发地区的县级人民政府应当建立应急救援物资、生活必需品和应急处置装备的储备制度。

县级以上地方各级人民政府应当根据本地区的实际情况,与有关企业签订协议,保障应急救援物资、生活必需品和应急处置装备的生产、供给。

第三十三条 国家建立健全应急通信保障体系,完善公用通信网,建立有线与无线相结合、基础电信网络与机动通信系统相配套的应急通信系统,确保突发事件应对工作的通信畅通。

第三十四条 国家鼓励公民、法人和其他组织为人民政府应对突发事件工作提供物资、资金、技术支持和捐赠。

第三十五条 国家发展保险事业,建立国家财政支持的巨灾风险保险体系,并鼓励单位和公民参加保险。

第三十六条 国家鼓励、扶持具备相应条件的教学科研机构培养应急管理专门人才,鼓励、扶持教学科研机构和有关企业研究开发用于突发事件预防、监测、预警、应急处置与救援的新技术、新设备和新工具。

第三章　监测与预警

第三十七条 国务院建立全国统一的突发事件信息系统。

县级以上地方各级人民政府应当建立或者确定本地区统一的突发事件信息系统,汇集、储存、分析、传输有关突发事件的信息,并与上级人民政府及其有关部门、下级人民政府及其有关部门、专业机构和监测网点的突发事件信息系统实现互联互通,加强跨部门、跨地区的信息交流与情报合作。

第三十八条 县级以上人民政府及其有关部门、专业机构应当通过多种途径收集突发事件信息。

县级人民政府应当在居民委员会、村民委员会和有关单位建立专职或者兼职信息报告员制度。

获悉突发事件信息的公民、法人或者其他组织,应当立即向所在地人民政府、有关主管部门或者指定的专业机构报告。

第三十九条 地方各级人民政府应当按照国家有关规定向上级人民政府报送突发事件信息。县级以上人民政府有关主管部门应当向本级人民政府相关部门通报突发事件信息。专业机构、监测网点和信息报告员应当及时向所在地人民政府及其有关主管部门报告突发事件信息。

有关单位和人员报送、报告突发事件信息,应当做到及时、客观、真实,不得迟报、谎报、瞒报、漏报。

第四十条 县级以上地方各级人民政府应当及时汇总分析突发事件隐患和预警信息,必要时组织相关部门、专业技术人员、专家学者进行会商,对发生突发事件的可能性及其可能造成的影响进行评估;认为可能发生重大或者特别重大突发事件的,应当立即向上级人民政府报告,并向上级人民政府有关部门、当地驻军和可能受到危害的毗邻或者相关地区的人民政府通报。

第四十一条 国家建立健全突发事件监测制度。

县级以上人民政府及其有关部门应当根据自然灾害、事故灾难和公共卫生事件的种类和特点,建立健全基础信息数据库,完善监测网络,划分监测区域,确定监测点,明确监测项目,提供必要的设备、设施,配备专职或者兼职人员,对可能发生的突发事件进行监测。

第四十二条 国家建立健全突发事件预警制度。

可以预警的自然灾害、事故灾难和公共卫生事件的预警级别,按照突发事件发生的紧急程度、发展势态和可能造成的危害程度分为一级、二级、三级和四级,分别用红色、橙色、黄色和蓝色标示,一级为最高级别。

预警级别的划分标准由国务院或者国务院确定的部门制定。

第四十三条 可以预警的自然灾害、事故灾难或者公共卫生事件即将发生或者发生的可能性增大时,县级以上地方各级人民政府应当根据有关法律、行政法规和国务院规定的权限和程序,发布相应级别的警报,决定并宣布有关地区进入预警期,同时向上一级人民政府报告,必要时可以越级上报,并向当地驻军和可能受到危害的毗邻或者相关地区的人民政府通报。

第四十四条 发布三级、四级警报,宣布进入预警期后,县级以上地方各级人民政府应当根据即将发生的突发事件的特点和可能造成的危害,采取下列措施:

(一)启动应急预案。

(二)责令有关部门、专业机构、监测网点和负有特定职责的人员及时收集、报告有关信息,向社会公布反映突发事件信息的渠道,加强对突发事件发生、发展情况的监测、预报和预警工作。

(三)组织有关部门和机构、专业技术人员、有关专家学者,随时对突发事件信息进行分析评估,预测发生突发事件可能性的大小、影响范围和强度以及可能发生的突发事件的级别。

（四）定时向社会发布与公众有关的突发事件预测信息和分析评估结果，并对相关信息的报道工作进行管理。

（五）及时按照有关规定向社会发布可能受到突发事件危害的警告，宣传避免、减轻危害的常识，公布咨询电话。

第四十五条 发布一级、二级警报，宣布进入预警期后，县级以上地方各级人民政府除采取本法第四十四条规定的措施外，还应当针对即将发生的突发事件的特点和可能造成的危害，采取下列一项或者多项措施：

（一）责令应急救援队伍、负有特定职责的人员进入待命状态，并动员后备人员做好参加应急救援和处置工作的准备。

（二）调集应急救援所需物资、设备、工具，准备应急设施和避难场所，并确保其处于良好状态、随时可以投入正常使用。

（三）加强对重点单位、重要部位和重要基础设施的安全保卫，维护社会治安秩序。

（四）采取必要措施，确保交通、通信、供水、排水、供电、供气、供热等公共设施的安全和正常运行。

（五）及时向社会发布有关采取特定措施避免或者减轻危害的建议、劝告。

（六）转移、疏散或者撤离易受突发事件危害的人员并予以妥善安置，转移重要财产。

（七）关闭或者限制使用易受突发事件危害的场所，控制或者限制容易导致危害扩大的公共场所的活动。

（八）法律、法规、规章规定的其他必要的防范性、保护性措施。

第四十六条 对即将发生或者已经发生的社会安全事件，县级以上地方各级人民政府及其有关主管部门应当按照规定向上一级人民政府及其有关主管部门报告，必要时可以越级上报。

第四十七条 发布突发事件警报的人民政府应当根据事态的发展，按照有关规定适时调整预警级别并重新发布。

有事实证明不可能发生突发事件或者危险已经解除的，发布警报的人民政府应当立即宣布解除警报，终止预警期，并解除已经采取的有关措施。

第四章　应急处置与救援

第四十八条 突发事件发生后，履行统一领导职责或者组织处置突发事件的人民政府应当针对其性质、特点和危害程度，立即组织有关部门，调动应急救援队伍和社会力量，依照本章的规定和有关法律、法规、规章的规定采取应急处置措施。

第四十九条 自然灾害、事故灾难或者公共卫生事件发生后，履行统一领导职责的人民政府可以采取下列一项或者多项应急处置措施：

（一）组织营救和救治受害人员，疏散、撤离并妥善安置受到威胁的人员以及采取其他救助措施。

（二）迅速控制危险源，标明危险区域，封锁危险场所，划定警戒区，实行交通管制以及其他控制措施。

（三）立即抢修被损坏的交通、通信、供水、排水、供电、供气、供热等公共设施，向受到危害的人员提供避难场所和生活必需品，实施医疗救护和卫生防疫以及其他保障措施。

（四）禁止或者限制使用有关设备、设施，关闭或者限制使用有关场所，中止人员密集的活动或者可能导致危害扩大的生产经营活动以及采取其他保护措施。

（五）启用本级人民政府设置的财政预备费和储备的应急救援物资，必要时调用其他急需物资、设备、设施、工具。

（六）组织公民参加应急救援和处置工作，要求具有特定专长的人员提供服务。

（七）保障食品、饮用水、燃料等基本生活必需品的供应。

（八）依法从严惩处囤积居奇、哄抬物价、制假售假等扰乱市场秩序的行为，稳定市场价格，维护市场秩序。

（九）依法从严惩处哄抢财物、干扰破坏应急处置工作等扰乱社会秩序的行为，维护社会治安。

（十）采取防止发生次生、衍生事件的必要措施。

第五十条 社会安全事件发生后，组织处置工作的人民政府应当立即组织有关部门并由公安机关针对事件的性质和特点，依照有关法律、行政法规和国家其他有关规定，采取下列一项或者多项应急处置措施：

（一）强制隔离使用器械相互对抗或者以暴力行为参与冲突的当事人，妥善解决现场纠纷和争端，控制事态发展。

（二）对特定区域内的建筑物、交通工具、设备、设施以及燃料、燃气、电力、水的供应进行控制。

（三）封锁有关场所、道路，查验现场人员的身份证件，限制有关公共场所内的活动。

（四）加强对易受冲击的核心机关和单位的警卫，在国家机关、军事机关、国家通讯社、广播电台、电视台、外国驻华使领馆等单位附近设置临时警戒线。

（五）法律、行政法规和国务院规定的其他必要措施。

严重危害社会治安秩序的事件发生时，公安机关应当立即依法出动警力，根据现场情况依法采取相应的强制性措施，尽快使社会秩序恢复正常。

第五十一条 发生突发事件，严重影响国民经济正常运行时，国务院或者国务院授权的有关主管部门可以采取保障、控制等必要的应急措施，保障人民群众的基本生活需要，最大限度地减轻突发事件的影响。

第五十二条 履行统一领导职责或者组织处置突发事件的人民政府，必要时可以向单位和个人征用应急救援所需设备、设施、场地、交通工具和其他物资，请求其他地方人民政府提供人力、物力、财力或者技术支援，要求生产、供应生活必需品和应急救援物资的企业组织生产、保证供给，要求提供医疗、交通等公共服务的组织提供相应的服务。

履行统一领导职责或者组织处置突发事件的人民政府，应当组织协调运输经营单位，优先运送处置突发事件所需物资、设备、工具、应急救援人员和受到突发事件危害的人员。

第五十三条 履行统一领导职责或者组织处置突发事件的人民政府，应当按照有关规定统一、准确、及时发布有关突发事件事态发展和应急处置工作的信息。

第五十四条 任何单位和个人不得编造、传播有关突发事件事态发展或者应急处置工作的虚假信息。

第五十五条 突发事件发生地的居民委员会、村民委员会和其他组织应当按照当地人民政府的决定、命令,进行宣传动员,组织群众开展自救和互救,协助维护社会秩序。

第五十六条 受到自然灾害危害或者发生事故灾难、公共卫生事件的单位,应当立即组织本单位应急救援队伍和工作人员营救受害人员,疏散、撤离、安置受到威胁的人员,控制危险源,标明危险区域,封锁危险场所,并采取其他防止危害扩大的必要措施,同时向所在地县级人民政府报告;对因本单位的问题引发的或者主体是本单位人员的社会安全事件,有关单位应当按照规定上报情况,并迅速派出负责人赶赴现场开展劝解、疏导工作。

突发事件发生地的其他单位应当服从人民政府发布的决定、命令,配合人民政府采取的应急处置措施,做好本单位的应急救援工作,并积极组织人员参加所在地的应急救援和处置工作。

第五十七条 突发事件发生地的公民应当服从人民政府、居民委员会、村民委员会或者所属单位的指挥和安排,配合人民政府采取的应急处置措施,积极参加应急救援工作,协助维护社会秩序。

第五章 事后恢复与重建

第五十八条 突发事件的威胁和危害得到控制或者消除后,履行统一领导职责或者组织处置突发事件的人民政府应当停止执行依照本法规定采取的应急处置措施,同时采取或者继续实施必要措施,防止发生自然灾害、事故灾难、公共卫生事件的次生、衍生事件或者重新引发社会安全事件。

第五十九条 突发事件应急处置工作结束后,履行统一领导职责的人民政府应当立即组织对突发事件造成的损失进行评估,组织受影响地区尽快恢复生产、生活、工作和社会秩序,制定恢复重建计划,并向上一级人民政府报告。

受突发事件影响地区的人民政府应当及时组织和协调公安、交通、铁路、民航、邮电、建设等有关部门恢复社会治安秩序,尽快修复被损坏的交通、通信、供水、排水、供电、供气、供热等公共设施。

第六十条 受突发事件影响地区的人民政府开展恢复重建工作需要上一级人民政府支持的,可以向上一级人民政府提出请求。上一级人民政府应当根据受影响地区遭受的损失和实际情况,提供资金、物资支持和技术指导,组织其他地区提供资金、物资和人力支援。

第六十一条 国务院根据受突发事件影响地区遭受损失的情况,制定扶持该地区有关行业发展的优惠政策。

受突发事件影响地区的人民政府应当根据本地区遭受损失的情况,制定救助、补偿、抚慰、抚恤、安置等善后工作计划并组织实施,妥善解决因处置突发事件引发的矛盾和纠纷。

公民参加应急救援工作或者协助维护社会秩序期间,其在本单位的工资待遇和福利不变;表现突出、成绩显著的,由县级以上人民政府给予表彰或者奖励。

县级以上人民政府对在应急救援工作中伤亡的人员依法给予抚恤。

第六十二条 履行统一领导职责的人民政府应当及时查明突发事件的发生经过和原因，总结突发事件应急处置工作的经验教训，制定改进措施，并向上一级人民政府提出报告。

第六章 法律责任

第六十三条 地方各级人民政府和县级以上各级人民政府有关部门违反本法规定，不履行法定职责的，由其上级行政机关或者监察机关责令改正；有下列情形之一的，根据情节对直接负责的主管人员和其他直接责任人员依法给予处分：

（一）未按规定采取预防措施，导致发生突发事件，或者未采取必要的防范措施，导致发生次生、衍生事件的。

（二）迟报、谎报、瞒报、漏报有关突发事件的信息，或者通报、报送、公布虚假信息，造成后果的。

（三）未按规定及时发布突发事件警报、采取预警期的措施，导致损害发生的。

（四）未按规定及时采取措施处置突发事件或者处置不当，造成后果的。

（五）不服从上级人民政府对突发事件应急处置工作的统一领导、指挥和协调的。

（六）未及时组织开展生产自救、恢复重建等善后工作的。

（七）截留、挪用、私分或者变相私分应急救援资金、物资的。

（八）不及时归还征用的单位和个人的财产，或者对被征用财产的单位和个人不按规定给予补偿的。

第六十四条 有关单位有下列情形之一的，由所在地履行统一领导职责的人民政府责令停产停业，暂扣或者吊销许可证或者营业执照，并处五万元以上二十万元以下的罚款；构成违反治安管理行为的，由公安机关依法给予处罚：

（一）未按规定采取预防措施，导致发生严重突发事件的。

（二）未及时消除已发现的可能引发突发事件的隐患，导致发生严重突发事件的。

（三）未做好应急设备、设施日常维护、检测工作，导致发生严重突发事件或者突发事件危害扩大的。

（四）突发事件发生后，不及时组织开展应急救援工作，造成严重后果的。

前款规定的行为，其他法律、行政法规规定由人民政府有关部门依法决定处罚的，从其规定。

第六十五条 违反本法规定，编造并传播有关突发事件事态发展或者应急处置工作的虚假信息，或者明知是有关突发事件事态发展或者应急处置工作的虚假信息而进行传播的，责令改正，给予警告；造成严重后果的，依法暂停其业务活动或者吊销其执业许可证；负有直接责任的人员是国家工作人员的，还应当对其依法给予处分；构成违反治安管理行为的，由公安机关依法给予处罚。

第六十六条 单位或者个人违反本法规定，不服从所在地人民政府及其有关部门发布的决定、命令或者不配合其依法采取的措施，构成违反治安管理行为的，由公安机关依法给予处罚。

第六十七条 单位或者个人违反本法规定，导致突发事件发生或者危害扩大，给他人人身、财产造成损害的,应当依法承担民事责任。

第六十八条 违反本法规定,构成犯罪的,依法追究刑事责任。

第七章 附 则

第六十九条 发生特别重大突发事件,对人民生命财产安全、国家安全、公共安全、环境安全或者社会秩序构成重大威胁,采取本法和其他有关法律、法规、规章规定的应急处置措施不能消除或者有效控制、减轻其严重社会危害,需要进入紧急状态的,由全国人民代表大会常务委员会或者国务院依照宪法和其他有关法律规定的权限和程序决定。

紧急状态期间采取的非常措施,依照有关法律规定执行或者由全国人民代表大会常务委员会另行规定。

第七十条 本法自 2007 年 11 月 1 日起施行。

1-2 中华人民共和国道路交通安全法

（2003年10月28日第十届全国人民代表大会常务委员会第五次会议通过　根据2007年12月29日第十届全国人民代表大会常务委员会第三十一次会议《关于修改〈中华人民共和国道路交通安全法〉的决定》第一次修正　根据2011年4月22日第十一届全国人民代表大会常务委员会第二十次会议《关于修改〈中华人民共和国道路交通安全法〉的决定》第二次修正）

第一章　总　则

第一条　为了维护道路交通秩序，预防和减少交通事故，保护人身安全，保护公民、法人和其他组织的财产安全及其他合法权益，提高通行效率，制定本法。

第二条　中华人民共和国境内的车辆驾驶人、行人、乘车人以及与道路交通活动有关的单位和个人，都应当遵守本法。

第三条　道路交通安全工作，应当遵循依法管理、方便群众的原则，保障道路交通有序、安全、畅通。

第四条　各级人民政府应当保障道路交通安全管理工作与经济建设和社会发展相适应。

县级以上地方各级人民政府应当适应道路交通发展的需要，依据道路交通安全法律、法规和国家有关政策，制定道路交通安全管理规划，并组织实施。

第五条　国务院公安部门负责全国道路交通安全管理工作。县级以上地方各级人民政府公安机关交通管理部门负责本行政区域内的道路交通安全管理工作。

县级以上各级人民政府交通、建设管理部门依据各自职责，负责有关的道路交通工作。

第六条　各级人民政府应当经常进行道路交通安全教育，提高公民的道路交通安全意识。

公安机关交通管理部门及其交通警察执行职务时，应当加强道路交通安全法律、法规的宣传，并模范遵守道路交通安全法律、法规。

机关、部队、企业事业单位、社会团体以及其他组织，应当对本单位的人员进行道路交通安全教育。

教育行政部门、学校应当将道路交通安全教育纳入法制教育的内容。

新闻、出版、广播、电视等有关单位，有进行道路交通安全教育的义务。

第七条　对道路交通安全管理工作，应当加强科学研究，推广、使用先进的管理方法、技术、设备。

第二章　车辆和驾驶人

第一节　机动车、非机动车

第八条　国家对机动车实行登记制度。机动车经公安机关交通管理部门登记后，方可上道路行驶。尚未登记的机动车，需要临时上道路行驶的，应当取得临时通行牌证。

第九条　申请机动车登记，应当提交以下证明、凭证：

（一）机动车所有人的身份证明。

（二）机动车来历证明。

（三）机动车整车出厂合格证明或者进口机动车进口凭证。

（四）车辆购置税的完税证明或者免税凭证。

（五）法律、行政法规规定应当在机动车登记时提交的其他证明、凭证。

公安机关交通管理部门应当自受理申请之日起5个工作日内完成机动车登记审查工作，对符合前款规定条件的，应当发放机动车登记证书、号牌和行驶证；对不符合前款规定条件的，应当向申请人说明不予登记的理由。

公安机关交通管理部门以外的任何单位或者个人不得发放机动车号牌或者要求机动车悬挂其他号牌，本法另有规定的除外。

机动车登记证书、号牌、行驶证的式样由国务院公安部门规定并监制。

第十条　准予登记的机动车应当符合机动车国家安全技术标准。申请机动车登记时，应当接受对该机动车的安全技术检验。但是，经国家机动车产品主管部门依据机动车国家安全技术标准认定的企业生产的机动车型，该车型的新车在出厂时经检验符合机动车国家安全技术标准，获得检验合格证的，免予安全技术检验。

第十一条　驾驶机动车上道路行驶，应当悬挂机动车号牌，放置检验合格标志、保险标志，并随车携带机动车行驶证。

机动车号牌应当按照规定悬挂并保持清晰、完整，不得故意遮挡、污损。

任何单位和个人不得收缴、扣留机动车号牌。

第十二条　有下列情形之一的，应当办理相应的登记：

（一）机动车所有权发生转移的。

（二）机动车登记内容变更的。

（三）机动车用作抵押的。

（四）机动车报废的。

第十三条　对登记后上道路行驶的机动车，应当依照法律、行政法规的规定，根据车辆用途、载客载货数量、使用年限等不同情况，定期进行安全技术检验。对提供机动车行驶证和机动车第三者责任强制保险单的，机动车安全技术检验机构应当予以检验，任何单位不得附加其他条件。对符合机动车国家安全技术标准的，公安机关交通管理部门应当发给检验合格标志。

对机动车的安全技术检验实行社会化。具体办法由国务院规定。

机动车安全技术检验实行社会化的地方，任何单位不得要求机动车到指定的场所进行检验。

公安机关交通管理部门、机动车安全技术检验机构不得要求机动车到指定的场所进行维修、保养。

机动车安全技术检验机构对机动车检验收取费用，应当严格执行国务院价格主管部门核定的收费标准。

第十四条 国家实行机动车强制报废制度，根据机动车的安全技术状况和不同用途，规定不同的报废标准。

应当报废的机动车必须及时办理注销登记。

达到报废标准的机动车不得上道路行驶。报废的大型客、货车及其他营运车辆应当在公安机关交通管理部门的监督下解体。

第十五条 警车、消防车、救护车、工程救险车应当按照规定喷涂标志图案，安装警报器、标志灯具。其他机动车不得喷涂、安装、使用上述车辆专用的或者与其相类似的标志图案、警报器或者标志灯具。

警车、消防车、救护车、工程救险车应当严格按照规定的用途和条件使用。

公路监督检查的专用车辆，应当依照公路法的规定，设置统一的标志和示警灯。

第十六条 任何单位或者个人不得有下列行为：

（一）拼装机动车或者擅自改变机动车已登记的结构、构造或者特征。

（二）改变机动车型号、发动机号、车架号或者车辆识别代号。

（三）伪造、变造或者使用伪造、变造的机动车登记证书、号牌、行驶证、检验合格标志、保险标志。

（四）使用其他机动车的登记证书、号牌、行驶证、检验合格标志、保险标志。

第十七条 国家实行机动车第三者责任强制保险制度，设立道路交通事故社会救助基金。具体办法由国务院规定。

第十八条 依法应当登记的非机动车，经公安机关交通管理部门登记后，方可上道路行驶。

依法应当登记的非机动车的种类，由省、自治区、直辖市人民政府根据当地实际情况规定。

非机动车的外形尺寸、质量、制动器、车铃和夜间反光装置，应当符合非机动车安全技术标准。

第二节　机动车驾驶人

第十九条 驾驶机动车，应当依法取得机动车驾驶证。

申请机动车驾驶证，应当符合国务院公安部门规定的驾驶许可条件；经考试合格后，由公安机关交通管理部门发给相应类别的机动车驾驶证。

持有境外机动车驾驶证的人，符合国务院公安部门规定的驾驶许可条件，经公安机关交通管理部门考核合格的，可以发给中国的机动车驾驶证。

驾驶人应当按照驾驶证载明的准驾车型驾驶机动车；驾驶机动车时，应当随身携带机动车驾驶证。

公安机关交通管理部门以外的任何单位或者个人，不得收缴、扣留机动车驾驶证。

第二十条 机动车的驾驶培训实行社会化，由交通主管部门对驾驶培训学校、驾驶培训班实行资格管理，其中专门的拖拉机驾驶培训学校、驾驶培训班由农业（农业机械）主管部门实行资格管理。

驾驶培训学校、驾驶培训班应当严格按照国家有关规定，对学员进行道路交通安全法律、法规、驾驶技能的培训，确保培训质量。

任何国家机关以及驾驶培训和考试主管部门不得举办或者参与举办驾驶培训学校、驾驶培训班。

第二十一条 驾驶人驾驶机动车上道路行驶前，应当对机动车的安全技术性能进行认真检查；不得驾驶安全设施不全或者机件不符合技术标准等具有安全隐患的机动车。

第二十二条 机动车驾驶人应当遵守道路交通安全法律、法规的规定，按照操作规范安全驾驶、文明驾驶。

饮酒、服用国家管制的精神药品或者麻醉药品，或者患有妨碍安全驾驶机动车的疾病，或者过度疲劳影响安全驾驶的，不得驾驶机动车。

任何人不得强迫、指使、纵容驾驶人违反道路交通安全法律、法规和机动车安全驾驶要求驾驶机动车。

第二十三条 公安机关交通管理部门依照法律、行政法规的规定，定期对机动车驾驶证实施审验。

第二十四条 公安机关交通管理部门对机动车驾驶人违反道路交通安全法律、法规的行为，除依法给予行政处罚外，实行累积记分制度。公安机关交通管理部门对累积记分达到规定分值的机动车驾驶人，扣留机动车驾驶证，对其进行道路交通安全法律、法规教育，重新考试；考试合格的，发还其机动车驾驶证。

对遵守道路交通安全法律、法规，在一年内无累积记分的机动车驾驶人，可以延长机动车驾驶证的审验期。具体办法由国务院公安部门规定。

第三章 道路通行条件

第二十五条 全国实行统一的道路交通信号。

交通信号包括交通信号灯、交通标志、交通标线和交通警察的指挥。

交通信号灯、交通标志、交通标线的设置应当符合道路交通安全、畅通的要求和国家标准，并保持清晰、醒目、准确、完好。

根据通行需要，应当及时增设、调换、更新道路交通信号。增设、调换、更新限制性的道路交通信号，应当提前向社会公告，广泛进行宣传。

第二十六条 交通信号灯由红灯、绿灯、黄灯组成。红灯表示禁止通行，绿灯表示准许通行，黄灯表示警示。

第二十七条 铁路与道路平面交叉的道口，应当设置警示灯、警示标志或者安全防护设施。无人看守的铁路道口，应当在距道口一定距离处设置警示标志。

第二十八条 任何单位和个人不得擅自设置、移动、占用、损毁交通信号灯、交通标志、交通标线。

道路两侧及隔离带上种植的树木或者其他植物,设置的广告牌、管线等,应当与交通设施保持必要的距离,不得遮挡路灯、交通信号灯、交通标志,不得妨碍安全视距,不得影响通行。

第二十九条 道路、停车场和道路配套设施的规划、设计、建设,应当符合道路交通安全、畅通的要求,并根据交通需求及时调整。

公安机关交通管理部门发现已经投入使用的道路存在交通事故频发路段,或者停车场、道路配套设施存在交通安全严重隐患的,应当及时向当地人民政府报告,并提出防范交通事故、消除隐患的建议,当地人民政府应当及时作出处理决定。

第三十条 道路出现坍塌、坑槽、水毁、隆起等损毁或者交通信号灯、交通标志、交通标线等交通设施损毁、灭失的,道路、交通设施的养护部门或者管理部门应当设置警示标志并及时修复。

公安机关交通管理部门发现前款情形,危及交通安全,尚未设置警示标志的,应当及时采取安全措施,疏导交通,并通知道路、交通设施的养护部门或者管理部门。

第三十一条 未经许可,任何单位和个人不得占用道路从事非交通活动。

第三十二条 因工程建设需要占用、挖掘道路,或者跨越、穿越道路架设、增设管线设施,应当事先征得道路主管部门的同意;影响交通安全的,还应当征得公安机关交通管理部门的同意。

施工作业单位应当在经批准的路段和时间内施工作业,并在距离施工作业地点来车方向安全距离处设置明显的安全警示标志,采取防护措施;施工作业完毕,应当迅速清除道路上的障碍物,消除安全隐患,经道路主管部门和公安机关交通管理部门验收合格,符合通行要求后,方可恢复通行。

对未中断交通的施工作业道路,公安机关交通管理部门应当加强交通安全监督检查,维护道路交通秩序。

第三十三条 新建、改建、扩建的公共建筑、商业街区、居住区、大(中)型建筑等,应当配建、增建停车场;停车泊位不足的,应当及时改建或者扩建;投入使用的停车场不得擅自停止使用或者改作他用。

在城市道路范围内,在不影响行人、车辆通行的情况下,政府有关部门可以施划停车泊位。

第三十四条 学校、幼儿园、医院、养老院门前的道路没有行人过街设施的,应当施划人行横道线,设置提示标志。

城市主要道路的人行道,应当按照规划设置盲道。盲道的设置应当符合国家标准。

第四章 道路通行规定

第一节 一般规定

第三十五条 机动车、非机动车实行右侧通行。

第三十六条 根据道路条件和通行需要，道路划分为机动车道、非机动车道和人行道的，机动车、非机动车、行人实行分道通行。没有划分机动车道、非机动车道和人行道的，机动车在道路中间通行，非机动车和行人在道路两侧通行。

第三十七条 道路划设专用车道的，在专用车道内，只准许规定的车辆通行，其他车辆不得进入专用车道内行驶。

第三十八条 车辆、行人应当按照交通信号通行；遇有交通警察现场指挥时，应当按照交通警察的指挥通行；在没有交通信号的道路上，应当在确保安全、畅通的原则下通行。

第三十九条 公安机关交通管理部门根据道路和交通流量的具体情况，可以对机动车、非机动车、行人采取疏导、限制通行、禁止通行等措施。遇有大型群众性活动、大范围施工等情况，需要采取限制交通的措施，或者作出与公众的道路交通活动直接有关的决定，应当提前向社会公告。

第四十条 遇有自然灾害、恶劣气象条件或者重大交通事故等严重影响交通安全的情形，采取其他措施难以保证交通安全时，公安机关交通管理部门可以实行交通管制。

第四十一条 有关道路通行的其他具体规定，由国务院规定。

第二节 机动车通行规定

第四十二条 机动车上道路行驶，不得超过限速标志标明的最高时速。在没有限速标志的路段，应当保持安全车速。

夜间行驶或者在容易发生危险的路段行驶，以及遇有沙尘、冰雹、雨、雪、雾、结冰等气象条件时，应当降低行驶速度。

第四十三条 同车道行驶的机动车，后车应当与前车保持足以采取紧急制动措施的安全距离。有下列情形之一的，不得超车：

（一）前车正在左转弯、掉头、超车的。

（二）与对面来车有会车可能的。

（三）前车为执行紧急任务的警车、消防车、救护车、工程救险车的。

（四）行经铁路道口、交叉路口、窄桥、弯道、陡坡、隧道、人行横道、市区交通流量大的路段等没有超车条件的。

第四十四条 机动车通过交叉路口，应当按照交通信号灯、交通标志、交通标线或者交通警察的指挥通过；通过没有交通信号灯、交通标志、交通标线或者交通警察指挥的交叉路口时，应当减速慢行，并让行人和优先通行的车辆先行。

第四十五条 机动车遇有前方车辆停车排队等候或者缓慢行驶时，不得借道超车或者占用对面车道，不得穿插等候的车辆。

在车道减少的路段、路口，或者在没有交通信号灯、交通标志、交通标线或者交通警察指挥的交叉路口遇到停车排队等候或者缓慢行驶时，机动车应当依次交替通行。

第四十六条 机动车通过铁路道口时，应当按照交通信号或者管理人员的指挥通行；没有交通信号或者管理人员的，应当减速或者停车，在确认安全后通过。

第四十七条 机动车行经人行横道时，应当减速行驶；遇行人正在通过人行横道，应当停车让行。

机动车行经没有交通信号的道路时，遇行人横过道路，应当避让。

第四十八条 机动车载物应当符合核定的载质量，严禁超载；载物的长、宽、高不得违反装载要求，不得遗洒、飘散载运物。

机动车运载超限的不可解体的物品，影响交通安全的，应当按照公安机关交通管理部门指定的时间、路线、速度行驶，悬挂明显标志。在公路上运载超限的不可解体的物品，并应当依照公路法的规定执行。

机动车载运爆炸物品、易燃易爆化学物品以及剧毒、放射性等危险物品，应当经公安机关批准后，按指定的时间、路线、速度行驶，悬挂警示标志并采取必要的安全措施。

第四十九条 机动车载人不得超过核定的人数，客运机动车不得违反规定载货。

第五十条 禁止货运机动车载客。

货运机动车需要附载作业人员的，应当设置保护作业人员的安全措施。

第五十一条 机动车行驶时，驾驶人、乘坐人员应当按规定使用安全带，摩托车驾驶人及乘坐人员应当按规定戴安全头盔。

第五十二条 机动车在道路上发生故障，需要停车排除故障时，驾驶人应当立即开启危险报警闪光灯，将机动车移至不妨碍交通的地方停放；难以移动的，应当持续开启危险报警闪光灯，并在来车方向设置警告标志等措施扩大示警距离，必要时迅速报警。

第五十三条 警车、消防车、救护车、工程救险车执行紧急任务时，可以使用警报器、标志灯具；在确保安全的前提下，不受行驶路线、行驶方向、行驶速度和信号灯的限制，其他车辆和行人应当让行。

警车、消防车、救护车、工程救险车非执行紧急任务时，不得使用警报器、标志灯具，不享有前款规定的道路优先通行权。

第五十四条 道路养护车辆、工程作业车进行作业时，在不影响过往车辆通行的前提下，其行驶路线和方向不受交通标志、标线限制，过往车辆和人员应当注意避让。

洒水车、清扫车等机动车应当按照安全作业标准作业；在不影响其他车辆通行的情况下，可以不受车辆分道行驶的限制，但是不得逆向行驶。

第五十五条 高速公路、大中城市中心城区内的道路，禁止拖拉机通行。其他禁止拖拉机通行的道路，由省、自治区、直辖市人民政府根据当地实际情况规定。

在允许拖拉机通行的道路上，拖拉机可以从事货运，但是不得用于载人。

第五十六条 机动车应当在规定地点停放。禁止在人行道上停放机动车；但是，依照本法第三十三条规定施划的停车泊位除外。

在道路上临时停车的，不得妨碍其他车辆和行人通行。

第三节 非机动车通行规定

第五十七条 驾驶非机动车在道路上行驶应当遵守有关交通安全的规定。非机动车应当在非机动车道内行驶；在没有非机动车道的道路上，应当靠车行道的右侧行驶。

第五十八条 残疾人机动轮椅车、电动自行车在非机动车道内行驶时，最高时速不得超过十五公里。

第五十九条 非机动车应当在规定地点停放。未设停放地点的，非机动车停放不得妨碍其他车辆和行人通行。

第六十条 驾驭畜力车,应当使用驯服的牲畜;驾驭畜力车横过道路时,驾驭人应当下车牵引牲畜;驾驭人离开车辆时,应当拴系牲畜。

第四节 行人和乘车人通行规定

第六十一条 行人应当在人行道内行走,没有人行道的靠路边行走。

第六十二条 行人通过路口或者横过道路,应当走人行横道或者过街设施;通过有交通信号灯的人行横道,应当按照交通信号灯指示通行;通过没有交通信号灯、人行横道的路口,或者在没有过街设施的路段横过道路,应当在确认安全后通过。

第六十三条 行人不得跨越、倚坐道路隔离设施,不得扒车、强行拦车或者实施妨碍道路交通安全的其他行为。

第六十四条 学龄前儿童以及不能辨认或者不能控制自己行为的精神疾病患者、智力障碍者在道路上通行,应当由其监护人、监护人委托的人或者对其负有管理、保护职责的人带领。

盲人在道路上通行,应当使用盲杖或者采取其他导盲手段,车辆应当避让盲人。

第六十五条 行人通过铁路道口时,应当按照交通信号或者管理人员的指挥通行;没有交通信号和管理人员的,应当在确认无火车驶临后,迅速通过。

第六十六条 乘车人不得携带易燃易爆等危险物品,不得向车外抛洒物品,不得有影响驾驶人安全驾驶的行为。

第五节 高速公路的特别规定

第六十七条 行人、非机动车、拖拉机、轮式专用机械车、铰接式客车、全挂拖斗车以及其他设计最高时速低于七十公里的机动车,不得进入高速公路。高速公路限速标志标明的最高时速不得超过一百二十公里。

第六十八条 机动车在高速公路上发生故障时,应当依照本法第五十二条的有关规定办理;但是,警告标志应当设置在故障车来车方向一百五十米以外,车上人员应当迅速转移到右侧路肩上或者应急车道内,并且迅速报警。

机动车在高速公路上发生故障或者交通事故,无法正常行驶的,应当由救援车、清障车拖曳、牵引。

第六十九条 任何单位、个人不得在高速公路上拦截检查行驶的车辆,公安机关的人民警察依法执行紧急公务除外。

第五章 交通事故处理

第七十条 在道路上发生交通事故,车辆驾驶人应当立即停车,保护现场;造成人身伤亡的,车辆驾驶人应当立即抢救受伤人员,并迅速报告执勤的交通警察或者公安机关交通管理部门。因抢救受伤人员变动现场的,应当标明位置。乘车人、过往车辆驾驶人、过往行人应当予以协助。

在道路上发生交通事故,未造成人身伤亡,当事人对事实及成因无争议的,可以即行撤离现场,恢复交通,自行协商处理损害赔偿事宜;不即行撤离现场的,应当迅速报告执勤的交通警察或者公安机关交通管理部门。

在道路上发生交通事故,仅造成轻微财产损失,并且基本事实清楚的,当事人应当先撤离现场再进行协商处理。

第七十一条 车辆发生交通事故后逃逸的,事故现场目击人员和其他知情人员应当向公安机关交通管理部门或者交通警察举报。举报属实的,公安机关交通管理部门应当给予奖励。

第七十二条 公安机关交通管理部门接到交通事故报警后,应当立即派交通警察赶赴现场,先组织抢救受伤人员,并采取措施,尽快恢复交通。

交通警察应当对交通事故现场进行勘验、检查,收集证据;因收集证据的需要,可以扣留事故车辆,但是应当妥善保管,以备核查。

对当事人的生理、精神状况等专业性较强的检验,公安机关交通管理部门应当委托专门机构进行鉴定。鉴定结论应当由鉴定人签名。

第七十三条 公安机关交通管理部门应当根据交通事故现场勘验、检查、调查情况和有关的检验、鉴定结论,及时制作交通事故认定书,作为处理交通事故的证据。交通事故认定书应当载明交通事故的基本事实、成因和当事人的责任,并送达当事人。

第七十四条 对交通事故损害赔偿的争议,当事人可以请求公安机关交通管理部门调解,也可以直接向人民法院提起民事诉讼。

经公安机关交通管理部门调解,当事人未达成协议或者调解书生效后不履行的,当事人可以向人民法院提起民事诉讼。

第七十五条 医疗机构对交通事故中的受伤人员应当及时抢救,不得因抢救费用未及时支付而拖延救治。肇事车辆参加机动车第三者责任强制保险的,由保险公司在责任限额范围内支付抢救费用;抢救费用超过责任限额的,未参加机动车第三者责任强制保险或者肇事后逃逸的,由道路交通事故社会救助基金先行垫付部分或者全部抢救费用,道路交通事故社会救助基金管理机构有权向交通事故责任人追偿。

第七十六条 机动车发生交通事故造成人身伤亡、财产损失的,由保险公司在机动车第三者责任强制保险责任限额范围内予以赔偿;不足的部分,按照下列规定承担赔偿责任:

(一)机动车之间发生交通事故的,由有过错的一方承担赔偿责任;双方都有过错的,按照各自过错的比例分担责任。

(二)机动车与非机动车驾驶人、行人之间发生交通事故,非机动车驾驶人、行人没有过错的,由机动车一方承担赔偿责任;有证据证明非机动车驾驶人、行人有过错的,根据过错程度适当减轻机动车一方的赔偿责任;机动车一方没有过错的,承担不超过百分之十的赔偿责任。

交通事故的损失是由非机动车驾驶人、行人故意碰撞机动车造成的,机动车一方不承担赔偿责任。

第七十七条 车辆在道路以外通行时发生的事故,公安机关交通管理部门接到报案的,参照本法有关规定办理。

第六章 执法监督

第七十八条 公安机关交通管理部门应当加强对交通警察的管理,提高交通警察的素质和管理道路交通的水平。

公安机关交通管理部门应当对交通警察进行法制和交通安全管理业务培训、考核。交通警察经考核不合格的,不得上岗执行职务。

第七十九条 公安机关交通管理部门及其交通警察实施道路交通安全管理,应当依据法定的职权和程序,简化办事手续,做到公正、严格、文明、高效。

第八十条 交通警察执行职务时,应当按照规定着装,佩带人民警察标志,持有人民警察证件,保持警容严整,举止端庄,指挥规范。

第八十一条 依照本法发放牌证等收取工本费,应当严格执行国务院价格主管部门核定的收费标准,并全部上缴国库。

第八十二条 公安机关交通管理部门依法实施罚款的行政处罚,应当依照有关法律、行政法规的规定,实施罚款决定与罚款收缴分离;收缴的罚款以及依法没收的违法所得,应当全部上缴国库。

第八十三条 交通警察调查处理道路交通安全违法行为和交通事故,有下列情形之一的,应当回避:

(一)是本案的当事人或者当事人的近亲属。

(二)本人或者其近亲属与本案有利害关系。

(三)与本案当事人有其他关系,可能影响案件的公正处理。

第八十四条 公安机关交通管理部门及其交通警察的行政执法活动,应当接受行政监察机关依法实施的监督。

公安机关督察部门应当对公安机关交通管理部门及其交通警察执行法律、法规和遵守纪律的情况依法进行监督。

上级公安机关交通管理部门应当对下级公安机关交通管理部门的执法活动进行监督。

第八十五条 公安机关交通管理部门及其交通警察执行职务,应当自觉接受社会和公民的监督。

任何单位和个人都有权对公安机关交通管理部门及其交通警察不严格执法以及违法违纪行为进行检举、控告。收到检举、控告的机关,应当依据职责及时查处。

第八十六条 任何单位不得给公安机关交通管理部门下达或者变相下达罚款指标;公安机关交通管理部门不得以罚款数额作为考核交通警察的标准。

公安机关交通管理部门及其交通警察对超越法律、法规规定的指令,有权拒绝执行,并同时向上级机关报告。

第七章 法律责任

第八十七条 公安机关交通管理部门及其交通警察对道路交通安全违法行为,应当及时纠正。

公安机关交通管理部门及其交通警察应当依据事实和本法的有关规定对道路交通安全违法行为予以处罚。对于情节轻微,未影响道路通行的,指出违法行为,给予口头警告后放行。

第八十八条 对道路交通安全违法行为的处罚种类包括:警告、罚款、暂扣或者吊销机动车驾驶证、拘留。

第八十九条 行人、乘车人、非机动车驾驶人违反道路交通安全法律、法规关于道路通行规定的,处警告或者五元以上五十元以下罚款;非机动车驾驶人拒绝接受罚款处罚的,可以扣留其非机动车。

第九十条 机动车驾驶人违反道路交通安全法律、法规关于道路通行规定的,处警告或者二十元以上二百元以下罚款。本法另有规定的,依照规定处罚。

第九十一条 饮酒后驾驶机动车的,处暂扣六个月机动车驾驶证,并处一千元以上二千元以下罚款。因饮酒后驾驶机动车被处罚,再次饮酒后驾驶机动车的,处十日以下拘留,并处一千元以上二千元以下罚款,吊销机动车驾驶证。

醉酒驾驶机动车的,由公安机关交通管理部门约束至酒醒,吊销机动车驾驶证,依法追究刑事责任;五年内不得重新取得机动车驾驶证。

饮酒后驾驶营运机动车的,处十五日拘留,并处五千元罚款,吊销机动车驾驶证,五年内不得重新取得机动车驾驶证。

醉酒驾驶营运机动车的,由公安机关交通管理部门约束至酒醒,吊销机动车驾驶证,依法追究刑事责任;十年内不得重新取得机动车驾驶证,重新取得机动车驾驶证后,不得驾驶营运机动车。

饮酒后或者醉酒驾驶机动车发生重大交通事故,构成犯罪的,依法追究刑事责任,并由公安机关交通管理部门吊销机动车驾驶证,终生不得重新取得机动车驾驶证。

第九十二条 公路客运车辆载客超过额定乘员的,处二百元以上五百元以下罚款;超过额定乘员百分之二十或者违反规定载货的,处五百元以上二千元以下罚款。

货运机动车超过核定载质量的,处二百元以上五百元以下罚款;超过核定载质量百分之三十或者违反规定载客的,处五百元以上二千元以下罚款。

有前两款行为的,由公安机关交通管理部门扣留机动车至违法状态消除。

运输单位的车辆有本条第一款、第二款规定的情形,经处罚不改的,对直接负责的主管人员处二千元以上五千元以下罚款。

第九十三条 对违反道路交通安全法律、法规关于机动车停放、临时停车规定的,可以指出违法行为,并予以口头警告,令其立即驶离。

机动车驾驶人不在现场或者虽在现场但拒绝立即驶离,妨碍其他车辆、行人通行的,处二十元以上二百元以下罚款,并可以将该机动车拖移至不妨碍交通的地点或者公安机关交通管理部门指定的地点停放。公安机关交通管理部门拖车不得向当事人收取费用,并应当及时告知当事人停放地点。

因采取不正确的方法拖车造成机动车损坏的,应当依法承担补偿责任。

第九十四条 机动车安全技术检验机构实施机动车安全技术检验超过国务院价格主管

部门核定的收费标准收取费用的，退还多收取的费用，并由价格主管部门依照《中华人民共和国价格法》的有关规定给予处罚。

机动车安全技术检验机构不按照机动车国家安全技术标准进行检验，出具虚假检验结果的，由公安机关交通管理部门处所收检验费用五倍以上十倍以下罚款，并依法撤销其检验资格；构成犯罪的，依法追究刑事责任。

第九十五条 上道路行驶的机动车未悬挂机动车号牌，未放置检验合格标志、保险标志，或者未随车携带行驶证、驾驶证的，公安机关交通管理部门应当扣留机动车，通知当事人提供相应的牌证、标志或者补办相应手续，并可以依照本法第九十条的规定予以处罚。当事人提供相应的牌证、标志或者补办相应手续的，应当及时退还机动车。

故意遮挡、污损或者不按规定安装机动车号牌的，依照本法第九十条的规定予以处罚。

第九十六条 伪造、变造或者使用伪造、变造的机动车登记证书、号牌、行驶证、驾驶证的，由公安机关交通管理部门予以收缴，扣留该机动车，处十五日以下拘留，并处二千元以上五千元以下罚款；构成犯罪的，依法追究刑事责任。

伪造、变造或者使用伪造、变造的检验合格标志、保险标志的，由公安机关交通管理部门予以收缴，扣留该机动车，处十日以下拘留，并处一千元以上三千元以下罚款；构成犯罪的，依法追究刑事责任。

使用其他车辆的机动车登记证书、号牌、行驶证、检验合格标志、保险标志的，由公安机关交通管理部门予以收缴，扣留该机动车，处二千元以上五千元以下罚款。

当事人提供相应的合法证明或者补办相应手续的，应当及时退还机动车。

第九十七条 非法安装警报器、标志灯具的，由公安机关交通管理部门强制拆除，予以收缴，并处二百元以上二千元以下罚款。

第九十八条 机动车所有人、管理人未按照国家规定投保机动车第三者责任强制保险的，由公安机关交通管理部门扣留车辆至依照规定投保后，并处依照规定投保最低责任限额应缴纳的保险费的二倍罚款。

依照前款缴纳的罚款全部纳入道路交通事故社会救助基金。具体办法由国务院规定。

第九十九条 有下列行为之一的，由公安机关交通管理部门处二百元以上二千元以下罚款：

（一）未取得机动车驾驶证、机动车驾驶证被吊销或者机动车驾驶证被暂扣期间驾驶机动车的。

（二）将机动车交由未取得机动车驾驶证或者机动车驾驶证被吊销、暂扣的人驾驶的。

（三）造成交通事故后逃逸，尚不构成犯罪的。

（四）机动车行驶超过规定时速百分之五十的。

（五）强迫机动车驾驶人违反道路交通安全法律、法规和机动车安全驾驶要求驾驶机动车，造成交通事故，尚不构成犯罪的。

（六）违反交通管制的规定强行通行，不听劝阻的。

（七）故意损毁、移动、涂改交通设施，造成危害后果，尚不构成犯罪的。

（八）非法拦截、扣留机动车辆，不听劝阻，造成交通严重阻塞或者较大财产损失的。

行为人有前款第二项、第四项情形之一的，可以并处吊销机动车驾驶证；有第一项、第三项、第五项至第八项情形之一的,可以并处十五日以下拘留。

第一百条 驾驶拼装的机动车或者已达到报废标准的机动车上道路行驶的,公安机关交通管理部门应当予以收缴,强制报废。

对驾驶前款所列机动车上道路行驶的驾驶人,处二百元以上二千元以下罚款,并吊销机动车驾驶证。

出售已达到报废标准的机动车的,没收违法所得,处销售金额等额的罚款,对该机动车依照本条第一款的规定处理。

第一百零一条 违反道路交通安全法律、法规的规定,发生重大交通事故,构成犯罪的,依法追究刑事责任,并由公安机关交通管理部门吊销机动车驾驶证。

造成交通事故后逃逸的,由公安机关交通管理部门吊销机动车驾驶证,且终生不得重新取得机动车驾驶证。

第一百零二条 对六个月内发生二次以上特大交通事故负有主要责任或者全部责任的专业运输单位,由公安机关交通管理部门责令消除安全隐患,未消除安全隐患的机动车,禁止上道路行驶。

第一百零三条 国家机动车产品主管部门未按照机动车国家安全技术标准严格审查,许可不合格机动车型投入生产的,对负有责任的主管人员和其他直接责任人员给予降级或者撤职的行政处分。

机动车生产企业经国家机动车产品主管部门许可生产的机动车型,不执行机动车国家安全技术标准或者不严格进行机动车成品质量检验,致使质量不合格的机动车出厂销售的,由质量技术监督部门依照《中华人民共和国产品质量法》的有关规定给予处罚。

擅自生产、销售未经国家机动车产品主管部门许可生产的机动车型的,没收非法生产、销售的机动车成品及配件,可以并处非法产品价值三倍以上五倍以下罚款;有营业执照的,由工商行政管理部门吊销营业执照,没有营业执照的,予以查封。

生产、销售拼装的机动车或者生产、销售擅自改装的机动车的,依照本条第三款的规定处罚。

有本条第二款、第三款、第四款所列违法行为,生产或者销售不符合机动车国家安全技术标准的机动车,构成犯罪的,依法追究刑事责任。

第一百零四条 未经批准,擅自挖掘道路、占用道路施工或者从事其他影响道路交通安全活动的,由道路主管部门责令停止违法行为,并恢复原状,可以依法给予罚款;致使通行的人员、车辆及其他财产遭受损失的,依法承担赔偿责任。

有前款行为,影响道路交通安全活动的,公安机关交通管理部门可以责令停止违法行为,迅速恢复交通。

第一百零五条 道路施工作业或者道路出现损毁,未及时设置警示标志、未采取防护措施,或者应当设置交通信号灯、交通标志、交通标线而没有设置或者应当及时变更交通信号灯、交通标志、交通标线而没有及时变更,致使通行的人员、车辆及其他财产遭受损失的,负有相关职责的单位应当依法承担赔偿责任。

第一百零六条 在道路两侧及隔离带上种植树木、其他植物或者设置广告牌、管线等,遮挡路灯、交通信号灯、交通标志,妨碍安全视距的,由公安机关交通管理部门责令行为人排除妨碍；拒不执行的，处二百元以上二千元以下罚款，并强制排除妨碍，所需费用由行为人负担。

第一百零七条 对道路交通违法行为人予以警告、二百元以下罚款，交通警察可以当场作出行政处罚决定，并出具行政处罚决定书。

行政处罚决定书应当载明当事人的违法事实、行政处罚的依据、处罚内容、时间、地点以及处罚机关名称，并由执法人员签名或者盖章。

第一百零八条 当事人应当自收到罚款的行政处罚决定书之日起十五日内，到指定的银行缴纳罚款。

对行人、乘车人和非机动车驾驶人的罚款，当事人无异议的，可以当场予以收缴罚款。

罚款应当开具省、自治区、直辖市财政部门统一制发的罚款收据；不出具财政部门统一制发的罚款收据的，当事人有权拒绝缴纳罚款。

第一百零九条 当事人逾期不履行行政处罚决定的，作出行政处罚决定的行政机关可以采取下列措施：

（一）到期不缴纳罚款的，每日按罚款数额的百分之三加处罚款。

（二）申请人民法院强制执行。

第一百一十条 执行职务的交通警察认为应当对道路交通违法行为人给予暂扣或者吊销机动车驾驶证处罚的，可以先予扣留机动车驾驶证，并在二十四小时内将案件移交公安机关交通管理部门处理。

道路交通违法行为人应当在十五日内到公安机关交通管理部门接受处理。无正当理由逾期未接受处理的，吊销机动车驾驶证。

公安机关交通管理部门暂扣或者吊销机动车驾驶证的，应当出具行政处罚决定书。

第一百一十一条 对违反本法规定予以拘留的行政处罚，由县、市公安局、公安分局或者相当于县一级的公安机关裁决。

第一百一十二条 公安机关交通管理部门扣留机动车、非机动车，应当当场出具凭证，并告知当事人在规定期限内到公安机关交通管理部门接受处理。

公安机关交通管理部门对被扣留的车辆应当妥善保管，不得使用。

逾期不来接受处理，并且经公告三个月仍不来接受处理的，对扣留的车辆依法处理。

第一百一十三条 暂扣机动车驾驶证的期限从处罚决定生效之日起计算；处罚决定生效前先予扣留机动车驾驶证的，扣留一日折抵暂扣期限一日。

吊销机动车驾驶证后重新申请领取机动车驾驶证的期限，按照机动车驾驶证管理规定办理。

第一百一十四条 公安机关交通管理部门根据交通技术监控记录资料，可以对违法的机动车所有人或者管理人依法予以处罚。对能够确定驾驶人的，可以依照本法的规定依法予以处罚。

第一百一十五条 交通警察有下列行为之一的，依法给予行政处分：

（一）为不符合法定条件的机动车发放机动车登记证书、号牌、行驶证、检验合格标志的。

（二）批准不符合法定条件的机动车安装、使用警车、消防车、救护车、工程救险车的警报器、标志灯具，喷涂标志图案的。

（三）为不符合驾驶许可条件、未经考试或者考试不合格人员发放机动车驾驶证的。

（四）不执行罚款决定与罚款收缴分离制度或者不按规定将依法收取的费用、收缴的罚款及没收的违法所得全部上缴国库的。

（五）举办或者参与举办驾驶学校或者驾驶培训班、机动车修理厂或者收费停车场等经营活动的。

（六）利用职务上的便利收受他人财物或者谋取其他利益的。

（七）违法扣留车辆、机动车行驶证、驾驶证、车辆号牌的。

（八）使用依法扣留的车辆的。

（九）当场收取罚款不开具罚款收据或者不如实填写罚款额的。

（十）徇私舞弊，不公正处理交通事故的。

（十一）故意刁难，拖延办理机动车牌证的。

（十二）非执行紧急任务时使用警报器、标志灯具的。

（十三）违反规定拦截、检查正常行驶的车辆的。

（十四）非执行紧急公务时拦截搭乘机动车的。

（十五）不履行法定职责的。

公安机关交通管理部门有前款所列行为之一的，对直接负责的主管人员和其他直接责任人员给予相应的行政处分。

第一百一十六条 依照本法第一百一十五条的规定，给予交通警察行政处分的，在作出行政处分决定前，可以停止其执行职务；必要时，可以予以禁闭。

依照本法第一百一十五条的规定，交通警察受到降级或者撤职行政处分的，可以予以辞退。

交通警察受到开除处分或者被辞退的，应当取消警衔；受到撤职以下行政处分的交通警察，应当降低警衔。

第一百一十七条 交通警察利用职权非法占有公共财物，索取、收受贿赂，或者滥用职权、玩忽职守，构成犯罪的，依法追究刑事责任。

第一百一十八条 公安机关交通管理部门及其交通警察有本法第一百一十五条所列行为之一，给当事人造成损失的，应当依法承担赔偿责任。

第八章 附 则

第一百一十九条 本法中下列用语的含义：

（一）“道路”，是指公路、城市道路和虽在单位管辖范围但允许社会机动车通行的地方，包括广场、公共停车场等用于公众通行的场所。

（二）“车辆”，是指机动车和非机动车。

（三）“机动车”，是指以动力装置驱动或者牵引，上道路行驶的供人员乘用或者用于运送物品以及进行工程专项作业的轮式车辆。

（四）“非机动车”，是指以人力或者畜力驱动，上道路行驶的交通工具，以及虽有动力装置驱动但设计最高时速、空车质量、外形尺寸符合有关国家标准的残疾人机动轮椅车、电动自行车等交通工具。

（五）“交通事故”，是指车辆在道路上因过错或者意外造成的人身伤亡或者财产损失的事件。

第一百二十条 中国人民解放军和中国人民武装警察部队在编机动车牌证、在编机动车检验以及机动车驾驶人考核工作，由中国人民解放军、中国人民武装警察部队有关部门负责。

第一百二十一条 对上道路行驶的拖拉机，由农业（农业机械）主管部门行使本法第八条、第九条、第十三条、第十九条、第二十三条规定的公安机关交通管理部门的管理职权。

农业（农业机械）主管部门依照前款规定行使职权，应当遵守本法有关规定，并接受公安机关交通管理部门的监督；对违反规定的，依照本法有关规定追究法律责任。

本法施行前由农业（农业机械）主管部门发放的机动车牌证，在本法施行后继续有效。

第一百二十二条 国家对入境的境外机动车的道路交通安全实施统一管理。

第一百二十三条 省、自治区、直辖市人民代表大会常务委员会可以根据本地区的实际情况，在本法规定的罚款幅度内，规定具体的执行标准。

第一百二十四条 本法自2004年5月1日起施行。

1－3 中华人民共和国道路运输条例

（2004年4月14日国务院第48次常务会议通过 2004年4月30日中华人民共和国国务院令第406号公布 根据2012年11月9日中华人民共和国国务院令第628号公布 自2013年1月1日起施行的《国务院关于修改和废止部分行政法规的决定》修正）

第一章 总 则

第一条 为了维护道路运输市场秩序，保障道路运输安全，保护道路运输有关各方当事人的合法权益，促进道路运输业的健康发展，制定本条例。

第二条 从事道路运输经营以及道路运输相关业务的，应当遵守本条例。

前款所称道路运输经营包括道路旅客运输经营（以下简称“客运经营”）和道路货物运输经营（以下简称“货运经营”）；道路运输相关业务包括站（场）经营、机动车维修经营、机动车驾驶员培训。

第三条 从事道路运输经营以及道路运输相关业务，应当依法经营，诚实信用，公平竞争。

第四条 道路运输管理，应当公平、公正、公开和便民。

第五条 国家鼓励发展乡村道路运输，并采取必要的措施提高乡镇和行政村的通班车率，满足广大农民的生活和生产需要。

第六条 国家鼓励道路运输企业实行规模化、集约化经营。任何单位和个人不得封锁或者垄断道路运输市场。

第七条 国务院交通主管部门主管全国道路运输管理工作。

县级以上地方人民政府交通主管部门负责组织领导本行政区域的道路运输管理工作。

县级以上道路运输管理机构负责具体实施道路运输管理工作。

第二章 道路运输经营

第一节 客 运

第八条 申请从事客运经营的，应当具备下列条件：

（一）有与其经营业务相适应并经检测合格的车辆。

（二）有符合本条例第九条规定条件的驾驶人员。

（三）有健全的安全生产管理制度。

申请从事班线客运经营的，还应当有明确的线路和站点方案。

第九条 从事客运经营的驾驶人员,应当符合下列条件:

(一)取得相应的机动车驾驶证。

(二)年龄不超过60周岁。

(三)3年内无重大以上交通责任事故记录。

(四)经设区的市级道路运输管理机构对有关客运法律法规、机动车维修和旅客急救基本知识考试合格。

第十条 申请从事客运经营的,应当按照下列规定提出申请并提交符合本条例第八条规定条件的相关材料:

(一)从事县级行政区域内客运经营的,向县级道路运输管理机构提出申请;

(二)从事省、自治区、直辖市行政区域内跨2个县级以上行政区域客运经营的,向其共同的上一级道路运输管理机构提出申请;

(三)从事跨省、自治区、直辖市行政区域客运经营的,向所在地的省、自治区、直辖市道路运输管理机构提出申请。

依照前款规定收到申请的道路运输管理机构,应当自受理申请之日起20日内审查完毕,作出许可或者不予许可的决定。予以许可的,向申请人颁发道路运输经营许可证,并向申请人投入运输的车辆配发车辆营运证;不予许可的,应当书面通知申请人并说明理由。

对从事跨省、自治区、直辖市行政区域客运经营的申请,有关省、自治区、直辖市道路运输管理机构依照本条第二款规定颁发道路运输经营许可证前,应当与运输线路目的地的省、自治区、直辖市道路运输管理机构协商;协商不成的,应当报国务院交通主管部门决定。

客运经营者应当持道路运输经营许可证依法向工商行政管理机关办理有关登记手续。

第十一条 取得道路运输经营许可证的客运经营者,需要增加客运班线的,应当依照本条例第十条的规定办理有关手续。

第十二条 县级以上道路运输管理机构在审查客运申请时,应当考虑客运市场的供求状况、普遍服务和方便群众等因素。

同一线路有3个以上申请人时,可以通过招标的形式作出许可决定。

第十三条 县级以上道路运输管理机构应当定期公布客运市场供求状况。

第十四条 客运班线的经营期限为4年到8年。经营期限届满需要延续客运班线经营许可的,应当重新提出申请。

第十五条 客运经营者需要终止客运经营的,应当在终止前30日内告知原许可机关。

第十六条 客运经营者应当为旅客提供良好的乘车环境,保持车辆清洁、卫生,并采取必要的措施防止在运输过程中发生侵害旅客人身、财产安全的违法行为。

第十七条 旅客应当持有效客票乘车,遵守乘车秩序,讲究文明卫生,不得携带国家规定的危险物品及其他禁止携带的物品乘车。

第十八条 班线客运经营者取得道路运输经营许可证后,应当向公众连续提供运输服务,不得擅自暂停、终止或者转让班线运输。

第十九条 从事包车客运的,应当按照约定的起始地、目的地和线路运输。

从事旅游客运的,应当在旅游区域按照旅游线路运输。

第二十条 客运经营者不得强迫旅客乘车,不得甩客、敲诈旅客;不得擅自更换运输车辆。

第二十一条 客运经营者在运输过程中造成旅客人身伤亡，行李毁损、灭失，当事人对赔偿数额有约定的，依照其约定；没有约定的，参照国家有关港口间海上旅客运输和铁路旅客运输赔偿责任限额的规定办理。

第二节 货 运

第二十二条 申请从事货运经营的，应当具备下列条件：

（一）有与其经营业务相适应并经检测合格的车辆。

（二）有符合本条例第二十三条规定条件的驾驶人员。

（三）有健全的安全生产管理制度。

第二十三条 从事货运经营的驾驶人员，应当符合下列条件：

（一）取得相应的机动车驾驶证。

（二）年龄不超过60周岁。

（三）经设区的市级道路运输管理机构对有关货运法律法规、机动车维修和货物装载保管基本知识考试合格。

第二十四条 申请从事危险货物运输经营的，还应当具备下列条件：

（一）有5辆以上经检测合格的危险货物运输专用车辆、设备。

（二）有经所在地设区的市级人民政府交通主管部门考试合格，取得上岗资格证的驾驶人员、装卸管理人员、押运人员。

（三）危险货物运输专用车辆配有必要的通信工具。

（四）有健全的安全生产管理制度。

第二十五条 申请从事货运经营的，应当按照下列规定提出申请并分别提交符合本条例第二十二条、第二十四条规定条件的相关材料：

（一）从事危险货物运输经营以外的货运经营的，向县级道路运输管理机构提出申请。

（二）从事危险货物运输经营的，向设区的市级道路运输管理机构提出申请。

依照前款规定收到申请的道路运输管理机构，应当自受理申请之日起20日内审查完毕，作出许可或者不予许可的决定。予以许可的，向申请人颁发道路运输经营许可证，并向申请人投入运输的车辆配发车辆营运证；不予许可的，应当书面通知申请人并说明理由。

货运经营者应当持道路运输经营许可证依法向工商行政管理机关办理有关登记手续。

第二十六条 货运经营者不得运输法律、行政法规禁止运输的货物。

法律、行政法规规定必须办理有关手续后方可运输的货物，货运经营者应当查验有关手续。

第二十七条 国家鼓励货运经营者实行封闭式运输，保证环境卫生和货物运输安全。

货运经营者应当采取必要措施，防止货物脱落、扬撒等。

运输危险货物应当采取必要措施，防止危险货物燃烧、爆炸、辐射、泄漏等。

第二十八条 运输危险货物应当配备必要的押运人员，保证危险货物处于押运人员的监管之下，并悬挂明显的危险货物运输标志。

托运危险货物的，应当向货运经营者说明危险货物的品名、性质、应急处置方法等情况，并严格按照国家有关规定包装,设置明显标志。

第三节 客运和货运的共同规定

第二十九条 客运经营者、货运经营者应当加强对从业人员的安全教育、职业道德教育,确保道路运输安全。

道路运输从业人员应当遵守道路运输操作规程,不得违章作业。驾驶人员连续驾驶时间不得超过 4 个小时。

第三十条 生产(改装)客运车辆、货运车辆的企业应当按照国家规定标定车辆的核定人数或者载重量,严禁多标或者少标车辆的核定人数或者载重量。

客运经营者、货运经营者应当使用符合国家规定标准的车辆从事道路运输经营。

第三十一条 客运经营者、货运经营者应当加强对车辆的维护和检测,确保车辆符合国家规定的技术标准;不得使用报废的、擅自改装的和其他不符合国家规定的车辆从事道路运输经营。

第三十二条 客运经营者、货运经营者应当制定有关交通事故、自然灾害以及其他突发事件的道路运输应急预案。应急预案应当包括报告程序、应急指挥、应急车辆和设备的储备以及处置措施等内容。

第三十三条 发生交通事故、自然灾害以及其他突发事件,客运经营者和货运经营者应当服从县级以上人民政府或者有关部门的统一调度、指挥。

第三十四条 道路运输车辆应当随车携带车辆营运证,不得转让、出租。

第三十五条 道路运输车辆运输旅客的,不得超过核定的人数,不得违反规定载货;运输货物的,不得运输旅客,运输的货物应当符合核定的载重量,严禁超载;载物的长、宽、高不得违反装载要求。

违反前款规定的,由公安机关交通管理部门依照《中华人民共和国道路交通安全法》的有关规定进行处罚。

第三十六条 客运经营者、危险货物运输经营者应当分别为旅客或者危险货物投保承运人责任险。

第三章 道路运输相关业务

第三十七条 申请从事道路运输站(场)经营的,应当具备下列条件:

(一)有经验收合格的运输站(场)。

(二)有相应的专业人员和管理人员。

(三)有相应的设备、设施。

(四)有健全的业务操作规程和安全管理制度。

第三十八条 申请从事机动车维修经营的,应当具备下列条件:

(一)有相应的机动车维修场地。

(二)有必要的设备、设施和技术人员。

(三)有健全的机动车维修管理制度。

(四)有必要的环境保护措施。

第三十九条 申请从事机动车驾驶员培训的,应当具备下列条件:

(一)有健全的培训机构和管理制度。

(二)有与培训业务相适应的教学人员、管理人员。

(三)有必要的教学车辆和其他教学设施、设备、场地。

第四十条 申请从事道路运输站(场)经营、机动车维修经营和机动车驾驶员培训业务的,应当向所在地县级道路运输管理机构提出申请,并分别附送符合本条例第三十七条、第三十八条、第三十九条规定条件的相关材料。县级道路运输管理机构应当自受理申请之日起 15 日内审查完毕,作出许可或者不予许可的决定,并书面通知申请人。

道路运输站(场)经营者、机动车维修经营者和机动车驾驶员培训机构,应当持许可证明依法向工商行政管理机关办理有关登记手续。

第四十一条 道路运输站(场)经营者应当对出站的车辆进行安全检查,禁止无证经营的车辆进站从事经营活动,防止超载车辆或者未经安全检查的车辆出站。

道路运输站(场)经营者应当公平对待使用站(场)的客运经营者和货运经营者,无正当理由不得拒绝道路运输车辆进站从事经营活动。

道路运输站(场)经营者应当向旅客和货主提供安全、便捷、优质的服务;保持站(场)卫生、清洁;不得随意改变站(场)用途和服务功能。

第四十二条 道路旅客运输站(场)经营者应当为客运经营者合理安排班次,公布其运输线路、起止经停站点、运输班次、始发时间、票价,调度车辆进站、发车,疏导旅客,维持上下车秩序。

道路旅客运输站(场)经营者应当设置旅客购票、候车、行李寄存和托运等服务设施,按照车辆核定载客限额售票,并采取措施防止携带危险品的人员进站乘车。

第四十三条 道路货物运输站(场)经营者应当按照国务院交通主管部门规定的业务操作规程装卸、储存、保管货物。

第四十四条 机动车维修经营者应当按照国家有关技术规范对机动车进行维修,保证维修质量,不得使用假冒伪劣配件维修机动车。

机动车维修经营者应当公布机动车维修工时定额和收费标准,合理收取费用。

第四十五条 机动车维修经营者对机动车进行二级维护、总成修理或者整车修理的,应当进行维修质量检验。检验合格的,维修质量检验人员应当签发机动车维修合格证。

机动车维修实行质量保证期制度。质量保证期内因维修质量原因造成机动车无法正常使用的,机动车维修经营者应当无偿返修。

机动车维修质量保证期制度的具体办法,由国务院交通主管部门制定。

第四十六条 机动车维修经营者不得承修已报废的机动车,不得擅自改装机动车。

第四十七条 机动车驾驶员培训机构应当按照国务院交通主管部门规定的教学大纲进行培训,确保培训质量。培训结业的,应当向参加培训的人员颁发培训结业证书。

第四章 国际道路运输

第四十八条 国务院交通主管部门应当及时向社会公布中国政府与有关国家政府签署

的双边或者多边道路运输协定确定的国际道路运输线路。

第四十九条 申请从事国际道路运输经营的,应当具备下列条件:

(一)依照本条例第十条、第二十五条规定取得道路运输经营许可证的企业法人。

(二)在国内从事道路运输经营满3年,且未发生重大以上道路交通责任事故。

第五十条 申请从事国际道路运输的,应当向省、自治区、直辖市道路运输管理机构提出申请并提交符合本条例第四十九条规定条件的相关材料。省、自治区、直辖市道路运输管理机构应当自受理申请之日起20日内审查完毕,作出批准或者不予批准的决定。予以批准的,应当向国务院交通主管部门备案;不予批准的,应当向当事人说明理由。

国际道路运输经营者应当持批准文件依法向有关部门办理相关手续。

第五十一条 中国国际道路运输经营者应当在其投入运输车辆的显著位置,标明中国国籍识别标志。

外国国际道路运输经营者的车辆在中国境内运输,应当标明本国国籍识别标志,并按照规定的运输线路行驶;不得擅自改变运输线路,不得从事起止地都在中国境内的道路运输经营。

第五十二条 在口岸设立的国际道路运输管理机构应当加强对出入口岸的国际道路运输的监督管理。

第五十三条 外国国际道路运输经营者经国务院交通主管部门批准,可以依法在中国境内设立常驻代表机构。常驻代表机构不得从事经营活动。

第五章 执法监督

第五十四条 县级以上人民政府交通主管部门应当加强对道路运输管理机构实施道路运输管理工作的指导监督。

第五十五条 道路运输管理机构应当加强执法队伍建设,提高其工作人员的法制、业务素质。

道路运输管理机构的工作人员应当接受法制和道路运输管理业务培训、考核,考核不合格的,不得上岗执行职务。

第五十六条 上级道路运输管理机构应当对下级道路运输管理机构的执法活动进行监督。

道路运输管理机构应当建立健全内部监督制度,对其工作人员执法情况进行监督检查。

第五十七条 道路运输管理机构及其工作人员执行职务时,应当自觉接受社会和公民的监督。

第五十八条 道路运输管理机构应当建立道路运输举报制度,公开举报电话号码、通信地址或者电子邮件信箱。

任何单位和个人都有权对道路运输管理机构的工作人员滥用职权、徇私舞弊的行为进行举报。交通主管部门、道路运输管理机构及其他有关部门收到举报后,应当依法及时查处。

第五十九条 道路运输管理机构的工作人员应当严格按照职责权限和程序进行监督检

查，不得乱设卡、乱收费、乱罚款。

道路运输管理机构的工作人员应当重点在道路运输及相关业务经营场所、客货集散地进行监督检查。

道路运输管理机构的工作人员在公路路口进行监督检查时，不得随意拦截正常行驶的道路运输车辆。

第六十条 道路运输管理机构的工作人员实施监督检查时，应当有2名以上人员参加，并向当事人出示执法证件。

第六十一条 道路运输管理机构的工作人员实施监督检查时，可以向有关单位和个人了解情况，查阅、复制有关资料。但是，应当保守被调查单位和个人的商业秘密。

被监督检查的单位和个人应当接受依法实施的监督检查，如实提供有关资料或者情况。

第六十二条 道路运输管理机构的工作人员在实施道路运输监督检查过程中，发现车辆超载行为的，应当立即予以制止，并采取相应措施安排旅客改乘或者强制卸货。

第六十三条 道路运输管理机构的工作人员在实施道路运输监督检查过程中，对没有车辆营运证又无法当场提供其他有效证明的车辆予以暂扣的，应当妥善保管，不得使用，不得收取或者变相收取保管费用。

第六章 法律责任

第六十四条 违反本条例的规定，未取得道路运输经营许可，擅自从事道路运输经营的，由县级以上道路运输管理机构责令停止经营；有违法所得的，没收违法所得，处违法所得2倍以上10倍以下的罚款；没有违法所得或者违法所得不足2万元的，处3万元以上10万元以下的罚款；构成犯罪的，依法追究刑事责任。

第六十五条 不符合本条例第九条、第二十三条规定条件的人员驾驶道路运输经营车辆的，由县级以上道路运输管理机构责令改正，处200元以上2000元以下的罚款；构成犯罪的，依法追究刑事责任。

第六十六条 违反本条例的规定，未经许可擅自从事道路运输站（场）经营、机动车维修经营、机动车驾驶员培训的，由县级以上道路运输管理机构责令停止经营；有违法所得的，没收违法所得，处违法所得2倍以上10倍以下的罚款；没有违法所得或者违法所得不足1万元的，处2万元以上5万元以下的罚款；构成犯罪的，依法追究刑事责任。

第六十七条 违反本条例的规定，客运经营者、货运经营者、道路运输相关业务经营者非法转让、出租道路运输许可证件的，由县级以上道路运输管理机构责令停止违法行为，收缴有关证件，处2000元以上1万元以下的罚款；有违法所得的，没收违法所得。

第六十八条 违反本条例的规定，客运经营者、危险货物运输经营者未按规定投保承运人责任险的，由县级以上道路运输管理机构责令限期投保；拒不投保的，由原许可机关吊销道路运输经营许可证。

第六十九条 违反本条例的规定，客运经营者、货运经营者不按照规定携带车辆营运证的，由县级以上道路运输管理机构责令改正，处警告或者20元以上200元以下的罚款。

第七十条 违反本条例的规定，客运经营者、货运经营者有下列情形之一的，由县级以上道路运输管理机构责令改正，处1000元以上3000元以下的罚款；情节严重的，由原许可机关吊销道路运输经营许可证：

（一）不按批准的客运站点停靠或者不按规定的线路、公布的班次行驶的。

（二）强行招揽旅客、货物的。

（三）在旅客运输途中擅自变更运输车辆或者将旅客移交他人运输的。

（四）未报告原许可机关，擅自终止客运经营的。

（五）没有采取必要措施防止货物脱落、扬撒等的。

第七十一条 违反本条例的规定，客运经营者、货运经营者不按规定维护和检测运输车辆的，由县级以上道路运输管理机构责令改正，处1000元以上5000元以下的罚款。

违反本条例的规定，客运经营者、货运经营者擅自改装已取得车辆营运证的车辆的，由县级以上道路运输管理机构责令改正，处5000元以上2万元以下的罚款。

第七十二条 违反本条例的规定，道路运输站（场）经营者允许无证经营的车辆进站从事经营活动以及超载车辆、未经安全检查的车辆出站或者无正当理由拒绝道路运输车辆进站从事经营活动的，由县级以上道路运输管理机构责令改正，处1万元以上3万元以下的罚款。

违反本条例的规定，道路运输站（场）经营者擅自改变道路运输站（场）的用途和服务功能，或者不公布运输线路、起止经停站点、运输班次、始发时间、票价的，由县级以上道路运输管理机构责令改正；拒不改正的，处3000元的罚款；有违法所得的，没收违法所得。

第七十三条 违反本条例的规定，机动车维修经营者使用假冒伪劣配件维修机动车，承修已报废的机动车或者擅自改装机动车的，由县级以上道路运输管理机构责令改正；有违法所得的，没收违法所得，处违法所得2倍以上10倍以下的罚款；没有违法所得或者违法所得不足1万元的，处2万元以上5万元以下的罚款，没收假冒伪劣配件及报废车辆；情节严重的，由原许可机关吊销其经营许可；构成犯罪的，依法追究刑事责任。

第七十四条 违反本条例的规定，机动车维修经营者签发虚假的机动车维修合格证，由县级以上道路运输管理机构责令改正；有违法所得的，没收违法所得，处违法所得2倍以上10倍以下的罚款；没有违法所得或者违法所得不足3000元的，处5000元以上2万元以下的罚款；情节严重的，由原许可机关吊销其经营许可；构成犯罪的，依法追究刑事责任。

第七十五条 违反本条例的规定，机动车驾驶员培训机构不严格按照规定进行培训或者在培训结业证书发放时弄虚作假的，由县级以上道路运输管理机构责令改正；拒不改正的，由原许可机关吊销其经营许可。

第七十六条 违反本条例的规定，外国国际道路运输经营者未按照规定的线路运输，擅自从事中国境内道路运输或者未标明国籍识别标志的，由省、自治区、直辖市道路运输管理机构责令停止运输；有违法所得的，没收违法所得，处违法所得2倍以上10倍以下的罚款；没有违法所得或者违法所得不足1万元的，处3万元以上6万元以下的罚款。

第七十七条 违反本条例的规定，道路运输管理机构的工作人员有下列情形之一的，依法给予行政处分；构成犯罪的，依法追究刑事责任：

（一）不依照本条例规定的条件、程序和期限实施行政许可的。

（二）参与或者变相参与道路运输经营以及道路运输相关业务的。

(三)发现违法行为不及时查处的。

(四)违反规定拦截、检查正常行驶的道路运输车辆的。

(五)违法扣留运输车辆、车辆营运证的。

(六)索取、收受他人财物,或者谋取其他利益的。

(七)其他违法行为。

第七章　附　　则

第七十八条　内地与香港特别行政区、澳门特别行政区之间的道路运输,参照本条例的有关规定执行。

第七十九条　外商可以依照有关法律、行政法规和国家有关规定,在中华人民共和国境内采用中外合资、中外合作、独资形式投资有关的道路运输经营以及道路运输相关业务。

第八十条　从事非经营性危险货物运输的,应当遵守本条例有关规定。

第八十一条　道路运输管理机构依照本条例发放经营许可证件和车辆营运证,可以收取工本费。工本费的具体收费标准由省、自治区、直辖市人民政府财政部门、价格主管部门会同同级交通主管部门核定。

第八十二条　出租车客运和城市公共汽车客运的管理办法由国务院另行规定。

第八十三条　本条例自2004年7月1日起施行。

1-4 中华人民共和国防震减灾法

（1997年12月29日第八届全国人民代表大会常务委员会第二十九次会议通过 2008年12月27日第十一届全国人民代表大会常务委员会第六次会议修订）

第一章 总 则

第一条 为了防御和减轻地震灾害，保护人民生命和财产安全，促进经济社会的可持续发展，制定本法。

第二条 在中华人民共和国领域和中华人民共和国管辖的其他海域从事地震监测预报、地震灾害预防、地震应急救援、地震灾后过渡性安置和恢复重建等防震减灾活动，适用本法。

第三条 防震减灾工作，实行预防为主、防御与救助相结合的方针。

第四条 县级以上人民政府应当加强对防震减灾工作的领导，将防震减灾工作纳入本级国民经济和社会发展规划，所需经费列入财政预算。

第五条 在国务院的领导下，国务院地震工作主管部门和国务院经济综合宏观调控、建设、民政、卫生、公安以及其他有关部门，按照职责分工，各负其责，密切配合，共同做好防震减灾工作。

县级以上地方人民政府负责管理地震工作的部门或者机构和其他有关部门在本级人民政府领导下，按照职责分工，各负其责，密切配合，共同做好本行政区域的防震减灾工作。

第六条 国务院抗震救灾指挥机构负责统一领导、指挥和协调全国抗震救灾工作。县级以上地方人民政府抗震救灾指挥机构负责统一领导、指挥和协调本行政区域的抗震救灾工作。

国务院地震工作主管部门和县级以上地方人民政府负责管理地震工作的部门或者机构，承担本级人民政府抗震救灾指挥机构的日常工作。

第七条 各级人民政府应当组织开展防震减灾知识的宣传教育，增强公民的防震减灾意识，提高全社会的防震减灾能力。

第八条 任何单位和个人都有依法参加防震减灾活动的义务。

国家鼓励、引导社会组织和个人开展地震群测群防活动，对地震进行监测和预防。

国家鼓励、引导志愿者参加防震减灾活动。

第九条 中国人民解放军、中国人民武装警察部队和民兵组织，依照本法以及其他有关法律、行政法规、军事法规的规定和国务院、中央军事委员会的命令，执行抗震救灾任务，保护人民生命和财产安全。

第十条 从事防震减灾活动，应当遵守国家有关防震减灾标准。

第十一条 国家鼓励、支持防震减灾的科学技术研究,逐步提高防震减灾科学技术研究经费投入,推广先进的科学研究成果,加强国际合作与交流,提高防震减灾工作水平。

对在防震减灾工作中做出突出贡献的单位和个人,按照国家有关规定给予表彰和奖励。

第二章 防震减灾规划

第十二条 国务院地震工作主管部门会同国务院有关部门组织编制国家防震减灾规划,报国务院批准后组织实施。

县级以上地方人民政府负责管理地震工作的部门或者机构会同同级有关部门,根据上一级防震减灾规划和本行政区域的实际情况,组织编制本行政区域的防震减灾规划,报本级人民政府批准后组织实施,并报上一级人民政府负责管理地震工作的部门或者机构备案。

第十三条 编制防震减灾规划,应当遵循统筹安排、突出重点、合理布局、全面预防的原则,以震情和震害预测结果为依据,并充分考虑人民生命和财产安全及经济社会发展、资源环境保护等需要。

县级以上地方人民政府有关部门应当根据编制防震减灾规划的需要,及时提供有关资料。

第十四条 防震减灾规划的内容应当包括:震情形势和防震减灾总体目标,地震监测台网建设布局,地震灾害预防措施,地震应急救援措施,以及防震减灾技术、信息、资金、物资等保障措施。

编制防震减灾规划,应当对地震重点监视防御区的地震监测台网建设、震情跟踪、地震灾害预防措施、地震应急准备、防震减灾知识宣传教育等作出具体安排。

第十五条 防震减灾规划报送审批前,组织编制机关应当征求有关部门、单位、专家和公众的意见。

防震减灾规划报送审批文件中应当附具意见采纳情况及理由。

第十六条 防震减灾规划一经批准公布,应当严格执行;因震情形势变化和经济社会发展的需要确需修改的,应当按照原审批程序报送审批。

第三章 地震监测预报

第十七条 国家加强地震监测预报工作,建立多学科地震监测系统,逐步提高地震监测预报水平。

第十八条 国家对地震监测台网实行统一规划,分级、分类管理。

国务院地震工作主管部门和县级以上地方人民政府负责管理地震工作的部门或者机构,按照国务院有关规定,制定地震监测台网规划。

全国地震监测台网由国家级地震监测台网、省级地震监测台网和市、县级地震监测台网组成,其建设资金和运行经费列入财政预算。

第十九条 水库、油田、核电站等重大建设工程的建设单位,应当按照国务院有关规定,建设专用地震监测台网或者强震动监测设施,其建设资金和运行经费由建设单位承担。

第二十条 地震监测台网的建设,应当遵守法律、法规和国家有关标准,保证建设质量。

第二十一条 地震监测台网不得擅自中止或者终止运行。

检测、传递、分析、处理、存储、报送地震监测信息的单位,应当保证地震监测信息的质量和安全。

县级以上地方人民政府应当组织相关单位为地震监测台网的运行提供通信、交通、电力等保障条件。

第二十二条 沿海县级以上地方人民政府负责管理地震工作的部门或者机构,应当加强海域地震活动监测预测工作。海域地震发生后,县级以上地方人民政府负责管理地震工作的部门或者机构,应当及时向海洋主管部门和当地海事管理机构等通报情况。

火山所在地的县级以上地方人民政府负责管理地震工作的部门或者机构,应当利用地震监测设施和技术手段,加强火山活动监测预测工作。

第二十三条 国家依法保护地震监测设施和地震观测环境。

任何单位和个人不得侵占、毁损、拆除或者擅自移动地震监测设施。地震监测设施遭到破坏的,县级以上地方人民政府负责管理地震工作的部门或者机构应当采取紧急措施组织修复,确保地震监测设施正常运行。

任何单位和个人不得危害地震观测环境。国务院地震工作主管部门和县级以上地方人民政府负责管理地震工作的部门或者机构会同同级有关部门,按照国务院有关规定划定地震观测环境保护范围,并纳入土地利用总体规划和城乡规划。

第二十四条 新建、扩建、改建建设工程,应当避免对地震监测设施和地震观测环境造成危害。建设国家重点工程,确实无法避免对地震监测设施和地震观测环境造成危害的,建设单位应当按照县级以上地方人民政府负责管理地震工作的部门或者机构的要求,增建抗干扰设施;不能增建抗干扰设施的,应当新建地震监测设施。

对地震观测环境保护范围内的建设工程项目,城乡规划主管部门在依法核发选址意见书时,应当征求负责管理地震工作的部门或者机构的意见;不需要核发选址意见书的,城乡规划主管部门在依法核发建设用地规划许可证或者乡村建设规划许可证时,应当征求负责管理地震工作的部门或者机构的意见。

第二十五条 国务院地震工作主管部门建立健全地震监测信息共享平台,为社会提供服务。

县级以上地方人民政府负责管理地震工作的部门或者机构,应当将地震监测信息及时报送上一级人民政府负责管理地震工作的部门或者机构。

专用地震监测台网和强震动监测设施的管理单位,应当将地震监测信息及时报送所在地省、自治区、直辖市人民政府负责管理地震工作的部门或者机构。

第二十六条 国务院地震工作主管部门和县级以上地方人民政府负责管理地震工作的部门或者机构,根据地震监测信息研究结果,对可能发生地震的地点、时间和震级作出预测。

其他单位和个人通过研究提出的地震预测意见,应当向所在地或者所预测地的县级以上地方人民政府负责管理地震工作的部门或者机构书面报告,或者直接向国务院地震工作主管部门书面报告。收到书面报告的部门或者机构应当进行登记并出具接收凭证。

第二十七条 观测到可能与地震有关的异常现象的单位和个人,可以向所在地县级以上地方人民政府负责管理地震工作的部门或者机构报告，也可以直接向国务院地震工作主管部门报告。

国务院地震工作主管部门和县级以上地方人民政府负责管理地震工作的部门或者机构接到报告后，应当进行登记并及时组织调查核实。

第二十八条 国务院地震工作主管部门和省、自治区、直辖市人民政府负责管理地震工作的部门或者机构，应当组织召开震情会商会，必要时邀请有关部门、专家和其他有关人员参加，对地震预测意见和可能与地震有关的异常现象进行综合分析研究，形成震情会商意见，报本级人民政府；经震情会商形成地震预报意见的，在报本级人民政府前，应当进行评审，作出评审结果，并提出对策建议。

第二十九条 国家对地震预报意见实行统一发布制度。

全国范围内的地震长期和中期预报意见，由国务院发布。省、自治区、直辖市行政区域内的地震预报意见，由省、自治区、直辖市人民政府按照国务院规定的程序发布。

除发表本人或者本单位对长期、中期地震活动趋势的研究成果及进行相关学术交流外，任何单位和个人不得向社会散布地震预测意见。任何单位和个人不得向社会散布地震预报意见及其评审结果。

第三十条 国务院地震工作主管部门根据地震活动趋势和震害预测结果，提出确定地震重点监视防御区的意见，报国务院批准。

国务院地震工作主管部门应当加强地震重点监视防御区的震情跟踪，对地震活动趋势进行分析评估，提出年度防震减灾工作意见，报国务院批准后实施。

地震重点监视防御区的县级以上地方人民政府应当根据年度防震减灾工作意见和当地的地震活动趋势，组织有关部门加强防震减灾工作。

地震重点监视防御区的县级以上地方人民政府负责管理地震工作的部门或者机构，应当增加地震监测台网密度，组织做好震情跟踪、流动观测和可能与地震有关的异常现象观测以及群测群防工作，并及时将有关情况报上一级人民政府负责管理地震工作的部门或者机构。

第三十一条 国家支持全国地震烈度速报系统的建设。

地震灾害发生后，国务院地震工作主管部门应当通过全国地震烈度速报系统快速判断致灾程度，为指挥抗震救灾工作提供依据。

第三十二条 国务院地震工作主管部门和县级以上地方人民政府负责管理地震工作的部门或者机构，应当对发生地震灾害的区域加强地震监测，在地震现场设立流动观测点，根据震情的发展变化，及时对地震活动趋势作出分析、判定，为余震防范工作提供依据。

国务院地震工作主管部门和县级以上地方人民政府负责管理地震工作的部门或者机构、地震监测台网的管理单位，应当及时收集、保存有关地震的资料和信息，并建立完整的档案。

第三十三条 外国的组织或者个人在中华人民共和国领域和中华人民共和国管辖的其他海域从事地震监测活动，必须经国务院地震工作主管部门会同有关部门批准，并采取与中华人民共和国有关部门或者单位合作的形式进行。

第四章　地震灾害预防

第三十四条　国务院地震工作主管部门负责制定全国地震烈度区划图或者地震动参数区划图。

国务院地震工作主管部门和省、自治区、直辖市人民政府负责管理地震工作的部门或者机构，负责审定建设工程的地震安全性评价报告，确定抗震设防要求。

第三十五条　新建、扩建、改建建设工程，应当达到抗震设防要求。

重大建设工程和可能发生严重次生灾害的建设工程，应当按照国务院有关规定进行地震安全性评价，并按照经审定的地震安全性评价报告所确定的抗震设防要求进行抗震设防。建设工程的地震安全性评价单位应当按照国家有关标准进行地震安全性评价，并对地震安全性评价报告的质量负责。

前款规定以外的建设工程，应当按照地震烈度区划图或者地震动参数区划图所确定的抗震设防要求进行抗震设防；对学校、医院等人员密集场所的建设工程，应当按照高于当地房屋建筑的抗震设防要求进行设计和施工，采取有效措施，增强抗震设防能力。

第三十六条　有关建设工程的强制性标准，应当与抗震设防要求相衔接。

第三十七条　国家鼓励城市人民政府组织制定地震小区划图。地震小区划图由国务院地震工作主管部门负责审定。

第三十八条　建设单位对建设工程的抗震设计、施工的全过程负责。

设计单位应当按照抗震设防要求和工程建设强制性标准进行抗震设计，并对抗震设计的质量以及出具的施工图设计文件的准确性负责。

施工单位应当按照施工图设计文件和工程建设强制性标准进行施工，并对施工质量负责。

建设单位、施工单位应当选用符合施工图设计文件和国家有关标准规定的材料、构配件和设备。

工程监理单位应当按照施工图设计文件和工程建设强制性标准实施监理，并对施工质量承担监理责任。

第三十九条　已经建成的下列建设工程，未采取抗震设防措施或者抗震设防措施未达到抗震设防要求的，应当按照国家有关规定进行抗震性能鉴定，并采取必要的抗震加固措施：

（一）重大建设工程。

（二）可能发生严重次生灾害的建设工程。

（三）具有重大历史、科学、艺术价值或者重要纪念意义的建设工程。

（四）学校、医院等人员密集场所的建设工程。

（五）地震重点监视防御区内的建设工程。

第四十条　县级以上地方人民政府应当加强对农村村民住宅和乡村公共设施抗震设防的管理，组织开展农村实用抗震技术的研究和开发，推广达到抗震设防要求、经济适用、具有当地特色的建筑设计和施工技术，培训相关技术人员，建设示范工程，逐步提高农村村民住

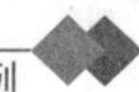

宅和乡村公共设施的抗震设防水平。

国家对需要抗震设防的农村村民住宅和乡村公共设施给予必要支持。

第四十一条 城乡规划应当根据地震应急避难的需要，合理确定应急疏散通道和应急避难场所，统筹安排地震应急避难所必需的交通、供水、供电、排污等基础设施建设。

第四十二条 地震重点监视防御区的县级以上地方人民政府应当根据实际需要，在本级财政预算和物资储备中安排抗震救灾资金、物资。

第四十三条 国家鼓励、支持研究开发和推广使用符合抗震设防要求、经济实用的新技术、新工艺、新材料。

第四十四条 县级人民政府及其有关部门和乡、镇人民政府、城市街道办事处等基层组织，应当组织开展地震应急知识的宣传普及活动和必要的地震应急救援演练，提高公民在地震灾害中自救互救的能力。

机关、团体、企业、事业等单位，应当按照所在地人民政府的要求，结合各自实际情况，加强对本单位人员的地震应急知识宣传教育，开展地震应急救援演练。

学校应当进行地震应急知识教育，组织开展必要的地震应急救援演练，培养学生的安全意识和自救互救能力。

新闻媒体应当开展地震灾害预防和应急、自救互救知识的公益宣传。

国务院地震工作主管部门和县级以上地方人民政府负责管理地震工作的部门或者机构，应当指导、协助、督促有关单位做好防震减灾知识的宣传教育和地震应急救援演练等工作。

第四十五条 国家发展有财政支持的地震灾害保险事业，鼓励单位和个人参加地震灾害保险。

第五章　地震应急救援

第四十六条 国务院地震工作主管部门会同国务院有关部门制定国家地震应急预案，报国务院批准。国务院有关部门根据国家地震应急预案，制定本部门的地震应急预案，报国务院地震工作主管部门备案。

县级以上地方人民政府及其有关部门和乡、镇人民政府，应当根据有关法律、法规、规章、上级人民政府及其有关部门的地震应急预案和本行政区域的实际情况，制定本行政区域的地震应急预案和本部门的地震应急预案。省、自治区、直辖市和较大的市的地震应急预案，应当报国务院地震工作主管部门备案。

交通、铁路、水利、电力、通信等基础设施和学校、医院等人员密集场所的经营管理单位，以及可能发生次生灾害的核电、矿山、危险物品等生产经营单位，应当制定地震应急预案，并报所在地的县级人民政府负责管理地震工作的部门或者机构备案。

第四十七条 地震应急预案的内容应当包括：组织指挥体系及其职责，预防和预警机制，处置程序，应急响应和应急保障措施等。

地震应急预案应当根据实际情况适时修订。

第四十八条 地震预报意见发布后，有关省、自治区、直辖市人民政府根据预报的震情可以宣布有关区域进入临震应急期；有关地方人民政府应当按照地震应急预案，组织有关部门做好应急防范和抗震救灾准备工作。

第四十九条 按照社会危害程度、影响范围等因素，地震灾害分为一般、较大、重大和特别重大四级。具体分级标准按照国务院规定执行。

一般或者较大地震灾害发生后，地震发生地的市、县人民政府负责组织有关部门启动地震应急预案；重大地震灾害发生后，地震发生地的省、自治区、直辖市人民政府负责组织有关部门启动地震应急预案；特别重大地震灾害发生后，国务院负责组织有关部门启动地震应急预案。

第五十条 地震灾害发生后，抗震救灾指挥机构应当立即组织有关部门和单位迅速查清受灾情况，提出地震应急救援力量的配置方案，并采取以下紧急措施：

（一）迅速组织抢救被压埋人员，并组织有关单位和人员开展自救互救。

（二）迅速组织实施紧急医疗救护，协调伤员转移和接收与救治。

（三）迅速组织抢修毁损的交通、铁路、水利、电力、通信等基础设施。

（四）启用应急避难场所或者设置临时避难场所，设置救济物资供应点，提供救济物品、简易住所和临时住所，及时转移和安置受灾群众，确保饮用水消毒和水质安全，积极开展卫生防疫，妥善安排受灾群众生活。

（五）迅速控制危险源，封锁危险场所，做好次生灾害的排查与监测预警工作，防范地震可能引发的火灾、水灾、爆炸、山体滑坡和崩塌、泥石流、地面塌陷，或者剧毒、强腐蚀性、放射性物质大量泄漏等次生灾害以及传染病疫情的发生。

（六）依法采取维持社会秩序、维护社会治安的必要措施。

第五十一条 特别重大地震灾害发生后，国务院抗震救灾指挥机构在地震灾区成立现场指挥机构，并根据需要设立相应的工作组，统一组织领导、指挥和协调抗震救灾工作。

各级人民政府及有关部门和单位、中国人民解放军、中国人民武装警察部队和民兵组织，应当按照统一部署，分工负责，密切配合，共同做好地震应急救援工作。

第五十二条 地震灾区的县级以上地方人民政府应当及时将地震震情和灾情等信息向上一级人民政府报告，必要时可以越级上报，不得迟报、谎报、瞒报。

地震震情、灾情和抗震救灾等信息按照国务院有关规定实行归口管理，统一、准确、及时发布。

第五十三条 国家鼓励、扶持地震应急救援新技术和装备的研究开发，调运和储备必要的应急救援设施、装备，提高应急救援水平。

第五十四条 国务院建立国家地震灾害紧急救援队伍。

省、自治区、直辖市人民政府和地震重点监视防御区的市、县人民政府可以根据实际需要，充分利用消防等现有队伍，按照一队多用、专职与兼职相结合的原则，建立地震灾害紧急救援队伍。

地震灾害紧急救援队伍应当配备相应的装备、器材，开展培训和演练，提高地震灾害紧急救援能力。

地震灾害紧急救援队伍在实施救援时，应当首先对倒塌建筑物、构筑物压埋人员进行紧急救援。

第五十五条 县级以上人民政府有关部门应当按照职责分工,协调配合,采取有效措施,保障地震灾害紧急救援队伍和医疗救治队伍快速、高效地开展地震灾害紧急救援活动。

第五十六条 县级以上地方人民政府及其有关部门可以建立地震灾害救援志愿者队伍,并组织开展地震应急救援知识培训和演练,使志愿者掌握必要的地震应急救援技能,增强地震灾害应急救援能力。

第五十七条 国务院地震工作主管部门会同有关部门和单位,组织协调外国救援队和医疗队在中华人民共和国开展地震灾害紧急救援活动。

国务院抗震救灾指挥机构负责外国救援队和医疗队的统筹调度,并根据其专业特长,科学、合理地安排紧急救援任务。

地震灾区的地方各级人民政府,应当对外国救援队和医疗队开展紧急救援活动予以支持和配合。

第六章　地震灾后过渡性安置和恢复重建

第五十八条 国务院或者地震灾区的省、自治区、直辖市人民政府应当及时组织对地震灾害损失进行调查评估,为地震应急救援、灾后过渡性安置和恢复重建提供依据。

地震灾害损失调查评估的具体工作,由国务院地震工作主管部门或者地震灾区的省、自治区、直辖市人民政府负责管理地震工作的部门或者机构和财政、建设、民政等有关部门按照国务院的规定承担。

第五十九条 地震灾区受灾群众需要过渡性安置的,应当根据地震灾区的实际情况,在确保安全的前提下,采取灵活多样的方式进行安置。

第六十条 过渡性安置点应当设置在交通条件便利、方便受灾群众恢复生产和生活的区域,并避开地震活动断层和可能发生严重次生灾害的区域。

过渡性安置点的规模应当适度,并采取相应的防灾、防疫措施,配套建设必要的基础设施和公共服务设施,确保受灾群众的安全和基本生活需要。

第六十一条 实施过渡性安置应当尽量保护农用地,并避免对自然保护区、饮用水水源保护区以及生态脆弱区域造成破坏。

过渡性安置用地按照临时用地安排,可以先行使用,事后依法办理有关用地手续;到期未转为永久性用地的,应当在复垦后交还原土地使用者。

第六十二条 过渡性安置点所在地的县级人民政府,应当组织有关部门加强对次生灾害、饮用水水质、食品卫生、疫情等的监测,开展流行病学调查,整治环境卫生,避免对土壤、水环境等造成污染。

过渡性安置点所在地的公安机关,应当加强治安管理,依法打击各种违法犯罪行为,维护正常的社会秩序。

第六十三条 地震灾区的县级以上地方人民政府及其有关部门和乡、镇人民政府,应当及时组织修复毁损的农业生产设施,提供农业生产技术指导,尽快恢复农业生产;优先恢复供电、供水、供气等企业的生产,并对大型骨干企业恢复生产提供支持,为全面恢复农业、工业、服务业生产经营提供条件。

第六十四条 各级人民政府应当加强对地震灾后恢复重建工作的领导、组织和协调。

县级以上人民政府有关部门应当在本级人民政府领导下，按照职责分工，密切配合，采取有效措施，共同做好地震灾后恢复重建工作。

第六十五条 国务院有关部门应当组织有关专家开展地震活动对相关建设工程破坏机理的调查评估，为修订完善有关建设工程的强制性标准、采取抗震设防措施提供科学依据。

第六十六条 特别重大地震灾害发生后，国务院经济综合宏观调控部门会同国务院有关部门与地震灾区的省、自治区、直辖市人民政府共同组织编制地震灾后恢复重建规划，报国务院批准后组织实施；重大、较大、一般地震灾害发生后，由地震灾区的省、自治区、直辖市人民政府根据实际需要组织编制地震灾后恢复重建规划。

地震灾害损失调查评估获得的地质、勘察、测绘、土地、气象、水文、环境等基础资料和经国务院地震工作主管部门复核的地震动参数区划图，应当作为编制地震灾后恢复重建规划的依据。

编制地震灾后恢复重建规划，应当征求有关部门、单位、专家和公众特别是地震灾区受灾群众的意见；重大事项应当组织有关专家进行专题论证。

第六十七条 地震灾后恢复重建规划应当根据地质条件和地震活动断层分布以及资源环境承载能力，重点对城镇和乡村的布局、基础设施和公共服务设施的建设、防灾减灾和生态环境以及自然资源和历史文化遗产保护等作出安排。

地震灾区内需要异地新建的城镇和乡村的选址以及地震灾后重建工程的选址，应当符合地震灾后恢复重建规划和抗震设防、防灾减灾要求，避开地震活动断层或者生态脆弱和可能发生洪水、山体滑坡和崩塌、泥石流、地面塌陷等灾害的区域以及传染病自然疫源地。

第六十八条 地震灾区的地方各级人民政府应当根据地震灾后恢复重建规划和当地经济社会发展水平，有计划、分步骤地组织实施地震灾后恢复重建。

第六十九条 地震灾区的县级以上地方人民政府应当组织有关部门和专家，根据地震灾害损失调查评估结果，制定清理保护方案，明确典型地震遗址、遗迹和文物保护单位以及具有历史价值与民族特色的建筑物、构筑物的保护范围和措施。

对地震灾害现场的清理，按照清理保护方案分区、分类进行，并依照法律、行政法规和国家有关规定，妥善清理、转运和处置有关放射性物质、危险废物和有毒化学品，开展防疫工作，防止传染病和重大动物疫情的发生。

第七十条 地震灾后恢复重建，应当统筹安排交通、铁路、水利、电力、通信、供水、供电等基础设施和市政公用设施，学校、医院、文化、商贸服务、防灾减灾、环境保护等公共服务设施，以及住房和无障碍设施的建设，合理确定建设规模和时序。

乡村的地震灾后恢复重建，应当尊重村民意愿，发挥村民自治组织的作用，以群众自建为主，政府补助、社会帮扶、对口支援，因地制宜，节约和集约利用土地，保护耕地。

少数民族聚居的地方的地震灾后恢复重建，应当尊重当地群众的意愿。

第七十一条 地震灾区的县级以上地方人民政府应当组织有关部门和单位，抢救、保护与收集整理有关档案、资料，对因地震灾害遗失、毁损的档案、资料，及时补充和恢复。

第七十二条 地震灾后恢复重建应当坚持政府主导、社会参与和市场运作相结合的原则。

地震灾区的地方各级人民政府应当组织受灾群众和企业开展生产自救，自力更生、艰苦奋斗、勤俭节约，尽快恢复生产。

国家对地震灾后恢复重建给予财政支持、税收优惠和金融扶持，并提供物资、技术和人力等支持。

第七十三条 地震灾区的地方各级人民政府应当组织做好救助、救治、康复、补偿、抚慰、抚恤、安置、心理援助、法律服务、公共文化服务等工作。

各级人民政府及有关部门应当做好受灾群众的就业工作，鼓励企业、事业单位优先吸纳符合条件的受灾群众就业。

第七十四条 对地震灾后恢复重建中需要办理行政审批手续的事项，有审批权的人民政府及有关部门应当按照方便群众、简化手续、提高效率的原则，依法及时予以办理。

第七章 监督管理

第七十五条 县级以上人民政府依法加强对防震减灾规划和地震应急预案的编制与实施、地震应急避难场所的设置与管理、地震灾害紧急救援队伍的培训、防震减灾知识宣传教育和地震应急救援演练等工作的监督检查。

县级以上人民政府有关部门应当加强对地震应急救援、地震灾后过渡性安置和恢复重建的物资的质量安全的监督检查。

第七十六条 县级以上人民政府建设、交通、铁路、水利、电力、地震等有关部门应当按照职责分工，加强对工程建设强制性标准、抗震设防要求执行情况和地震安全性评价工作的监督检查。

第七十七条 禁止侵占、截留、挪用地震应急救援、地震灾后过渡性安置和恢复重建的资金、物资。

县级以上人民政府有关部门对地震应急救援、地震灾后过渡性安置和恢复重建的资金、物资以及社会捐赠款物的使用情况，依法加强管理和监督，予以公布，并对资金、物资的筹集、分配、拨付、使用情况登记造册，建立健全档案。

第七十八条 地震灾区的地方人民政府应当定期公布地震应急救援、地震灾后过渡性安置和恢复重建的资金、物资以及社会捐赠款物的来源、数量、发放和使用情况，接受社会监督。

第七十九条 审计机关应当加强对地震应急救援、地震灾后过渡性安置和恢复重建的资金、物资的筹集、分配、拨付、使用的审计，并及时公布审计结果。

第八十条 监察机关应当加强对参与防震减灾工作的国家行政机关和法律、法规授权的具有管理公共事务职能的组织及其工作人员的监察。

第八十一条 任何单位和个人对防震减灾活动中的违法行为，有权进行举报。

接到举报的人民政府或者有关部门应当进行调查，依法处理，并为举报人保密。

第八章 法律责任

第八十二条 国务院地震工作主管部门、县级以上地方人民政府负责管理地震工作的部门或者机构，以及其他依照本法规定行使监督管理权的部门，不依法作出行政许可或者办理批准文件的，发现违法行为或者接到对违法行为的举报后不予查处的，或者有其他未依照本法规定履行职责的行为的，对直接负责的主管人员和其他直接责任人员，依法给予处分。

第八十三条 未按照法律、法规和国家有关标准进行地震监测台网建设的，由国务院地震工作主管部门或者县级以上地方人民政府负责管理地震工作的部门或者机构责令改正，采取相应的补救措施；对直接负责的主管人员和其他直接责任人员，依法给予处分。

第八十四条 违反本法规定，有下列行为之一的，由国务院地震工作主管部门或者县级以上地方人民政府负责管理地震工作的部门或者机构责令停止违法行为，恢复原状或者采取其他补救措施；造成损失的，依法承担赔偿责任：

（一）侵占、毁损、拆除或者擅自移动地震监测设施的。

（二）危害地震观测环境的。

（三）破坏典型地震遗址、遗迹的。

单位有前款所列违法行为，情节严重的，处二万元以上二十万元以下的罚款；个人有前款所列违法行为，情节严重的，处二千元以下的罚款。构成违反治安管理行为的，由公安机关依法给予处罚。

第八十五条 违反本法规定，未按照要求增建抗干扰设施或者新建地震监测设施的，由国务院地震工作主管部门或者县级以上地方人民政府负责管理地震工作的部门或者机构责令限期改正；逾期不改正的，处二万元以上二十万元以下的罚款；造成损失的，依法承担赔偿责任。

第八十六条 违反本法规定，外国的组织或者个人未经批准，在中华人民共和国领域和中华人民共和国管辖的其他海域从事地震监测活动的，由国务院地震工作主管部门责令停止违法行为，没收监测成果和监测设施，并处一万元以上十万元以下的罚款；情节严重的，并处十万元以上五十万元以下的罚款。

外国人有前款规定行为的，除依照前款规定处罚外，还应当依照外国人入境出境管理法律的规定缩短其在中华人民共和国停留的期限或者取消其在中华人民共和国居留的资格；情节严重的，限期出境或者驱逐出境。

第八十七条 未依法进行地震安全性评价，或者未按照地震安全性评价报告所确定的抗震设防要求进行抗震设防的，由国务院地震工作主管部门或者县级以上地方人民政府负责管理地震工作的部门或者机构责令限期改正；逾期不改正的，处三万元以上三十万元以下的罚款。

第八十八条 违反本法规定，向社会散布地震预测意见、地震预报意见及其评审结果，或者在地震灾后过渡性安置、地震灾后恢复重建中扰乱社会秩序，构成违反治安管理行为的，由公安机关依法给予处罚。

第八十九条 地震灾区的县级以上地方人民政府迟报、谎报、瞒报地震震情、灾情等信息的，由上级人民政府责令改正；对直接负责的主管人员和其他直接责任人员，依法给予处分。

第九十条 侵占、截留、挪用地震应急救援、地震灾后过渡性安置或者地震灾后恢复重建的资金、物资的，由财政部门、审计机关在各自职责范围内，责令改正，追回被侵占、截留、挪用的资金、物资;有违法所得的,没收违法所得;对单位给予警告或者通报批评;对直接负责的主管人员和其他直接责任人员,依法给予处分。

第九十一条 违反本法规定,构成犯罪的,依法追究刑事责任。

第九章 附 则

第九十二条 本法下列用语的含义:

(一)地震监测设施,是指用于地震信息检测、传输和处理的设备、仪器和装置以及配套的监测场地。

(二)地震观测环境,是指按照国家有关标准划定的保障地震监测设施不受干扰、能够正常发挥工作效能的空间范围。

(三)重大建设工程,是指对社会有重大价值或者有重大影响的工程。

(四)可能发生严重次生灾害的建设工程,是指受地震破坏后可能引发水灾、火灾、爆炸,或者剧毒、强腐蚀性、放射性物质大量泄漏,以及其他严重次生灾害的建设工程,包括水库大坝和贮油、贮气设施,贮存易燃易爆或者剧毒、强腐蚀性、放射性物质的设施,以及其他可能发生严重次生灾害的建设工程。

(五)地震烈度区划图,是指以地震烈度(以等级表示的地震影响强弱程度)为指标,将全国划分为不同抗震设防要求区域的图件。

(六)地震动参数区划图,是指以地震动参数(以加速度表示地震作用强弱程度)为指标,将全国划分为不同抗震设防要求区域的图件。

(七)地震小区划图,是指根据某一区域的具体场地条件,对该区域的抗震设防要求进行详细划分的图件。

第九十三条 本法自 2009 年 5 月 1 日起施行。

1－5　地质灾害防治条例

（2003 年 11 月 19 日国务院第 29 次常务会议通过）

第一章　总　　则

第一条　为了防治地质灾害，避免和减轻地质灾害造成的损失，维护人民生命和财产安全，促进经济和社会的可持续发展，制定本条例。

第二条　本条例所称地质灾害，包括自然因素或者人为活动引发的危害人民生命和财产安全的山体崩塌、滑坡、泥石流、地面塌陷、地裂缝、地面沉降等与地质作用有关的灾害。

第三条　地质灾害防治工作，应当坚持预防为主、避让与治理相结合和全面规划、突出重点的原则。

第四条　地质灾害按照人员伤亡、经济损失的大小，分为四个等级：

（一）特大型：因灾死亡 30 人以上或者直接经济损失 1000 万元以上的。

（二）大型：因灾死亡 10 人以上 30 人以下或者直接经济损失 500 万元以上 1000 万元以下的。

（三）中型：因灾死亡 3 人以上 10 人以下或者直接经济损失 100 万元以上 500 万元以下的。

（四）小型：因灾死亡 3 人以下或者直接经济损失 100 万元以下的。

第五条　地质灾害防治工作，应当纳入国民经济和社会发展计划。因自然因素造成的地质灾害的防治经费，在划分中央和地方事权和财权的基础上，分别列入中央和地方有关人民政府的财政预算。具体办法由国务院财政部门会同国务院国土资源主管部门制定。因工程建设等人为活动引发的地质灾害的治理费用，按照谁引发、谁治理的原则由责任单位承担。

第六条　县级以上人民政府应当加强对地质灾害防治工作的领导，组织有关部门采取措施，做好地质灾害防治工作。

县级以上人民政府应当组织有关部门开展地质灾害防治知识的宣传教育，增强公众的地质灾害防治意识和自救、互救能力。

第七条　国务院国土资源主管部门负责全国地质灾害防治的组织、协调、指导和监督工作。国务院其他有关部门按照各自的职责负责有关的地质灾害防治工作。

县级以上地方人民政府国土资源主管部门负责本行政区域内地质灾害防治的组织、协调、指导和监督工作。县级以上地方人民政府其他有关部门按照各自的职责负责有关的地质灾害防治工作。

第八条　国家鼓励和支持地质灾害防治科学技术研究，推广先进的地质灾害防治技术，

普及地质灾害防治的科学知识。

第九条 任何单位和个人对地质灾害防治工作中的违法行为都有权检举和控告。

在地质灾害防治工作中做出突出贡献的单位和个人，由人民政府给予奖励。

第二章 地质灾害防治规划

第十条 国家实行地质灾害调查制度。

国务院国土资源主管部门会同国务院建设、水利、铁路、交通等部门结合地质环境状况组织开展全国的地质灾害调查。县级以上地方人民政府国土资源主管部门会同同级建设、水利、交通等部门结合地质环境状况组织开展本行政区域的地质灾害调查。

第十一条 国务院国土资源主管部门会同国务院建设、水利、铁路、交通等部门，依据全国地质灾害调查结果，编制全国地质灾害防治规划，经专家论证后报国务院批准公布。

县级以上地方人民政府国土资源主管部门会同同级建设、水利、交通等部门，依据本行政区域的地质灾害调查结果和上一级地质灾害防治规划，编制本行政区域的地质灾害防治规划，经专家论证后报本级人民政府批准公布，并报上一级人民政府国土资源主管部门备案。修改地质灾害防治规划，应当报经原批准机关批准。

第十二条 地质灾害防治规划包括以下内容：

(一)地质灾害现状和发展趋势预测。

(二)地质灾害的防治原则和目标。

(三)地质灾害易发区、重点防治区。

(四)地质灾害防治项目。

(五)地质灾害防治措施等。

县级以上人民政府应当将城镇、人口集中居住区、风景名胜区、大中型工矿企业所在地和交通干线、重点水利电力工程等基础设施作为地质灾害重点防治区中的防护重点。

第十三条 编制和实施土地利用总体规划、矿产资源规划以及水利、铁路、交通、能源等重大建设工程项目规划，应当充分考虑地质灾害防治要求，避免和减轻地质灾害造成的损失。

编制城市总体规划、村庄和集镇规划，应当将地质灾害防治规划作为其组成部分。

第三章 地质灾害预防

第十四条 国家建立地质灾害监测网络和预警信息系统。

县级以上人民政府国土资源主管部门应当会同建设、水利、交通等部门加强对地质灾害险情的动态监测。

因工程建设可能引发地质灾害的，建设单位应当加强地质灾害监测。

第十五条 地质灾害易发区的县、乡、村应当加强地质灾害的群测群防工作。在地质灾害重点防范期内，乡镇人民政府、基层群众自治组织应当加强地质灾害险情的巡回检查，发现险情及时处理和报告。

国家鼓励单位和个人提供地质灾害前兆信息。

第十六条 国家保护地质灾害监测设施。任何单位和个人不得侵占、损毁、损坏地质灾害监测设施。

第十七条 国家实行地质灾害预报制度。预报内容主要包括地质灾害可能发生的时间、地点、成灾范围和影响程度等。地质灾害预报由县级以上人民政府国土资源主管部门会同气象主管机构发布。任何单位和个人不得擅自向社会发布地质灾害预报。

第十八条 县级以上地方人民政府国土资源主管部门会同同级建设、水利、交通等部门依据地质灾害防治规划，拟订年度地质灾害防治方案，报本级人民政府批准后公布。

年度地质灾害防治方案包括下列内容：

（一）主要灾害点的分布。

（二）地质灾害的威胁对象、范围。

（三）重点防范期。

（四）地质灾害防治措施。

（五）地质灾害的监测、预防责任人。

第十九条 对出现地质灾害前兆、可能造成人员伤亡或者重大财产损失的区域和地段，县级人民政府应当及时划定为地质灾害危险区，予以公告，并在地质灾害危险区的边界设置明显警示标志。

在地质灾害危险区内，禁止爆破、削坡、进行工程建设以及从事其他可能引发地质灾害的活动。

县级以上人民政府应当组织有关部门及时采取工程治理或者搬迁避让措施，保证地质灾害危险区内居民的生命和财产安全。

第二十条 地质灾害险情已经消除或者得到有效控制的，县级人民政府应当及时撤销原划定的地质灾害危险区，并予以公告。

第二十一条 在地质灾害易发区内进行工程建设应当在可行性研究阶段进行地质灾害危险性评估，并将评估结果作为可行性研究报告的组成部分；可行性研究报告未包含地质灾害危险性评估结果的，不得批准其可行性研究报告。编制地质灾害易发区内的城市总体规划、村庄和集镇规划时，应当对规划区进行地质灾害危险性评估。

第二十二条 国家对从事地质灾害危险性评估的单位实行资质管理制度。地质灾害危险性评估单位应当具备下列条件，经省级以上人民政府国土资源主管部门资质审查合格，取得国土资源主管部门颁发的相应等级的资质证书后，方可在资质等级许可的范围内从事地质灾害危险性评估业务：

（一）有独立的法人资格。

（二）有一定数量的工程地质、环境地质和岩土工程等相应专业的技术人员。

（三）有相应的技术装备。

地质灾害危险性评估单位进行评估时，应当对建设工程遭受地质灾害危害的可能性和该工程建设中、建成后引发地质灾害的可能性做出评价，提出具体的预防治理措施，并对评估结果负责。

第二十三条 禁止地质灾害危险性评估单位超越其资质等级许可的范围或者以其他地

质灾害危险性评估单位的名义承揽地质灾害危险性评估业务。

禁止地质灾害危险性评估单位允许其他单位以本单位的名义承揽地质灾害危险性评估业务。

禁止任何单位和个人伪造、变造、买卖地质灾害危险性评估资质证书。

第二十四条 对经评估认为可能引发地质灾害或者可能遭受地质灾害危害的建设工程,应当配套建设地质灾害治理工程。地质灾害治理工程的设计、施工和验收应当与主体工程的设计、施工、验收同时进行。

配套的地质灾害治理工程未经验收或者经验收不合格的,主体工程不得投入生产或者使用。

第四章　地质灾害应急

第二十五条 国务院国土资源主管部门会同国务院建设、水利、铁路、交通等部门拟订全国突发性地质灾害应急预案,报国务院批准后公布。

县级以上地方人民政府国土资源主管部门会同同级建设、水利、交通等部门拟订本行政区域的突发性地质灾害应急预案,报本级人民政府批准后公布。

第二十六条 突发性地质灾害应急预案包括下列内容:

(一)应急机构和有关部门的职责分工。

(二)抢险救援人员的组织和应急、救助装备、资金、物资的准备。

(三)地质灾害的等级与影响分析准备。

(四)地质灾害调查、报告和处理程序。

(五)发生地质灾害时的预警信号、应急通信保障。

(六)人员财产撤离、转移路线、医疗救治、疾病控制等应急行动方案。

第二十七条 发生特大型或者大型地质灾害时,有关省、自治区、直辖市人民政府应当成立地质灾害抢险救灾指挥机构。必要时,国务院可以成立地质灾害抢险救灾指挥机构。

发生其他地质灾害或者出现地质灾害险情时,有关市、县人民政府可以根据地质灾害抢险救灾工作的需要,成立地质灾害抢险救灾指挥机构。

地质灾害抢险救灾指挥机构由政府领导负责、有关部门组成,在本级人民政府的领导下,统一指挥和组织地质灾害的抢险救灾工作。

第二十八条 发现地质灾害险情或者灾情的单位和个人,应当立即向当地人民政府或者国土资源主管部门报告。其他部门或者基层群众自治组织接到报告的,应当立即转报当地人民政府。

当地人民政府或者县级人民政府国土资源主管部门接到报告后,应当立即派人赶赴现场,进行现场调查,采取有效措施,防止灾害发生或者灾情扩大,并按照国务院国土资源主管部门关于地质灾害灾情分级报告的规定,向上级人民政府和国土资源主管部门报告。

第二十九条 接到地质灾害险情报告的当地人民政府、基层群众自治组织应当根据实际情况,及时动员受到地质灾害威胁的居民以及其他人员转移到安全地带;情况紧急时,可以强行组织避灾疏散。

第三十条 地质灾害发生后，县级以上人民政府应当启动并组织实施相应的突发性地质灾害应急预案。有关地方人民政府应当及时将灾情及其发展趋势等信息报告上级人民政府。禁止隐瞒、谎报或者授意他人隐瞒、谎报地质灾害灾情。

第三十一条 县级以上人民政府有关部门应当按照突发性地质灾害应急预案的分工，做好相应的应急工作。国土资源主管部门应当会同同级建设、水利、交通等部门尽快查明地质灾害发生原因、影响范围等情况，提出应急治理措施，减轻和控制地质灾害灾情。

民政、卫生、食品药品监督管理、商务、公安部门，应当及时设置避难场所和救济物资供应点，妥善安排灾民生活，做好医疗救护、卫生防疫、药品供应、社会治安工作；气象主管机构应当做好气象服务保障工作；通信、航空、铁路、交通部门应当保证地质灾害应急的通信畅通和救灾物资、设备、药物、食品的运送。

第三十二条 根据地质灾害应急处理的需要，县级以上人民政府应当紧急调集人员，调用物资、交通工具和相关的设施、设备；必要时，可以根据需要在抢险救灾区域范围内采取交通管制等措施。

因救灾需要，临时调用单位和个人的物资、设施、设备或者占用其房屋、土地的，事后应当及时归还；无法归还或者造成损失的，应当给予相应的补偿。

第三十三条 县级以上地方人民政府应当根据地质灾害灾情和地质灾害防治需要，统筹规划、安排受灾地区的重建工作。

第五章 地质灾害治理

第三十四条 因自然因素造成的特大型地质灾害，确需治理的，由国务院国土资源主管部门会同灾害发生地的省、自治区、直辖市人民政府组织治理。

因自然因素造成的其他地质灾害，确需治理的，在县级以上地方人民政府的领导下，由本级人民政府国土资源主管部门组织治理。

因自然因素造成的跨行政区域的地质灾害，确需治理的，由所跨行政区域的地方人民政府国土资源主管部门共同组织治理。

第三十五条 因工程建设等人为活动引发的地质灾害，由责任单位承担治理责任。

责任单位由地质灾害发生地的县级以上人民政府国土资源主管部门负责组织专家对地质灾害的成因进行分析论证后认定。

对地质灾害的治理责任认定结果有异议的，可以依法申请行政复议或者提起行政诉讼。

第三十六条 地质灾害治理工程的确定，应当与地质灾害形成的原因、规模以及对人民生命和财产安全的危害程度相适应。

承担专项地质灾害治理工程勘查、设计、施工和监理的单位，应当具备下列条件，经省级以上人民政府国土资源主管部门资质审查合格，取得国土资源主管部门颁发的相应等级的资质证书后，方可在资质等级许可的范围内从事地质灾害治理工程的勘查、设计、施工和监理活动，并承担相应的责任：

（一）有独立的法人资格。

（二）有一定数量的水文地质、环境地质、工程地质等相应专业的技术人员。

（三）有相应的技术装备。

（四）有完善的工程质量管理制度。

地质灾害治理工程的勘查、设计、施工和监理应当符合国家有关标准和技术规范。

第三十七条 禁止地质灾害治理工程勘查、设计、施工和监理单位超越其资质等级许可的范围或者以其他地质灾害治理工程勘查、设计、施工和监理单位的名义承揽地质灾害治理工程勘查、设计、施工和监理业务。

禁止地质灾害治理工程勘查、设计、施工和监理单位允许其他单位以本单位的名义承揽地质灾害治理工程勘查、设计、施工和监理业务。

禁止任何单位和个人伪造、变造、买卖地质灾害治理工程勘查、设计、施工和监理资质证书。

第三十八条 政府投资的地质灾害治理工程竣工后，由县级以上人民政府国土资源主管部门组织竣工验收。其他地质灾害治理工程竣工后，由责任单位组织竣工验收；竣工验收时，应当有国土资源主管部门参加。

第三十九条 政府投资的地质灾害治理工程经竣工验收合格后，由县级以上人民政府国土资源主管部门指定的单位负责管理和维护；其他地质灾害治理工程经竣工验收合格后，由负责治理的责任单位负责管理和维护。任何单位和个人不得侵占、损毁、损坏地质灾害治理工程设施。

第六章 法律责任

第四十条 违反本条例规定，有关县级以上地方人民政府、国土资源主管部门和其他有关部门有下列行为之一的，对直接负责的主管人员和其他直接责任人员，依法给予降级或者撤职的行政处分；造成地质灾害导致人员伤亡和重大财产损失的，依法给予开除的行政处分；构成犯罪的，依法追究刑事责任：

（一）未按照规定编制突发性地质灾害应急预案，或者未按照突发性地质灾害应急预案的要求采取有关措施、履行有关义务的。

（二）在编制地质灾害易发区内的城市总体规划、村庄和集镇规划时，未按照规定对规划区进行地质灾害危险性评估的。

（三）批准未包含地质灾害危险性评估结果的可行性研究报告的。

（四）隐瞒、谎报或者授意他人隐瞒、谎报地质灾害灾情，或者擅自发布地质灾害预报的。

（五）给不符合条件的单位颁发地质灾害危险性评估资质证书或者地质灾害治理工程勘查、设计、施工、监理资质证书的。

（六）在地质灾害防治工作中有其他渎职行为的。

第四十一条 违反本条例规定，建设单位有下列行为之一的，由县级以上地方人民政府国土资源主管部门责令限期改正；逾期不改正的，责令停止生产、施工或者使用，处10万元以上50万元以下的罚款；构成犯罪的，依法追究刑事责任：

（一）未按照规定对地质灾害易发区内的建设工程进行地质灾害危险性评估的。

（二）配套的地质灾害治理工程未经验收或者经验收不合格，主体工程即投入生产或者使用的。

第四十二条 违反本条例规定，对工程建设等人为活动引发的地质灾害不予治理的，由县级以上人民政府国土资源主管部门责令限期治理；逾期不治理或者治理不符合要求的，由责令限期治理的国土资源主管部门组织治理，所需费用由责任单位承担，处10万元以上50万元以下的罚款；给他人造成损失的，依法承担赔偿责任。

第四十三条 违反本条例规定，在地质灾害危险区内爆破、削坡、进行工程建设以及从事其他可能引发地质灾害活动的，由县级以上地方人民政府国土资源主管部门责令停止违法行为，对单位处5万元以上20万元以下的罚款，对个人处1万元以上5万元以下的罚款；构成犯罪的，依法追究刑事责任；给他人造成损失的，依法承担赔偿责任。

第四十四条 违反本条例规定，有下列行为之一的，由县级以上人民政府国土资源主管部门或者其他部门依据职责责令停止违法行为，对地质灾害危险性评估单位、地质灾害治理工程勘查、设计或者监理单位处合同约定的评估费、勘查费、设计费或者监理酬金1倍以上2倍以下的罚款，对地质灾害治理工程施工单位处工程价款2%以上4%以下的罚款，并可以责令停业整顿，降低资质等级；有违法所得的，没收违法所得；情节严重的，吊销其资质证书；构成犯罪的，依法追究刑事责任；给他人造成损失的，依法承担赔偿责任：

（一）在地质灾害危险性评估中弄虚作假或者故意隐瞒地质灾害真实情况的。

（二）在地质灾害治理工程勘查、设计、施工以及监理活动中弄虚作假、降低工程质量的。

（三）无资质证书或者超越其资质等级许可的范围承揽地质灾害危险性评估、地质灾害治理工程勘查、设计、施工及监理业务的。

（四）以其他单位的名义或者允许其他单位以本单位的名义承揽地质灾害危险性评估、地质灾害治理工程勘查、设计、施工和监理业务的。

第四十五条 违反本条例规定，伪造、变造、买卖地质灾害危险性评估资质证书、地质灾害治理工程勘查、设计、施工和监理资质证书的，由省级以上人民政府国土资源主管部门收缴或者吊销其资质证书，没收违法所得，并处5万元以上10万元以下的罚款；构成犯罪的，依法追究刑事责任。

第四十六条 违反本条例规定，侵占、损毁、损坏地质灾害监测设施或者地质灾害治理工程设施的，由县级以上地方人民政府国土资源主管部门责令停止违法行为，限期恢复原状或者采取补救措施，可以处5万元以下的罚款；构成犯罪的，依法追究刑事责任。

第七章　附　　则

第四十七条 在地质灾害防治工作中形成的地质资料，应当按照《地质资料管理条例》的规定汇交。

第四十八条 地震灾害的防御和减轻依照防震减灾的法律、行政法规的规定执行。防洪法律、行政法规对洪水引发的崩塌、滑坡、泥石流的防治有规定的，从其规定。

第四十九条 本条例自2004年3月1日起施行。

1－6　中华人民共和国气象法

（1999年10月31日第九届全国人民代表大会常务委员会第十二次会议通过）

第一章　总　　则

第一条　为了发展气象事业，规范气象工作，准确、及时地发布气象预报，防御气象灾害，合理开发利用和保护气候资源，为经济建设、国防建设、社会发展和人民生活提供气象服务，制定本法。

第二条　在中华人民共和国领域和中华人民共和国管辖的其他海域从事气象探测、预报、服务和气象灾害防御、气候资源利用、气象科学技术研究等活动，应当遵守本法。

第三条　气象事业是经济建设、国防建设、社会发展和人民生活的基础性公益事业，气象工作应当把公益性气象服务放在首位。

县级以上人民政府应当加强对气象工作的领导和协调，将气象事业纳入中央和地方同级国民经济和社会发展计划及财政预算，以保障其充分发挥为社会公众、政府决策和经济发展服务的功能。

县级以上地方人民政府根据当地社会经济发展的需要所建设的地方气象事业项目，其投资主要由本级财政承担。

气象台站在确保公益性气象无偿服务的前提下，可以依法开展气象有偿服务。

第四条　县、市气象主管机构所属的气象台站应当主要为农业生产服务，及时主动提供保障当地农业生产所需的公益性气象信息服务。

第五条　国务院气象主管机构负责全国的气象工作。地方各级气象主管机构在上级气象主管机构和本级人民政府的领导下，负责本行政区域内的气象工作。

国务院其他有关部门和省、自治区、直辖市人民政府其他有关部门所属的气象台站，应当接受同级气象主管机构对其气象工作的指导、监督和行业管理。

第六条　从事气象业务活动，应当遵守国家制定的气象技术标准、规范和规程。

第七条　国家鼓励和支持气象科学技术研究、气象科学知识普及，培养气象人才，推广先进的气象科学技术，保护气象科技成果，加强国际气象合作与交流，发展气象信息产业，提高气象工作水平。

各级人民政府应当关心和支持少数民族地区、边远贫困地区、艰苦地区和海岛的气象台站的建设和运行。

对在气象工作中做出突出贡献的单位和个人，给予奖励。

第八条　外国的组织和个人在中华人民共和国领域和中华人民共和国管辖的其他海域从事气象活动，必须经国务院气象主管机构会同有关部门批准。

第二章　气象设施的建设与管理

第九条　国务院气象主管机构应当组织有关部门编制气象探测设施、气象信息专用传输设施、大型气象专用技术装备等重要气象设施的建设规划,报国务院批准后实施。气象设施建设规划的调整、修改,必须报国务院批准。

编制气象设施建设规划,应当遵循合理布局、有效利用、兼顾当前与长远需要的原则,避免重复建设。

第十条　重要气象设施建设项目,在项目建议书和可行性研究报告报批前,应当按照项目相应的审批权限,经国务院气象主管机构或者省、自治区、直辖市气象主管机构审查同意。

第十一条　国家依法保护气象设施,任何组织或者个人不得侵占、损毁或者擅自移动气象设施。

气象设施因不可抗力遭受破坏时,当地人民政府应当采取紧急措施,组织力量修复,确保气象设施正常运行。

第十二条　未经依法批准,任何组织或者个人不得迁移气象台站;确因实施城市规划或者国家重点工程建设,需要迁移国家基准气候站、基本气象站的,应当报经国务院气象主管机构批准;需要迁移其他气象台站的,应当报经省、自治区、直辖市气象主管机构批准。迁建费用由建设单位承担。

第十三条　气象专用技术装备应当符合国务院气象主管机构规定的技术要求,并经国务院气象主管机构审查合格;未经审查或者审查不合格的,不得在气象业务中使用。

第十四条　气象计量器具应当依照《中华人民共和国计量法》的有关规定,经气象计量检定机构检定。未经检定、检定不合格或者超过检定有效期的气象计量器具,不得使用。

国务院气象主管机构和省、自治区、直辖市气象主管机构可以根据需要建立气象计量标准器具,其各项最高计量标准器具依照《中华人民共和国计量法》的规定,经考核合格后,方可使用。

第三章　气 象 探 测

第十五条　各级气象主管机构所属的气象台站,应当按照国务院气象主管机构的规定,进行气象探测并向有关气象主管机构汇交气象探测资料。未经上级气象主管机构批准,不得中止气象探测。

国务院气象主管机构及有关地方气象主管机构应当按照国家规定适时发布基本气象探测资料。

第十六条　国务院其他有关部门和省、自治区、直辖市人民政府其他有关部门所属的气象台站及其他从事气象探测的组织和个人,应当按照国家有关规定向国务院气象主管机构或者省、自治区、直辖市气象主管机构汇交所获得的气象探测资料。

各级气象主管机构应当按照气象资料共享、共用的原则,根据国家有关规定,与其他从事气象工作的机构交换有关气象信息资料。

第十七条 在中华人民共和国内水、领海和中华人民共和国管辖的其他海域的海上钻井平台和具有中华人民共和国国籍的在国际航线上飞行的航空器、远洋航行的船舶,应当按照国家有关规定进行气象探测并报告气象探测信息。

第十八条 基本气象探测资料以外的气象探测资料需要保密的,其密级的确定、变更和解密以及使用,依照《中华人民共和国保守国家秘密法》的规定执行。

第十九条 国家依法保护气象探测环境,任何组织和个人都有保护气象探测环境的义务。

第二十条 禁止下列危害气象探测环境的行为:

(一)在气象探测环境保护范围内设置障碍物、进行爆破和采石。

(二)在气象探测环境保护范围内设置影响气象探测设施工作效能的高频电磁辐射装置。

(三)在气象探测环境保护范围内从事其他影响气象探测的行为。

气象探测环境保护范围的划定标准由国务院气象主管机构规定。各级人民政府应当按照法定标准划定气象探测环境的保护范围,并纳入城市规划或者村庄和集镇规划。

第二十一条 新建、扩建、改建建设工程,应当避免危害气象探测环境;确实无法避免的,属于国家基准气候站、基本气象站的探测环境,建设单位应当事先征得国务院气象主管机构的同意,属于其他气象台站的探测环境,应当事先征得省、自治区、直辖市气象主管机构的同意,并采取相应的措施后,方可建设。

第四章 气象预报与灾害性天气警报

第二十二条 国家对公众气象预报和灾害性天气警报实行统一发布制度。

各级气象主管机构所属的气象台站应当按照职责向社会发布公众气象预报和灾害性天气警报,并根据天气变化情况及时补充或者订正。其他任何组织或者个人不得向社会发布公众气象预报和灾害性天气警报。

国务院其他有关部门和省、自治区、直辖市人民政府其他有关部门所属的气象台站,可以发布供本系统使用的专项气象预报。

各级气象主管机构及其所属的气象台站应当提高公众气象预报和灾害性天气警报的准确性、及时性和服务水平。

第二十三条 各级气象主管机构所属的气象台站应当根据需要,发布农业气象预报、城市环境气象预报、火险气象等级预报等专业气象预报,并配合军事气象部门进行国防建设所需的气象服务工作。

第二十四条 各级广播、电视台站和省级人民政府指定的报纸,应当安排专门的时间或者版面,每天播发或者刊登公众气象预报或者灾害性天气警报。

各级气象主管机构所属的气象台站应当保证其制作的气象预报节目的质量。

广播、电视播出单位改变气象预报节目播发时间安排的,应当事先征得有关气象台站的同意;对国计民生可能产生重大影响的灾害性天气警报和补充、订正的气象预报,应当及时增播或者插播。

第二十五条 广播、电视、报纸、电信等媒体向社会传播气象预报和灾害性天气警报，必须使用气象主管机构所属的气象台站提供的适时气象信息，并标明发布时间和气象台站的名称。通过传播气象信息获得的收益，应当提取一部分支持气象事业的发展。

第二十六条 信息产业部门应当与气象主管机构密切配合，确保气象通信畅通，准确、及时地传递气象情报、气象预报和灾害性天气警报。

气象无线电专用频道和信道受国家保护，任何组织或者个人不得挤占和干扰。

第五章 气象灾害防御

第二十七条 县级以上人民政府应当加强气象灾害监测、预警系统建设，组织有关部门编制气象灾害防御规划，并采取有效措施，提高防御气象灾害的能力。有关组织和个人应当服从人民政府的指挥和安排，做好气象灾害防御工作。

第二十八条 各级气象主管机构应当组织对重大灾害性天气的跨地区、跨部门的联合监测、预报工作，及时提出气象灾害防御措施，并对重大气象灾害作出评估，为本级人民政府组织防御气象灾害提供决策依据。

各级气象主管机构所属的气象台站应当加强对可能影响当地的灾害性天气的监测和预报，并及时报告有关气象主管机构。其他有关部门所属的气象台站和与灾害性天气监测、预报有关的单位应当及时向气象主管机构提供监测、预报气象灾害所需要的气象探测信息和有关的水情、风暴潮等监测信息。

第二十九条 县级以上地方人民政府应当根据防御气象灾害的需要，制定气象灾害防御方案，并根据气象主管机构提供的气象信息，组织实施气象灾害防御方案，避免或者减轻气象灾害。

第三十条 县级以上人民政府应当加强对人工影响天气工作的领导，并根据实际情况，有组织、有计划地开展人工影响天气工作。

国务院气象主管机构应当加强对全国人工影响天气工作的管理和指导。地方各级气象主管机构应当制定人工影响天气作业方案，并在本级人民政府的领导和协调下，管理、指导和组织实施人工影响天气作业。有关部门应当按照职责分工，配合气象主管机构做好人工影响天气的有关工作。

实施人工影响天气作业的组织必须具备省、自治区、直辖市气象主管机构规定的资格条件，并使用符合国务院气象主管机构要求的技术标准的作业设备，遵守作业规范。

第三十一条 各级气象主管机构应当加强对雷电灾害防御工作的组织管理，并会同有关部门指导对可能遭受雷击的建筑物、构筑物和其他设施安装的雷电灾害防护装置的检测工作。

安装的雷电灾害防护装置应当符合国务院气象主管机构规定的使用要求。

第六章 气候资源开发利用和保护

第三十二条 国务院气象主管机构负责全国气候资源的综合调查、区划工作，组织进行气候监测、分析、评价，并对可能引起气候恶化的大气成分进行监测，定期发布全国气候状况公报。

第三十三条 县级以上地方人民政府应当根据本地区气候资源的特点，对气候资源开发利用的方向和保护的重点作出规划。

地方各级气象主管机构应当根据本级人民政府的规划，向本级人民政府和同级有关部门提出利用、保护气候资源和推广应用气候资源区划等成果的建议。

第三十四条 各级气象主管机构应当组织对城市规划、国家重点建设工程、重大区域性经济开发项目和大型太阳能、风能等气候资源开发利用项目进行气候可行性论证。

具有大气环境影响评价资格的单位进行工程建设项目大气环境影响评价时，应当使用气象主管机构提供或者经其审查的气象资料。

第七章 法律责任

第三十五条 违反本法规定，有下列行为之一的，由有关气象主管机构按照权限责令停止违法行为，限期恢复原状或者采取其他补救措施，可以并处五万元以下的罚款；造成损失的，依法承担赔偿责任；构成犯罪的，依法追究刑事责任：

（一）侵占、损毁或者未经批准擅自移动气象设施的。

（二）在气象探测环境保护范围内从事危害气象探测环境活动的。

在气象探测环境保护范围内，违法批准占用土地的，或者非法占用土地新建建筑物或者其他设施的，依照《中华人民共和国城市规划法》或者《中华人民共和国土地管理法》的有关规定处罚。

第三十六条 违反本法规定，使用不符合技术要求的气象专用技术装备，造成危害的，由有关气象主管机构按照权限责令改正，给予警告，可以并处五万元以下的罚款。

第三十七条 违反本法规定，安装不符合使用要求的雷电灾害防护装置的，由有关气象主管机构责令改正，给予警告。使用不符合使用要求的雷电灾害防护装置给他人造成损失的，依法承担赔偿责任。

第三十八条 违反本法规定，有下列行为之一的，由有关气象主管机构按照权限责令改正，给予警告，可以并处五万元以下的罚款：

（一）非法向社会发布公众气象预报、灾害性天气警报的。

（二）广播、电视、报纸、电信等媒体向社会传播公众气象预报、灾害性天气警报，不使用气象主管机构所属的气象台站提供的适时气象信息的。

（三）从事大气环境影响评价的单位进行工程建设项目大气环境影响评价时，使用的气象资料不是气象主管机构提供或者审查的。

第三十九条 违反本法规定，不具备省、自治区、直辖市气象主管机构规定的资格条件实施人工影响天气作业的，或者实施人工影响天气作业使用不符合国务院气象主管机构要求的技术标准的作业设备的，由有关气象主管机构按照权限责令改正，给予警告，可以并处十万元以下的罚款；给他人造成损失的，依法承担赔偿责任；构成犯罪的，依法追究刑事责任。

第四十条 各级气象主管机构及其所属气象台站的工作人员由于玩忽职守,导致重大漏报、错报公众气象预报、灾害性天气警报,以及丢失或者毁坏原始气象探测资料、伪造气象资料等事故的,依法给予行政处分;致使国家利益和人民生命财产遭受重大损失,构成犯罪的,依法追究刑事责任。

第八章 附 则

第四十一条 本法中下列用语的含义是:

(一)气象设施,是指气象探测设施、气象信息专用传输设施、大型气象专用技术装备等。

(二)气象探测,是指利用科技手段对大气和近地层的大气物理过程、现象及其化学性质等进行的系统观察和测量。

(三)气象探测环境,是指为避开各种干扰保证气象探测设施准确获得气象探测信息所必需的最小距离构成的环境空间。

(四)气象灾害,是指台风、暴雨(雪)、寒潮、大风(沙尘暴)、低温、高温、干旱、雷电、冰雹、霜冻和大雾等所造成的灾害。

(五)人工影响天气,是指为避免或者减轻气象灾害,合理利用气候资源,在适当条件下通过科技手段对局部大气的物理、化学过程进行人工影响,实现增雨雪、防雹、消雨、消雾、防霜等目的的活动。

第四十二条 气象台站和其他开展气象有偿服务的单位,从事气象有偿服务的范围、项目、收费等具体管理办法,由国务院依据本法规定。

第四十三条 中国人民解放军气象工作的管理办法,由中央军事委员会制定。

第四十四条 中华人民共和国缔结或者参加的有关气象活动的国际条约与本法有不同规定的,适用该国际条约的规定;但是,中华人民共和国声明保留的条款除外。

第四十五条 本法自2000年1月1日起施行。1994年8月18日国务院发布的《中华人民共和国气象条例》同时废止。

1－7　中华人民共和国水土保持法

（1991 年 6 月 29 日第七届全国人民代表大会常务委员会第二十次会议通过　2010 年 12 月 25 日第十一届全国人民代表大会常务委员会第十八次会议修订）

第一章　总　　则

第一条　为了预防和治理水土流失，保护和合理利用水土资源，减轻水、旱、风沙灾害，改善生态环境，保障经济社会可持续发展，制定本法。

第二条　在中华人民共和国境内从事水土保持活动，应当遵守本法。

本法所称水土保持，是指对自然因素和人为活动造成水土流失所采取的预防和治理措施。

第三条　水土保持工作实行预防为主、保护优先、全面规划、综合治理、因地制宜、突出重点、科学管理、注重效益的方针。

第四条　县级以上人民政府应当加强对水土保持工作的统一领导，将水土保持工作纳入本级国民经济和社会发展规划，对水土保持规划确定的任务，安排专项资金，并组织实施。

国家在水土流失重点预防区和重点治理区，实行地方各级人民政府水土保持目标责任制和考核奖惩制度。

第五条　国务院水行政主管部门主管全国的水土保持工作。

国务院水行政主管部门在国家确定的重要江河、湖泊设立的流域管理机构（以下简称“流域管理机构”），在所管辖范围内依法承担水土保持监督管理职责。

县级以上地方人民政府水行政主管部门主管本行政区域的水土保持工作。

县级以上人民政府林业、农业、国土资源等有关部门按照各自职责，做好有关的水土流失预防和治理工作。

第六条　各级人民政府及其有关部门应当加强水土保持宣传和教育工作，普及水土保持科学知识，增强公众的水土保持意识。

第七条　国家鼓励和支持水土保持科学技术研究，提高水土保持科学技术水平，推广先进的水土保持技术，培养水土保持科学技术人才。

第八条　任何单位和个人都有保护水土资源、预防和治理水土流失的义务，并有权对破坏水土资源、造成水土流失的行为进行举报。

第九条　国家鼓励和支持社会力量参与水土保持工作。

对水土保持工作中成绩显著的单位和个人，由县级以上人民政府给予表彰和奖励。

第二章 规 划

第十条 水土保持规划应当在水土流失调查结果及水土流失重点预防区和重点治理区划定的基础上，遵循统筹协调、分类指导的原则编制。

第十一条 国务院水行政主管部门应当定期组织全国水土流失调查并公告调查结果。

省、自治区、直辖市人民政府水行政主管部门负责本行政区域的水土流失调查并公告调查结果，公告前应当将调查结果报国务院水行政主管部门备案。

第十二条 县级以上人民政府应当依据水土流失调查结果划定并公告水土流失重点预防区和重点治理区。

对水土流失潜在危险较大的区域，应当划定为水土流失重点预防区；对水土流失严重的区域，应当划定为水土流失重点治理区。

第十三条 水土保持规划的内容应当包括水土流失状况、水土流失类型区划分、水土流失防治目标、任务和措施等。

水土保持规划包括对流域或者区域预防和治理水土流失、保护和合理利用水土资源作出的整体部署，以及根据整体部署对水土保持专项工作或者特定区域预防和治理水土流失作出的专项部署。

水土保持规划应当与土地利用总体规划、水资源规划、城乡规划和环境保护规划等相协调。

编制水土保持规划，应当征求专家和公众的意见。

第十四条 县级以上人民政府水行政主管部门会同同级人民政府有关部门编制水土保持规划，报本级人民政府或者其授权的部门批准后，由水行政主管部门组织实施。

水土保持规划一经批准，应当严格执行；经批准的规划根据实际情况需要修改的，应当按照规划编制程序报原批准机关批准。

第十五条 有关基础设施建设、矿产资源开发、城镇建设、公共服务设施建设等方面的规划，在实施过程中可能造成水土流失的，规划的组织编制机关应当在规划中提出水土流失预防和治理的对策和措施，并在规划报请审批前征求本级人民政府水行政主管部门的意见。

第三章 预 防

第十六条 地方各级人民政府应当按照水土保持规划，采取封育保护、自然修复等措施，组织单位和个人植树种草，扩大林草覆盖面积，涵养水源，预防和减轻水土流失。

第十七条 地方各级人民政府应当加强对取土、挖砂、采石等活动的管理，预防和减轻水土流失。

禁止在崩塌、滑坡危险区和泥石流易发区从事取土、挖砂、采石等可能造成水土流失的活动。崩塌、滑坡危险区和泥石流易发区的范围，由县级以上地方人民政府划定并公告。崩塌、滑坡危险区和泥石流易发区的划定，应当与地质灾害防治规划确定的地质灾害易发区、重点防治区相衔接。

第十八条 水土流失严重、生态脆弱的地区，应当限制或者禁止可能造成水土流失的生产建设活动，严格保护植物、沙壳、结皮、地衣等。

在侵蚀沟的沟坡和沟岸、河流的两岸以及湖泊和水库的周边，土地所有权人、使用权人或者有关管理单位应当营造植物保护带。禁止开垦、开发植物保护带。

第十九条 水土保持设施的所有权人或者使用权人应当加强对水土保持设施的管理与维护，落实管护责任，保障其功能正常发挥。

第二十条 禁止在二十五度以上陡坡地开垦种植农作物。在二十五度以上陡坡地种植经济林的，应当科学选择树种，合理确定规模，采取水土保持措施，防止造成水土流失。

省、自治区、直辖市根据本行政区域的实际情况，可以规定小于二十五度的禁止开垦坡度。禁止开垦的陡坡地的范围由当地县级人民政府划定并公告。

第二十一条 禁止毁林、毁草开垦和采集发菜。禁止在水土流失重点预防区和重点治理区铲草皮、挖树兜或者滥挖虫草、甘草、麻黄等。

第二十二条 林木采伐应当采用合理方式，严格控制皆伐；对水源涵养林、水土保持林、防风固沙林等防护林只能进行抚育和更新性质的采伐；对采伐区和集材道应当采取防止水土流失的措施，并在采伐后及时更新造林。

在林区采伐林木的，采伐方案中应当有水土保持措施。采伐方案经林业主管部门批准后，由林业主管部门和水行政主管部门监督实施。

第二十三条 在五度以上坡地植树造林、抚育幼林、种植中药材等，应当采取水土保持措施。

在禁止开垦坡度以下、五度以上的荒坡地开垦种植农作物，应当采取水土保持措施。具体办法由省、自治区、直辖市根据本行政区域的实际情况规定。

第二十四条 生产建设项目选址、选线应当避让水土流失重点预防区和重点治理区；无法避让的，应当提高防治标准，优化施工工艺，减少地表扰动和植被损坏范围，有效控制可能造成的水土流失。

第二十五条 在山区、丘陵区、风沙区以及水土保持规划确定的容易发生水土流失的其他区域开办可能造成水土流失的生产建设项目，生产建设单位应当编制水土保持方案，报县级以上人民政府水行政主管部门审批，并按照经批准的水土保持方案，采取水土流失预防和治理措施。没有能力编制水土保持方案的，应当委托具备相应技术条件的机构编制。

水土保持方案应当包括水土流失预防和治理的范围、目标、措施和投资等内容。

水土保持方案经批准后，生产建设项目的地点、规模发生重大变化的，应当补充或者修改水土保持方案并报原审批机关批准。水土保持方案实施过程中，水土保持措施需要作出重大变更的，应当经原审批机关批准。

生产建设项目水土保持方案的编制和审批办法，由国务院水行政主管部门制定。

第二十六条 依法应当编制水土保持方案的生产建设项目，生产建设单位未编制水土保持方案或者水土保持方案未经水行政主管部门批准的，生产建设项目不得开工建设。

第二十七条 依法应当编制水土保持方案的生产建设项目中的水土保持设施，应当与主体工程同时设计、同时施工、同时投产使用；生产建设项目竣工验收，应当验收水土保持设施；水土保持设施未经验收或者验收不合格的，生产建设项目不得投产使用。

第二十八条 依法应当编制水土保持方案的生产建设项目，其生产建设活动中排弃的砂、石、土、矸石、尾矿、废渣等应当综合利用；不能综合利用，确需废弃的，应当堆放在水土保持方案确定的专门存放地，并采取措施保证不产生新的危害。

第二十九条 县级以上人民政府水行政主管部门、流域管理机构，应当对生产建设项目水土保持方案的实施情况进行跟踪检查，发现问题及时处理。

第四章 治 理

第三十条 国家加强水土流失重点预防区和重点治理区的坡耕地改梯田、淤地坝等水土保持重点工程建设，加大生态修复力度。

县级以上人民政府水行政主管部门应当加强对水土保持重点工程的建设管理，建立和完善运行管护制度。

第三十一条 国家加强江河源头区、饮用水水源保护区和水源涵养区水土流失的预防和治理工作，多渠道筹集资金，将水土保持生态效益补偿纳入国家建立的生态效益补偿制度。

第三十二条 开办生产建设项目或者从事其他生产建设活动造成水土流失的，应当进行治理。

在山区、丘陵区、风沙区以及水土保持规划确定的容易发生水土流失的其他区域开办生产建设项目或者从事其他生产建设活动，损坏水土保持设施、地貌植被，不能恢复原有水土保持功能的，应当缴纳水土保持补偿费，专项用于水土流失预防和治理。专项水土流失预防和治理由水行政主管部门负责组织实施。水土保持补偿费的收取使用管理办法由国务院财政部门、国务院价格主管部门会同国务院水行政主管部门制定。

生产建设项目在建设过程中和生产过程中发生的水土保持费用，按照国家统一的财务会计制度处理。

第三十三条 国家鼓励单位和个人按照水土保持规划参与水土流失治理，并在资金、技术、税收等方面予以扶持。

第三十四条 国家鼓励和支持承包治理荒山、荒沟、荒丘、荒滩，防治水土流失，保护和改善生态环境，促进土地资源的合理开发和可持续利用，并依法保护土地承包合同当事人的合法权益。

承包治理荒山、荒沟、荒丘、荒滩和承包水土流失严重地区农村土地的，在依法签订的土地承包合同中应当包括预防和治理水土流失责任的内容。

第三十五条 在水力侵蚀地区，地方各级人民政府及其有关部门应当组织单位和个人，以天然沟壑及其两侧山坡地形成的小流域为单元，因地制宜地采取工程措施、植物措施和保护性耕作等措施，进行坡耕地和沟道水土流失综合治理。

在风力侵蚀地区，地方各级人民政府及其有关部门应当组织单位和个人，因地制宜地采取轮封轮牧、植树种草、设置人工沙障和网格林带等措施，建立防风固沙防护体系。

在重力侵蚀地区，地方各级人民政府及其有关部门应当组织单位和个人，采取监测、径流排导、削坡减载、支挡固坡、修建拦挡工程等措施，建立监测、预报、预警体系。

第三十六条 在饮用水水源保护区，地方各级人民政府及其有关部门应当组织单位和个人，采取预防保护、自然修复和综合治理措施，配套建设植物过滤带，积极推广沼气，开展清洁小流域建设，严格控制化肥和农药的使用，减少水土流失引起的面源污染，保护饮用水水源。

第三十七条 已在禁止开垦的陡坡地上开垦种植农作物的，应当按照国家有关规定退耕，植树种草；耕地短缺、退耕确有困难的，应当修建梯田或者采取其他水土保持措施。

在禁止开垦坡度以下的坡耕地上开垦种植农作物的，应当根据不同情况，采取修建梯田、坡面水系整治、蓄水保土耕作或者退耕等措施。

第三十八条 对生产建设活动所占用土地的地表土应当进行分层剥离、保存和利用，做到土石方挖填平衡，减少地表扰动范围；对废弃的砂、石、土、矸石、尾矿、废渣等存放地，应当采取拦挡、坡面防护、防洪排导等措施。生产建设活动结束后，应当及时在取土场、开挖面和存放地的裸露土地上植树种草、恢复植被，对闭库的尾矿库进行复垦。

在干旱缺水地区从事生产建设活动，应当采取防止风力侵蚀措施，设置降水蓄渗设施，充分利用降水资源。

第三十九条 国家鼓励和支持在山区、丘陵区、风沙区以及容易发生水土流失的其他区域，采取下列有利于水土保持的措施：

（一）免耕、等高耕作、轮耕轮作、草田轮作、间作套种等。

（二）封禁抚育、轮封轮牧、舍饲圈养。

（三）发展沼气、节柴灶，利用太阳能、风能和水能，以煤、电、气代替薪柴等。

（四）从生态脆弱地区向外移民。

（五）其他有利于水土保持的措施。

第五章　监测和监督

第四十条 县级以上人民政府水行政主管部门应当加强水土保持监测工作，发挥水土保持监测工作在政府决策、经济社会发展和社会公众服务中的作用。县级以上人民政府应当保障水土保持监测工作经费。

国务院水行政主管部门应当完善全国水土保持监测网络，对全国水土流失进行动态监测。

第四十一条 对可能造成严重水土流失的大中型生产建设项目，生产建设单位应当自行或者委托具备水土保持监测资质的机构，对生产建设活动造成的水土流失进行监测，并将监测情况定期上报当地水行政主管部门。

从事水土保持监测活动应当遵守国家有关技术标准、规范和规程，保证监测质量。

第四十二条 国务院水行政主管部门和省、自治区、直辖市人民政府水行政主管部门应当根据水土保持监测情况，定期对下列事项进行公告：

（一）水土流失类型、面积、强度、分布状况和变化趋势。

（二）水土流失造成的危害。

（三）水土流失预防和治理情况。

第四十三条 县级以上人民政府水行政主管部门负责对水土保持情况进行监督检查。流域管理机构在其管辖范围内可以行使国务院水行政主管部门的监督检查职权。

第四十四条 水政监督检查人员依法履行监督检查职责时，有权采取下列措施：

（一）要求被检查单位或者个人提供有关文件、证照、资料。

（二）要求被检查单位或者个人就预防和治理水土流失的有关情况作出说明。

（三）进入现场进行调查、取证。

被检查单位或者个人拒不停止违法行为，造成严重水土流失的，报经水行政主管部门批准，可以查封、扣押实施违法行为的工具及施工机械、设备等。

第四十五条 水政监督检查人员依法履行监督检查职责时，应当出示执法证件。被检查单位或者个人对水土保持监督检查工作应当给予配合，如实报告情况，提供有关文件、证照、资料；不得拒绝或者阻碍水政监督检查人员依法执行公务。

第四十六条 不同行政区域之间发生水土流失纠纷应当协商解决；协商不成的，由共同的上一级人民政府裁决。

第六章 法律责任

第四十七条 水行政主管部门或者其他依照本法规定行使监督管理权的部门，不依法作出行政许可决定或者办理批准文件的，发现违法行为或者接到对违法行为的举报不予查处的，或者有其他未依照本法规定履行职责的行为的，对直接负责的主管人员和其他直接责任人员依法给予处分。

第四十八条 违反本法规定，在崩塌、滑坡危险区或者泥石流易发区从事取土、挖砂、采石等可能造成水土流失的活动的，由县级以上地方人民政府水行政主管部门责令停止违法行为，没收违法所得，对个人处一千元以上一万元以下的罚款，对单位处二万元以上二十万元以下的罚款。

第四十九条 违反本法规定，在禁止开垦坡度以上陡坡地开垦种植农作物，或者在禁止开垦、开发的植物保护带内开垦、开发的，由县级以上地方人民政府水行政主管部门责令停止违法行为，采取退耕、恢复植被等补救措施；按照开垦或者开发面积，可以对个人处每平方米二元以下的罚款、对单位处每平方米十元以下的罚款。

第五十条 违反本法规定，毁林、毁草开垦的，依照《中华人民共和国森林法》、《中华人民共和国草原法》的有关规定处罚。

第五十一条 违反本法规定，采集发菜，或者在水土流失重点预防区和重点治理区铲草皮、挖树兜、滥挖虫草、甘草、麻黄等的，由县级以上地方人民政府水行政主管部门责令停止违法行为，采取补救措施，没收违法所得，并处违法所得一倍以上五倍以下的罚款；没有违法所得的，可以处五万元以下的罚款。

在草原地区有前款规定违法行为的，依照《中华人民共和国草原法》的有关规定处罚。

第五十二条 在林区采伐林木不依法采取防止水土流失措施的，由县级以上地方人民政府林业主管部门、水行政主管部门责令限期改正，采取补救措施；造成水土流失的，由水行政主管部门按照造成水土流失的面积处每平方米二元以上十元以下的罚款。

第五十三条 违反本法规定,有下列行为之一的,由县级以上人民政府水行政主管部门责令停止违法行为,限期补办手续;逾期不补办手续的,处五万元以上五十万元以下的罚款;对生产建设单位直接负责的主管人员和其他直接责任人员依法给予处分:

(一)依法应当编制水土保持方案的生产建设项目,未编制水土保持方案或者编制的水土保持方案未经批准而开工建设的。

(二)生产建设项目的地点、规模发生重大变化,未补充、修改水土保持方案或者补充、修改的水土保持方案未经原审批机关批准的。

(三)水土保持方案实施过程中,未经原审批机关批准,对水土保持措施作出重大变更的。

第五十四条 违反本法规定,水土保持设施未经验收或者验收不合格将生产建设项目投产使用的,由县级以上人民政府水行政主管部门责令停止生产或者使用,直至验收合格,并处五万元以上五十万元以下的罚款。

第五十五条 违反本法规定,在水土保持方案确定的专门存放地以外的区域倾倒砂、石、土、矸石、尾矿、废渣等的,由县级以上地方人民政府水行政主管部门责令停止违法行为,限期清理,按照倾倒数量处每立方米十元以上二十元以下的罚款;逾期仍不清理的,县级以上地方人民政府水行政主管部门可以指定有清理能力的单位代为清理,所需费用由违法行为人承担。

第五十六条 违反本法规定,开办生产建设项目或者从事其他生产建设活动造成水土流失,不进行治理的,由县级以上人民政府水行政主管部门责令限期治理;逾期仍不治理的,县级以上人民政府水行政主管部门可以指定有治理能力的单位代为治理,所需费用由违法行为人承担。

第五十七条 违反本法规定,拒不缴纳水土保持补偿费的,由县级以上人民政府水行政主管部门责令限期缴纳;逾期不缴纳的,自滞纳之日起按日加收滞纳部分万分之五的滞纳金,可以处应缴水土保持补偿费三倍以下的罚款。

第五十八条 违反本法规定,造成水土流失危害的,依法承担民事责任;构成违反治安管理行为的,由公安机关依法给予治安管理处罚;构成犯罪的,依法追究刑事责任。

第七章 附 则

第五十九条 县级以上地方人民政府根据当地实际情况确定的负责水土保持工作的机构,行使本法规定的水行政主管部门水土保持工作的职责。

第六十条 本法自2011年3月1日起施行。

1-8 中华人民共和国防洪法

（1997年8月29日第八届全国人民代表大会常务委员会第二十七次会议通过）

第一章 总 则

第一条 为了防治洪水，防御、减轻洪涝灾害，维护人民的生命和财产安全，保障社会主义现代化建设顺利进行，制定本法。

第二条 防洪工作实行全面规划、统筹兼顾、预防为主、综合治理、局部利益服从全局利益的原则。

第三条 防洪工程设施建设，应当纳入国民经济和社会发展计划。

防洪费用按照政府投入同受益者合理承担相结合的原则筹集。

第四条 开发利用和保护水资源，应当服从防洪总体安排，实行兴利与除害相结合的原则。

江河、湖泊治理以及防洪工程设施建设，应当符合流域综合规划，与流域水资源的综合开发相结合。

本法所称综合规划是指开发利用水资源和防治水害的综合规划。

第五条 防洪工作按照流域或者区域实行统一规划、分级实施和流域管理与行政区域管理相结合的制度。

第六条 任何单位和个人都有保护防洪工程设施和依法参加防汛抗洪的义务。

第七条 各级人民政府应当加强对防洪工作的统一领导，组织有关部门、单位，动员社会力量，依靠科技进步，有计划地进行江河、湖泊治理，采取措施加强防洪工程设施建设，巩固、提高防洪能力。

各级人民政府应当组织有关部门、单位，动员社会力量，做好防汛抗洪和洪涝灾害后的恢复与救济工作。

各级人民政府应当对蓄滞洪区予以扶持；蓄滞洪后，应当依照国家规定予以补偿或者救助。

第八条 国务院水行政主管部门在国务院的领导下，负责全国防洪的组织、协调、监督、指导等日常工作。国务院水行政主管部门在国家确定的重要江河、湖泊设立的流域管理机构，在所管辖的范围内行使法律、行政法规规定和国务院水行政主管部门授权的防洪协调和监督管理职责。

国务院建设行政主管部门和其他有关部门在国务院的领导下，按照各自的职责，负责有关的防洪工作。

县级以上地方人民政府水行政主管部门在本级人民政府的领导下，负责本行政区域内防洪的组织、协调、监督、指导等日常工作。县级以上地方人民政府建设行政主管部门和其他有关部门在本级人民政府的领导下，按照各自的职责，负责有关的防洪工作。

第二章　防洪规划

第九条　防洪规划是指为防治某一流域、河段或者区域的洪涝灾害而制定的总体部署，包括国家确定的重要江河、湖泊的流域防洪规划，其他江河、河段、湖泊的防洪规划以及区域防洪规划。

防洪规划应当服从所在流域、区域的综合规划；区域防洪规划应当服从所在流域的流域防洪规划。

防洪规划是江河、湖泊治理和防洪工程设施建设的基本依据。

第十条　国家确定的重要江河、湖泊的防洪规划，由国务院水行政主管部门依据该江河、湖泊的流域综合规划，会同有关部门和有关省、自治区、直辖市人民政府编制，报国务院批准。

其他江河、河段、湖泊的防洪规划或者区域防洪规划，由县级以上地方人民政府水行政主管部门分别依据流域综合规划、区域综合规划，会同有关部门和有关地区编制，报本级人民政府批准，并报上一级人民政府水行政主管部门备案；跨省、自治区、直辖市的江河、河段、湖泊的防洪规划由有关流域管理机构会同江河、河段、湖泊所在地的省、自治区、直辖市人民政府水行政主管部门、有关主管部门拟定，分别经有关省、自治区、直辖市人民政府审查提出意见后，报国务院水行政主管部门批准。

城市防洪规划，由城市人民政府组织水行政主管部门、建设行政主管部门和其他有关部门依据流域防洪规划、上一级人民政府区域防洪规划编制，按照国务院规定的审批程序批准后纳入城市总体规划。

修改防洪规划，应当报经原批准机关批准。

第十一条　编制防洪规划，应当遵循确保重点、兼顾一般，以及防汛和抗旱相结合、工程措施和非工程措施相结合的原则，充分考虑洪涝规律和上下游、左右岸的关系以及国民经济对防洪的要求，并与国土规划和土地利用总体规划相协调。

防洪规划应当确定防护对象、治理目标和任务、防洪措施和实施方案，划定洪泛区、蓄滞洪区和防洪保护区的范围，规定蓄滞洪区的使用原则。

第十二条　受风暴潮威胁的沿海地区的县级以上地方人民政府，应当把防御风暴潮纳入本地区的防洪规划，加强海堤(海塘)、挡潮闸和沿海防护林等防御风暴潮工程体系建设，监督建筑物、构筑物的设计和施工符合防御风暴潮的需要。

第十三条　山洪可能诱发山体滑坡、崩塌和泥石流的地区以及其他山洪多发地区的县级以上地方人民政府，应当组织负责地质矿产管理工作的部门、水行政主管部门和其他有关部门对山体滑坡、崩塌和泥石流隐患进行全面调查，划定重点防治区，采取防治措施。

城市、村镇和其他居民点以及工厂、矿山、铁路和公路干线的布局，应当避开山洪威胁；已经建在受山洪威胁的地方的，应当采取防御措施。

第十四条　平原、洼地、水网圩区、山谷、盆地等易涝地区的有关地方人民政府，应当制定除涝治涝规划，组织有关部门、单位采取相应的治理措施，完善排水系统，发展耐涝农作物种类和品种，开展洪涝、干旱、盐碱综合治理。

城市人民政府应当加强对城区排涝管网、泵站的建设和管理。

第十五条 国务院水行政主管部门应当会同有关部门和省、自治区、直辖市人民政府制定长江、黄河、珠江、辽河、淮河、海河入海河口的整治规划。

在前款入海河口围海造地，应当符合河口整治规划。

第十六条 防洪规划确定的河道整治计划用地和规划建设的堤防用地范围内的土地，经土地管理部门和水行政主管部门会同有关地区核定，报经县级以上人民政府按照国务院规定的权限批准后，可以划定为规划保留区；该规划保留区范围内的土地涉及其他项目用地的，有关土地管理部门和水行政主管部门核定时，应当征求有关部门的意见。

规划保留区依照前款规定划定后，应当公告。

前款规划保留区内不得建设与防洪无关的工矿工程设施；在特殊情况下，国家工矿建设项目确需占用前款规划保留区内的土地的，应当按照国家规定的基本建设程序报请批准，并征求有关水行政主管部门的意见。

防洪规划确定的扩大或者开辟的人工排洪道用地范围内的土地，经省级以上人民政府土地管理部门和水行政主管部门会同有关部门、有关地区核定，报省级以上人民政府按照国务院规定的权限批准后，可以划定为规划保留区，适用前款规定。

第十七条 在江河、湖泊上建设防洪工程和其他水工程、水电站等，应当符合防洪规划的要求；水库应当按照防洪规划的要求留足防洪库容。

前款规定的防洪工程和其他水工程、水电站的可行性研究报告按照国家规定的基本建设程序报请批准时，应当附具有关水行政主管部门签署的符合防洪规划要求的规划同意书。

第三章　治理与防护

第十八条 防治江河洪水，应当蓄泄兼施，充分发挥河道行洪能力和水库、洼淀、湖泊调蓄洪水的功能，加强河道防护，因地制宜地采取定期清淤疏浚等措施，保持行洪畅通。

防治江河洪水，应当保护、扩大流域林草植被，涵养水源，加强流域水土保持综合治理。

第十九条 整治河道和修建控制引导河水流向、保护堤岸等工程，应当兼顾上下游、左右岸的关系，按照规划治导线实施，不得任意改变河水流向。

国家确定的重要江河的规划治导线由流域管理机构拟定，报国务院水行政主管部门批准。

其他江河、河段的规划治导线由县级以上地方人民政府水行政主管部门拟定，报本级人民政府批准；跨省、自治区、直辖市的江河、河段和省、自治区、直辖市之间的省界河道的规划治导线由有关流域管理机构组织江河、河段所在地的省、自治区、直辖市人民政府水行政主管部门拟定，经有关省、自治区、直辖市人民政府审查提出意见后，报国务院水行政主管部门批准。

第二十条 整治河道、湖泊，涉及航道的，应当兼顾航运需要，并事先征求交通主管部门的意见。整治航道，应当符合江河、湖泊防洪安全要求，并事先征求水行政主管部门的意见。

在竹木流放的河流和渔业水域整治河道的，应当兼顾竹木水运和渔业发展的需要，并事先征求林业、渔业行政主管部门的意见。在河道中流放竹木，不得影响行洪和防洪工程设施的安全。

第二十一条 河道、湖泊管理实行按水系统一管理和分级管理相结合的原则，加强防护，确保畅通。

国家确定的重要江河、湖泊的主要河段，跨省、自治区、直辖市的重要河段、湖泊，省、自治区、直辖市之间的省界河道、湖泊以及国（边）界河道、湖泊，由流域管理机构和江河、湖泊所在地的省、自治区、直辖市人民政府水行政主管部门按照国务院水行政主管部门的划定依法实施管理。其他河道、湖泊，由县级以上地方人民政府水行政主管部门按照国务院水行政主管部门或者国务院水行政主管部门授权的机构的划定依法实施管理。

有堤防的河道、湖泊，其管理范围为两岸堤防之间的水域、沙洲、滩地、行洪区和堤防及护堤地；无堤防的河道、湖泊，其管理范围为历史最高洪水位或者设计洪水位之间的水域、沙洲、滩地和行洪区。

流域管理机构直接管理的河道、湖泊管理范围，由流域管理机构会同有关县级以上地方人民政府依照前款规定界定；其他河道、湖泊管理范围，由有关县级以上地方人民政府依照前款规定界定。

第二十二条 河道、湖泊管理范围内的土地和岸线的利用，应当符合行洪、输水的要求。

禁止在河道、湖泊管理范围内建设妨碍行洪的建筑物、构筑物，倾倒垃圾、渣土，从事影响河势稳定、危害河岸堤防安全和其他妨碍河道行洪的活动。

禁止在行洪河道内种植阻碍行洪的林木和高秆作物。

在船舶航行可能危及堤岸安全的河段，应当限定航速。限定航速的标志，由交通主管部门与水行政主管部门商定后设置。

第二十三条 禁止围湖造地。已经围垦的，应当按照国家规定的防洪标准进行治理，有计划地退地还湖。

禁止围垦河道。确需围垦的，应当进行科学论证，经水行政主管部门确认不妨碍行洪、输水后，报省级以上人民政府批准。

第二十四条 对居住在行洪河道内的居民，当地人民政府应当有计划地组织外迁。

第二十五条 护堤护岸的林木，由河道、湖泊管理机构组织营造和管理。护堤护岸林木，不得任意砍伐。采伐护堤护岸林木的，须经河道、湖泊管理机构同意后，依法办理采伐许可手续，并完成规定的更新补种任务。

第二十六条 对壅水、阻水严重的桥梁、引道、码头和其他跨河工程设施，根据防洪标准，有关水行政主管部门可以报请县级以上人民政府按照国务院规定的权限责令建设单位限期改建或者拆除。

第二十七条 建设跨河、穿河、穿堤、临河的桥梁、码头、道路、渡口、管道、缆线、取水、排水等工程设施，应当符合防洪标准、岸线规划、航运要求和其他技术要求，不得危害堤防安全，影响河势稳定、妨碍行洪畅通；其可行性研究报告按照国家规定的基本建设程序报请批准前，其中的工程建设方案应当经有关水行政主管部门根据前述防洪要求审查同意。

前款工程设施需要占用河道、湖泊管理范围内土地，跨越河道、湖泊空间或者穿越河床的，建设单位应当经有关水行政主管部门对该工程设施建设的位置和界限审查批准后，方可依法办理开工手续；安排施工时，应当按照水行政主管部门审查批准的位置和界限进行。

第二十八条 对于河道、湖泊管理范围内依照本法规定建设的工程设施，水行政主管部门有权依法检查；水行政主管部门检查时，被检查者应当如实提供有关的情况和资料。

前款规定的工程设施竣工验收时，应当有水行政主管部门参加。

第四章 防洪区和防洪工程设施的管理

第二十九条 防洪区是指洪水泛滥可能淹及的地区，分为洪泛区、蓄滞洪区和防洪保护区。

洪泛区是指尚无工程设施保护的洪水泛滥所及的地区。

蓄滞洪区是指包括分洪口在内的河堤背水面以外临时贮存洪水的低洼地区及湖泊等。

防洪保护区是指在防洪标准内受防洪工程设施保护的地区。

洪泛区、蓄滞洪区和防洪保护区的范围，在防洪规划或者防御洪水方案中划定，并报请省级以上人民政府按照国务院规定的权限批准后予以公告。

第三十条 各级人民政府应当按照防洪规划对防洪区内的土地利用实行分区管理。

第三十一条 地方各级人民政府应当加强对防洪区安全建设工作的领导，组织有关部门、单位对防洪区内的单位和居民进行防洪教育，普及防洪知识，提高水患意识；按照防洪规划和防御洪水方案建立并完善防洪体系和水文、气象、通信、预警以及洪涝灾害监测系统，提高防御洪水能力；组织防洪区内的单位和居民积极参加防洪工作，因地制宜地采取防洪避洪措施。

第三十二条 洪泛区、蓄滞洪区所在地的省、自治区、直辖市人民政府应当组织有关地区和部门，按照防洪规划的要求，制定洪泛区、蓄滞洪区安全建设计划，控制蓄滞洪区人口增长，对居住在经常使用的蓄滞洪区的居民，有计划地组织外迁，并采取其他必要的安全保护措施。

因蓄滞洪区而直接受益的地区和单位，应当对蓄滞洪区承担国家规定的补偿、救助义务。国务院和有关的省、自治区、直辖市人民政府应当建立对蓄滞洪区的扶持和补偿、救助制度。

国务院和有关的省、自治区、直辖市人民政府可以制定洪泛区、蓄滞洪区安全建设管理办法以及对蓄滞洪区的扶持和补偿、救助办法。

第三十三条 在洪泛区、蓄滞洪区内建设非防洪建设项目，应当就洪水对建设项目可能产生的影响和建设项目对防洪可能产生的影响作出评价，编制洪水影响评价报告，提出防御措施。建设项目可行性研究报告按照国家规定的基本建设程序报请批准时，应当附具有关水行政主管部门审查批准的洪水影响评价报告。

在蓄滞洪区内建设的油田、铁路、公路、矿山、电厂、电信设施和管道，其洪水影响评价报告应当包括建设单位自行安排的防洪避洪方案。建设项目投入生产或者使用时，其防洪工程设施应当经水行政主管部门验收。

在蓄滞洪区内建造房屋应当采用平顶式结构。

第三十四条 大中城市,重要的铁路、公路干线,大型骨干企业,应当列为防洪重点,确保安全。

受洪水威胁的城市、经济开发区、工矿区和国家重要的农业生产基地等,应当重点保护,建设必要的防洪工程设施。

城市建设不得擅自填堵原有河道沟叉、贮水湖塘洼淀和废除原有防洪围堤;确需填堵或者废除的,应当经水行政主管部门审查同意,并报城市人民政府批准。

第三十五条 属于国家所有的防洪工程设施,应当按照经批准的设计,在竣工验收前由县级以上人民政府按照国家规定,划定管理和保护范围。

属于集体所有的防洪工程设施,应当按照省、自治区、直辖市人民政府的规定,划定保护范围。

在防洪工程设施保护范围内,禁止进行爆破、打井、采石、取土等危害防洪工程设施安全的活动。

第三十六条 各级人民政府应当组织有关部门加强对水库大坝的定期检查和监督管理。对未达到设计洪水标准、抗震设防要求或者有严重质量缺陷的险坝,大坝主管部门应当组织有关单位采取除险加固措施,限期消除危险或者重建,有关人民政府应当优先安排所需资金。对可能出现垮坝的水库,应当事先制定应急抢险和居民临时撤离方案。

各级人民政府和有关主管部门应当加强对尾矿坝的监督管理,采取措施,避免因洪水导致垮坝。

第三十七条 任何单位和个人不得破坏、侵占、毁损水库大坝、堤防、水闸、护岸、抽水站、排水渠系等防洪工程和水文、通信设施以及防汛备用的器材、物料等。

第五章 防汛抗洪

第三十八条 防汛抗洪工作实行各级人民政府行政首长负责制,统一指挥、分级分部门负责。

第三十九条 国务院设立国家防汛指挥机构,负责领导、组织全国的防汛抗洪工作,其办事机构设在国务院水行政主管部门。

在国家确定的重要江河、湖泊可以设立由有关省、自治区、直辖市人民政府和该江河、湖泊的流域管理机构负责人等组成的防汛指挥机构,指挥所管辖范围内的防汛抗洪工作,其办事机构设在流域管理机构。

有防汛抗洪任务的县级以上地方人民政府设立由有关部门、当地驻军、人民武装部负责人等组成的防汛指挥机构,在上级防汛指挥机构和本级人民政府的领导下,指挥本地区的防汛抗洪工作,其办事机构设在同级水行政主管部门;必要时,经城市人民政府决定,防汛指挥机构也可以在建设行政主管部门设城市市区办事机构,在防汛指挥机构的统一领导下,负责城市市区的防汛抗洪日常工作。

第四十条 有防汛抗洪任务的县级以上地方人民政府根据流域综合规划、防洪工程实际状况和国家规定的防洪标准,制定防御洪水方案(包括对特大洪水的处置措施)。

长江、黄河、淮河、海河的防御洪水方案,由国家防汛指挥机构制定,报国务院批准;跨省、自治区、直辖市的其他江河的防御洪水方案，由有关流域管理机构会同有关省、自治区、直辖市人民政府制定，报国务院或者国务院授权的有关部门批准。防御洪水方案经批准后，有关地方人民政府必须执行。

各级防汛指挥机构和承担防汛抗洪任务的部门和单位，必须根据防御洪水方案做好防汛抗洪准备工作。

第四十一条 省、自治区、直辖市人民政府防汛指挥机构根据当地的洪水规律，规定汛期起止日期。

当江河、湖泊的水情接近保证水位或者安全流量，水库水位接近设计洪水位，或者防洪工程设施发生重大险情时，有关县级以上人民政府防汛指挥机构可以宣布进入紧急防汛期。

第四十二条 对河道、湖泊范围内阻碍行洪的障碍物，按照谁设障、谁清除的原则，由防汛指挥机构责令限期清除；逾期不清除的，由防汛指挥机构组织强行清除，所需费用由设障者承担。

在紧急防汛期，国家防汛指挥机构或者其授权的流域、省、自治区、直辖市防汛指挥机构有权对壅水、阻水严重的桥梁、引道、码头和其他跨河工程设施作出紧急处置。

第四十三条 在汛期，气象、水文、海洋等有关部门应当按照各自的职责，及时向有关防汛指挥机构提供天气、水文等实时信息和风暴潮预报；电信部门应当优先提供防汛抗洪通信的服务；运输、电力、物资材料供应等有关部门应当优先为防汛抗洪服务。

中国人民解放军、中国人民武装警察部队和民兵应当执行国家赋予的抗洪抢险任务。

第四十四条 在汛期，水库、闸坝和其他水工程设施的运用，必须服从有关的防汛指挥机构的调度指挥和监督。

在汛期，水库不得擅自在汛期限制水位以上蓄水，其汛期限制水位以上的防洪库容的运用，必须服从防汛指挥机构的调度指挥和监督。

在凌汛期，有防凌汛任务的江河的上游水库的下泄水量必须征得有关的防汛指挥机构的同意，并接受其监督。

第四十五条 在紧急防汛期，防汛指挥机构根据防汛抗洪的需要，有权在其管辖范围内调用物资、设备、交通运输工具和人力，决定采取取土占地、砍伐林木、清除阻水障碍物和其他必要的紧急措施；必要时，公安、交通等有关部门按照防汛指挥机构的决定，依法实施陆地和水面交通管制。

依照前款规定调用的物资、设备、交通运输工具等，在汛期结束后应当及时归还；造成损坏或者无法归还的，按照国务院有关规定给予适当补偿或者作其他处理。取土占地、砍伐林木的，在汛期结束后依法向有关部门补办手续；有关地方人民政府对取土后的土地组织复垦，对砍伐的林木组织补种。

第四十六条 江河、湖泊水位或者流量达到国家规定的分洪标准，需要启用蓄滞洪区时，国务院，国家防汛指挥机构，流域防汛指挥机构，省、自治区、直辖市人民政府，省、自治区、直辖市防汛指挥机构，按照依法经批准的防御洪水方案中规定的启用条件和批准程序，决定启用蓄滞洪区。依法启用蓄滞洪区，任何单位和个人不得阻拦、拖延；遇到阻拦、拖延时，由有关县级以上地方人民政府强制实施。

第四十七条 发生洪涝灾害后，有关人民政府应当组织有关部门、单位做好灾区的生活供给、卫生防疫、救灾物资供应、治安管理、学校复课、恢复生产和重建家园等救灾工作以及所管辖地区的各项水毁工程设施修复工作。水毁防洪工程设施的修复,应当优先列入有关部门的年度建设计划。

国家鼓励、扶持开展洪水保险。

第六章 保障措施

第四十八条 各级人民政府应当采取措施,提高防洪投入的总体水平。

第四十九条 江河、湖泊的治理和防洪工程设施的建设和维护所需投资,按照事权和财权相统一的原则,分级负责,由中央和地方财政承担。城市防洪工程设施的建设和维护所需投资,由城市人民政府承担。

受洪水威胁地区的油田、管道、铁路、公路、矿山、电力、电信等企业、事业单位应当自筹资金,兴建必要的防洪自保工程。

第五十条 中央财政应当安排资金,用于国家确定的重要江河、湖泊的堤坝遭受特大洪涝灾害时的抗洪抢险和水毁防洪工程修复。省、自治区、直辖市人民政府应当在本级财政预算中安排资金,用于本行政区域内遭受特大洪涝灾害地区的抗洪抢险和水毁防洪工程修复。

第五十一条 国家设立水利建设基金,用于防洪工程和水利工程的维护和建设。具体办法由国务院规定。

受洪水威胁的省、自治区、直辖市为加强本行政区域内防洪工程设施建设,提高防御洪水能力,按照国务院的有关规定,可以规定在防洪保护区范围内征收河道工程修建维护管理费。

第五十二条 有防洪任务的地方各级人民政府应当根据国务院的有关规定,安排一定比例的农村义务工和劳动积累工,用于防洪工程设施的建设、维护。

第五十三条 任何单位和个人不得截留、挪用防洪、救灾资金和物资。

各级人民政府审计机关应当加强对防洪、救灾资金使用情况的审计监督。

第七章 法律责任

第五十四条 违反本法第十七条规定,未经水行政主管部门签署规划同意书,擅自在江河、湖泊上建设防洪工程和其他水工程、水电站的,责令停止违法行为,补办规划同意书手续;违反规划同意书的要求,严重影响防洪的,责令限期拆除;违反规划同意书的要求,影响防洪但尚可采取补救措施的,责令限期采取补救措施,可以处一万元以上十万元以下的罚款。

第五十五条 违反本法第十九条规定,未按照规划治导线整治河道和修建控制引导河水流向、保护堤岸等工程,影响防洪的,责令停止违法行为,恢复原状或者采取其他补救措施,可以处一万元以上十万元以下的罚款。

第五十六条 违反本法第二十二条第二款、第三款规定,有下列行为之一的,责令停止违法行为,排除阻碍或者采取其他补救措施,可以处五万元以下的罚款:

（一）在河道、湖泊管理范围内建设妨碍行洪的建筑物、构筑物的。

（二）在河道、湖泊管理范围内倾倒垃圾、渣土，从事影响河势稳定、危害河岸堤防安全和其他妨碍河道行洪的活动的。

（三）在行洪河道内种植阻碍行洪的林木和高秆作物的。

第五十七条 违反本法第十五条第二款、第二十三条规定，围海造地、围湖造地、围垦河道的，责令停止违法行为，恢复原状或者采取其他补救措施，可以处五万元以下的罚款；既不恢复原状也不采取其他补救措施的，代为恢复原状或者采取其他补救措施，所需费用由违法者承担。

第五十八条 违反本法第二十七条规定，未经水行政主管部门对其工程建设方案审查同意或者未按照有关水行政主管部门审查批准的位置、界限，在河道、湖泊管理范围内从事工程设施建设活动的，责令停止违法行为，补办审查同意或者审查批准手续；工程设施建设严重影响防洪的，责令限期拆除，逾期不拆除的，强行拆除，所需费用由建设单位承担；影响行洪但尚可采取补救措施的，责令限期采取补救措施，可以处一万元以上十万元以下的罚款。

第五十九条 违反本法第三十三条第一款规定，在洪泛区、蓄滞洪区内建设非防洪建设项目，未编制洪水影响评价报告的，责令限期改正；逾期不改正的，处五万元以下的罚款。

违反本法第三十三条第二款规定，防洪工程设施未经验收，即将建设项目投入生产或者使用的，责令停止生产或者使用，限期验收防洪工程设施，可以处五万元以下的罚款。

第六十条 违反本法第三十四条规定，因城市建设擅自填堵原有河道沟叉、贮水湖塘洼淀和废除原有防洪围堤的，城市人民政府应当责令停止违法行为，限期恢复原状或者采取其他补救措施。

第六十一条 违反本法规定，破坏、侵占、毁损堤防、水闸、护岸、抽水站、排水渠系等防洪工程和水文、通信设施以及防汛备用的器材、物料的，责令停止违法行为，采取补救措施，可以处五万元以下的罚款；造成损坏的，依法承担民事责任；应当给予治安管理处罚的，依照治安管理处罚条例的规定处罚；构成犯罪的，依法追究刑事责任。

第六十二条 阻碍、威胁防汛指挥机构、水行政主管部门或者流域管理机构的工作人员依法执行职务，构成犯罪的，依法追究刑事责任；尚不构成犯罪，应当给予治安管理处罚的，依照治安管理处罚条例的规定处罚。

第六十三条 截留、挪用防洪、救灾资金和物资，构成犯罪的，依法追究刑事责任；尚不构成犯罪的，给予行政处分。

第六十四条 除本法第六十条的规定外，本章规定的行政处罚和行政措施，由县级以上人民政府水行政主管部门决定，或者由流域管理机构按照国务院水行政主管部门规定的权限决定。但是，本法第六十一条、第六十二条规定的治安管理处罚的决定机关，按照治安管理处罚条例的规定执行。

第六十五条 国家工作人员，有下列行为之一，构成犯罪的，依法追究刑事责任；尚不构成犯罪的，给予行政处分：

（一）违反本法第十七条、第十九条、第二十二条第二款、第二十二条第三款、第二十七条或者第三十四条规定，严重影响防洪的。

（二）滥用职权，玩忽职守，徇私舞弊，致使防汛抗洪工作遭受重大损失的。

（三）拒不执行防御洪水方案、防汛抢险指令或者蓄滞洪方案、措施、汛期调度运用计划等防汛调度方案的。

（四）违反本法规定，导致或者加重毗邻地区或者其他单位洪灾损失的。

第八章　附　　则

第六十六条　本法自1998年1月1日起施行。

1-9 中华人民共和国防汛条例

(1991年7月2日中华人民共和国国务院令第86号发布 根据2005年7月15日《国务院关于修订〈中华人民共和国防汛条例〉的决定》修订)

第一章 总 则

第一条 为了做好防汛抗洪工作,保障人民生命财产安全和经济建设的顺利进行,根据《中华人民共和国水法》,制定本条例。

第二条 在中华人民共和国境内进行防汛抗洪活动,适用本条例。

第三条 防汛工作实行"安全第一,常备不懈,以防为主,全力抢险"的方针,遵循团结协作和局部利益服从全局利益的原则。

第四条 防汛工作实行各级人民政府行政首长负责制,实行统一指挥,分级分部门负责。各有关部门实行防汛岗位责任制。

第五条 任何单位和个人都有参加防汛抗洪的义务。

中国人民解放军和武装警察部队是防汛抗洪的重要力量。

第二章 防汛组织

第六条 国务院设立国家防汛总指挥部,负责组织领导全国的防汛抗洪工作,其办事机构设在国务院水行政主管部门。

长江和黄河,可以设立由有关省、自治区、直辖市人民政府和该江河的流域管理机构(以下简称"流域机构")负责人等组成的防汛指挥机构,负责指挥所辖范围的防汛抗洪工作,其办事机构设在流域机构。长江和黄河的重大防汛抗洪事项须经国家防汛总指挥部批准后执行。

国务院水行政主管部门所属的淮河、海河、珠江、松花江、辽河、太湖等流域机构,设立防汛办事机构,负责协调本流域的防汛日常工作。

第七条 有防汛任务的县级以上地方人民政府设立防汛指挥部,由有关部门、当地驻军、人民武装部负责人组成,由各级人民政府首长担任指挥。各级人民政府防汛指挥部在上级人民政府防汛指挥部和同级人民政府的领导下,执行上级防汛指令,制定各项防汛抗洪措施,统一指挥本地区的防汛抗洪工作。

各级人民政府防汛指挥部办事机构设在同级水行政主管部门;城市市区的防汛指挥部办事机构也可以设在城建主管部门,负责管理所辖范围的防汛日常工作。

第八条 石油、电力、邮电、铁路、公路、航运、工矿以及商业、物资等有防汛任务的部门和单位，汛期应当设立防汛机构，在有管辖权的人民政府防汛指挥部统一领导下，负责做好本行业和本单位的防汛工作。

第九条 河道管理机构、水利水电工程管理单位和江河沿岸在建工程的建设单位，必须加强对所辖水工程设施的管理维护，保证其安全正常运行，组织和参加防汛抗洪工作。

第十条 有防汛任务的地方人民政府应当组织以民兵为骨干的群众性防汛队伍，并责成有关部门将防汛队伍组成人员登记造册，明确各自的任务和责任。

河道管理机构和其他防洪工程管理单位可以结合平时的管理任务，组织本单位的防汛抢险队伍，作为紧急抢险的骨干力量。

第三章 防汛准备

第十一条 有防汛任务的县级以上人民政府，应当根据流域综合规划、防洪工程实际状况和国家规定的防洪标准，制定防御洪水方案（包括对特大洪水的处置措施）。

长江、黄河、淮河、海河的防御洪水方案，由国家防汛总指挥部制定，报国务院批准后施行；跨省、自治区、直辖市的其他江河的防御洪水方案，有关省、自治区、直辖市人民政府制定后，经有管辖权的流域机构审查同意，由省、自治区、直辖市人民政府报国务院或其授权的机构批准后施行。

有防汛抗洪任务的城市人民政府，应当根据流域综合规划和江河的防御洪水方案，制定本城市的防御洪水方案，报上级人民政府或其授权的机构批准后施行。

防御洪水方案经批准后，有关地方人民政府必须执行。

第十二条 有防汛任务的地方，应当根据经批准的防御洪水方案制定洪水调度方案。长江、黄河、淮河、海河（海河流域的永定河、大清河、漳卫南运河和北三河）、松花江、辽河、珠江和太湖流域的洪水调度方案，由有关流域机构会同有关省、自治区、直辖市人民政府制定，报国家防汛总指挥部批准。跨省、自治区、直辖市的其他江河的洪水调度方案，由有关流域机构会同有关省、自治区、直辖市人民政府制定，报流域防汛指挥机构批准；没有设立流域防汛指挥机构的，报国家防汛总指挥部批准。其他江河的洪水调度方案，由有管辖权的水行政主管部门会同有关地方人民政府制定，报有管辖权的防汛指挥机构批准。

洪水调度方案经批准后，有关地方人民政府必须执行。修改洪水调度方案，应当报经原批准机关批准。

第十三条 有防汛抗洪任务的企业应当根据所在流域或者地区经批准的防御洪水方案和洪水调度方案，规定本企业的防汛抗洪措施，在征得其所在地县级人民政府水行政主管部门同意后，由有管辖权的防汛指挥机构监督实施。

第十四条 水库、水电站、拦河闸坝等工程的管理部门，应当根据工程规划设计、经批准的防御洪水方案和洪水调度方案以及工程实际状况，在兴利服从防洪，保证安全的前提下，制定汛期调度运用计划，经上级主管部门审查批准后，报有管辖权的人民政府防汛指挥部备案，并接受其监督。

经国家防汛总指挥部认定的对防汛抗洪关系重大的水电站，其防洪库容的汛期调度运用计划经上级主管部门审查同意后，须经有管辖权的人民政府防汛指挥部批准。

汛期调度运用计划经批准后，由水库、水电站、拦河闸坝等工程的管理部门负责执行。

有防凌任务的江河，其上游水库在凌汛期间的下泄水量，必须征得有管辖权的人民政府防汛指挥部的同意，并接受其监督。

第十五条 各级防汛指挥部应当在汛前对各类防洪设施组织检查，发现影响防洪安全的问题，责成责任单位在规定的期限内处理，不得贻误防汛抗洪工作。

各有关部门和单位按照防汛指挥部的统一部署，对所管辖的防洪工程设施进行汛前检查后，必须将影响防洪安全的问题和处理措施报有管辖权的防汛指挥部和上级主管部门，并按照该防汛指挥部的要求予以处理。

第十六条 关于河道清障和对壅水、阻水严重的桥梁、引道、码头和其他跨河工程设施的改建或者拆除，按照《中华人民共和国河道管理条例》的规定执行。

第十七条 蓄滞洪区所在地的省级人民政府应当按照国务院的有关规定，组织有关部门和市、县，制定所管辖的蓄滞洪区的安全与建设规划，并予实施。

各级地方人民政府必须对所管辖的蓄滞洪区的通信、预报警报、避洪、撤退道路等安全设施，以及紧急撤离和救生的准备工作进行汛前检查，发现影响安全的问题，及时处理。

第十八条 山洪、泥石流易发地区，当地有关部门应当指定预防监测员及时监测。雨季到来之前，当地人民政府防汛指挥部应当组织有关单位进行安全检查，对险情征兆明显的地区，应当及时把群众撤离险区。

风暴潮易发地区，当地有关部门应当加强对水库、海堤、闸坝、高压电线等设施和房屋的安全检查，发现影响安全的问题，及时处理。

第十九条 地区之间在防汛抗洪方面发生的水事纠纷，由发生纠纷地区共同的上一级人民政府或其授权的主管部门处理。

前款所指人民政府或者部门在处理防汛抗洪方面的水事纠纷时，有权采取临时紧急处置措施，有关当事各方必须服从并贯彻执行。

第二十条 有防汛任务的地方人民政府应当建设和完善江河堤防、水库、蓄滞洪区等防洪设施，以及该地区的防汛通信、预报警报系统。

第二十一条 各级防汛指挥部应当储备一定数量的防汛抢险物资，由商业、供销、物资部门代储的，可以支付适当的保管费。受洪水威胁的单位和群众应当储备一定的防汛抢险物料。

防汛抢险所需的主要物资，由计划主管部门在年度计划中予以安排。

第二十二条 各级人民政府防汛指挥部汛前应当向有关单位和当地驻军介绍防御洪水方案，组织交流防汛抢险经验。有关方面汛期应当及时通报水情。

第四章 防汛与抢险

第二十三条 省级人民政府防汛指挥部，可以根据当地的洪水规律，规定汛期起止日期。当江河、湖泊、水库的水情接近保证水位或者安全流量时，或者防洪工程设施发生重大险情，情况紧急时，县级以上地方人民政府可以宣布进入紧急防汛期，并报告上级人民政府防汛指挥部。

第二十四条 防汛期内，各级防汛指挥部必须有负责人主持工作。有关责任人员必须坚守岗位，及时掌握汛情，并按照防御洪水方案和汛期调度运用计划进行调度。

第二十五条 在汛期，水利、电力、气象、海洋、农林等部门的水文站、雨量站，必须及时准确地向各级防汛指挥部提供实时水文信息；气象部门必须及时向各级防汛指挥部提供有关天气预报和实时气象信息；水文部门必须及时向各级防汛指挥部提供有关水文预报；海洋部门必须及时向沿海地区防汛指挥部提供风暴潮预报。

第二十六条 在汛期，河道、水库、闸坝、水运设施等水工程管理单位及其主管部门在执行汛期调度运用计划时，必须服从有管辖权的人民政府防汛指挥部的统一调度指挥或者监督。

在汛期，以发电为主的水库，其汛限水位以上的防洪库容以及洪水调度运用必须服从有管辖权的人民政府防汛指挥部的统一调度指挥。

第二十七条 在汛期，河道、水库、水电站、闸坝等水工程管理单位必须按照规定对水工程进行巡查，发现险情，必须立即采取抢护措施，并及时向防汛指挥部和上级主管部门报告。其他任何单位和个人发现水工程设施出现险情，应当立即向防汛指挥部和水工程管理单位报告。

第二十八条 在汛期，公路、铁路、航运、民航等部门应当及时运送防汛抢险人员和物资；电力部门应当保证防汛用电。

第二十九条 在汛期，电力调度通信设施必须服从防汛工作需要；邮电部门必须保证汛情和防汛指令的及时、准确传递，电视、广播、公路、铁路、航运、民航、公安、林业、石油等部门应当运用本部门的通信工具优先为防汛抗洪服务。

电视、广播、新闻单位应当根据人民政府防汛指挥部提供的汛情，及时向公众发布防汛信息。

第三十条 在紧急防汛期，地方人民政府防汛指挥部必须由人民政府负责人主持工作，组织动员本地区各有关单位和个人投入抗洪抢险。所有单位和个人必须听从指挥，承担人民政府防汛指挥部分配的抗洪抢险任务。

第三十一条 在紧急防汛期，公安部门应当按照人民政府防汛指挥部的要求，加强治安管理和安全保卫工作。必要时须由有关部门依法实行陆地和水面交通管制。

第三十二条 在紧急防汛期，为了防汛抢险需要，防汛指挥部有权在其管辖范围内，调用物资、设备、交通运输工具和人力，事后应当及时归还或者给予适当补偿。因抢险需要取土占地、砍伐林木、清除阻水障碍物的，任何单位和个人不得阻拦。

前款所指取土占地、砍伐林木的，事后应当依法向有关部门补办手续。

第三十三条 当河道水位或者流量达到规定的分洪、滞洪标准时，有管辖权的人民政府防汛指挥部有权根据经批准的分洪、滞洪方案，采取分洪、滞洪措施。采取上述措施对毗邻地区有危害的，须经有管辖权的上级防汛指挥机构批准，并事先通知有关地区。

在非常情况下，为保护国家确定的重点地区和大局安全，必须作出局部牺牲时，在报经有管辖权的上级人民政府防汛指挥部批准后，当地人民政府防汛指挥部可以采取非常紧急措施。

实施上述措施时，任何单位和个人不得阻拦，如遇到阻拦和拖延时，有管辖权的人民政府有权组织强制实施。

第三十四条 当洪水威胁群众安全时,当地人民政府应当及时组织群众撤离至安全地带,并做好生活安排。

第三十五条 按照水的天然流势或者防洪、排涝工程的设计标准,或者经批准的运行方案下泄的洪水,下游地区不得设障阻水或者缩小河道的过水能力;上游地区不得擅自增大下泄流量。

未经有管辖权的人民政府或其授权的部门批准,任何单位和个人不得改变江河河势的自然控制点。

第五章 善后工作

第三十六条 在发生洪水灾害的地区,物资、商业、供销、农业、公路、铁路、航运、民航等部门应当做好抢险救灾物资的供应和运输;民政、卫生、教育等部门应当做好灾区群众的生活供给、医疗防疫、学校复课以及恢复生产等救灾工作;水利、电力、邮电、公路等部门应当做好所管辖的水毁工程的修复工作。

第三十七条 地方各级人民政府防汛指挥部,应当按照国家统计部门批准的洪涝灾害统计报表的要求,核实和统计所管辖范围的洪涝灾情,报上级主管部门和同级统计部门,有关单位和个人不得虚报、瞒报、伪造、篡改。

第三十八条 洪水灾害发生后,各级人民政府防汛指挥部应当积极组织和帮助灾区群众恢复和发展生产。修复水毁工程所需费用,应当优先列入有关主管部门年度建设计划。

第六章 防汛经费

第三十九条 由财政部门安排的防汛经费,按照分级管理的原则,分别列入中央财政和地方财政预算。

在汛期,有防汛任务的地区的单位和个人应当承担一定的防汛抢险的劳务和费用,具体办法由省、自治区、直辖市人民政府制定。

第四十条 防御特大洪水的经费管理,按照有关规定执行。

第四十一条 对蓄滞洪区,逐步推行洪水保险制度,具体办法另行制定。

第七章 奖励与处罚

第四十二条 有下列事迹之一的单位和个人,可以由县级以上人民政府给予表彰或者奖励:

(一)在执行抗洪抢险任务时,组织严密,指挥得当,防守得力,奋力抢险,出色完成任务者。

(二)坚持巡堤查险,遇到险情及时报告,奋力抗洪抢险,成绩显著者。

(三)在危险关头,组织群众保护国家和人民财产,抢救群众有功者。

（四）为防汛调度、抗洪抢险献计献策，效益显著者。

（五）气象、雨情、水情测报和预报准确及时，情报传递迅速，克服困难，抢测洪水，因而减轻重大洪水灾害者。

（六）及时供应防汛物料和工具，爱护防汛器材，节约经费开支，完成防汛抢险任务成绩显著者。

（七）有其他特殊贡献，成绩显著者。

第四十三条 有下列行为之一者，视情节和危害后果，由其所在单位或者上级主管机关给予行政处分；应当给予治安管理处罚的，依照《中华人民共和国治安管理处罚条例》的规定处罚；构成犯罪的，依法追究刑事责任：

（一）拒不执行经批准的防御洪水方案、洪水调度方案，或者拒不执行有管辖权的防汛指挥机构的防汛调度方案或者防汛抢险指令的。

（二）玩忽职守，或者在防汛抢险的紧要关头临阵逃脱的。

（三）非法扒口决堤或者开闸的。

（四）挪用、盗窃、贪污防汛或者救灾的钱款或者物资的。

（五）阻碍防汛指挥机构工作人员依法执行职务的。

（六）盗窃、毁损或者破坏堤防、护岸、闸坝等水工程建筑物和防汛工程设施以及水文监测、测量设施、气象测报设施、河岸地质监测设施、通信照明设施的。

（七）其他危害防汛抢险工作的。

第四十四条 违反河道和水库大坝的安全管理，依照《中华人民共和国河道管理条例》和《水库大坝安全管理条例》的有关规定处理。

第四十五条 虚报、瞒报洪涝灾情，或者伪造、篡改洪涝灾害统计资料的，依照《中华人民共和国统计法》及其实施细则的有关规定处理。

第四十六条 当事人对行政处罚不服的，可以在接到处罚通知之日起十五日内，向作出处罚决定机关的上一级机关申请复议；对复议决定不服的，可以在接到复议决定之日起十五日内，向人民法院起诉。当事人也可以在接到处罚通知之日起十五日内，直接向人民法院起诉。

当事人逾期不申请复议或者不向人民法院起诉，又不履行处罚决定的，由作出处罚决定的机关申请人民法院强制执行；在汛期，也可以由作出处罚决定的机关强制执行；对治安管理处罚不服的，依照《中华人民共和国治安管理处罚条例》的规定办理。

当事人在申请复议或者诉讼期间，不停止行政处罚决定的执行。

第八章　附　　则

第四十七条 省、自治区、直辖市人民政府，可以根据本条例的规定，结合本地区的实际情况，制定实施细则。

第四十八条 本条例由国务院水行政主管部门负责解释。

第四十九条 本条例自发布之日起施行。

1－10　中华人民共和国危险化学品安全管理条例

（2002年1月9日国务院第52次常务会议通过）

第一章　总　　则

第一条　为了加强对危险化学品的安全管理，保障人民生命、财产安全，保护环境，制定本条例。

第二条　在中华人民共和国境内生产、经营、储存、运输、使用危险化学品和处置废弃危险化学品，必须遵守本条例和国家有关安全生产的法律、其他行政法规的规定。

第三条　本条例所称危险化学品，包括爆炸品、压缩气体和液化气体、易燃液体、易燃固体、自燃物品和遇湿易燃物品、氧化剂和有机过氧化物、有毒品和腐蚀品等。

危险化学品列入以国家标准公布的《危险货物品名表》（GB 12268）；剧毒化学品目录和未列入《危险货物品名表》的其他危险化学品，由国务院经济贸易综合管理部门会同国务院公安、环境保护、卫生、质检、交通部门确定并公布。

第四条　生产、经营、储存、运输、使用危险化学品和处置废弃危险化学品的单位（以下统称"危险化学品单位"），其主要负责人必须保证本单位危险化学品的安全管理符合有关法律、法规、规章的规定和国家标准的要求，并对本单位危险化学品的安全负责。

危险化学品单位从事生产、经营、储存、运输、使用危险化学品或者处置废弃危险化学品活动的人员，必须接受有关法律、法规、规章和安全知识、专业技术、职业卫生防护和应急救援知识的培训，并经考核合格，方可上岗作业。

第五条　对危险化学品的生产、经营、储存、运输、使用和对废弃危险化学品处置实施监督管理的有关部门，依照下列规定履行职责：

（一）国务院经济贸易综合管理部门和省、自治区、直辖市人民政府经济贸易管理部门，依照本条例的规定，负责危险化学品安全监督管理综合工作，负责危险化学品生产、储存企业设立及其改建、扩建的审查，负责危险化学品包装物、容器（包括用于运输工具的槽罐，下同）专业生产企业的审查和定点，负责危险化学品经营许可证的发放，负责国内危险化学品的登记，负责危险化学品事故应急救援的组织和协调，并负责前述事项的监督检查；设区的市级人民政府和县级人民政府的负责危险化学品安全监督管理综合工作的部门，由各该级人民政府确定，依照本条例的规定履行职责。

（二）公安部门负责危险化学品的公共安全管理，负责发放剧毒化学品购买凭证和准购证，负责审查核发剧毒化学品公路运输通行证，对危险化学品道路运输安全实施监督，并负责前述事项的监督检查。

（三）质检部门负责发放危险化学品及其包装物、容器的生产许可证，负责对危险化学品包装物、容器的产品质量实施监督,并负责前述事项的监督检查。

(四)环境保护部门负责废弃危险化学品处置的监督管理,负责调查重大危险化学品污染事故和生态破坏事件,负责有毒化学品事故现场的应急监测和进口危险化学品的登记,并负责前述事项的监督检查。

(五)铁路、民航部门负责危险化学品铁路、航空运输和危险化学品铁路、民航运输单位及其运输工具的安全管理及监督检查。交通部门负责危险化学品公路、水路运输单位及其运输工具的安全管理,对危险化学品水路运输安全实施监督,负责危险化学品公路、水路运输单位、驾驶人员、船员、装卸人员和押运人员的资质认定,并负责前述事项的监督检查。

(六)卫生行政部门负责危险化学品的毒性鉴定和危险化学品事故伤亡人员的医疗救护工作。

(七)工商行政管理部门依据有关部门的批准、许可文件,核发危险化学品生产、经营、储存、运输单位营业执照,并监督管理危险化学品市场经营活动。

(八)邮政部门负责邮寄危险化学品的监督检查。

第六条 依照本条例对危险化学品单位实施监督管理的有关部门,依法进行监督检查,可以行使下列职权:

(一)进入危险化学品作业场所进行现场检查,调取有关资料,向有关人员了解情况,向危险化学品单位提出整改措施和建议。

(二)发现危险化学品事故隐患时,责令立即排除或者限期排除。

(三)对有根据认为不符合有关法律、法规、规章规定和国家标准要求的设施、设备、器材和运输工具,责令立即停止使用。

(四)发现违法行为,当场予以纠正或者责令限期改正。

危险化学品单位应当接受有关部门依法实施的监督检查,不得拒绝、阻挠。

有关部门派出的工作人员依法进行监督检查时,应当出示证件。

第二章 危险化学品的生产、储存和使用

第七条 国家对危险化学品的生产和储存实行统一规划、合理布局和严格控制,并对危险化学品生产、储存实行审批制度;未经审批,任何单位和个人都不得生产、储存危险化学品。

设区的市级人民政府根据当地经济发展的实际需要,在编制总体规划时,应当按照确保安全的原则规划适当区域专门用于危险化学品的生产、储存。

第八条 危险化学品生产、储存企业,必须具备下列条件:

(一)有符合国家标准的生产工艺、设备或者储存方式、设施。

(二)工厂、仓库的周边防护距离符合国家标准或者国家有关规定。

(三)有符合生产或者储存需要的管理人员和技术人员。

(四)有健全的安全管理制度。

(五)符合法律、法规规定和国家标准要求的其他条件。

第九条 设立剧毒化学品生产、储存企业和其他危险化学品生产、储存企业,应当分别

向省、自治区、直辖市人民政府经济贸易管理部门和设区的市级人民政府负责危险化学品安全监督管理综合工作的部门提出申请，并提交下列文件：

（一）可行性研究报告。

（二）原料、中间产品、最终产品或者储存的危险化学品的燃点、自燃点、闪点、爆炸极限、毒性等理化性能指标。

（三）包装、储存、运输的技术要求。

（四）安全评价报告。

（五）事故应急救援措施。

（六）符合本条例第八条规定条件的证明文件。

省、自治区、直辖市人民政府经济贸易管理部门或者设区的市级人民政府负责危险化学品安全监督管理综合工作的部门收到申请和提交的文件后，应当组织有关专家进行审查，提出审查意见后，报本级人民政府作出批准或者不予批准的决定。依据本级人民政府的决定，予以批准的，由省、自治区、直辖市人民政府经济贸易管理部门或者设区的市级人民政府负责危险化学品安全监督管理综合工作的部门颁发批准书；不予批准的，书面通知申请人。

申请人凭批准书向工商行政管理部门办理登记注册手续。

第十条 除运输工具加油站、加气站外，危险化学品的生产装置和储存数量构成重大危险源的储存设施，与下列场所、区域的距离必须符合国家标准或者国家有关规定：

（一）居民区、商业中心、公园等人口密集区域。

（二）学校、医院、影剧院、体育场（馆）等公共设施。

（三）供水水源、水厂及水源保护区。

（四）车站、码头（按照国家规定，经批准，专门从事危险化学品装卸作业的除外）、机场以及公路、铁路、水路交通干线、地铁风亭及出入口。

（五）基本农田保护区、畜牧区、渔业水域和种子、种畜、水产苗种生产基地。

（六）河流、湖泊、风景名胜区和自然保护区。

（七）军事禁区、军事管理区。

（八）法律、行政法规规定予以保护的其他区域。

已建危险化学品的生产装置和储存数量构成重大危险源的储存设施不符合前款规定的，由所在地设区的市级人民政府负责危险化学品安全监督管理综合工作的部门监督其在规定期限内进行整顿；需要转产、停产、搬迁、关闭的，报本级人民政府批准后实施。

本条例所称重大危险源，是指生产、运输、使用、储存危险化学品或者处置废弃危险化学品，且危险化学品的数量等于或者超过临界量的单元（包括场所和设施）。

第十一条 危险化学品生产、储存企业改建、扩建的，必须依照本条例第九条的规定经审查批准。

第十二条 依法设立的危险化学品生产企业，必须向国务院质检部门申请领取危险化学品生产许可证；未取得危险化学品生产许可证的，不得开工生产。

国务院质检部门应当将颁发危险化学品生产许可证的情况通报国务院经济贸易综合管理部门、环境保护部门和公安部门。

第十三条 任何单位和个人不得生产、经营、使用国家明令禁止的危险化学品。

禁止用剧毒化学品生产灭鼠药以及其他可能进入人民日常生活的化学产品和日用化学品。

第十四条 生产危险化学品的,应当在危险化学品的包装内附有与危险化学品完全一致的化学品安全技术说明书,并在包装(包括外包装件)上加贴或者拴挂与包装内危险化学品完全一致的化学品安全标签。

危险化学品生产企业发现其生产的危险化学品有新的危害特性时,应当立即公告,并及时修订安全技术说明书和安全标签。

第十五条 使用危险化学品从事生产的单位,其生产条件必须符合国家标准和国家有关规定,并依照国家有关法律、法规的规定取得相应的许可,必须建立、健全危险化学品使用的安全管理规章制度,保证危险化学品的安全使用和管理。

第十六条 生产、储存、使用危险化学品的,应当根据危险化学品的种类、特性,在车间、库房等作业场所设置相应的监测、通风、防晒、调温、防火、灭火、防爆、泄压、防毒、消毒、中和、防潮、防雷、防静电、防腐、防渗漏、防护围堤或者隔离操作等安全设施、设备,并按照国家标准和国家有关规定进行维护、保养,保证符合安全运行要求。

第十七条 生产、储存、使用剧毒化学品的单位,应当对本单位的生产、储存装置每年进行一次安全评价;生产、储存、使用其他危险化学品的单位,应当对本单位的生产、储存装置每两年进行一次安全评价。

安全评价报告应当对生产、储存装置存在的安全问题提出整改方案。安全评价中发现生产、储存装置存在现实危险的,应当立即停止使用,予以更换或者修复,并采取相应的安全措施。

安全评价报告应当报所在地设区的市级人民政府负责危险化学品安全监督管理综合工作的部门备案。

第十八条 危险化学品的生产、储存、使用单位,应当在生产、储存和使用场所设置通信、报警装置,并保证在任何情况下处于正常适用状态。

第十九条 剧毒化学品的生产、储存、使用单位,应当对剧毒化学品的产量、流向、储存量和用途如实记录,并采取必要的保安措施,防止剧毒化学品被盗、丢失或者误售、误用;发现剧毒化学品被盗、丢失或者误售、误用时,必须立即向当地公安部门报告。

第二十条 危险化学品的包装必须符合国家法律、法规、规章的规定和国家标准的要求。

危险化学品包装的材质、型式、规格、方法和单件质量(重量),应当与所包装的危险化学品的性质和用途相适应,便于装卸、运输和储存。

第二十一条 危险化学品的包装物、容器,必须由省、自治区、直辖市人民政府经济贸易管理部门审查合格的专业生产企业定点生产,并经国务院质检部门认可的专业检测、检验机构检测、检验合格,方可使用。

重复使用的危险化学品包装物、容器在使用前,应当进行检查,并作出记录;检查记录应当至少保存2年。

质检部门应当对危险化学品的包装物、容器的产品质量进行定期的或者不定期的检查。

第二十二条 危险化学品必须储存在专用仓库、专用场地或者专用储存室(以下统称专用仓库)内,储存方式、方法与储存数量必须符合国家标准,并由专人管理。

危险化学品出入库,必须进行核查登记。库存危险化学品应当定期检查。

剧毒化学品以及储存数量构成重大危险源的其他危险化学品必须在专用仓库内单独存放,实行双人收发、双人保管制度。储存单位应当将储存剧毒化学品以及构成重大危险源的其他危险化学品的数量、地点以及管理人员的情况,报当地公安部门和负责危险化学品安全监督管理综合工作的部门备案。

第二十三条 危险化学品专用仓库,应当符合国家标准对安全、消防的要求,设置明显标志。危险化学品专用仓库的储存设备和安全设施应当定期检测。

第二十四条 处置废弃危险化学品,依照固体废物污染环境防治法和国家有关规定执行。

第二十五条 危险化学品的生产、储存、使用单位转产、停产、停业或者解散的,应当采取有效措施,处置危险化学品的生产或者储存设备、库存产品及生产原料,不得留有事故隐患。处置方案应当报所在地设区的市级人民政府负责危险化学品安全监督管理综合工作的部门和同级环境保护部门、公安部门备案。负责危险化学品安全监督管理综合工作的部门应当对处置情况进行监督检查。

第二十六条 公众上交的危险化学品,由公安部门接收。公安部门接收的危险化学品和其他有关部门收缴的危险化学品,交由环境保护部门认定的专业单位处理。

第三章　危险化学品的经营

第二十七条 国家对危险化学品经营销售实行许可制度。未经许可,任何单位和个人都不得经营销售危险化学品。

第二十八条 危险化学品经营企业,必须具备下列条件:

(一)经营场所和储存设施符合国家标准。

(二)主管人员和业务人员经过专业培训,并取得上岗资格。

(三)有健全的安全管理制度。

(四)符合法律、法规规定和国家标准要求的其他条件。

第二十九条 经营剧毒化学品和其他危险化学品的,应当分别向省、自治区、直辖市人民政府经济贸易管理部门或者设区的市级人民政府负责危险化学品安全监督管理综合工作的部门提出申请,并附送本条例第二十八条规定条件的相关证明材料。省、自治区、直辖市人民政府经济贸易管理部门或者设区的市级人民政府负责危险化学品安全监督管理综合工作的部门接到申请后,应当依照本条例的规定对申请人提交的证明材料和经营场所进行审查。经审查,符合条件的,颁发危险化学品经营许可证,并将颁发危险化学品经营许可证的情况通报同级公安部门和环境保护部门;不符合条件的,书面通知申请人并说明理由。

申请人凭危险化学品经营许可证向工商行政管理部门办理登记注册手续。

第三十条 经营危险化学品,不得有下列行为:

(一)从未取得危险化学品生产许可证或者危险化学品经营许可证的企业采购危险化学品。

(二)经营国家明令禁止的危险化学品和用剧毒化学品生产的灭鼠药以及其他可能进入人民日常生活的化学产品和日用化学品。

(三)销售没有化学品安全技术说明书和化学品安全标签的危险化学品。

第三十一条 危险化学品生产企业不得向未取得危险化学品经营许可证的单位或者个人销售危险化学品。

第三十二条 危险化学品经营企业储存危险化学品,应当遵守本条例第二章的有关规定。危险化学品商店内只能存放民用小包装的危险化学品,其总量不得超过国家规定的限量。

第三十三条 剧毒化学品经营企业销售剧毒化学品,应当记录购买单位的名称、地址和购买人员的姓名、身份证号码及所购剧毒化学品的品名、数量、用途。记录应当至少保存1年。

剧毒化学品经营企业应当每天核对剧毒化学品的销售情况;发现被盗、丢失、误售等情况时,必须立即向当地公安部门报告。

第三十四条 购买剧毒化学品,应当遵守下列规定:

(一)生产、科研、医疗等单位经常使用剧毒化学品的,应当向设区的市级人民政府公安部门申请领取购买凭证,凭购买凭证购买。

(二)单位临时需要购买剧毒化学品的,应当凭本单位出具的证明(注明品名、数量、用途)向设区的市级人民政府公安部门申请领取准购证,凭准购证购买。

(三)个人不得购买农药、灭鼠药、灭虫药以外的剧毒化学品。

剧毒化学品生产企业、经营企业不得向个人或者无购买凭证、准购证的单位销售剧毒化学品。剧毒化学品购买凭证、准购证不得伪造、变造、买卖、出借或者以其他方式转让,不得使用作废的剧毒化学品购买凭证、准购证。

剧毒化学品购买凭证和准购证的式样和具体申领办法由国务院公安部门制定。

第四章　危险化学品的运输

第三十五条 国家对危险化学品的运输实行资质认定制度;未经资质认定,不得运输危险化学品。

危险化学品运输企业必须具备的条件由国务院交通部门规定。

第三十六条 用于危险化学品运输工具的槽罐以及其他容器,必须依照本条例第二十一条的规定,由专业生产企业定点生产,并经检测、检验合格,方可使用。

质检部门应当对前款规定的专业生产企业定点生产的槽罐以及其他容器的产品质量进行定期的或者不定期的检查。

第三十七条 危险化学品运输企业,应当对其驾驶员、船员、装卸管理人员、押运人员进行有关安全知识培训;驾驶员、船员、装卸管理人员、押运人员必须掌握危险化学品运输的安全知识,并经所在地设区的市级人民政府交通部门考核合格(船员经海事管理机构考核合格),取得上岗资格证,方可上岗作业。危险化学品的装卸作业必须在装卸管理人员的现场指挥下进行。

运输危险化学品的驾驶员、船员、装卸人员和押运人员必须了解所运载的危险化学品的性质、危害特性、包装容器的使用特性和发生意外时的应急措施。运输危险化学品，必须配备必要的应急处理器材和防护用品。

第三十八条 通过公路运输危险化学品的，托运人只能委托有危险化学品运输资质的运输企业承运。

第三十九条 通过公路运输剧毒化学品的，托运人应当向目的地的县级人民政府公安部门申请办理剧毒化学品公路运输通行证。

办理剧毒化学品公路运输通行证，托运人应当向公安部门提交有关危险化学品的品名、数量、运输始发地和目的地、运输路线、运输单位、驾驶人员、押运人员、经营单位和购买单位资质情况的材料。

剧毒化学品公路运输通行证的式样和具体申领办法由国务院公安部门制定。

第四十条 禁止利用内河以及其他封闭水域等航运渠道运输剧毒化学品以及国务院交通部门规定禁止运输的其他危险化学品。

利用内河以及其他封闭水域等航运渠道运输前款规定以外的危险化学品的，只能委托有危险化学品运输资质的水运企业承运，并按照国务院交通部门的规定办理手续，接受有关交通部门(港口部门、海事管理机构，下同)的监督管理。

运输危险化学品的船舶及其配载的容器必须按照国家关于船舶检验的规范进行生产，并经海事管理机构认可的船舶检验机构检验合格，方可投入使用。

第四十一条 托运人托运危险化学品，应当向承运人说明运输的危险化学品的品名、数量、危害、应急措施等情况。

运输危险化学品需要添加抑制剂或者稳定剂的，托运人交付托运时应当添加抑制剂或者稳定剂，并告知承运人。

托运人不得在托运的普通货物中夹带危险化学品，不得将危险化学品匿报或者谎报为普通货物托运。

第四十二条 运输、装卸危险化学品，应当依照有关法律、法规、规章的规定和国家标准的要求并按照危险化学品的危险特性，采取必要的安全防护措施。

运输危险化学品的槽罐以及其他容器必须封口严密，能够承受正常运输条件下产生的内部压力和外部压力，保证危险化学品在运输中不因温度、湿度或者压力的变化而发生任何渗(洒)漏。

第四十三条 通过公路运输危险化学品，必须配备押运人员，并随时处于押运人员的监管之下，不得超装、超载，不得进入危险化学品运输车辆禁止通行的区域；确需进入禁止通行区域的，应当事先向当地公安部门报告，由公安部门为其指定行车时间和路线，运输车辆必须遵守公安部门规定的行车时间和路线。

危险化学品运输车辆禁止通行区域，由设区的市级人民政府公安部门划定，并设置明显的标志。

运输危险化学品途中需要停车住宿或者遇有无法正常运输的情况时，应当向当地公安部门报告。

第四十四条 剧毒化学品在公路运输途中发生被盗、丢失、流散、泄漏等情况时，承运人及押运人员必须立即向当地公安部门报告，并采取一切可能的警示措施。公安部门接到报告后，应当立即向其他有关部门通报情况；有关部门应当采取必要的安全措施。

第四十五条 任何单位和个人不得邮寄或者在邮件内夹带危险化学品，不得将危险化学品匿报或者谎报为普通物品邮寄。

第四十六条 通过铁路、航空运输危险化学品的，按照国务院铁路、民航部门的有关规定执行。

第五章 危险化学品的登记与事故应急救援

第四十七条 国家实行危险化学品登记制度，并为危险化学品安全管理、事故预防和应急救援提供技术、信息支持。

第四十八条 危险化学品生产、储存企业以及使用剧毒化学品和数量构成重大危险源的其他危险化学品的单位，应当向国务院经济贸易综合管理部门负责危险化学品登记的机构办理危险化学品登记。危险化学品登记的具体办法由国务院经济贸易综合管理部门制定。

负责危险化学品登记的机构应当向环境保护、公安、质检、卫生等有关部门提供危险化学品登记的资料。

第四十九条 县级以上地方各级人民政府负责危险化学品安全监督管理综合工作的部门应当会同同级其他有关部门制定危险化学品事故应急救援预案，报经本级人民政府批准后实施。

第五十条 危险化学品单位应当制定本单位事故应急救援预案，配备应急救援人员和必要的应急救援器材、设备，并定期组织演练。

危险化学品事故应急救援预案应当报设区的市级人民政府负责危险化学品安全监督管理综合工作的部门备案。

第五十一条 发生危险化学品事故，单位主要负责人应当按照本单位制定的应急救援预案，立即组织救援，并立即报告当地负责危险化学品安全监督管理综合工作的部门和公安、环境保护、质检部门。

第五十二条 发生危险化学品事故，有关地方人民政府应当做好指挥、领导工作。负责危险化学品安全监督管理综合工作的部门和环境保护、公安、卫生等有关部门，应当按照当地应急救援预案组织实施救援，不得拖延、推诿。有关地方人民政府及其有关部门并应当按照下列规定，采取必要措施，减少事故损失，防止事故蔓延、扩大：

（一）立即组织营救受害人员，组织撤离或者采取其他措施保护危害区域内的其他人员。

（二）迅速控制危害源，并对危险化学品造成的危害进行检验、监测，测定事故的危害区域、危险化学品性质及危害程度。

（三）针对事故对人体、动植物、土壤、水源、空气造成的现实危害和可能产生的危害，迅速采取封闭、隔离、洗消等措施。

（四）对危险化学品事故造成的危害进行监测、处置，直至符合国家环境保护标准。

第五十三条 危险化学品生产企业必须为危险化学品事故应急救援提供技术指导和必

要的协助。

第五十四条 危险化学品事故造成环境污染的信息，由环境保护部门统一公布。

第六章 法律责任

第五十五条 对生产、经营、储存、运输、使用危险化学品和处置废弃危险化学品依法实施监督管理的有关部门工作人员，有下列行为之一的，依法给予降级或者撤职的行政处分；触犯刑律的，依照刑法关于受贿罪、滥用职权罪、玩忽职守罪或者其他罪的规定，依法追究刑事责任：

（一）利用职务上的便利收受他人财物或者其他好处，对不符合本条例规定条件的涉及生产、经营、储存、运输、使用危险化学品和处置废弃危险化学品的事项予以批准或者许可的。

（二）发现未依法取得批准或者许可的单位和个人擅自从事有关活动或者接到举报后不予取缔或者不依法予以处理的。

（三）对已经依法取得批准或者许可的单位和个人不履行监督管理职责，发现其不再具备本条例规定的条件而不撤销原批准、许可或者发现违反本条例的行为不予查处的。

第五十六条 发生危险化学品事故，有关部门未依照本条例的规定履行职责，组织实施救援或者采取必要措施，减少事故损失，防止事故蔓延、扩大，或者拖延、推诿的，对负有责任的主管人员和其他直接责任人员依法给予降级或者撤职的行政处分；触犯刑律的，依照刑法关于滥用职权罪、玩忽职守罪或者其他罪的规定，依法追究刑事责任。

第五十七条 违反本条例的规定，有下列行为之一的，分别由工商行政管理部门、质检部门、负责危险化学品安全监督管理综合工作的部门依据各自的职权予以关闭或者责令停产停业整顿，责令无害化销毁国家明令禁止生产、经营、使用的危险化学品或者用剧毒化学品生产的灭鼠药以及其他可能进入人民日常生活的化学产品和日用化学品；有违法所得的，没收违法所得；违法所得10万元以上的，并处违法所得1倍以上5倍以下的罚款；没有违法所得或者违法所得不足10万元的，并处5万元以上50万元以下的罚款；触犯刑律的，对负有责任的主管人员和其他直接责任人员依照刑法关于危险物品肇事罪、非法经营罪或者其他罪的规定，依法追究刑事责任：

（一）未经批准或者未经工商登记注册，擅自从事危险化学品生产、储存的。

（二）未取得危险化学品生产许可证，擅自开工生产危险化学品的。

（三）未经审查批准，危险化学品生产、储存企业擅自改建、扩建的。

（四）未取得危险化学品经营许可证或者未经工商登记注册，擅自从事危险化学品经营的。

（五）生产、经营、使用国家明令禁止的危险化学品，或者用剧毒化学品生产灭鼠药以及其他可能进入人民日常生活的化学产品和日用化学品的。

第五十八条 危险化学品单位违反本条例的规定，未根据危险化学品的种类、特性，在车间、库房等作业场所设置相应的监测、通风、防晒、调温、防火、灭火、防爆、泄压、防毒、消毒、中和、防潮、防雷、防静电、防腐、防渗漏、防护围堤或者隔离操作等安全设施、设备的，由负责危险化学品安全监督管理综合工作的部门或者公安部门依据各自的职权责令立即或者限期改正，处2万元以上10万元以下的罚款；触犯刑律的，对负有责任的主管人员和其他直接责任人员依照刑法关于危险物品肇事罪、重大责任事故罪或者其他罪的规定，依法追究刑事责任。

第五十九条 违反本条例的规定，有下列行为之一的，由负责危险化学品安全监督管理综合工作的部门、质检部门或者交通部门依据各自的职权责令立即或者限期改正，处2万元以上20万元以下的罚款；逾期未改正的，责令停产停业整顿；触犯刑律的，对负有责任的主管人员和其他直接责任人员依照刑法关于危险物品肇事罪、生产销售伪劣商品罪或者其他罪的规定，依法追究刑事责任：

（一）未经定点，擅自生产危险化学品包装物、容器的。

（二）运输危险化学品的船舶及其配载的容器未按照国家关于船舶检验的规范进行生产，并经检验合格的。

（三）危险化学品包装的材质、型式、规格、方法和单件质量（重量）与所包装的危险化学品的性质和用途不相适应的。

（四）对重复使用的危险化学品的包装物、容器在使用前，不进行检查的。

（五）使用非定点企业生产的或者未经检测、检验合格的包装物、容器包装、盛装、运输危险化学品的。

第六十条 危险化学品单位违反本条例的规定，有下列行为之一的，由负责危险化学品安全监督管理综合工作的部门责令立即或者限期改正，处1万元以上5万元以下的罚款；逾期不改正的，责令停产停业整顿：

（一）危险化学品生产企业未在危险化学品包装内附有与危险化学品完全一致的化学品安全技术说明书，或者未在包装（包括外包装件）上加贴、拴挂与包装内危险化学品完全一致的化学品安全标签的。

（二）危险化学品生产企业发现危险化学品有新的危害特性时，不立即公告并及时修订其安全技术说明书和安全标签的。

（三）危险化学品经营企业销售没有化学品安全技术说明书和安全标签的危险化学品的。

第六十一条 危险化学品单位违反本条例的规定，有下列行为之一的，由负责危险化学品安全监督管理综合工作的部门或者公安部门依据各自的职权责令立即或者限期改正，处1万元以上5万元以下的罚款；逾期不改正的，由原发证机关吊销危险化学品生产许可证、经营许可证和营业执照；触犯刑律的，对负有责任的主管人员和其他直接责任人员依照刑法关于危险物品肇事罪、重大责任事故罪或者其他罪的规定，依法追究刑事责任：

（一）未对其生产、储存装置进行定期安全评价，并报所在地设区的市级人民政府负责危险化学品安全监督管理综合工作的部门备案，或者对安全评价中发现的存在现实危险的生产、储存装置不立即停止使用，予以更换或者修复，并采取相应的安全措施的。

（二）未在生产、储存和使用危险化学品场所设置通信、报警装置，并保持正常适用状态的。

（三）危险化学品未储存在专用仓库内或者未设专人管理的。

（四）危险化学品出入库未进行核查登记或者入库后未定期检查的。

（五）危险化学品专用仓库不符合国家标准对安全、消防的要求，未设置明显标志，或者未对专用仓库的储存设备和安全设施定期检测的。

（六）危险化学品经销商店存放非民用小包装的危险化学品或者危险化学品民用小包装的存放量超过国家规定限量的。

（七）剧毒化学品以及构成重大危险源的其他危险化学品未在专用仓库内单独存放，或者未实行双人收发、双人保管，或者未将储存剧毒化学品以及构成重大危险源的其他危险化学品的数量、地点以及管理人员的情况，报当地公安部门和负责危险化学品安全监督管理综合工作的部门备案的。

（八）危险化学品生产单位不如实记录剧毒化学品的产量、流向、储存量和用途，或者未采取必要的保安措施防止剧毒化学品被盗、丢失、误售、误用，或者发生剧毒化学品被盗、丢失、误售、误用后不立即向当地公安部门报告的。

（九）危险化学品经营企业不记录剧毒化学品购买单位的名称、地址，购买人员的姓名、身份证号码及所购剧毒化学品的品名、数量、用途，或者不每天核对剧毒化学品的销售情况，或者发现被盗、丢失、误售不立即向当地公安部门报告的。

第六十二条 危险化学品单位违反本条例的规定，在转产、停产、停业或者解散时未采取有效措施，处置危险化学品生产、储存设备、库存产品及生产原料的，由负责危险化学品安全监督管理综合工作的部门责令改正，处 2 万元以上 10 万元以下的罚款；触犯刑律的，对负有责任的主管人员和其他直接责任人员依照刑法关于重大环境污染事故罪、危险物品肇事罪或者其他罪的规定，依法追究刑事责任。

第六十三条 违反本条例的规定，有下列行为之一的，由工商行政管理部门责令改正，有违法所得的，没收违法所得；违法所得 5 万元以上的，并处违法所得 1 倍以上 5 倍以下的罚款；没有违法所得或者违法所得不足 5 万元的，并处 2 万元以上 20 万元以下的罚款；不改正的，由原发证机关吊销生产许可证、经营许可证和营业执照；触犯刑律的，对负有责任的主管人员和其他直接责任人员依照刑法关于非法经营罪、危险物品肇事罪或者其他罪的规定，依法追究刑事责任：

（一）危险化学品经营企业从未取得危险化学品生产许可证或者危险化学品经营许可证的企业采购危险化学品的。

（二）危险化学品生产企业向未取得危险化学品经营许可证的经营单位销售其产品的。

（三）剧毒化学品经营企业向个人或者无购买凭证、准购证的单位销售剧毒化学品的。

第六十四条 违反本条例的规定，伪造、变造、买卖、出借或者以其他方式转让剧毒化学品购买凭证、准购证以及其他有关证件，或者使用作废的上述有关证件的，由公安部门责令改正，处 1 万元以上 5 万元以下的罚款；触犯刑律的，对负有责任的主管人员和其他直接责任人员依照刑法关于伪造、变造、买卖国家机关公文、证件、印章罪或者其他罪的规定，依法追究刑事责任。

第六十五条 违反本条例的规定，未取得危险化学品运输企业资质，擅自从事危险化学品公路、水路运输，有违法所得的，由交通部门没收违法所得；违法所得 5 万元以上的，并处违法所得 1 倍以上 5 倍以下的罚款；没有违法所得或者违法所得不足 5 万元的，处 2 万元以上20万元以下的罚款；触犯刑律的，对负有责任的主管人员和其他直接责任人员依照刑法关于危险物品肇事罪或者其他罪的规定，依法追究刑事责任。

第六十六条 违反本条例的规定，有下列行为之一的，由交通部门处2万元以上10万元以下的罚款；触犯刑律的，依照刑法关于危险物品肇事罪或者其他罪的规定，依法追究刑事责任：

（一）从事危险化学品公路、水路运输的驾驶员、船员、装卸管理人员、押运人员未经考核合格，取得上岗资格证的。

（二）利用内河以及其他封闭水域等航运渠道运输剧毒化学品和国家禁止运输的其他危险化学品的。

（三）托运人未按照规定向交通部门办理水路运输手续，擅自通过水路运输剧毒化学品和国家禁止运输的其他危险化学品以外的危险化学品的。

（四）托运人托运危险化学品，不向承运人说明运输的危险化学品的品名、数量、危害、应急措施等情况，或者需要添加抑制剂或者稳定剂，交付托运时未添加的。

（五）运输、装卸危险化学品不符合国家有关法律、法规、规章的规定和国家标准，并按照危险化学品的特性采取必要安全防护措施的。

第六十七条 违反本条例的规定，有下列行为之一的，由公安部门责令改正，处2万元以上10万元以下的罚款；触犯刑律的，依照刑法关于危险物品肇事罪、重大环境污染事故罪或者其他罪的规定，依法追究刑事责任：

（一）托运人未向公安部门申请领取剧毒化学品公路运输通行证，擅自通过公路运输剧毒化学品的。

（二）危险化学品运输企业运输危险化学品，不配备押运人员或者脱离押运人员监管，超装、超载，中途停车住宿或者遇有无法正常运输的情况，不向当地公安部门报告的。

（三）危险化学品运输企业运输危险化学品，未向公安部门报告，擅自进入危险化学品运输车辆禁止通行区域，或者进入禁止通行区域不遵守公安部门规定的行车时间和路线的。

（四）危险化学品运输企业运输剧毒化学品，在公路运输途中发生被盗、丢失、流散、泄露等情况，不立即向当地公安部门报告，并采取一切可能的警示措施的。

（五）托运人在托运的普通货物中夹带危险化学品或者将危险化学品匿报、谎报为普通货物托运的。

第六十八条 违反本条例的规定，邮寄或者在邮件内夹带危险化学品，或者将危险化学品匿报、谎报为普通物品邮寄的，由公安部门处2000元以上2万元以下的罚款；触犯刑律的，依照刑法关于危险物品肇事罪或者其他罪的规定，依法追究刑事责任。

第六十九条 危险化学品单位发生危险化学品事故，未按照本条例的规定立即组织救援，或者不立即向负责危险化学品安全监督管理综合工作的部门和公安、环境保护、质检部门报告，造成严重后果的，对负有责任的主管人员和其他直接责任人员依照刑法关于国有公司、企业工作人员失职罪或者其他罪的规定，依法追究刑事责任。

第七十条 危险化学品单位发生危险化学品事故造成人员伤亡、财产损失的，应当依法承担赔偿责任；拒不承担赔偿责任或者其负责人逃匿的，依法拍卖其财产，用于赔偿。

第七章　附　　则

第七十一条　监控化学品、属于药品的危险化学品和农药的安全管理，依照本条例的规定执行；国家另有规定的，依照其规定。

民用爆炸品、放射性物品、核能物质和城镇燃气的安全管理，不适用本条例。

第七十二条　危险化学品的进出口管理依照国家有关规定执行；进口危险化学品的经营、储存、运输、使用和处置进口废弃危险化学品，依照本条例的规定执行。

第七十三条　依照本条例的规定，对生产、经营、储存、运输、使用危险化学品和处置废弃危险化学品进行审批、许可并实施监督管理的国务院有关部门，应当根据本条例的规定制定并公布审批、许可的期限和程序。

本条例规定的国家标准和涉及危险化学品安全管理的国家有关规定，由国务院质检部门或者国务院有关部门分别依照国家标准化法律和其他有关法律、行政法规以及本条例的规定制定、调整并公布。

第七十四条　本条例自 2002 年 3 月 15 日起施行。1987 年 2 月 17 日国务院发布的《化学危险物品安全管理条例》同时废止。

1－11　中华人民共和国内河交通安全管理条例

（2002年6月19日国务院第60次常务会议通过）

第一章　总　　则

第一条　为了加强内河交通安全管理，维护内河交通秩序，保障人民群众生命、财产安全，制定本条例。

第二条　在中华人民共和国内河通航水域从事航行、停泊和作业以及与内河交通安全有关的活动，必须遵守本条例。

第三条　内河交通安全管理遵循安全第一、预防为主、方便群众、依法管理的原则，保障内河交通安全、有序、畅通。

第四条　国务院交通主管部门主管全国内河交通安全管理工作。国家海事管理机构在国务院交通主管部门的领导下，负责全国内河交通安全监督管理工作。

国务院交通主管部门在中央管理水域设立的海事管理机构和省、自治区、直辖市人民政府在中央管理水域以外的其他水域设立的海事管理机构（以下统称"海事管理机构"）依据各自的职责权限，对所辖内河通航水域实施水上交通安全监督管理。

第五条　县级以上地方各级人民政府应当加强本行政区域内的内河交通安全管理工作，建立、健全内河交通安全管理责任制。

乡（镇）人民政府对本行政区域内的内河交通安全管理履行下列职责：

（一）建立、健全行政村和船主的船舶安全责任制。

（二）落实渡口船舶、船员、旅客定额的安全管理责任制。

（三）落实船舶水上交通安全管理的专门人员。

（四）督促船舶所有人、经营人和船员遵守有关内河交通安全的法律、法规和规章。

第二章　船舶、浮动设施和船员

第六条　船舶具备下列条件，方可航行：

（一）经海事管理机构认可的船舶检验机构依法检验并持有合格的船舶检验证书。

（二）经海事管理机构依法登记并持有船舶登记证书。

（三）配备符合国务院交通主管部门规定的船员。

（四）配备必要的航行资料。

第七条　浮动设施具备下列条件，方可从事有关活动：

（一）经海事管理机构认可的船舶检验机构依法检验并持有合格的检验证书。

（二）经海事管理机构依法登记并持有登记证书。

（三）配备符合国务院交通主管部门规定的掌握水上交通安全技能的船员。

第八条 船舶、浮动设施应当保持适于安全航行、停泊或者从事有关活动的状态。

船舶、浮动设施的配载和系固应当符合国家安全技术规范。

第九条 船员经水上交通安全专业培训，其中客船和载运危险货物船舶的船员还应当经相应的特殊培训，并经海事管理机构考试合格，取得相应的适任证书或者其他适任证件，方可担任船员职务。严禁未取得适任证书或者其他适任证件的船员上岗。

船员应当遵守职业道德，提高业务素质，严格依法履行职责。

第十条 船舶、浮动设施的所有人或者经营人，应当加强对船舶、浮动设施的安全管理，建立、健全相应的交通安全管理制度，并对船舶、浮动设施的交通安全负责；不得聘用无适任证书或者其他适任证件的人员担任船员；不得指使、强令船员违章操作。

第十一条 船舶、浮动设施的所有人或者经营人，应当根据船舶、浮动设施的技术性能、船员状况、水域和水文气象条件，合理调度船舶或者使用浮动设施。

第十二条 按照国家规定必须取得船舶污染损害责任、沉船打捞责任的保险文书或者财务保证书的船舶，其所有人或者经营人必须取得相应的保险文书或者财务担保证明，并随船携带其副本。

第十三条 禁止伪造、变造、买卖、租借、冒用船舶检验证书、船舶登记证书、船员适任证书或者其他适任证件。

第三章　航行、停泊和作业

第十四条 船舶在内河航行，应当悬挂国旗，标明船名、船籍港、载重线。

按照国家规定应当报废的船舶、浮动设施，不得航行或者作业。

第十五条 船舶在内河航行，应当保持了望，注意观察，并采用安全航速航行。船舶安全航速应当根据能见度、通航密度、船舶操纵性能和风、浪、水流、航路状况以及周围环境等主要因素决定。使用雷达的船舶，还应当考虑雷达设备的特性、效率和局限性。

船舶在限制航速的区域和汛期高水位期间，应当按照海事管理机构规定的航速航行。

第十六条 船舶在内河航行时，上行船舶应当沿缓流或者航路一侧航行，下行船舶应当沿主流或者航路中间航行；在潮流河段、湖泊、水库、平流区域，应当尽可能沿本船右舷一侧航路航行。

第十七条 船舶在内河航行时，应当谨慎驾驶，保障安全；对来船动态不明、声号不统一或者遇有紧迫情况时，应当减速、停车或者倒车，防止碰撞。

船舶相遇，各方应当注意避让。按照船舶航行规则应当让路的船舶，必须主动避让被让路船舶；被让路船舶应当注意让路船舶的行动，并适时采取措施，协助避让。

船舶避让时，各方避让意图经统一后，任何一方不得擅自改变避让行动。

船舶航行、避让和信号显示的具体规则，由国务院交通主管部门制定。

第十八条 船舶进出内河港口，应当向海事管理机构办理船舶进出港签证手续。

第十九条 下列船舶在内河航行，应当向引航机构申请引航：

（一）外国籍船舶。

（二）1000 总吨以上的海上机动船舶，但船长驾驶同一类型的海上机动船舶在同一内河通航水域航行与上一航次间隔 2 个月以内的除外。

（三）通航条件受限制的船舶。

（四）国务院交通主管部门规定应当申请引航的客船、载运危险货物的船舶。

第二十条 船舶进出港口和通过交通管制区、通航密集区或者航行条件受限制的区域，应当遵守海事管理机构发布的有关通航规定。

任何船舶不得擅自进入或者穿越海事管理机构公布的禁航区。

第二十一条 从事货物或者旅客运输的船舶，必须符合船舶强度、稳性、吃水、消防和救生等安全技术要求和国务院交通主管部门规定的载货或者载客条件。

任何船舶不得超载运输货物或者旅客。

第二十二条 船舶在内河通航水域载运或者拖带超重、超长、超高、超宽、半潜的物体，必须在装船或者拖带前 24 小时报海事管理机构核定拟航行的航路、时间，并采取必要的安全措施，保障船舶载运或者拖带安全。船舶需要护航的，应当向海事管理机构申请护航。

第二十三条 遇有下列情形之一时，海事管理机构可以根据情况采取限时航行、单航、封航等临时性限制、疏导交通的措施，并予公告：

（一）恶劣天气。

（二）大范围水上施工作业。

（三）影响航行的水上交通事故。

（四）水上大型群众性活动或者体育比赛。

（五）对航行安全影响较大的其他情形。

第二十四条 船舶应当在码头、泊位或者依法公布的锚地、停泊区、作业区停泊；遇有紧急情况，需要在其他水域停泊的，应当向海事管理机构报告。

船舶停泊，应当按照规定显示信号，不得妨碍或者危及其他船舶航行、停泊或者作业的安全。

船舶停泊，应当留有足以保证船舶安全的船员值班。

第二十五条 在内河通航水域或者岸线上进行下列可能影响通航安全的作业或者活动的，应当在进行作业或者活动前报海事管理机构批准：

（一）勘探、采掘、爆破。

（二）构筑、设置、维修、拆除水上水下构筑物或者设施。

（三）架设桥梁、索道。

（四）铺设、检修、拆除水上水下电缆或者管道。

（五）设置系船浮筒、浮趸、缆桩等设施。

（六）航道建设，航道、码头前沿水域疏浚。

（七）举行大型群众性活动、体育比赛。

进行前款所列作业或者活动，需要进行可行性研究的，在进行可行性研究时应当征求海事管理机构的意见；依照法律、行政法规的规定，需经其他有关部门审批的，还应当依法办理有关审批手续。

第二十六条 海事管理机构审批本条例第二十五条规定的作业或者活动,应当自收到申请之日起30日内作出批准或者不批准的决定,并书面通知申请人。

遇有紧急情况,需要对航道进行修复或者对航道、码头前沿水域进行疏浚的,作业人可以边申请边施工。

第二十七条 航道内不得养殖、种植植物、水生物和设置永久性固定设施。

划定航道,涉及水产养殖区的,航道主管部门应当征求渔业行政主管部门的意见;设置水产养殖区,涉及航道的,渔业行政主管部门应当征求航道主管部门和海事管理机构的意见。

第二十八条 在内河通航水域进行下列可能影响通航安全的作业,应当在进行作业前向海事管理机构备案:

(一)气象观测、测量、地质调查。

(二)航道日常养护。

(三)大面积清除水面垃圾。

(四)可能影响内河通航水域交通安全的其他行为。

第二十九条 进行本条例第二十五条、第二十八条规定的作业或者活动时,应当在作业或者活动区域设置标志和显示信号,并按照海事管理机构的规定,采取相应的安全措施,保障通航安全。

前款作业或者活动完成后,不得遗留任何妨碍航行的物体。

第四章　危险货物监管

第三十条 从事危险货物装卸的码头、泊位,必须符合国家有关安全规范要求,并征求海事管理机构的意见,经验收合格后,方可投入使用。

禁止在内河运输法律、行政法规以及国务院交通主管部门规定禁止运输的危险货物。

第三十一条 载运危险货物的船舶,必须持有经海事管理机构认可的船舶检验机构依法检验并颁发的危险货物适装证书,并按照国家有关危险货物运输的规定和安全技术规范进行配载和运输。

第三十二条 船舶装卸、过驳危险货物或者载运危险货物进出港口,应当将危险货物的名称、特性、包装、装卸或者过驳的时间、地点以及进出港时间等事项,事先报告海事管理机构和港口管理机构,经其同意后,方可进行装卸、过驳作业或者进出港口;但是,定船、定线、定货的船舶可以定期报告。

第三十三条 载运危险货物的船舶,在航行、装卸或者停泊时,应当按照规定显示信号;其他船舶应当避让。

第三十四条 从事危险货物装卸的码头、泊位和载运危险货物的船舶,必须编制危险货物事故应急预案,并配备相应的应急救援设备和器材。

第五章　渡 口 管 理

第三十五条 设置或者撤销渡口,应当经渡口所在地的县级人民政府审批;县级人民政府审批前,应当征求当地海事管理机构的意见。

第三十六条 渡口的设置应当具备下列条件:

(一)选址应当在水流平缓、水深足够、坡岸稳定、视野开阔、适宜船舶停靠的地点,并远离危险物品生产、堆放场所。

(二)具备货物装卸、旅客上下的安全设施。

(三)配备必要的救生设备和专门管理人员。

第三十七条 渡口经营者应当在渡口设置明显的标志,维护渡运秩序,保障渡运安全。

渡口所在地县级人民政府应当建立、健全渡口安全管理责任制,指定有关部门负责对渡口和渡运安全实施监督检查。

第三十八条 渡口工作人员应当经培训、考试合格,并取得渡口所在地县级人民政府指定的部门颁发的合格证书。

渡口船舶应当持有合格的船舶检验证书和船舶登记证书。

第三十九条 渡口载客船舶应当有符合国家规定的识别标志,并在明显位置标明载客定额、安全注意事项。

渡口船舶应当按照渡口所在地的县级人民政府核定的路线渡运,并不得超载;渡运时,应当注意避让过往船舶,不得抢航或者强行横越。

遇有洪水或者大风、大雾、大雪等恶劣天气,渡口应当停止渡运。

第六章 通航保障

第四十条 内河通航水域的航道、航标和其他标志的规划、建设、设置、维护,应当符合国家规定的通航安全要求。

第四十一条 内河航道发生变迁,水深、宽度发生变化,或者航标发生位移、损坏、灭失,影响通航安全的,航道、航标主管部门必须及时采取措施,使航道、航标保持正常状态。

第四十二条 内河通航水域内可能影响航行安全的沉没物、漂流物、搁浅物,其所有人和经营人,必须按照国家有关规定设置标志,向海事管理机构报告,并在海事管理机构限定的时间内打捞清除;没有所有人或者经营人的,由海事管理机构打捞清除或者采取其他相应措施,保障通航安全。

第四十三条 在内河通航水域中拖放竹、木等物体,应当在拖放前24小时报经海事管理机构同意,按照核定的时间、路线拖放,并采取必要的安全措施,保障拖放安全。

第四十四条 任何单位和个人发现下列情况,应当迅速向海事管理机构报告:

(一)航道变迁,航道水深、宽度发生变化。

(二)妨碍通航安全的物体。

(三)航标发生位移、损坏、灭失。

(四)妨碍通航安全的其他情况。

海事管理机构接到报告后,应当根据情况发布航行通告或者航行警告,并通知航道、航标主管部门。

第四十五条 海事管理机构划定或者调整禁航区、交通管制区、港区外锚地、停泊区和安全作业区,以及对进行本条例第二十五条、第二十八条规定的作业或者活动,需要发布航行通告、航行警告的,应当及时发布。

第七章 救 助

第四十六条 船舶、浮动设施遇险,应当采取一切有效措施进行自救。

船舶、浮动设施发生碰撞等事故,任何一方应当在不危及自身安全的情况下,积极救助遇险的他方,不得逃逸。

船舶、浮动设施遇险,必须迅速将遇险的时间、地点、遇险状况、遇险原因、救助要求,向遇险地海事管理机构以及船舶、浮动设施所有人、经营人报告。

第四十七条 船员、浮动设施上的工作人员或者其他人员发现其他船舶、浮动设施遇险,或者收到求救信号后,必须尽力救助遇险人员,并将有关情况及时向遇险地海事管理机构报告。

第四十八条 海事管理机构收到船舶、浮动设施遇险求救信号或者报告后,必须立即组织力量救助遇险人员,同时向遇险地县级以上地方人民政府和上级海事管理机构报告。

遇险地县级以上地方人民政府收到海事管理机构的报告后,应当对救助工作进行领导和协调,动员各方力量积极参与救助。

第四十九条 船舶、浮动设施遇险时,有关部门和人员必须积极协助海事管理机构做好救助工作。

遇险现场和附近的船舶、人员,必须服从海事管理机构的统一调度和指挥。

第八章 事故调查处理

第五十条 船舶、浮动设施发生交通事故,其所有人或者经营人必须立即向交通事故发生地海事管理机构报告,并做好现场保护工作。

第五十一条 海事管理机构接到内河交通事故报告后,必须立即派员前往现场,进行调查和取证。

海事管理机构进行内河交通事故调查和取证,应当全面、客观、公正。

第五十二条 接受海事管理机构调查、取证的有关人员,应当如实提供有关情况和证据,不得谎报或者隐匿、毁灭证据。

第五十三条 海事管理机构应当在内河交通事故调查、取证结束后30日内,依据调查事实和证据作出调查结论,并书面告知内河交通事故当事人。

第五十四条 海事管理机构在调查处理内河交通事故过程中,应当采取有效措施,保证航路畅通,防止发生其他事故。

第五十五条 地方人民政府应当依照国家有关规定积极做好内河交通事故的善后工作。

第五十六条 特大内河交通事故的报告、调查和处理,按照国务院有关规定执行。

第九章 监督检查

第五十七条 在旅游、交通运输繁忙的湖泊、水库，在气候恶劣的季节，在法定或者传统节日、重大集会、集市、农忙、学生放学放假等交通高峰期间，县级以上地方各级人民政府应当加强对维护内河交通安全的组织、协调工作。

第五十八条 海事管理机构必须建立、健全内河交通安全监督检查制度，并组织落实。

第五十九条 海事管理机构必须依法履行职责，加强对船舶、浮动设施、船员和通航安全环境的监督检查。发现内河交通安全隐患时，应当责令有关单位和个人立即消除或者限期消除；有关单位和个人不立即消除或者逾期不消除的，海事管理机构必须采取责令其临时停航、停止作业，禁止进港、离港等强制性措施。

第六十条 对内河交通密集区域、多发事故水域以及货物装卸、乘客上下比较集中的港口，对客渡船、滚装客船、高速客轮、旅游船和载运危险货物的船舶，海事管理机构必须加强安全巡查。

第六十一条 海事管理机构依照本条例实施监督检查时，可以根据情况对违反本条例有关规定的船舶，采取责令临时停航、驶向指定地点，禁止进港、离港，强制卸载、拆除动力装置、暂扣船舶等保障通航安全的措施。

第六十二条 海事管理机构的工作人员依法在内河通航水域对船舶、浮动设施进行内河交通安全监督检查，任何单位和个人不得拒绝或者阻挠。

有关单位或者个人应当接受海事管理机构依法实施的安全监督检查，并为其提供方便。

海事管理机构的工作人员依照本条例实施监督检查时，应当出示执法证件，表明身份。

第十章 法律责任

第六十三条 违反本条例的规定，应当报废的船舶、浮动设施在内河航行或者作业的，由海事管理机构责令停航或者停止作业，并对船舶、浮动设施予以没收。

第六十四条 违反本条例的规定，船舶、浮动设施未持有合格的检验证书、登记证书或者船舶未持有必要的航行资料，擅自航行或者作业的，由海事管理机构责令停止航行或者作业；拒不停止的，暂扣船舶、浮动设施；情节严重的，予以没收。

第六十五条 违反本条例的规定，船舶未按照国务院交通主管部门的规定配备船员擅自航行，或者浮动设施未按照国务院交通主管部门的规定配备掌握水上交通安全技能的船员擅自作业的，由海事管理机构责令限期改正，对船舶、浮动设施所有人或者经营人处1万元以上10万元以下的罚款；逾期不改正的，责令停航或者停止作业。

第六十六条 违反本条例的规定，未经考试合格并取得适任证书或者其他适任证件的人员擅自从事船舶航行的，由海事管理机构责令其立即离岗，对直接责任人员处2000元以上2万元以下的罚款，并对聘用单位处1万元以上10万元以下的罚款。

第六十七条 违反本条例的规定，按照国家规定必须取得船舶污染损害责任、沉船打捞责任的保险文书或者财务保证书的船舶的所有人或者经营人，未取得船舶污染损害责任、沉船打捞责任保险文书或者财务担保证明的,由海事管理机构责令限期改正;逾期不改正的,责令停航,并处1万元以上10万元以下的罚款。

第六十八条 违反本条例的规定,船舶在内河航行时,有下列情形之一的,由海事管理机构责令改正,处5000元以上5万元以下的罚款;情节严重的,禁止船舶进出港口或者责令停航,并可以对责任船员给予暂扣适任证书或者其他适任证件3个月至6个月的处罚:

(一)未按照规定悬挂国旗,标明船名、船籍港、载重线的。

(二)未向海事管理机构办理船舶进出港签证手续的。

(三)未按照规定申请引航的。

(四)擅自进出内河港口,强行通过交通管制区、通航密集区、航行条件受限制区域或者禁航区的。

(五)载运或者拖带超重、超长、超高、超宽、半潜的物体,未申请或者未按照核定的航路、时间航行的。

第六十九条 违反本条例的规定,船舶未在码头、泊位或者依法公布的锚地、停泊区、作业区停泊的,由海事管理机构责令改正;拒不改正的,予以强行拖离,因拖离发生的费用由船舶所有人或者经营人承担。

第七十条 违反本条例的规定,在内河通航水域或者岸线上进行有关作业或者活动未经批准或者备案,或者未设置标志、显示信号的,由海事管理机构责令改正,处5000元以上5万元以下的罚款。

第七十一条 违反本条例的规定,从事危险货物作业,有下列情形之一的,由海事管理机构责令停止作业或者航行,对负有责任的主管人员或者其他直接责任人员处2万元以上10万元以下的罚款;属于船员的,并给予暂扣适任证书或者其他适任证件6个月以上直至吊销适任证书或者其他适任证件的处罚:

(一)从事危险货物运输的船舶,未编制危险货物事故应急预案或者未配备相应的应急救援设备和器材的。

(二)船舶装卸、过驳危险货物或者载运危险货物进出港口未经海事管理机构、港口管理机构同意的。

未持有危险货物适装证书擅自载运危险货物或者未按照安全技术规范进行配载和运输的,依照《危险化学品安全管理条例》的规定处罚。

第七十二条 违反本条例的规定,未经批准擅自设置或者撤销渡口的,由渡口所在地县级人民政府指定的部门责令限期改正;逾期不改正的,予以强制拆除或者恢复,因强制拆除或者恢复发生的费用分别由设置人、撤销人承担。

第七十三条 违反本条例的规定,渡口船舶未标明识别标志、载客定额、安全注意事项的,由渡口所在地县级人民政府指定的部门责令改正,处2000元以上1万元以下的罚款;逾期不改正的,责令停航。

第七十四条 违反本条例的规定,在内河通航水域的航道内养殖、种植植物、水生物或者设置永久性固定设施的,由海事管理机构责令限期改正;逾期不改正的,予以强制清除,因清除发生的费用由其所有人或者经营人承担。

第七十五条 违反本条例的规定,内河通航水域中的沉没物、漂流物、搁浅物的所有人或者经营人，未按照国家有关规定设置标志或者未在规定的时间内打捞清除的，由海事管理机构责令限期改正；逾期不改正的，海事管理机构强制设置标志或者组织打捞清除；需要立即组织打捞清除的，海事管理机构应当及时组织打捞清除。海事管理机构因设置标志或者打捞清除发生的费用，由沉没物、漂流物、搁浅物的所有人或者经营人承担。

第七十六条 违反本条例的规定，船舶、浮动设施遇险后未履行报告义务或者不积极施救的，由海事管理机构给予警告，并可以对责任船员给予暂扣适任证书或者其他适任证件3个月至6个月直至吊销适任证书或者其他适任证件的处罚。

第七十七条 违反本条例的规定，船舶、浮动设施发生内河交通事故的，除依法承担相应的法律责任外，由海事管理机构根据调查结论，对责任船员给予暂扣适任证书或者其他适任证件6个月以上直至吊销适任证书或者其他适任证件的处罚。

第七十八条 违反本条例的规定，遇险现场和附近的船舶、船员不服从海事管理机构的统一调度和指挥的，由海事管理机构给予警告，并可以对责任船员给予暂扣适任证书或者其他适任证件3个月至6个月直至吊销适任证书或者其他适任证件的处罚。

第七十九条 违反本条例的规定，伪造、变造、买卖、转借、冒用船舶检验证书、船舶登记证书、船员适任证书或者其他适任证件的，由海事管理机构没收有关的证书或者证件；有违法所得的，没收违法所得，并处违法所得2倍以上5倍以下的罚款；没有违法所得或者违法所得不足2万元的，处1万元以上5万元以下的罚款；触犯刑律的，依照刑法关于伪造、变造、买卖国家机关公文、证件罪或者其他罪的规定，依法追究刑事责任。

第八十条 违反本条例的规定，船舶、浮动设施的所有人或者经营人指使、强令船员违章操作的，由海事管理机构给予警告，处1万元以上5万元以下的罚款，并可以责令停航或者停止作业；造成重大伤亡事故或者严重后果的，依照刑法关于重大责任事故罪或者其他罪的规定，依法追究刑事责任。

第八十一条 违反本条例的规定，船舶在内河航行、停泊或者作业，不遵守航行、避让和信号显示规则的，由海事管理机构责令改正，处1000元以上1万元以下的罚款；情节严重的，对责任船员给予暂扣适任证书或者其他适任证件3个月至6个月直至吊销适任证书或者其他适任证件的处罚；造成重大内河交通事故的，依照刑法关于交通肇事罪或者其他罪的规定，依法追究刑事责任。

第八十二条 违反本条例的规定，船舶不具备安全技术条件从事货物、旅客运输，或者超载运输货物、旅客的，由海事管理机构责令改正，处2万元以上10万元以下的罚款，可以对责任船员给予暂扣适任证书或者其他适任证件6个月以上直至吊销适任证书或者其他适任证件的处罚，并对超载运输的船舶强制卸载，因卸载而发生的卸货费、存货费、旅客安置费和船舶监管费由船舶所有人或者经营人承担；发生重大伤亡事故或者造成其他严重后果的，依照刑法关于重大劳动安全事故罪或者其他罪的规定，依法追究刑事责任。

第八十三条 违反本条例的规定，船舶、浮动设施发生内河交通事故后逃逸的，由海事管理机构对责任船员给予吊销适任证书或者其他适任证件的处罚；证书或者证件吊销后，5年内不得重新从业；触犯刑律的，依照刑法关于交通肇事罪或者其他罪的规定，依法追究刑事责任。

第八十四条 违反本条例的规定，阻碍、妨碍内河交通事故调查取证，或者谎报、隐匿、毁灭证据的,由海事管理机构给予警告,并对直接责任人员处1000元以上1万元以下的罚款;属于船员的,并给予暂扣适任证书或者其他适任证件12个月以上直至吊销适任证书或者其他适任证件的处罚;以暴力、威胁方法阻碍内河交通事故调查取证的,依照刑法关于妨害公务罪的规定,依法追究刑事责任。

第八十五条 违反本条例的规定,海事管理机构不依据法定的安全条件进行审批、许可的,对负有责任的主管人员和其他直接责任人员根据不同情节,给予降级或者撤职的行政处分;造成重大内河交通事故或者致使公共财产、国家和人民利益遭受重大损失的,依照刑法关于滥用职权罪、玩忽职守罪或者其他罪的规定,依法追究刑事责任。

第八十六条 违反本条例的规定,海事管理机构对审批、许可的安全事项不实施监督检查的,对负有责任的主管人员和其他直接责任人员根据不同情节,给予记大过、降级或者撤职的行政处分;造成重大内河交通事故或者致使公共财产、国家和人民利益遭受重大损失的,依照刑法关于滥用职权罪、玩忽职守罪或者其他罪的规定,依法追究刑事责任。

第八十七条 违反本条例的规定,海事管理机构发现船舶、浮动设施不再具备安全航行、停泊、作业条件而不及时撤销批准或者许可并予以处理的,对负有责任的主管人员和其他直接责任人员根据不同情节,给予记大过、降级或者撤职的行政处分;造成重大内河交通事故或者致使公共财产、国家和人民利益遭受重大损失的,依照刑法关于滥用职权罪、玩忽职守罪或者其他罪的规定,依法追究刑事责任。

第八十八条 违反本条例的规定,海事管理机构对未经审批、许可擅自从事旅客、危险货物运输的船舶不实施监督检查,或者发现内河交通安全隐患不及时依法处理,或者对违法行为不依法予以处罚的,对负有责任的主管人员和其他直接责任人员根据不同情节,给予降级或者撤职的行政处分;造成重大内河交通事故或者致使公共财产、国家和人民利益遭受重大损失的,依照刑法关于滥用职权罪、玩忽职守罪或者其他罪的规定,依法追究刑事责任。

第八十九条 违反本条例的规定,渡口所在地县级人民政府指定的部门,有下列情形之一的,根据不同情节,对负有责任的主管人员和其他直接责任人员,给予降级或者撤职的行政处分;造成重大内河交通事故或者致使公共财产、国家和人民利益遭受重大损失的,依照刑法关于滥用职权罪、玩忽职守罪或者其他罪的规定,依法追究刑事责任:

(一)对县级人民政府批准的渡口不依法实施监督检查的。

(二)对未经县级人民政府批准擅自设立的渡口不予以查处的。

(三)对渡船超载、人与大牲畜混载、人与爆炸品、压缩气体和液化气体、易燃液体、易燃固体、自燃物品和遇湿易燃物品、氧化剂和有机过氧化物、有毒品和腐蚀品等危险品混载以及其他危及安全的行为不及时纠正并依法处理的。

第九十条 违反本条例的规定,触犯《中华人民共和国治安管理处罚法》,构成违反治安管理行为的,由公安机关给予治安管理处罚。

第十一章 附 则

第九十一条 本条例下列用语的含义:

(一)内河通航水域,是指由海事管理机构认定的可供船舶航行的江、河、湖泊、水库、运

河等水域。

（二）船舶，是指各类排水或者非排水的船、艇、筏、水上飞行器、潜水器、移动式平台以及其他水上移动装置。

（三）浮动设施，是指采用缆绳或者锚链等非刚性固定方式系固并漂浮或者潜于水中的建筑、装置。

（四）交通事故，是指船舶、浮动设施在内河通航水域发生的碰撞、触碰、触礁、浪损、搁浅、火灾、爆炸、沉没等引起人身伤亡和财产损失的事件。

第九十二条 军事船舶在内河通航水域航行，应当遵守内河航行、避让和信号显示规则。军事船舶的检验、登记和船员的考试、发证等管理办法，按照国家有关规定执行。

第九十三条 渔船的检验、登记以及进出渔港签证，渔船船员的考试、发证，渔船之间交通事故的调查处理，以及渔港水域内渔船的交通安全管理办法，由国务院渔业行政主管部门依据本条例另行规定。

第九十四条 城市园林水域水上交通安全管理的具体办法，由省、自治区、直辖市人民政府制定；但是，有关船舶检验、登记和船员管理，依照国家有关规定执行。

第九十五条 本条例自2002年8月1日起施行。1986年12月16日国务院发布的《中华人民共和国内河交通安全管理条例》同时废止。

1－12　中华人民共和国内河避碰规则

（2003 年修正本，自 2003 年 9 月 2 日起施行）

第一章　总　　则

第一条　宗旨

为维护水上交通秩序，防止碰撞事故，保障人民生命、财产的安全，制定本规则。

第二条　适用范围

在中华人民共和国境内江河、湖泊、水库、运河等通航水域及其港口航行、停泊和作业的一切船舶、排筏均应当遵守本规则。

船舶、排筏在国境河流、湖泊航行、停泊和作业，按照中国政府同相邻国家政府签有的协议或者协定执行。

船舶、排筏在与中俄国境河流相通的水域航行、停泊和作业不适用本规则。

第三条　责任

船舶、排筏及其所有人、经营人以及船员应当对遵守本规则的疏忽而产生的后果以及对船员通常做法所要求的或者当时特殊情况要求的任何戒备上的疏忽而产生的后果负责。

不论由于何种原因，两船已逼近或者已处于紧迫局面时，任何一船都应当果断地采取最有助于避碰的行动，包括在紧迫危险时而背离本规则，以挽救危局。

不论由于何种原因，在长江干线航行的客渡船都必须避让顺航道行驶的船舶。

第四条　特别规定

本规则授权各省、自治区、直辖市海事机构，长江、黑龙江海事局及辖区内有内河的沿海海事机构根据辖区具体情况，制定包括分道通航等有关交通管制在内的特别规定，报交通部批准后生效。

第五条　定义

本规则下列用语的含义是：

（一）“船舶”是指各种船艇、移动式平台、水上飞机和其他水上运输工具，但不包括排筏。

（二）“机动船”是指用机器推动的船舶。

（三）“非自航船”是指驳船、囤船等本身没有动力推动的船舶。

（四）“帆船”是指任何正在驶帆的船舶，包括装有推进器而不在使用者。

（五）“拖船”是指从事吊拖或者顶推（包括旁拖）的任何机动船。

（六）“船队”是指由拖船和被吊拖、顶推的船舶、排筏或者其他物体编成的组合体。

（七）“快速船”是指静水时速为 35 公里以上的船舶。

（八）“限于吃水的海船”是指由于船舶吃水与航道水深的关系，致使其操纵、避让能力受到限制的船舶。限于吃水的海船的实际吃水在长江定为7米以上，珠江定为4米以上。

（九）“在航”是指船舶、排筏不在锚泊、系靠或者搁浅。

（十）“船舶长度”是指船舶的总长度。

（十一）“航路”是指船舶根据河流客观规律或者有关规定，在航道中所选择的航行路线。

（十二）“顺航道行驶”是指船舶顺着航道方向行驶，包括顺着直航道和弯曲航道行驶。

（十三）“横越”是指船舶由航道一侧横向或者接近横向驶向另一侧，或者横向驶过顺航道行驶船舶的船首方向。

（十四）“对驶相遇”是指顺航道行驶的两船来往相遇，包括对遇或者接近对遇、互从左舷或者右舷相遇、在弯曲航道相遇，但不包括两横越船相遇。

（十五）“能见度不良”是指由于雾、霾、下雪、暴风雨、沙暴等原因而使能见度受到限制的情况。

（十六）“感潮河段”是指沿海各省、自治区、直辖市港航监督机关及长江港航监督局划定的受潮汐影响明显的河段。

（十七）“干、支流交汇水域”是指不与本河（干流）同出一源的支流与本河的汇合处。

（十八）“叉河口”是指与本河同出一源的叉河道与本河的分合处。

（十九）“平流区域”是指水流较平缓的运河及水网地带。

（二十）“渡船”是指内河Ⅰ级航道内，单程航行时间不超过2小时，或单程航行距离不超过20公里，其他内河通航水域单程航行时间不超过20分钟的用于客渡、车渡、车客渡的船舶。

第二章　航行和避让

第一节　行动通则

第六条　了望

船舶应当随时用视觉、听觉以及一切有效手段保持正规的了望，随时注意周围环境和来船动态，以便对局面和碰撞危险作出充分的估计。

第七条　安全航速

船舶在任何时候均应当以安全航速行驶，以便能够采取有效的避让行动，防止碰撞。

船舶决定安全航速时，应当考虑能见度、通航密度、船舶操纵性能、风、浪、流及航道情况和周围环境等主要因素；使用雷达的船舶，还应当考虑雷达设备的特性、效率和局限性。

机动船经过要求减速的船舶、排筏、地段和船舶装卸区、停泊区、鱼苗养殖区、渡口、施工水域等易引起浪损的水域，应当及早控制航速，并尽可能保持较开距离驶过，以避免浪损。

由于本身防浪能力或者防浪措施存在缺陷的，不能因本条第三款规定而免除责任。

第八条　航行原则

机动船航行时，上行船应当沿缓流或者航道一侧行驶，下行船应当沿主流或者航道中间行驶。但在感潮河段、湖泊、水库、平流区域，任何船舶应当尽可能沿本船右舷一侧航道行驶。

设有分道通航、船舶定线制的水域，必须按照有关规定航行和避让。两船对遇或者接近对遇应当互以左舷会船。

第九条 避让原则

船舶在航行中要保持高度警惕，当对来船动态不明产生怀疑，或者声号不统一时，应当立即减速、停车，必要时倒车，防止碰撞。采取任何防止碰撞的行动，应当明确、有效、及早进行，并运用良好驾驶技术，直至驶过让清为止。

船舶在避让过程中，让路船应当主动避让被让路船；被让路船也应当注意让路船的行动，并按当时情况采取行动协助避让。

在任何情况下，在长江干线航行的客渡船都必须避让顺航道或河道行驶的船舶。

两机动船相遇，双方避让意图经声号统一后，避让行动不得改变。

第二节 机动船相遇，存在碰撞危险时的避让行动

第十条 机动船对驶相遇

两机动船对驶相遇时，除本节另有规定外：

（一）上行船应当避让下行船，但在感潮河段，逆流船应当避让顺流船；在湖泊、水库、平流区域，两船中一船为单船，而另一船为船队时，则单船应当避让船队。

（二）在感潮河段、湖泊、水库、平流区域，两船对遇或者接近对遇，除特殊情况外，应当互以左舷会船。

（三）机动船驶近弯曲航段、不能会船的狭窄航段，应当按规定鸣放声号，夜间也可以用探照灯向上空照射以引起他船注意。遇到来船时，按本条（一）、（二）项规定避让，必要时上行船（感潮河段的逆流船）还应当在弯曲航段或者不能会船的狭窄航段下方等候下行船（感潮河段的顺流船）驶过。

第十一条 机动船追越

一机动船正从另一机动船正横后大于22.5度的某一方向赶上、超过该船，可能构成碰撞危险时，应当认定为追越，并应当遵守下列规定：

（一）在狭窄、弯曲、滩险航段、桥梁水域和船闸引航道禁止追越或者并列行驶。

（二）在可以追越的航道中，追越船必须按规定鸣放声号，并取得前船同意后，方可以追越。

（三）在追越过程中，追越船应当避让被追越船，不得和被追越船过于逼近，禁止拦阻被追越船的船头。

（四）被追越船听到追越船要求追越的声号后，应当按规定回答声号，表示是否同意追越。在航道情况和周围环境允许时，被追越船应当同意追越船追越，并应当尽可能采取让出一部分航道和减速等协助避让的行动。

第十二条 机动船横越和交叉相遇

机动船在横越前应当注意航道情况和周围环境，在确认无碍他船行驶时，按照规定鸣放声号后，方可以横越。除本节另有规定外，机动船横越和交叉相遇时，应当按下列规定避让：

(一)横越船都必须避让顺航道或河道行驶的船,并不得在顺航道行驶的船前方突然和强行横越。

(二)同流向的两横越船交叉相遇,有他船在本船右舷者,应当给他船让路。

(三)不同流向的两横越船相遇,上行船应当避让下行船,但在感潮河段逆流船应当避让顺流船。

(四)在平流区域两横越船相遇,上行船应当避让下行船;同为上行或者下行横越船时,有他船在本船右舷者,应当给他船让路。

(五)在湖泊、水库两船交叉相遇,有他船在本船右舷者,应当给他船让路。

第十三条 机动船尾随行驶

机动船尾随行驶时,后船应当与前船保持适当距离,以便前船突然发生意外时,能有充分的余地采取避免碰撞的措施。

第十四条 在长江干线航行的客渡船与其他顺航道或河道行驶的机动船相遇,客渡船都必须避让顺航道或河道行驶的船舶,并不得与顺航道或河道行驶的船舶抢航、强行追越或者强行横越或掉头。两渡船相遇时,应当按本节各条规定避让。

第十五条 机动船在干、支流交汇水域相遇

机动船驶经支流河口,在不违背第八条规定的情况下,应当尽可能地绕开行驶。除在平流区域外,两机动船在干、支流交汇水域相遇时,应当按下列规定避让:

(一)从干流驶进支流的船,应当避让从支流驶出的船。

(二)干流船同从支流驶出的船同一流向行驶,干流船应当避让从支流驶出的船。

(三)干流船同从支流驶出的船不同流向行驶,上行船应当避让下行船,但在感潮河段逆流船应当避让顺流船。

两机动船在平流区域进出干、支流交汇水域相遇时,有他船在本船右舷者,应当给他船让路。

第十六条 机动船在叉河口相遇

两机动船在叉河口相遇,同一流向行驶时,有他船在本船右舷者,应当给他船让船;不同流向行驶时,上行船应当避让下行船,但在感潮河段逆流船应当避让顺流船。

第十七条 机动船与在航施工的工程船相遇

不论本节有何规定,机动船与在航施工的工程船相遇,机动船应当避让在航施工的工程船。

第十八条 限于吃水的海船相遇

在长江干线航行的客渡船都必须避让限于吃水的船舶。

限于吃水的船舶遇有来船时,应当及早发出会船声号。除第十六条外,不论本节有何规定,来船都必须避让限于吃水的船舶并为其让出深水航道。两艘限于吃水的船舶相遇时,应当按本节各条规定避让。

第十九条 快速船相遇

快速船在航时,应当宽裕地让清所有船舶。两快速船相遇时,应当按本节各条规定避让。

第二十条 机动船掉头

机动船或者船队在掉头前,应当注意航道情况和周围环境,在无碍他船行驶时,按规定鸣放声号后,方可以掉头。

过往船舶应当减速等候或者绕开正在掉头的船舶行驶。

第三节　机动船、人力船、帆船、排筏相遇,存在碰撞危险时的避让行动

第二十一条　机动船与人力船、帆船、排筏相遇

除快速船外,机动船与人力船、帆船、排筏相遇时,船舶、排筏均应当遵守下列规定:

(一)机动船发现人力船、帆船有碍本船航行时,应当鸣放引起注意和表示本船动向的声号。人力船、帆船听到声号或者见到机动船驶来时,应当迅速离开机动船航路或者尽量靠边行驶。机动船发现与人力船、帆船距离逼近,情况紧急时,也应当采取避让行动。

(二)人力船、帆船除按当地主管部门规定的航线航行外,不得占用机动船航道或航路。

(三)人力船、帆船不得抢越机动船船头或者在航道上停桨流放,不得驶进机动船刚刚驶过的余浪中去,不得在狭窄、弯曲、滩险航段、桥梁水域和船闸引航道妨碍机动船安全行驶。

(四)人工流放的排筏见到机动船驶来,应当及早调顺排身,以便于机动船避让。

第二十二条　帆船、人力船、排筏相遇

帆舶、人力船、排筏相遇,按下列规定避让:

(一)两帆船相遇,顺风船应当避让抢风船;两船都是顺风船或者抢风船,左舷受风船应当避让右舷受风船;两船同舷受风,上风船应当避让下风船。

(二)帆船应当避让人力船。

(三)帆船、人力船都应当避让人工流放的排筏。

第四节　船舶在能见度不良时的行动及其他

第二十三条　船舶在能见度不良时的行动

船舶在能见度不良的情况下航行,应当以适合当时环境和情况的安全航速行驶,加强了望,并按规定发出声响信号。

装有雷达设备的船舶测到他船时,应当判定是否存在着碰撞危险。若是如此,应当及早地与对方联系并采取协调一致的避让行动。

除已判定不存在碰撞危险外,每一船舶当听到他船雾号不能避免紧迫局面时,应当将航速减到能维持其航向操纵的最低速度。无论如何,每一船舶都应当极其谨慎地驾驶,直到碰撞危险过去为止,必要时应当及早选择安全地点锚泊。

第二十四条　靠泊、离泊

机动船靠、离泊位前,应当注意航道情况和周围环境,在无碍他船行驶时,按规定鸣放声号后,方可以行动。正在上述水域附近行驶的船舶,听到声号后,应当绕开行驶或者减速等候,不得抢档。

第二十五条　停泊

船舶、排筏在锚地锚泊不得超出锚地范围。系靠不得超出规定的尺度。停泊不得遮蔽助航标志、信号。

船舶、排筏禁止在狭窄、弯曲航道或者其他有碍他船航行的水域锚泊、系靠。

除因工作需要外，过往船舶不得在锚地穿行。

第二十六条　渔船捕鱼

渔船捕鱼时，不得阻碍其他船舶航行，在航道上不得设置固定渔具。

第二十七条　失去控制的船舶

失去控制的机动船、非自航船应当及早选择安全地点锚泊，严禁非自航船舶自行流放。

第三章　号灯和号型

第二十八条　一般规定

有关号灯的名条规定从日落到日出期间都应当遵守。在白天能见度不良的情况下也可以显示有关号灯。在显示呈灯的时间内，凡是可能与规定号灯相混淆或者减弱其显示性能的灯光，均不得显示。

有关号型的各条规定，在白天都应当遵守。

号灯、号型均应当显示在最易见处，并符合本规则附录一的技术要求。除本规则另有规定外，几个号灯、号型组成一组时，均应当垂直显示。

第二十九条　在航的机动船

除本章另有规定外，机动船单船在航时，应当显示白光桅灯一盏、红、绿光舷灯各一盏，白光尾灯一盏。船舶长度为50米以上的机动船，还应当在后桅显示另一盏白光灯；除快速船外，船舶长度小于12米的机动船，条件不具备时，可以显示白光环照灯一盏和红、绿光并合灯一盏，也可以显示红、白、绿光三色灯一盏，以代替上述规定的号灯。

下列船舶在航时，除显示前款规定的号灯外，还应当：

（一）快速船白天和夜间均显示黄闪光灯一盏。

（二）限于吃水的海船夜间显示红光环照灯三盏，白天悬挂圆柱形号型一个。

（三）横江渡船夜间在桅杆的横桁两端显示绿光环照灯各一盏，白天在桅杆横桁的一侧悬挂双箭头号型一个。

第三十条　在航的船队

在航的船队分别按下列规定显示号灯：

（一）拖船除显示舷灯、尾灯外，还应当按拖带形式显示：

1. 吊拖或者吊拖又顶推船舶时，显示白光桅灯两盏。

2. 顶推船舶、排筏时，显示白光桅灯三盏。拖船显示上述号灯有困难时，可以改在船队中最适宜的船舶上显示。

3. 吊拖排筏时，显示白、绿、白光桅灯各一盏。

4. 吊拖船舶、排筏的拖船，为便于被吊拖船舶或者排筏操舵，也可以在烟囱或者桅的后面，高于尾灯的位置显示另一盏白光灯，但灯光不得在正横以前显露。

（二）两艘以上拖船其同拖顶组成一个船队时，应当按拖带形式显示：

1. 共同顶推船舶、排筏时，应当在一艘拖船上显示顶推船队的号灯，其余拖船只显示被顶推船号灯。

2. 前后吊拖船舶、排筏或者采用又吊拖又顶推的混合队形时，最前面一艘拖船显示吊拖号灯,后面的拖船只显示被拖船的号灯。

(三)被吊拖、顶推的船舶或者排筏在航时,应当显示下列号灯:

1. 被吊拖、顶推的船舶应当显示红、绿光舷灯。被编组为多排数列式队形时,应当在最左边的一列船舶只显示红光舷灯,在最右边的一列船舶只显示绿光舷灯。顶推船队中最前一艘船的船首,应当显示白光船首灯一盏,其灯光不得在正横后显露。被顶推船的船尾超过拖船船尾时,还应当显示白光尾灯。吊拖船队中最后一排船应当显示白光尾灯。

2. 船舶长度未满 30 米的船舶被吊拖为单排一列式时,每艘船可以显示白光环照灯一盏以代替红、绿光舷灯。

3. 人力船、帆船、物体在被吊拖、顶推时,应当显示白光环照灯一盏,被顶推时灯光不得在正横后显露。当编组为多排数列式时,则在左、右最外一列显示。

4. 排筏被吊拖时,应当在排筏四角高出排面至少 1 米处显示白光环照灯各一盏;被顶推时,在排首两角高出排面至少 1 米处显示白光环照灯各一盏,其灯光不得在正横后显露。

第三十一条 在航的人力船、帆船、排筏

人力船、帆船在航时,应当在船尾最易见处显示白光环照灯一盏。帆船遇见机动船驶来时,应当及早在船头显示另一盏白光环照灯或者白光手电筒,直到机动船驶过为止。

人力船、帆船由于操作上的困难,确实不能按照机动船要求方向避让时,夜间应当用白光灯或者白光手电筒,白天用白色信号旗左右横摇。

排筏流放时,应当在前后高出排面至少 1 米处显示白光环照灯各一盏。

第三十二条 工程船

工程船未进入工地或者已撤出工地时,应当显示一般船舶规定的信号,进入工地时,应当显示下列号灯、号型:

(一)工程船在工地其位置固定时,夜间显示环照灯三盏,其连线构成尖端向上的等边三角形,三角形顶端为红光环照灯,底边两端,通航的一侧为白光环照灯,不通航的一侧为红光环照灯。白天在桅杆横桁两端各悬挂号型一个,通航的一侧为圆球,不通航的一侧为十字号型。

(二)自航工程船在航施工时,除显示机动船在航号灯外,夜间显示红、白、红光环照灯各一盏,白天悬挂圆球、菱形、圆球号型各一个。被拖船拖带的工程船在航施工时,除按第二十九条规定显示号灯外,还应当显示与自航工程船在航施工时相同的号灯、号型。

(三)工程船所伸出的排泥管,应当在管头和管尾并每隔 50 米距离,显示白光环照灯一盏。

船舶有潜水员在水下作业时,夜间应当显示红光环照灯一盏,白天悬挂“A”字信号旗一面。

第三十三条 掉头

长度为 30 米以上的机动船或者船队,在掉头前五分钟,夜间应当显示红、白光环照灯各一盏,白天悬挂上为圆球一个,下为回答旗一面的信号,掉头完毕后熄灭或者落下。

第三十四条 停泊

船舶、排筏停泊时,分别按下列规定显示信号:

(一)机动船、非自航船停泊时,夜间显示白光环照灯一盏;船舶长度为 50 米以上的,应当在前部和尾部各显示白光环照灯一盏,前灯高于后灯。白天锚泊时均悬挂圆球一个。

（二）人力船、帆船停泊时，夜间显示白光环照灯一盏。排筏停泊时，夜间在靠航道一侧，前部和后部各显示白光环照灯一盏。

（三）停泊的船舶、排筏向外伸出有碍其他船舶行驶的缆索、锚、锚链或者其他类似的物体时，应当在伸出的方向，夜间显示红光环照灯一盏，白天悬挂红色号旗一面。

第三十五条　搁浅

搁浅的机动船、非自航船夜间除显示停泊号灯外，还应当显示红光环照灯两盏，白天悬挂圆球三个。

第三十六条　装运危险货物

装运易爆、易燃、剧毒、放射性危险货物的船舶在停泊、装卸及航行中，除显示为一般船舶规定的信号外，夜间还应当在桅杆的横桁上显示红光环照灯一盏，白天悬挂"B"字信号旗一面。

第三十七条　要求减速

要求减速的船舶、排筏或者地段，应当在桅杆横桁处或者地段上、下两端，夜间显示绿、红光环照灯各一盏，白天悬挂"RY"信号旗一组。

重载人力船、帆船要求机动船减速，夜间用白光灯或者白光手电筒，白天用白色号旗，在空中上下挥动。

第三十八条　渔船

渔船不捕鱼时，显示为一般船舶规定的信号。捕鱼时应当显示下列号灯、号型：

（一）机动船在捕鱼时，夜间除显示机动船在航或者锚泊的号灯外，还应当显示绿、白光环照灯各一盏。白天悬挂尖端相对的两个圆锥体所组成的号型。

（二）人力船、帆船捕鱼时，不论在航或者停泊，夜间均应当显示白光环照灯一盏，白天悬挂篮子一个。

（三）渔船有外伸渔具时，应当在渔具伸出方向，夜间显示白光环照灯一盏，白天悬挂三角红旗一面。

第三十九条　失去控制的船舶

失去控制的机动船、非自航船锚泊前，夜间除显示舷灯和尾灯外，还应当显示红光环照灯两盏，白天悬挂圆球两个。

第四十条　船舶眠桅

船舶通过桥梁，架空设施需要眠桅不能按规定显示桅灯时，应当在两舷灯光源连线中点上方不受遮挡处显示白光环照灯一盏，代替桅灯。通过后立即恢复原状。

第四十一条　监督艇和航标艇

监督艇执行公务时，夜间应当显示舷灯、尾灯和红闪光旋转灯一盏。

航标艇在航时，夜间应当显示舷灯、尾灯和绿光环照灯两盏；停泊时显示绿光环照灯两盏。

第四章　声 响 信 号

第四十二条　声响信号设备

机动船应当配备号笛一个、号钟一只。非自航船、人力船、帆船和排筏应当配备号钟或者其他有效响器一只。

号笛、号钟应当符合本规则附录二的技术要求。

第四十三条 声号的含义

机动船为表示本船的意图、行动或者需要其他船舶、排筏注意时，应当根据本规则各条规定使用号笛发出下列声号：

（一）一短声——我正在向右转向；当和其他船舶对驶相遇时，表示“要求从我左舷会船”。

（二）两短声——我正在向左转向；当和其他船舶对驶相遇时，表示“要求从我右舷会船”。

（三）三短声——我正在倒车或者有后退倾向。

（四）四短声——不同意你的要求。

（五）五短声——怀疑对方是否已经采取充分避让行动，并警告对方注意。

（六）一长声——表示“我将要离泊”、“我将要横越”，以及要求来船或者附近船舶注意。

（七）两长声——我要靠泊或者我要求通过船闸。

（八）三长声——有人落水。

（九）一长一短声——掉头时，“表示我向右掉头”；进出干、支流或者叉河口时，表示“我将要或者正在向右转弯”。

（十）一长两短声——掉头时，表示“我向左掉头”；进出干、支流或者叉河口时，表示“我将要或者正在向左转弯”。

（十一）一长三短声——拖船通知被拖船舶、排筏注意。

（十二）两长一短声——越船要求从前船右舷通过。

（十三）两长两短声——越船要求从前船左舷通过。

（十四）一长一短一长声——我希望和你联系。

（十五）一长一短一长一短声——同意你的要求。

（十六）一长两短一长声——要求来船同意我通过。

（十七）一短一长一短声——要求他船减速或者停车。

（十八）一短一长声——我已减速或者停车。

（十九）两短一长声——能见度不良时，表示“我是客渡船。”

前款中“短声”是指历时约1秒钟的笛声“长声”是指历时4到6秒钟的笛声。一组声号内各笛声的间隔时间约为1秒钟，组与组声号的间隔时间约为6秒钟。

第四十四条 船舶相遇时声号的应用

船舶相遇时，应当按下列规定使用声号：

（一）两机动船对驶相遇，下行船（感潮河段的顺流船）应当在相距1千米以上处谨慎考虑航道情况和周围环境，及早鸣放会船声号；上行船（感潮河段的逆流船）听到声号后，如无特殊情况，应当立即回答相应的会船声号。在鸣放会船声号的同时，夜间还应当配合使用红、绿闪光灯，白天也可以配合使用白色号旗。鸣放声号一短声时，夜间连续显示红闪光灯，白天在左舷挥动白色号旗，表示要求来船从我左舷会过；鸣放声号两短声时，夜间连续显示绿闪光灯，白天在右舷挥动白色号旗，表示要求来船从我右舷会过。

（二）机动船发现人力船、帆船有碍本船航行，要求其让路时，应当鸣放声号一长声以引起注意，并鸣放一短声或者两短声表示本船动向。

（三）机动船驶经支流河口或者叉河口前，应当鸣放声号一长声以引起注意；进出干、支流或者叉河口前，向右转弯应当鸣放声号一长一短声，向左转弯应当鸣放声号一长两短声。

（四）机动船与在航施工的工程船对驶相遇，机动船应当在相距 1 千米以上处鸣放声号一长声，待工程船发出会船声号后，机动船方可以回答相应的会船声号，并谨慎通过。

第四十五条 能见度不良时的声响信号

船舶、排筏在能见度不良的情况下航行、停泊，应当按下列规定发出声响信号：

（一）在航的机动船应当每隔约 1 分钟鸣放声号一长声。在航的人力船、帆船、排筏应当每隔约 1 分钟急敲号钟或者其他有效响器约 5 秒钟。

（二）锚泊的机动船、非自航船、排筏应当每隔约 1 分钟急敲号钟或者其他有效响器约 5 秒钟。锚泊的人力船、帆船在听到来船声号后，应当不间断地急敲号钟或者其他有效响器，直到判定来船已对本船无碍时为止。

第四十六条 甚高频无线电话

配有甚高频无线电话的船舶在航时，应当在规定的频道上正常守听，并按下列规定进行通话：

（一）一般先由被让路船呼叫，通话时用语应当简短、明确。

（二）一船发出呼叫后，未闻回答，应当认为另一船未设有无线电话设备。

（三）两船的避让意图经通话商定一致后，仍应当按本规则规定鸣放声号。

（四）船舶驶近弯曲、狭窄航段以及在能见度不良的情况下航行，应当用无线电话周期性地通报本船船位和动态。

第五章 附 则

第四十七条 附录

本规则的三个附录是本规则的组成部分，与本规则条文具有同等效力。

本规则中所称的“以上”、“大于”，包括本数；所称的“未满”、“小于”，不包括本数。

第四十八条 解释机关

本规则的解释权属于中华人民共和国交通部。

第四十九条 生效

本规则自一九九二年一月一日零时起生效，交通部一九七九年颁布的《内河避碰规则》同时废止。

1-13 中华人民共和国港口法

（2003年6月28日第十届全国人民代表大会常务委员会第三次会议通过）

第一章 总 则

第一条 为了加强港口管理，维护港口的安全与经营秩序，保护当事人的合法权益，促进港口的建设与发展，制定本法。

第二条 从事港口规划、建设、维护、经营、管理及其相关活动，适用本法。

第三条 本法所称港口，是指具有船舶进出、停泊、靠泊，旅客上下，货物装卸、驳运、储存等功能，具有相应的码头设施，由一定范围的水域和陆域组成的区域。

港口可以由一个或者多个港区组成。

第四条 国务院和有关县级以上地方人民政府应当在国民经济和社会发展计划中体现港口的发展和规划要求，并依法保护和合理利用港口资源。

第五条 国家鼓励国内外经济组织和个人依法投资建设、经营港口，保护投资者的合法权益。

第六条 国务院交通主管部门主管全国的港口工作。

地方人民政府对本行政区域内港口的管理，按照国务院关于港口管理体制的规定确定。

依照前款确定的港口管理体制，由港口所在地的市、县人民政府管理的港口，由市、县人民政府确定一个部门具体实施对港口的行政管理；由省、自治区、直辖市人民政府管理的港口，由省、自治区、直辖市人民政府确定一个部门具体实施对港口的行政管理。

依照前款确定的对港口具体实施行政管理的部门，以下统称“港口行政管理部门”。

第二章 港口规划与建设

第七条 港口规划应当根据国民经济和社会发展的要求以及国防建设的需要编制，体现合理利用岸线资源的原则，符合城镇体系规划，并与土地利用总体规划、城市总体规划、江河流域规划、防洪规划、海洋功能区划、水路运输发展规划和其他运输方式发展规划以及法律、行政法规规定的其他有关规划相衔接、协调。

编制港口规划应当组织专家论证，并依法进行环境影响评价。

第八条 港口规划包括港口布局规划和港口总体规划。

港口布局规划，是指港口的分布规划，包括全国港口布局规划和省、自治区、直辖市港口布局规划。

港口总体规划，是指一个港口在一定时期的具体规划，包括港口的水域和陆域范围、港区划分、吞吐量和到港船型、港口的性质和功能、水域和陆域使用、港口设施建设岸线使用、建设用地配置以及分期建设序列等内容。

港口总体规划应当符合港口布局规划。

第九条 全国港口布局规划，由国务院交通主管部门征求国务院有关部门和有关军事机关的意见编制，报国务院批准后公布实施。

省、自治区、直辖市港口布局规划，由省、自治区、直辖市人民政府根据全国港口布局规划组织编制，并送国务院交通主管部门征求意见。国务院交通主管部门自收到征求意见的材料之日起满三十日未提出修改意见的，该港口布局规划由有关省、自治区、直辖市人民政府公布实施；国务院交通主管部门认为不符合全国港口布局规划的，应当自收到征求意见的材料之日起三十日内提出修改意见；有关省、自治区、直辖市人民政府对修改意见有异议的，报国务院决定。

第十条 港口总体规划由港口行政管理部门征求有关部门和有关军事机关的意见编制。

第十一条 地理位置重要、吞吐量较大、对经济发展影响较广的主要港口的总体规划，由国务院交通主管部门征求国务院有关部门和有关军事机关的意见后，会同有关省、自治区、直辖市人民政府批准，并公布实施。主要港口名录由国务院交通主管部门征求国务院有关部门意见后确定并公布。

省、自治区、直辖市人民政府征求国务院交通主管部门的意见后确定本地区的重要港口。重要港口的总体规划由省、自治区、直辖市人民政府征求国务院交通主管部门意见后批准，公布实施。

前两款规定以外的港口的总体规划，由港口所在地的市、县人民政府批准后公布实施，并报省、自治区、直辖市人民政府备案。

市、县人民政府港口行政管理部门编制的属于本条第一款、第二款规定范围的港口的总体规划，在报送审批前应当经本级人民政府审核同意。

第十二条 港口规划的修改，按照港口规划制定程序办理。

第十三条 在港口总体规划区内建设港口设施，使用港口深水岸线的，由国务院交通主管部门会同国务院经济综合宏观调控部门批准；建设港口设施，使用非深水岸线的，由港口行政管理部门批准。但是，由国务院或者国务院经济综合宏观调控部门批准建设的项目使用港口岸线，不再另行办理使用港口岸线的审批手续。

港口深水岸线的标准由国务院交通主管部门制定。

第十四条 港口建设应当符合港口规划。不得违反港口规划建设任何港口设施。

第十五条 按照国家规定须经有关机关批准的港口建设项目，应当按照国家有关规定办理审批手续，并符合国家有关标准和技术规范。

建设港口工程项目，应当依法进行环境影响评价。

港口建设项目的安全设施和环境保护设施，必须与主体工程同时设计、同时施工、同时投入使用。

第十六条 港口建设使用土地和水域，应当依照有关土地管理、海域使用管理、河道管理、航道管理、军事设施保护管理的法律、行政法规以及其他有关法律、行政法规的规定办理。

第十七条 港口的危险货物作业场所、实施卫生除害处理的专用场所，应当符合港口总体规划和国家有关安全生产、消防、检验检疫和环境保护的要求，其与人口密集区和港口客运设施的距离应当符合国务院有关部门的规定；经依法办理有关手续，并经港口行政管理部门批准后，方可建设。

第十八条 航标设施以及其他辅助性设施，应当与港口同步建设，并保证按期投入使用。

港口内有关行政管理机构办公设施的建设应当符合港口总体规划，建设费用不得向港口经营人摊派。

第十九条 港口设施建设项目竣工后，应当按照国家有关规定经验收合格，方可投入使用。

港口设施的所有权，依照有关法律规定确定。

第二十条 县级以上有关人民政府应当保证必要的资金投入，用于港口公用的航道、防波堤、锚地等基础设施的建设和维护。具体办法由国务院规定。

第二十一条 县级以上有关人民政府应当采取措施，组织建设与港口相配套的航道、铁路、公路、给排水、供电、通信等设施。

第三章 港口经营

第二十二条 从事港口经营，应当向港口行政管理部门书面申请取得港口经营许可，并依法办理工商登记。

港口行政管理部门实施港口经营许可，应当遵循公开、公正、公平的原则。

港口经营包括码头和其他港口设施的经营，港口旅客运输服务经营，在港区内从事货物的装卸、驳运、仓储的经营和港口拖轮经营等。

第二十三条 取得港口经营许可，应当有固定的经营场所，有与经营业务相适应的设施、设备、专业技术人员和管理人员，并应当具备法律、法规规定的其他条件。

第二十四条 港口行政管理部门应当自收到本法第二十二条第一款规定的书面申请之日起三十日内依法作出许可或者不予许可的决定。予以许可的，颁发港口经营许可证；不予许可的，应当书面通知申请人并告知理由。

第二十五条 经营港口理货业务，应当按照规定取得许可。实施港口理货业务经营许可，应当遵循公开、公正、公平的原则。具体办法由国务院交通主管部门规定。

港口理货业务经营人应当公正、准确地办理理货业务；不得兼营本法第二十二条第三款规定的货物装卸经营业务和仓储经营业务。

第二十六条 港口经营人从事经营活动，必须遵守有关法律、法规，遵守国务院交通主管部门有关港口作业规则的规定，依法履行合同约定的义务，为客户提供公平、良好的服务。

从事港口旅客运输服务的经营人，应当采取保证旅客安全的有效措施，向旅客提供快捷、便利的服务，保持良好的候船环境。

港口经营人应当依照有关环境保护的法律、法规的规定，采取有效措施，防治对环境的污染和危害。

第二十七条 港口经营人应当优先安排抢险物资、救灾物资和国防建设急需物资的作业。

第二十八条 港口经营人应当在其经营场所公布经营服务的收费项目和收费标准；未公布的，不得实施。

港口经营性收费依法实行政府指导价或者政府定价的，港口经营人应当按照规定执行。

第二十九条 国家鼓励和保护港口经营活动的公平竞争。

港口经营人不得实施垄断行为和不正当竞争行为，不得以任何手段强迫他人接受其提供的港口服务。

第三十条 港口行政管理部门依照《中华人民共和国统计法》和有关行政法规的规定要求港口经营人提供的统计资料，港口经营人应当如实提供。

港口行政管理部门应当按照国家有关规定将港口经营人报送的统计资料及时上报，并为港口经营人保守商业秘密。

第三十一条 港口经营人的合法权益受法律保护。任何单位和个人不得向港口经营人摊派或者违法收取费用，不得违法干预港口经营人的经营自主权。

第四章 港口安全与监督管理

第三十二条 港口经营人必须依照《中华人民共和国安全生产法》等有关法律、法规和国务院交通主管部门有关港口安全作业规则的规定，加强安全生产管理，建立健全安全生产责任制等规章制度，完善安全生产条件，采取保障安全生产的有效措施，确保安全生产。

港口经营人应当依法制定本单位的危险货物事故应急预案、重大生产安全事故的旅客紧急疏散和救援预案以及预防自然灾害预案，保障组织实施。

第三十三条 港口行政管理部门应当依法制定可能危及社会公共利益的港口危险货物事故应急预案、重大生产安全事故的旅客紧急疏散和救援预案以及预防自然灾害预案，建立健全港口重大生产安全事故的应急救援体系。

第三十四条 船舶进出港口，应当依照有关水上交通安全的法律、行政法规的规定向海事管理机构报告。海事管理机构接到报告后，应当及时通报港口行政管理部门。

船舶载运危险货物进出港口，应当按照国务院交通主管部门的规定将危险货物的名称、特性、包装和进出港口的时间报告海事管理机构。海事管理机构接到报告后，应当在国务院交通主管部门规定的时间内作出是否同意的决定，通知报告人，并通报港口行政管理部门。但是，定船舶、定航线、定货种的船舶可以定期报告。

第三十五条 在港口内进行危险货物的装卸、过驳作业，应当按照国务院交通主管部门的规定将危险货物的名称、特性、包装和作业的时间、地点报告港口行政管理部门。港口行政管理部门接到报告后，应当在国务院交通主管部门规定的时间内作出是否同意的决定，通知报告人，并通报海事管理机构。

第三十六条 港口行政管理部门应当依法对港口安全生产情况实施监督检查，对旅客上下集中、货物装卸量较大或者有特殊用途的码头进行重点巡查；检查中发现安全隐患的，应当责令被检查人立即排除或者限期排除。

负责安全生产监督管理的部门和其他有关部门依照法律、法规的规定，在各自职责范围内对港口安全生产实施监督检查。

第三十七条 禁止在港口水域内从事养殖、种植活动。

不得在港口进行可能危及港口安全的采掘、爆破等活动；因工程建设等确需进行的，必须采取相应的安全保护措施，并报经港口行政管理部门批准；依照有关水上交通安全的法律、行政法规的规定须经海事管理机构批准的，还应当报经海事管理机构批准。

禁止向港口水域倾倒泥土、砂石以及违反有关环境保护的法律、法规的规定排放超过规定标准的有毒、有害物质。

第三十八条 建设桥梁、水底隧道、水电站等可能影响港口水文条件变化的工程项目，负责审批该项目的部门在审批前应当征求港口行政管理部门的意见。

第三十九条 依照有关水上交通安全的法律、行政法规的规定，进出港口须经引航的船舶，应当向引航机构申请引航。引航的具体办法由国务院交通主管部门规定。

第四十条 遇有旅客滞留、货物积压阻塞港口的情况，港口行政管理部门应当及时采取有效措施，进行疏港；港口所在地的市、县人民政府认为必要时，可以直接采取措施，进行疏港。

第四十一条 港口行政管理部门应当组织制定所管理的港口的章程，并向社会公布。

港口章程的内容应当包括对港口的地理位置、航道条件、港池水深、机械设施和装卸能力等情况的说明，以及本港口贯彻执行有关港口管理的法律、法规和国务院交通主管部门有关规定的具体措施。

第四十二条 港口行政管理部门依据职责对本法执行情况实施监督检查。

港口行政管理部门的监督检查人员依法实施监督检查时，有权向被检查单位和有关人员了解有关情况，并可查阅、复制有关资料。

监督检查人员对检查中知悉的商业秘密，应当保密。

监督检查人员实施监督检查时，应当出示执法证件。

第四十三条 监督检查人员应当将监督检查的时间、地点、内容、发现的问题及处理情况作出书面记录，并由监督检查人员和被检查单位的负责人签字；被检查单位的负责人拒绝签字的，监督检查人员应当将情况记录在案，并向港口行政管理部门报告。

第四十四条 被检查单位和有关人员应当接受港口行政管理部门依法实施的监督检查，如实提供有关情况和资料，不得拒绝检查或者隐匿、谎报有关情况和资料。

第五章 法律责任

第四十五条 有下列行为之一的，由县级以上地方人民政府或者港口行政管理部门责令限期改正；逾期不改正的，由作出限期改正决定的机关申请人民法院强制拆除违法建设的设施；可以处五万元以下罚款：

（一）违反港口规划建设港口、码头或者其他港口设施的。

（二）未经依法批准，建设港口设施使用港口岸线的。

建设项目的审批部门对违反港口规划的建设项目予以批准的，对其直接负责的主管人员和其他直接责任人员，依法给予行政处分。

第四十六条 未经依法批准，在港口建设危险货物作业场所、实施卫生除害处理的专用场所的，或者建设的危险货物作业场所、实施卫生除害处理的专用场所与人口密集区或者港口客运设施的距离不符合国务院有关部门的规定的，由港口行政管理部门责令停止建设或者使用，限期改正，可以处五万元以下罚款。

第四十七条 码头或者港口装卸设施、客运设施未经验收合格，擅自投入使用的，由港口行政管理部门责令停止使用，限期改正，可以处五万元以下罚款。

第四十八条 有下列行为之一的，由港口行政管理部门责令停止违法经营，没收违法所得；违法所得十万元以上的，并处违法所得二倍以上五倍以下罚款；违法所得不足十万元的，处五万元以上二十万元以下罚款：

（一）未依法取得港口经营许可证，从事港口经营的。

（二）未经依法许可，经营港口理货业务的。

（三）港口理货业务经营人兼营货物装卸经营业务、仓储经营业务的。

有前款第（三）项行为，情节严重的，由有关主管部门吊销港口理货业务经营许可证。

第四十九条 港口经营人不优先安排抢险物资、救灾物资、国防建设急需物资的作业的，由港口行政管理部门责令改正；造成严重后果的，吊销港口经营许可证。

第五十条 港口经营人违反有关法律、行政法规的规定，在经营活动中实施垄断行为或者不正当竞争行为的，依照有关法律、行政法规的规定承担法律责任。

第五十一条 港口经营人违反本法第三十二条关于安全生产的规定的，由港口行政管理部门或者其他依法负有安全生产监督管理职责的部门依法给予处罚；情节严重的，由港口行政管理部门吊销港口经营许可证，并对其主要负责人依法给予处分；构成犯罪的，依法追究刑事责任。

第五十二条 船舶进出港口，未依照本法第三十四条的规定向海事管理机构报告的，由海事管理机构依照有关水上交通安全的法律、行政法规的规定处罚。

第五十三条 未依法向港口行政管理部门报告并经其同意，在港口内进行危险货物的装卸、过驳作业的，由港口行政管理部门责令停止作业，处五千元以上五万元以下罚款。

第五十四条 在港口水域内从事养殖、种植活动的，由海事管理机构责令限期改正；逾期不改正的，强制拆除养殖、种植设施，拆除费用由违法行为人承担；可以处一万元以下罚款。

第五十五条 未经依法批准在港口进行可能危及港口安全的采掘、爆破等活动的，向港口水域倾倒泥土、砂石的，由港口行政管理部门责令停止违法行为，限期消除因此造成的安全隐患；逾期不消除的，强制消除，因此发生的费用由违法行为人承担；处五千元以上五万元以下罚款；依照有关水上交通安全的法律、行政法规的规定由海事管理机构处罚的，依照其规定；构成犯罪的，依法追究刑事责任。

第五十六条 交通主管部门、港口行政管理部门、海事管理机构等不依法履行职责，有下列行为之一的，对直接负责的主管人员和其他直接责任人员依法给予行政处分；构成犯罪的，依法追究刑事责任：

（一）违法批准建设港口设施使用港口岸线、违法批准建设港口危险货物作业场所或者实施卫生除害处理的专用场所，或者违法批准船舶载运危险货物进出港口、违法批准在港口内进行危险货物的装卸、过驳作业的。

（二）对不符合法定条件的申请人给予港口经营许可或者港口理货业务经营许可的。

（三）发现取得经营许可的港口经营人、港口理货业务经营人不再具备法定许可条件而不及时吊销许可证的。

（四）不依法履行监督检查职责，对违反港口规划建设港口、码头或者其他港口设施的行为，未经依法许可从事港口经营、港口理货业务的行为，不遵守安全生产管理规定的行为，危及港口作业安全的行为，以及其他违反本法规定的行为，不依法予以查处的。

第五十七条 行政机关违法干预港口经营人的经营自主权的，由其上级行政机关或者监察机关责令改正；向港口经营人摊派财物或者违法收取费用的，责令退回；情节严重的，对直接负责的主管人员和其他直接责任人员依法给予行政处分。

第六章 附 则

第五十八条 对航行国际航线的船舶开放的港口，由有关省、自治区、直辖市人民政府按照国家有关规定商国务院有关部门和有关军事机关同意后，报国务院批准。

第五十九条 渔业港口的管理工作由县级以上人民政府渔业行政主管部门负责。具体管理办法由国务院规定。

前款所称渔业港口，是指专门为渔业生产服务、供渔业船舶停泊、避风、装卸渔获物、补充渔需物资的人工港口或者自然港湾，包括综合性港口中渔业专用的码头、渔业专用的水域和渔船专用的锚地。

第六十条 军事港口的建设和管理办法由国务院、中央军事委员会规定。

第六十一条 本法自2004年1月1日起施行。

2

部(局)交通运输防灾减灾相关法规和条例

2－1　道路危险货物运输管理规定

（2012年12月31日经第10次部务会议通过，自2013年7月1日起施行）

第一章　总　　则

第一条　为规范道路危险货物运输市场秩序，保障人民生命财产安全，保护环境，维护道路危险货物运输各方当事人的合法权益，根据《中华人民共和国道路运输条例》和《危险化学品安全管理条例》等有关法律、行政法规，制定本规定。

第二条　从事道路危险货物运输活动，应当遵守本规定。军事危险货物运输除外。

法律、行政法规对民用爆炸物品、烟花爆竹、放射性物品等特定种类危险货物的道路运输另有规定的，从其规定。

第三条　本规定所称危险货物，是指具有爆炸、易燃、毒害、感染、腐蚀等危险特性，在生产、经营、运输、储存、使用和处置中，容易造成人身伤亡、财产损毁或者环境污染而需要特别防护的物质和物品。危险货物以列入国家标准《危险货物品名表》（GB 12268）的为准，未列入《危险货物品名表》的，以有关法律、行政法规的规定或者国务院有关部门公布的结果为准。

本规定所称道路危险货物运输，是指使用载货汽车通过道路运输危险货物的作业全过程。

本规定所称道路危险货物运输车辆，是指满足特定技术条件和要求，从事道路危险货物运输的载货汽车（以下简称“专用车辆”）。

第四条　危险货物的分类、分项、品名和品名编号应当按照国家标准《危险货物分类和品名编号》（GB 6944）、《危险货物品名表》（GB 12268）执行。危险货物的危险程度依据国家标准《危险货物运输包装通用技术条件》（GB 12463），分为Ⅰ、Ⅱ、Ⅲ等级。

第五条　从事道路危险货物运输应当保障安全，依法运输，诚实信用。

第六条　国家鼓励技术力量雄厚、设备和运输条件好的大型专业危险化学品生产企业从事道路危险货物运输，鼓励道路危险货物运输企业实行集约化、专业化经营，鼓励使用厢式、罐式和集装箱等专用车辆运输危险货物。

第七条　交通运输部主管全国道路危险货物运输管理工作。

县级以上地方人民政府交通运输主管部门负责组织领导本行政区域的道路危险货物运输管理工作。

县级以上道路运输管理机构负责具体实施道路危险货物运输管理工作。

第二章　道路危险货物运输许可

第八条　申请从事道路危险货物运输经营,应当具备下列条件:

(一)有符合下列要求的专用车辆及设备:

1. 自有专用车辆(挂车除外)5 辆以上;运输剧毒化学品、爆炸品的,自有专用车辆(挂车除外)10 辆以上。

2. 专用车辆技术性能符合国家标准《营运车辆综合性能要求和检验方法》(GB 18565)的要求;技术等级达到行业标准《营运车辆技术等级划分和评定要求》(JT/T 198)规定的一级技术等级。

3. 专用车辆外廓尺寸、轴荷和质量符合国家标准《道路车辆外廓尺寸、轴荷和质量限值》(GB 1589)的要求。

4. 专用车辆燃料消耗量符合行业标准《营运货车燃料消耗量限值及测量方法》(JT 719)的要求。

5. 配备有效的通讯工具。

6. 专用车辆应当安装具有行驶记录功能的卫星定位装置。

7. 运输剧毒化学品、爆炸品、易制爆危险化学品的,应当配备罐式、厢式专用车辆或者压力容器等专用容器。

8. 罐式专用车辆的罐体应当经质量检验部门检验合格,且罐体载货后总质量与专用车辆核定载质量相匹配。运输爆炸品、强腐蚀性危险货物的罐式专用车辆的罐体容积不得超过 20 立方米,运输剧毒化学品的罐式专用车辆的罐体容积不得超过 10 立方米,但符合国家有关标准的罐式集装箱除外。

9. 运输剧毒化学品、爆炸品、强腐蚀性危险货物的非罐式专用车辆,核定载质量不得超过 10 吨,但符合国家有关标准的集装箱运输专用车辆除外。

10. 配备与运输的危险货物性质相适应的安全防护、环境保护和消防设施设备。

(二)有符合下列要求的停车场地:

1. 自有或者租借期限为 3 年以上,且与经营范围、规模相适应的停车场地,停车场地应当位于企业注册地市级行政区域内。

2. 运输剧毒化学品、爆炸品专用车辆以及罐式专用车辆,数量为 20 辆(含)以下的,停车场地面积不低于车辆正投影面积的 1.5 倍,数量为 20 辆以上的,超过部分,每辆车的停车场地面积不低于车辆正投影面积;运输其他危险货物的,专用车辆数量为 10 辆(含)以下的,停车场地面积不低于车辆正投影面积的 1.5 倍;数量为 10 辆以上的,超过部分,每辆车的停车场地面积不低于车辆正投影面积。

3. 停车场地应当封闭并设立明显标志,不得妨碍居民生活和威胁公共安全。

(三)有符合下列要求的从业人员和安全管理人员:

1. 专用车辆的驾驶人员取得相应机动车驾驶证,年龄不超过 60 周岁。

2. 从事道路危险货物运输的驾驶人员、装卸管理人员、押运人员应当经所在地设区的市级人民政府交通运输主管部门考试合格,并取得相应的从业资格证;从事剧毒化学品、爆炸品道路运输的驾驶人员、装卸管理人员、押运人员，应当经考试合格，取得注明为“剧毒化学品运输”或者“爆炸品运输”类别的从业资格证。

3. 企业应当配备专职安全管理人员。

(四)有健全的安全生产管理制度：

1. 企业主要负责人、安全管理部门负责人、专职安全管理人员安全生产责任制度。

2. 从业人员安全生产责任制度。

3. 安全生产监督检查制度。

4. 安全生产教育培训制度。

5. 从业人员、专用车辆、设备及停车场地安全管理制度。

6. 应急救援预案制度。

7. 安全生产作业规程。

8. 安全生产考核与奖惩制度。

9. 安全事故报告、统计与处理制度。

第九条 符合下列条件的企事业单位，可以使用自备专用车辆从事为本单位服务的非经营性道路危险货物运输：

(一)属于下列企事业单位之一：

1. 省级以上安全生产监督管理部门批准设立的生产、使用、储存危险化学品的企业。

2. 有特殊需求的科研、军工等企事业单位。

(二)具备第八条规定的条件，但自有专用车辆(挂车除外)的数量可以少于5辆。

第十条 申请从事道路危险货物运输经营的企业，应当向所在地设区的市级道路运输管理机构提出申请，并提交以下材料：

(一)《道路危险货物运输经营申请表》，包括申请人基本信息、申请运输的危险货物范围(类别、项别或品名，如果为剧毒化学品应当标注“剧毒”)等内容。

(二)拟担任企业法定代表人的投资人或者负责人的身份证明及其复印件，经办人身份证明及其复印件和书面委托书。

(三)企业章程文本。

(四)证明专用车辆、设备情况的材料，包括：

1. 未购置专用车辆、设备的，应当提交拟投入专用车辆、设备承诺书。承诺书内容应当包括车辆数量、类型、技术等级、总质量、核定载质量、车轴数以及车辆外廓尺寸；通讯工具和卫星定位装置配备情况；罐式专用车辆的罐体容积；罐式专用车辆罐体载货后的总质量与车辆核定载质量相匹配情况；运输剧毒化学品、爆炸品、易制爆危险化学品的专用车辆核定载质量等有关情况。承诺期限不得超过1年。

2. 已购置专用车辆、设备的，应当提供车辆行驶证、车辆技术等级证明或者车辆综合性能检测技术合格证明；通讯工具和卫星定位装置配备；罐式专用车辆的罐体检测合格证或者检测报告及复印件等有关材料。

(五)拟聘用专职安全管理人员、驾驶人员、装卸管理人员、押运人员的，应当提交拟聘用承诺书，承诺期限不得超过1年；已聘用的应当提交从业资格证及其复印件以及驾驶证及其复印件。

(六)停车场地的土地使用证、租借合同、场地平面图等材料。

(七)相关安全防护、环境保护、消防设施设备的配备情况清单。

(八)有关安全生产管理制度文本。

第十一条 申请从事非经营性道路危险货物运输的单位,向所在地设区的市级道路运输管理机构提出申请时,除提交第十条第(四)项至第(八)项规定的材料外,还应当提交以下材料:

(一)《道路危险货物运输申请表》,包括申请人基本信息、申请运输的物品范围(类别、项别或品名,如果为剧毒化学品应当标注"剧毒")等内容。

(二)下列形式之一的单位基本情况证明:

1. 省级以上安全生产监督管理部门颁发的危险化学品生产、使用等证明。

2. 能证明科研、军工等企事业单位性质或者业务范围的有关材料。

(三)特殊运输需求的说明材料。

(四)经办人的身份证明及其复印件以及书面委托书。

第十二条 设区的市级道路运输管理机构应当按照《中华人民共和国道路运输条例》和《交通行政许可实施程序规定》,以及本规定所明确的程序和时限实施道路危险货物运输行政许可,并进行实地核查。

决定准予许可的,应当向被许可人出具《道路危险货物运输行政许可决定书》,注明许可事项,具体内容应当包括运输危险货物的范围(类别、项别或品名,如果为剧毒化学品应当标注"剧毒"),专用车辆数量、要求以及运输性质,并在10日内向道路危险货物运输经营申请人发放《道路运输经营许可证》,向非经营性道路危险货物运输申请人发放《道路危险货物运输许可证》。

市级道路运输管理机构应当将准予许可的企业或单位的许可事项等,及时以书面形式告知县级道路运输管理机构。

决定不予许可的,应当向申请人出具《不予交通行政许可决定书》。

第十三条 被许可人已获得其他道路运输经营许可的,设区的市级道路运输管理机构应当为其换发《道路运输经营许可证》,并在经营范围中加注新许可的事项。如果原《道路运输经营许可证》是由省级道路运输管理机构发放的,由原许可机关按照上述要求予以换发。

第十四条 被许可人应当按照承诺期限落实拟投入的专用车辆、设备。

原许可机关应当对被许可人落实的专用车辆、设备予以核实,对符合许可条件的专用车辆配发《道路运输证》,并在《道路运输证》经营范围栏内注明允许运输的危险货物类别、项别或者品名,如果为剧毒化学品应标注"剧毒";对从事非经营性道路危险货物运输的车辆,还应当加盖"非经营性危险货物运输专用章"。

被许可人未在承诺期限内落实专用车辆、设备的,原许可机关应当撤销许可决定,并收回已核发的许可证明文件。

第十五条 被许可人应当按照承诺期限落实拟聘用的专职安全管理人员、驾驶人员、装卸管理人员和押运人员。

被许可人未在承诺期限内按照承诺聘用专职安全管理人员、驾驶人员、装卸管理人员和

押运人员的,原许可机关应当撤销许可决定,并收回已核发的许可证明文件。

第十六条 道路运输管理机构不得许可一次性、临时性的道路危险货物运输。

第十七条 被许可人应当持《道路运输经营许可证》或者《道路危险货物运输许可证》依法向工商行政管理机关办理登记手续。

第十八条 中外合资、中外合作、外商独资形式投资道路危险货物运输的,应当同时遵守《外商投资道路运输业管理规定》。

第十九条 道路危险货物运输企业设立子公司从事道路危险货物运输的,应当向子公司注册地设区的市级道路运输管理机构申请运输许可。设立分公司的,应当向分公司注册地设区的市级道路运输管理机构备案。

第二十条 道路危险货物运输企业或者单位需要变更许可事项的,应当向原许可机关提出申请,按照本章有关许可的规定办理。

道路危险货物运输企业或者单位变更法定代表人、名称、地址等工商登记事项的,应当在30日内向原许可机关备案。

第二十一条 道路危险货物运输企业或者单位终止危险货物运输业务的,应当在终止之日的30日前告知原许可机关,并在停业后10日内将《道路运输经营许可证》或者《道路危险货物运输许可证》以及《道路运输证》交回原许可机关。

第三章 专用车辆、设备管理

第二十二条 道路危险货物运输企业或者单位应当按照《道路货物运输及站场管理规定》中有关车辆管理的规定,维护、检测、使用和管理专用车辆,确保专用车辆技术状况良好。

第二十三条 设区的市级道路运输管理机构应当定期对专用车辆进行审验,每年审验一次。审验按照《道路货物运输及站场管理规定》进行,并增加以下审验项目:

(一)专用车辆投保危险货物承运人责任险情况;

(二)必需的应急处理器材、安全防护设施设备和专用车辆标志的配备情况;

(三)具有行驶记录功能的卫星定位装置的配备情况。

第二十四条 禁止使用报废的、擅自改装的、检测不合格的、车辆技术等级达不到一级的和其他不符合国家规定的车辆从事道路危险货物运输。

除铰接列车、具有特殊装置的大型物件运输专用车辆外,严禁使用货车列车从事危险货物运输;倾卸式车辆只能运输散装硫磺、萘饼、粗蒽、煤焦沥青等危险货物。

禁止使用移动罐体(罐式集装箱除外)从事危险货物运输。

第二十五条 运输剧毒化学品、爆炸品专用车辆及罐式专用车辆(含罐式挂车)应当到具备道路危险货物运输车辆维修资质的企业进行维修。

牵引车以及其他专用车辆由企业自行消除危险货物的危害后,可到具备一般车辆维修资质的企业进行维修。

第二十六条 用于装卸危险货物的机械及工具的技术状况应当符合行业标准《汽车运输危险货物规则》(JT 617)规定的技术要求。

第二十七条 罐式专用车辆的常压罐体应当符合国家标准《道路运输液体危险货物罐

式车辆　第1部分:金属常压罐体技术要求》(GB 18564.1)、《道路运输液体危险货物罐式车辆　第2部分:非金属常压罐体技术要求》(GB 18564.2)等有关技术要求。

使用压力容器运输危险货物的,应当符合国家特种设备安全监督管理部门制订并公布的《移动式压力容器安全技术监察规程》(TSG R0005)等有关技术要求。

压力容器和罐式专用车辆应当在质量检验部门出具的压力容器或者罐体检验合格的有效期内承运危险货物。

第二十八条　道路危险货物运输企业或者单位对重复使用的危险货物包装物、容器,在重复使用前应当进行检查;发现存在安全隐患的,应当维修或者更换。

道路危险货物运输企业或者单位应当对检查情况作出记录,记录的保存期限不得少于2年。

第二十九条　道路危险货物运输企业或者单位应当到具有污染物处理能力的机构对常压罐体进行清洗(置换)作业,将废气、污水等污染物集中收集,消除污染,不得随意排放,污染环境。

第四章　道路危险货物运输

第三十条　道路危险货物运输企业或者单位应当严格按照道路运输管理机构决定的许可事项从事道路危险货物运输活动,不得转让、出租道路危险货物运输许可证件。

严禁非经营性道路危险货物运输单位从事道路危险货物运输经营活动。

第三十一条　危险货物托运人应当委托具有道路危险货物运输资质的企业承运。

危险货物托运人应当对托运的危险货物种类、数量和承运人等相关信息予以记录,记录的保存期限不得少于1年。

第三十二条　危险货物托运人应当严格按照国家有关规定妥善包装并在外包装设置标志,并向承运人说明危险货物的品名、数量、危害、应急措施等情况。需要添加抑制剂或者稳定剂的,托运人应当按照规定添加,并告知承运人相关注意事项。

危险货物托运人托运危险化学品的,还应当提交与托运的危险化学品完全一致的安全技术说明书和安全标签。

第三十三条　不得使用罐式专用车辆或者运输有毒、感染性、腐蚀性危险货物的专用车辆运输普通货物。

其他专用车辆可以从事食品、生活用品、药品、医疗器具以外的普通货物运输,但应当由运输企业对专用车辆进行消除危害处理,确保不对普通货物造成污染、损害。

不得将危险货物与普通货物混装运输。

第三十四条　专用车辆应当按照国家标准《道路运输危险货物车辆标志》(GB 13392)的要求悬挂标志。

第三十五条　运输剧毒化学品、爆炸品的企业或者单位,应当配备专用停车区域,并设立明显的警示标牌。

第三十六条　专用车辆应当配备符合有关国家标准以及与所载运的危险货物相适应的应急处理器材和安全防护设备。

第三十七条 道路危险货物运输企业或者单位不得运输法律、行政法规禁止运输的货物。

法律、行政法规规定的限运、凭证运输货物,道路危险货物运输企业或者单位应当按照有关规定办理相关运输手续。

法律、行政法规规定托运人必须办理有关手续后方可运输的危险货物,道路危险货物运输企业应当查验有关手续齐全有效后方可承运。

第三十八条 道路危险货物运输企业或者单位应当采取必要措施,防止危险货物脱落、扬散、丢失以及燃烧、爆炸、泄漏等。

第三十九条 驾驶人员应当随车携带《道路运输证》。驾驶人员或者押运人员应当按照《汽车运输危险货物规则》(JT 617)的要求,随车携带《道路运输危险货物安全卡》。

第四十条 在道路危险货物运输过程中,除驾驶人员外,还应当在专用车辆上配备押运人员,确保危险货物处于押运人员监管之下。

第四十一条 道路危险货物运输途中,驾驶人员不得随意停车。

因住宿或者发生影响正常运输的情况需要较长时间停车的,驾驶人员、押运人员应当设置警戒带,并采取相应的安全防范措施。

运输剧毒化学品或者易制爆危险化学品需要较长时间停车的,驾驶人员或者押运人员应当向当地公安机关报告。

第四十二条 危险货物的装卸作业应当遵守安全作业标准、规程和制度,并在装卸管理人员的现场指挥或者监控下进行。

危险货物运输托运人和承运人应当按照合同约定指派装卸管理人员;若合同未予约定,则由负责装卸作业的一方指派装卸管理人员。

第四十三条 驾驶人员、装卸管理人员和押运人员上岗时应当随身携带从业资格证。

第四十四条 严禁专用车辆违反国家有关规定超载、超限运输。

道路危险货物运输企业或者单位使用罐式专用车辆运输货物时,罐体载货后的总质量应当和专用车辆核定载质量相匹配;使用牵引车运输货物时,挂车载货后的总质量应当与牵引车的准牵引总质量相匹配。

第四十五条 道路危险货物运输企业或者单位应当要求驾驶人员和押运人员在运输危险货物时,严格遵守有关部门关于危险货物运输线路、时间、速度方面的有关规定,并遵守有关部门关于剧毒、爆炸危险品道路运输车辆在重大节假日通行高速公路的相关规定。

第四十六条 道路危险货物运输企业或者单位应当通过卫星定位监控平台或者监控终端及时纠正和处理超速行驶、疲劳驾驶、不按规定线路行驶等违法违规驾驶行为。

监控数据应当至少保存3个月,违法驾驶信息及处理情况应当至少保存3年。

第四十七条 道路危险货物运输从业人员必须熟悉有关安全生产的法规、技术标准和安全生产规章制度、安全操作规程,了解所装运危险货物的性质、危害特性、包装物或者容器的使用要求和发生意外事故时的处置措施,并严格执行《汽车运输危险货物规则》(JT 617)、《汽车运输、装卸危险货物作业规程》(JT 618)等标准,不得违章作业。

第四十八条 道路危险货物运输企业或者单位应当通过岗前培训、例会、定期学习等方式,对从业人员进行经常性安全生产、职业道德、业务知识和操作规程的教育培训。

第四十九条 道路危险货物运输企业或者单位应当加强安全生产管理,制定突发事件应急预案,配备应急救援人员和必要的应急救援器材、设备,并定期组织应急救援演练,严格落实各项安全制度。

第五十条 道路危险货物运输企业或者单位应当委托具备资质条件的机构,对本企业或单位的安全管理情况每3年至少进行一次安全评估,出具安全评估报告。

第五十一条 在危险货物运输过程中发生燃烧、爆炸、污染、中毒或者被盗、丢失、流散、泄漏等事故,驾驶人员、押运人员应当立即根据应急预案和《道路运输危险货物安全卡》的要求采取应急处置措施,并向事故发生地公安部门、交通运输主管部门和本运输企业或者单位报告。运输企业或者单位接到事故报告后,应当按照本单位危险货物应急预案组织救援,并向事故发生地安全生产监督管理部门和环境保护、卫生主管部门报告。

道路危险货物运输管理机构应当公布事故报告电话。

第五十二条 在危险货物装卸过程中,应当根据危险货物的性质,轻装轻卸,堆码整齐,防止混杂、撒漏、破损,不得与普通货物混合堆放。

第五十三条 道路危险货物运输企业或者单位应当为其承运的危险货物投保承运人责任险。

第五十四条 道路危险货物运输企业异地经营(运输线路起讫点均不在企业注册地市域内)累计3个月以上的,应当向经营地设区的市级道路运输管理机构备案并接受其监管。

第五章　监督检查

第五十五条 道路危险货物运输监督检查按照《道路货物运输及站场管理规定》执行。

道路运输管理机构工作人员应当定期或者不定期对道路危险货物运输企业或者单位进行现场检查。

第五十六条 道路运输管理机构工作人员对在异地取得从业资格的人员监督检查时,可以向原发证机关申请提供相应的从业资格档案资料,原发证机关应当予以配合。

第五十七条 道路运输管理机构在实施监督检查过程中,经本部门主要负责人批准,可以对没有随车携带《道路运输证》又无法当场提供其他有效证明文件的危险货物运输专用车辆予以扣押。

第五十八条 任何单位和个人对违反本规定的行为,有权向道路危险货物运输管理机构举报。

道路危险货物运输管理机构应当公布举报电话,并在接到举报后及时依法处理;对不属于本部门职责的,应当及时移送有关部门处理。

第六章　法律责任

第五十九条 违反本规定,有下列情形之一的,由县级以上道路运输管理机构责令停止运输经营,有违法所得的,没收违法所得,处违法所得2倍以上10倍以下的罚款;没有违法所得或者违法所得不足2万元的,处3万元以上10万元以下的罚款;构成犯罪的,依法追究

刑事责任:

(一)未取得道路危险货物运输许可,擅自从事道路危险货物运输的;

(二)使用失效、伪造、变造、被注销等无效道路危险货物运输许可证件从事道路危险货物运输的;

(三)超越许可事项,从事道路危险货物运输的;

(四)非经营性道路危险货物运输单位从事道路危险货物运输经营的。

第六十条 违反本规定,道路危险货物运输企业或者单位非法转让、出租道路危险货物运输许可证件的,由县级以上道路运输管理机构责令停止违法行为,收缴有关证件,处2000元以上1万元以下的罚款;有违法所得的,没收违法所得。

第六十一条 违反本规定,道路危险货物运输企业或者单位有下列行为之一,由县级以上道路运输管理机构责令限期投保;拒不投保的,由原许可机关吊销《道路运输经营许可证》或者《道路危险货物运输许可证》,或者吊销相应的经营范围:

(一)未投保危险货物承运人责任险的;

(二)投保的危险货物承运人责任险已过期,未继续投保的。

第六十二条 违反本规定,道路危险货物运输企业或者单位未按规定维护或者检测专用车辆的,由县级以上道路运输管理机构责令改正,并处1000元以上5000元以下的罚款。

第六十三条 违反本规定,道路危险货物运输企业或者单位不按照规定随车携带《道路运输证》的,由县级以上道路运输管理机构责令改正,处警告或者20元以上200元以下的罚款。

第六十四条 违反本规定,道路危险货物运输企业或者单位以及托运人有下列情形之一的,由县级以上道路运输管理机构责令改正,并处5万元以上10万元以下的罚款,拒不改正的,责令停产停业整顿;构成犯罪的,依法追究刑事责任:

(一)驾驶人员、装卸管理人员、押运人员未取得从业资格上岗作业的;

(二)托运人不向承运人说明所托运的危险化学品的种类、数量、危险特性以及发生危险情况的应急处置措施,或者未按照国家有关规定对所托运的危险化学品妥善包装并在外包装上设置相应标志的;

(三)未根据危险化学品的危险特性采取相应的安全防护措施,或者未配备必要的防护用品和应急救援器材的;

(四)运输危险化学品需要添加抑制剂或者稳定剂,托运人未添加或者未将有关情况告知承运人的。

第六十五条 违反本规定,道路危险货物运输企业或者单位未配备专职安全管理人员的,由县级以上道路运输管理机构责令改正,可以处1万元以下的罚款;拒不改正的,对危险化学品运输企业或单位处1万元以上5万元以下的罚款,对运输危险化学品以外其他危险货物的企业或单位处1万元以上2万元以下的罚款。

第六十六条 违反本规定,道路危险化学品运输托运人有下列行为之一的,由县级以上道路运输管理机构责令改正,处10万元以上20万元以下的罚款,有违法所得的,没收违法所得;拒不改正的,责令停产停业整顿;构成犯罪的,依法追究刑事责任:

(一)委托未依法取得危险货物道路运输许可的企业承运危险化学品的;

(二)在托运的普通货物中夹带危险化学品,或者将危险化学品谎报或者匿报为普通货物托运的。

第六十七条 违反本规定,道路危险货物运输企业擅自改装已取得《道路运输证》的专用车辆及罐式专用车辆罐体的,由县级以上道路运输管理机构责令改正,并处5000元以上2万元以下的罚款。

第七章 附 则

第六十八条 本规定对道路危险货物运输经营未作规定的,按照《道路货物运输及站场管理规定》执行;对非经营性道路危险货物运输未作规定的,参照《道路货物运输及站场管理规定》执行。

第六十九条 道路危险货物运输许可证件和《道路运输证》工本费的具体收费标准由省、自治区、直辖市人民政府财政、价格主管部门会同同级交通运输主管部门核定。

第七十条 交通运输部可以根据相关行业协会的申请,经组织专家论证后,统一公布可以按照普通货物实施道路运输管理的危险货物。

第七十一条 本规定自2013年7月1日起施行。原交通部2005年发布的《道路危险货物运输管理规定》(交通部令2005年第9号)及交通运输部2010年发布的《关于修改〈道路危险货物运输管理规定〉的决定》(交通运输部令2010年第5号)同时废止。

2-2 突发气象灾害预警信号发布试行办法

(中国气象局2004年8月16日发布)

第一条 为规范突发气象灾害预警信号(以下简称"预警信号")发布工作,增强全民防灾减灾意识,提高气象灾害预警信息使用效率,有效防御和减轻气象灾害,保护国家和人民生命财产安全,根据《中华人民共和国气象法》,制定本办法。

第二条 在中华人民共和国领域内发布突发气象灾害预警信号,必须遵守本办法。

第三条 本办法所称预警信号,是指由有发布权的气象台站为有效防御和减轻突发气象灾害而向社会公众发布的警报信息图标。预警信号由名称、图标和含义三部分构成。

预警信号分为台风、暴雨、高温、寒潮、大雾、雷雨大风、大风、沙尘暴、冰雹、雪灾、道路积冰等十一类。

预警信号总体上分为四级(Ⅳ级,Ⅲ级,Ⅱ级,Ⅰ级),按照灾害的严重性和紧急程度,颜色依次为蓝色、黄色、橙色和红色,同时以中英文标识,分别代表一般、较重、严重和特别严重。根据不同的灾种特征、预警能力等,确定不同灾种的预警分级及标准。

当同时出现或预报可能出现多种气象灾害时,可按照相对应的标准同时发布多种预警信号。

第四条 县级以上气象主管机构所属的气象台站统一发布预警信号,并指明气象灾害预警的区域。任何组织和个人不得向公众传播非气象主管机构所属气象台站提供的预警信号。

各级气象主管机构所属气象台站只能发布本预报服务责任区内的预警信号。上级气象台应当加强对下级气象台站预警信号发布的技术指导,要加强上下气象台站预警信号发布的会商沟通,保证上级气象台与下级气象台站预警信号发布的一致性。

第五条 各级气象主管机构应当及时、准确地发布预警信号,并根据天气变化情况,及时更新或者解除预警信号,同时通报同级人民政府。

第六条 国家气象中心、省级气象主管机构根据预报、预警能力结合天气气候特点确定本预报服务责任区域发布预警信号的类别,报中国气象局审批;市、县级气象主管机构发布预警信号的类别,由省级气象主管机构统一确定,并报中国气象局备案。

第七条 各级气象主管机构要制定预警信号制作、发布的具体流程,并报上级气象主管机构审批,确保制作发布工作规范、有序。

第八条 各级气象主管机构要充分利用电视、广播、互联网、手机短信等手段即时向社会发布预警信号,并在城区的显著位置建立预警信号发布电子显示牌。各级气象主管机构要主动与广播电台、电视台、城市建设、信息管理部门加强沟通,建立即时发布预警信号的工作机制。播发预警信号的具体办法,由各级气象主管机构会同同级广播电影电视、信息产业部门共同制定。

第九条 各级气象主管机构要加强对气象灾害监测预警系统、预警信号制作与发布系统的基础设施建设,不断提高本地的预警水平、播发质量。

第十条 各级气象主管机构应当根据本办法编印有关气象灾害预警信号以及防御措施的宣传手册,并采取多种手段深入进行宣传。

第十一条 本办法由中国气象局预测减灾司负责解释。

第十二条 本办法自颁布之日起实施。

3

云南交通运输防灾减灾相关法规和条例

3－1　云南省防震减灾条例

（2011 年 7 月 27 日云南省第十一届人民代表大会常务委员会第二十四次会议通过）

第一章　总　　则

第一条　为了防御和减轻地震灾害，保护人民生命和财产安全，促进经济社会可持续发展，根据《中华人民共和国防震减灾法》和有关法律、法规，结合本省实际，制定本条例。

第二条　在本省行政区域内从事防震减灾规划、地震监测预报、地震灾害预防、地震应急救援、地震灾后过渡性安置和恢复重建等防震减灾活动，适用本条例。

第三条　县级以上人民政府应当加强对防震减灾工作的领导，建立健全防震减灾工作机构，加强防震减灾工作队伍建设和人才培养，完善防震减灾工作体系，将防震减灾工作纳入目标考核体系。

县级以上人民政府地震工作主管部门和发展改革、财政、住房城乡建设、民政、卫生、公安、国土资源、教育等有关部门，按照职责分工，各负其责，密切配合，共同做好防震减灾工作。

第四条　县级以上人民政府应当把防震减灾工作纳入国民经济和社会发展规划，将防震减灾工作经费纳入本级财政预算，并根据防震减灾工作和科学研究的需要安排相应资金。

第五条　县级以上人民政府抗震救灾指挥机构负责统一领导、指挥和协调本行政区域的抗震救灾工作，日常工作由同级地震工作主管部门承担。

第六条　各级人民政府应当加强防震减灾知识的宣传教育，组织开展避险、救生等地震应急综合演练，增强全社会的防震减灾意识，提高公民的自救、互救能力。

每年 11 月 6 日为全省防震减灾宣传日。

第七条　县级以上人民政府应当加强地震群测群防工作，鼓励和引导单位、个人开展地震群测群防活动，建立和完善地震宏观测报网、地震灾情速报网、地震知识宣传网。

乡（镇）人民政府应当配备兼职防震减灾助理员；村（居）民委员会应当配备兼职防震减灾联络员。

第八条　地震重点监视防御区的县级以上人民政府应当强化地震监测预报、地震灾害预防和地震应急救援体系建设，健全抗震救灾指挥机构和联席会议制度。

第九条　各级人民政府应当鼓励、支持防震减灾的科学技术研究，推广先进的科学研究成果，提高防震减灾工作水平。

各级人民政府应当鼓励、引导单位和个人参加防震减灾活动。任何单位和个人对妨碍、破坏防震减灾工作的行为有劝阻、举报、投诉的权利。

县级以上人民政府应当对在防震减灾工作中做出突出贡献的单位和个人给予表彰奖励。

第二章　防震减灾规划

第十条　县级以上人民政府应当结合当地实际,组织编制防震减灾规划,实现防震减灾与经济社会发展同步规划、同步实施、同步发展。

土地利用总体规划、城乡总体规划、环境保护规划等相关规划,应当符合防震减灾的要求。

防震减灾规划编制的具体工作由地震工作主管部门会同有关部门进行。

第十一条　防震减灾规划的内容应当包括:震情形势和防震减灾总体目标、主要任务、重点项目,地震监测台网建设布局,应急避难场所的建设,地震灾害预防、地震应急救援、灾后过渡性安置措施,地震重点监视防御区的相关事宜,以及防震减灾技术、信息、人力资源、资金、物资等保障措施。

编制防震减灾规划应当通过书面、会议、网络等方式,征求有关部门、单位、专家和社会公众的意见。

第十二条　防震减灾规划由审批的人民政府负责向社会公布,经批准公布的防震减灾规划应当严格执行。

在防震减灾规划实施阶段,地震工作主管部门应当适时会同同级有关部门对实施情况进行评估。

第三章　地震监测预报

第十三条　地震工作主管部门应当根据上级地震监测台网规划,制定本级地震监测台网规划。

全省地震监测台网的建设,应当科学论证、统一规划、加强管理、分步实施。

全省地震监测台网由国家级、省级、州(市)级、县(市、区)级地震监测台网组成。省级、州(市)级、县(市、区)级地震监测台网的建设资金和运行经费由同级财政承担。

省、州(市)人民政府应当对少数民族地区、边远贫困地区的地震监测工作给予支持和指导,并对地震监测台网的建设和运行经费给予补助。

第十四条　水库、矿山、石油化工、特大型桥梁和超高层建筑等重大建设工程,建设单位应当按照国家和省的有关规定建设专用地震监测台网或者强震动监测设施,其建设资金和运行经费由建设单位承担。

省、州(市)地震工作主管部门应当对专用地震监测台网或者强震动监测设施的建设给予指导。

第十五条　各级人民政府及相关单位应当为地震监测台网的建设和运行提供用地、通信、交通、电力等保障条件。州(市)、县(市、区)级地震监测台网、专用地震监测台网和强震动监测设施的建设情况,应当逐级报省地震工作主管部门备案。

第十六条　地震监测台网的建设和运行应当符合国家地震行业规范要求,保证地震监测信息的质量和安全;中止或者终止地震监测台网运行的,应当按照国家和省的有关规定,报省地震工作主管部门审批。

第十七条 地震工作主管部门应当会同同级国土资源、规划主管部门按照国家的有关规定，划定地震观测环境保护范围，并将保护范围纳入土地利用总体规划和城乡总体规划。

各级人民政府及相关单位应当加强地震监测设施和地震观测环境的保护。地震工作主管部门会同公安等部门按照规定设立保护标志。

任何单位和个人不得侵占、毁损、拆除或者擅自移动地震监测设施，不得危害地震观测环境。地震监测设施遭到破坏的，地震工作主管部门应当采取紧急措施及时组织修复，修复费用由致害人承担。

第十八条 新建、扩建、改建建设工程，应当避免对地震监测设施和地震观测环境造成危害。建设国家和省重点工程，确实无法避免造成危害的，建设单位应当按照地震工作主管部门的要求，增建抗干扰设施；不能增建抗干扰设施的，应当新建地震监测设施，所需费用由建设单位承担。

对地震观测环境保护范围内的建设工程项目，规划主管部门在依法核发选址意见书或者规划许可证前，应当征求地震工作主管部门的意见。地震工作主管部门应当自收到材料之日起 15 日内提出意见。

单位或者个人在地震观测环境保护范围内从事活动，可能对地震监测设施造成临时性干扰的，应当将相关情况告知所在地地震工作主管部门。地震工作主管部门应当根据干扰程度要求其采取相应措施，所需费用由造成干扰的单位或者个人承担。

第十九条 省地震工作主管部门应当按照国家有关规定在地震行业网和互联网上建立地震监测信息共享网站，依法向社会发布地震监测信息。

州(市)、县(市、区)级地震监测台网、专用地震监测台网和强震动监测设施的管理单位，应当将地震监测信息及时报送省地震工作主管部门。

第二十条 观测到可能与地震有关的异常现象的单位和个人，应当及时向所在地的地震工作主管部门或者乡(镇)人民政府、村(居)民委员会报告；乡(镇)人民政府、村(居)民委员会接到报告后应当及时向地震工作主管部门报告。对于集中出现的突出异常现象，地震工作主管部门应当及时组织调查核实。

第二十一条 地震预报实行统一发布的制度。省地震工作主管部门提出破坏性地震的长期、中期、短期、临震预测预报意见，由省人民政府批准发布。

与地震预报有关的宣传报道按照国家和省的有关规定执行。任何单位和个人不得违反规定擅自向社会发布或者泄漏地震预测意见，不得制造、散布地震虚假信息。对扰乱社会秩序的地震谣传、误传，各级人民政府应当迅速采取措施予以澄清。

第二十二条 省地震工作主管部门应当根据地震活动趋势和震害预测结果，提出确定本省地震重点监视防御区意见和年度防震减灾工作意见，报省人民政府批准后实施。

地震重点监视防御区的县级以上人民政府地震工作主管部门，应当组织做好震情跟踪，增加地震监测台网密度、流动观测和可能与地震有关的异常现象观测以及群测群防工作，并及时将有关情况报上一级人民政府地震工作主管部门。

第四章 地震灾害预防

第二十三条 建设工程必须按照抗震设防要求和抗震设计规范进行设计，并按照抗震设计进行施工、监理和验收。

第二十四条 重大建设工程、生命线工程和可能产生严重次生灾害的建设工程，应当进行地震安全性评价，并根据审定的地震安全性评价结果，确定抗震设防要求，进行抗震设防。其他建设工程，应当按照国家颁布的地震动参数区划图或者地震小区划结果确定的抗震设防要求，进行抗震设防。

学校、医院等人员密集场所的建设工程，应当按照地震动参数区划图或者地震小区划结果确定的抗震设防要求，提高一个等级进行设计和施工。

第二十五条 省地震工作主管部门负责本省抗震设防要求和地震安全性评价工作的监督管理，审定地震安全性评价结果，确定抗震设防要求；负责对区域性抗震设防要求变更的审核和报批。

州（市）、县（市、区）地震工作主管部门负责对本行政区域内地震安全性评价工作和抗震设防要求的实施情况进行监督管理。

承担地震安全性评价的单位，应当持有国家或者省地震工作主管部门核发的地震安全性评价资质证书，并在工程建设项目所在地的地震工作主管部门进行资质验证和项目登记，按照国家标准和技术规范，对资质许可范围内的建设工程进行地震安全性评价，对地震安全性评价报告质量负责。

第二十六条 建设工程抗震设防应当纳入基本建设审批程序。发展改革、工业信息化、住房城乡建设等具有基本建设审批权的部门应当将地震工作主管部门按规定提供的抗震设防要求审核意见书作为建设工程可行性论证、项目选址、工程设计、施工审批、施工监理和竣工验收的依据和必备内容。

第二十七条 除《中华人民共和国防震减灾法》第三十九条规定外，还应当按照国家和省的有关规定对地震重点监视防御区的重要建设工程和震后经评估需要进行抗震加固的建设工程进行抗震性能鉴定，并采取必要的抗震加固措施。

抗震加固工程应当执行基本建设程序，符合相应的抗震设防要求，按照规定办理相关手续，保证质量和安全。

第二十八条 地震重点监视防御区的县级以上人民政府应当组织有关部门开展地震活动断层探测，为编制和修订防震减灾规划、土地利用总体规划和城乡总体规划提供依据。省地震工作主管部门应当给予指导和支持。

第二十九条 地震重点监视防御区或者位于复杂地质条件区域的大中城市、大型厂矿企业、生命线工程以及新建开发区，应当开展地震小区划工作。

地震小区划工作由州（市）、县（市、区）人民政府或者相关工程建设单位组织开展，地震小区划结果经省地震工作主管部门审核，报国务院地震工作主管部门审批后，作为建设工程抗震设防的依据。

第三十条 各级人民政府应当加强对农村基础设施、公共设施和农民自建房抗震设防的监督管理。村镇基础设施、公用设施应当按照地震动参数区划图确定的抗震设防要求和相应的抗震设计规范进行规划、设计和施工。

县级以上住房城乡建设行政主管部门应当会同财政、国土资源、地震等部门加强对农村民居抗震设防的技术指导、工匠培训和信息服务等工作，完善农村民居抗震设防标准，制定补助政策，提高农村民居的抗震能力。

第三十一条 县级以上人民政府和有关单位应当重视减隔震技术的研究和推广应用，研究制定扶持政策，加强减隔震技术应用的指导和技术服务。鼓励和支持学校、医院等人员密集场所及位于高烈度区的重要建设工程采用减隔震技术和新型抗震建筑材料。

县级以上人民政府及有关部门应当重视和加强地震预警系统的研究和建设，鼓励和支持可能产生严重次生灾害工程、生命线工程建设强震紧急自动处置系统。

第三十二条 各级人民政府应当根据地震应急避难的需要，合理确定或者建设应急避难场所和应急疏散通道，统筹安排应急避难所必需的交通、供水、供电、排污等基础设施建设。应急避难场所、应急疏散通道应当设置明显标志。

已有的广场、公园、城市绿地、体育场馆和学校操场等场所可以辟为应急避难场所。学校、医院等人员密集场所要设置应急疏散通道，配备必要的救生避险设施。

应急避难场所、应急疏散通道的建设应当纳入城乡总体规划。

鼓励企业和社会参与应急避难场所的建设。

第三十三条 机关、团体、企业事业等单位应当适时排查地震可能引发的次生灾害隐患，开展防震减灾知识宣传教育和各种形式的地震应急避险、救援演练，配备应急包等必要的自救互救装备。

教育部门应当将防震减灾知识纳入学生安全教育的内容。学校应当每年组织学生开展地震紧急疏散演练活动，提高学生应急避险、自救互救能力。

党校、行政学院(校)应当把防震减灾知识作为各级领导干部和公务员培训教育的重要内容。

新闻媒体应当开展防震减灾知识和自救互救技能的公益宣传。

村(居)民委员会应当组织开展防震减灾知识的宣传普及活动。

地震工作主管部门应当指导、协助、督促有关单位做好防震减灾知识宣传教育、地震应急避险和救援演练等工作。

第五章　地震应急救援

第三十四条 各级人民政府应当制定本行政区域内的地震应急预案，并报上一级人民政府及其地震工作主管部门备案。

有关部门应当根据本行政区域内的地震应急预案，制定本部门或者本系统的地震应急预案，报本级人民政府应急管理部门和地震工作主管部门备案。

交通、水利、电力、通信等基础设施和学校、医院等人员密集场所的管理单位，以及矿山等可能发生次生灾害的生产经营单位，应当制定地震应急预案，并报所在地县级人民政府应急管理部门和地震工作主管部门备案。

重大水利、水电枢纽工程、危险品生产经营单位的地震应急预案，应当报省地震工作主管部门备案。

第三十五条 各级抗震救灾指挥机构应当根据地震应急预案适时组织开展地震应急综合演练；地震重点监视防御区的各级抗震救灾指挥机构应当每年组织开展地震应急救援演练；相关单位应当根据地震应急预案适时组织开展地震应急救援演练。

第三十六条 破坏性地震临震预报发布后，有关区域即进入临震应急期。预报区各级人民政府应当组织相关部门做好以下工作：

（一）加强震情监视，及时通报震情变化。

（二）适时组织群众疏散。

（三）对交通、水利、电力、通信、供水、排水、供气、输油等基础设施以及堤坝、易燃易爆和有毒物品的生产储存场所等采取紧急防护措施。

（四）督促检查抢险救灾准备工作。

（五）采取措施，维护社会秩序。

（六）加强地震应急知识和避险技能宣传。

临震应急期一般为10日，必要时经上级人民政府批准，可以延长10日。

第三十七条 地震灾害发生后，省和灾区的各级人民政府及其抗震救灾指挥机构和有关单位应当视震级迅速启动地震应急预案。

发生5.0~5.9级地震及5.0级以下造成破坏的地震后，灾区县（市、区）人民政府抗震救灾指挥机构负责组织抗震救灾工作。省人民政府、灾区州（市）人民政府根据灾情和震情，组织开展灾区抗震救灾工作。

发生6.0~6.9级地震后，灾区州（市）人民政府抗震救灾指挥机构负责组织抗震救灾工作。省人民政府根据灾情和震情，组织开展灾区抗震救灾工作。

发生7.0级以上地震后，省人民政府抗震救灾指挥机构负责组织抗震救灾工作。

发生城市直下型地震，应急响应提高一个等级。

第三十八条 地震灾害发生后，省地震工作主管部门应当及时将震情和初判灾情报告省人民政府，并通报省抗震救灾指挥机构成员单位。

地震灾区的各级人民政府，应当组织灾情等信息的快速收集，及时向上一级人民政府和省地震工作主管部门报告。

地震震情、灾情和抗震救灾等信息由省人民政府和灾区州（市）人民政府按照规定权限及时、准确、统一发布。

第三十九条 县级以上人民政府应当储备必要的应急救援物资、设施和装备；鼓励、扶持地震应急救援新技术和装备的研究开发，增强应急救援能力。

省人民政府应当根据抗震救灾的需要，加强区域性应急救援物资储备库的建设。

地震重点监视防御区的县级以上人民政府有关部门应当适时开展地震应急救援装备使用的训练。

第四十条 省人民政府组织和协调部队、公安、消防、地震、卫生、民政、住房城乡建设、通信、电力、交通、水利等单位，按照一队多用的原则，建立地震灾害紧急救援队伍，承担本省地震应急救援，或者根据国家命令参加国内、国际地震应急救援。

省抗震救灾指挥机构统一领导和指挥省地震灾害紧急救援队的应急救援工作。

县级以上人民政府根据实际需要，建立并负责管理地震灾害紧急救援队伍。

第四十一条 各级人民政府鼓励、支持有关单位和社会团体建立地震灾害救援志愿者队伍，组织开展地震应急救援知识培训和演练，参与应急救援、抗震救灾活动。

第四十二条 省外、境外救援队和医疗队到灾区开展紧急救援活动，各级人民政府及有关部门应当予以支持和配合。

海关、出入境检验检疫机构紧急验放进出境国际抗震救灾物资，抗震救灾指挥机构及有关部门应当予以配合和协调。

第四十三条 县级以上人民政府应当按照有关技术规范要求，加强地震应急指挥中心建设，完善指挥技术系统、灾情速报系统、应急基础数据库系统建设。

县级以上人民政府有关部门、单位有义务向地震应急指挥中心管理单位提供地震应急基础数据。

第四十四条 各级人民政府有关部门应当协调配合，采取有效措施，加强交通、通信、电力、卫生、治安等抗震救灾保障能力建设，保障抗震救灾工作的开展。

第六章　地震灾后过渡性安置和恢复重建

第四十五条 省人民政府应当及时组织对地震灾害损失进行调查评估，评估工作由省地震工作主管部门会同民政、住房城乡建设、教育、卫生、国土资源、交通运输、水利、通信等部门承担。

第四十六条 地震灾区各级人民政府应当组织有关部门，根据实际情况，采取就地安置与异地安置，集中安置与分散安置，政府安置与自行安置相结合的方式，做好受灾群众的过渡性安置工作。

第四十七条 过渡性安置地点应当选在交通便利、方便受灾群众恢复生产和生活，并避开可能发生严重次生灾害的区域，配套建设必要的基础设施和公共服务设施，确保受灾群众的安全和基本生活需要。

过渡性安置地点所在地的各级人民政府及有关部门应当加强对饮用水水质、食品卫生、疫情、火情等的监测，开展流行病学调查，整治环境卫生，避免对土壤、水环境等造成污染；对受灾群众特别是未成年人开展心理援助；加强社会安全管理，维护正常的社会秩序。

第四十八条 7.0级以上的地震，省人民政府应当组织编制地震灾后恢复重建规划，报国务院及有关部门审批。

6.0～6.9级的地震，省人民政府住房城乡建设、发展改革、财政、民政、国土资源、地震、环保等部门应当指导地震灾区的州（市）人民政府编制地震灾后恢复重建规划，报省人民政府批准后组织实施。

5.9级以下造成破坏的地震，地震灾区的县（市、区）人民政府应当编制地震灾后恢复重建规划，报州（市）人民政府批准后组织实施。

恢复重建规划采用的抗震设防要求应当符合国家有关标准和规定。

恢复重建规划在报批前，应当广泛征求有关部门和社会公众的意见，必要时召开听证会。

第四十九条 省人民政府应当组织住房城乡建设、地震、环保、文化、民族、宗教等有关部门和专家,根据地震灾害损失调查评估结果,制定清理保护方案,明确典型地震遗址、遗迹和文物保护单位以及具有历史价值与民族、宗教特色的建筑物、构筑物的保护范围和措施,并将其纳入灾区的恢复重建规划。

第七章 监督管理

第五十条 县级以上人民政府应当开展防震减灾的综合行政执法工作,加强本行政区域内防震减灾工作的监督检查。

第五十一条 县级以上人民政府应当组织地震、住房城乡建设、民政、财政、审计和监察等部门对下列工作进行监督检查:

(一)防震减灾规划的编制与实施。

(二)建设工程抗震设防措施与管理。

(三)地震应急预案的编制和演练,应急避难场所的设置与管理,地震灾害紧急救援队伍建设、培训。

(四)防震减灾知识宣传教育。

(五)地震监测台网的规划与实施。

(六)地震监测设施和观测环境的保护。

(七)抗震救灾物资储备和质量安全。

(八)地震灾区恢复重建规划的实施及资金和物资的使用。

有关部门应当对检查结果提出处置意见和建议。

第五十二条 各级人民政府及有关部门应当加强对中小学校舍、农村民居和城乡结合部村(居)民建房抗震设防的监督管理。

第五十三条 县级以上人民政府及有关部门履行防震减灾监督检查职责时,任何单位和个人应当予以配合,不得拒绝和阻挠。

第八章 法律责任

第五十四条 违反本条例规定,未按照要求增建抗干扰设施或者新建地震监测设施和破坏地震应急避难场所设施的行为,按照《中华人民共和国防震减灾法》第八十四条、八十五条的规定予以处罚。

第五十五条 违反本条例规定,规划主管部门在对地震观测环境保护范围内的建设工程项目办理核发选址意见书或者规划许可证前,未征求地震主管部门意见的,由其所在单位或者上级主管部门对直接负责的主管人员和其他直接责任人员依法给予处分。

第五十六条 违反本条例规定,制造、传播地震谣言,扰乱社会正常秩序,违反治安管理相关规定的,依法给予治安管理处罚。

第五十七条 违反本条例规定,有下列行为之一的,对直接责任人员和主管人员,由其

所在单位或者上级主管部门依法给予处分;构成犯罪的,依法追究刑事责任:

(一)批准未进行地震安全性评价的重大建设工程或者可能产生严重次生灾害的建设工程立项施工的。

(二)擅自向社会发布或者泄露地震预测意见,造成严重后果的。

(三)不及时核实地震异常现象的。

(四)迟报、谎报、瞒报灾情的。

(五)国家工作人员在防震减灾工作中滥用职权、玩忽职守、徇私舞弊的。

(六)截留、挪用、贪污抗震救灾款物的。

第九章 附 则

第五十八条 本条例所称的生命线工程,是指对社会生活、生产有重大影响的交通、通信、供水、排水、供电、供气、输油等工程。

第五十九条 本条例自2011年9月1日起施行。1999年7月29日云南省第九届人民代表大会常务委员会第十次会议通过的《云南省防震减灾条例》同时废止。

3-2　云南省气象灾害防御条例

（2012年7月29日云南省第十一届人民代表大会常务委员会第32次会议通过）

第一章　总　　则

第一条　为了加强气象灾害防御，避免和减轻气象灾害造成的损失，保障人民生命财产安全，促进经济社会全面协调可持续发展，根据《中华人民共和国气象法》、国务院《气象灾害防御条例》等法律、法规的规定，结合本省实际，制定本条例。

第二条　本省行政区域内的气象灾害防御活动，适用本条例。

本条例所称气象灾害防御，是指对干旱、暴雨（雪）、寒潮、雷电、冰雹、低温、霜冻、连阴雨、大风、大雾和高温等造成的气象灾害开展监测、预报、预警、调查、评估、研究和防灾、减灾的活动。

因气象因素引发的衍生、次生灾害的防御工作，适用有关法律、法规的规定。

第三条　气象灾害防御遵循以人为本、科学防御、政府主导、部门联动、社会参与的原则。

第四条　县级以上人民政府应当加强对气象灾害防御工作的领导，将气象灾害的防御纳入国民经济和社会发展规划，加快建立健全气象防灾减灾体系，所需经费列入本级财政预算。

第五条　县级以上人民政府应当建立气象灾害防御工作协调机制，解决相关重大问题，督促有关部门履行职责，并将气象灾害防御工作纳入政府绩效考核。

县级以上人民政府应当鼓励和支持气象灾害防御的科学研究和先进技术的推广应用；宣传气象灾害防御法律、法规，普及防御知识，增强公众防灾减灾意识；组织应急演练，提高防灾避险、自救互救的应急能力；鼓励社会力量参与气象灾害防御，鼓励单位和个人参加气象灾害保险。

第六条　县级以上气象主管机构按照职责，具体做好本行政区域内气象灾害的监测、预报、预警、风险评估、气候可行性论证、气候评价、雷电防护及人工影响天气作业等气象灾害防御工作。

其他有关部门按照各自职责分工，共同做好气象灾害的防御工作。

第七条　教育行政主管部门应当将气象灾害防御知识纳入中小学教学内容，增强学生的防灾意识和自救互救能力。

民政、国土资源、住房城乡建设、农业、林业、水利、卫生、安全生产监管、旅游等有关部门应当有针对性地开展气象灾害防御知识宣传教育。

第八条　县级以上人民政府和有关部门应当对在气象灾害防御工作中做出突出贡献的单位和个人，给予表彰和奖励。

第二章 预 防

第九条 县级以上人民政府应当组织气象等有关部门开展气象灾害普查，建立气象灾害数据库，按照气象灾害种类进行气象灾害风险评估，划定气象灾害风险区域，统筹规划气象灾害防御应急基础工程建设。

第十条 气象主管机构应当会同有关部门，根据上一级人民政府的气象灾害防御规划，结合当地灾害分布情况、易发区域、主要致灾因素，编制本行政区域的气象灾害防御规划，报本级人民政府批准后实施。

气象灾害防御规划的内容包括：

（一）防御目标、任务和基本原则。

（二）灾害发生发展规律、现状及其趋势预测。

（三）灾害易发区域、时段和重点防御区域。

（四）防御工作机制和部门职责。

（五）防御措施和保障机制。

（六）防御体系及相关基础设施建设。

第十一条 县级以上人民政府应当将气象灾害防御基础设施建设纳入城乡规划。有关部门编制的区域性、流域性建设开发利用规划和其他专业规划，应当适应气象灾害防御的要求。

第十二条 县级以上人民政府应当根据气象灾害防御规划，制定并公布气象灾害应急预案。气象、民政、国土资源、交通运输、农业、林业、水利、旅游、通信、电力等有关部门应当根据应急预案制定专项应急措施。

第十三条 县级以上人民政府应当加强气象灾害防御的综合监测、预测预报、预警信息发布和应急气象服务等系统的基础设施建设。建设方案由气象主管机构会同有关部门拟定，报本级人民政府批准后实施。

第十四条 县级以上人民政府应当组织气象、国土资源、交通运输、农业、林业、水利、旅游等有关部门，在气象灾害易发区域、重点防御区域设立警示标识或者建立监测点。

第十五条 县级以上人民政府及其有关部门应当加大干旱监测设施及水利工程建设力度，完善蓄水、抽水、灌溉等抗旱工程，改进农作物种植结构，选育耐旱品种，并适时开展人工增雨作业。

县级以上人民政府及其有关部门应当根据本地降雨情况，科学防洪、蓄水，定期组织开展各种排水设施检查，及时疏通河道和排水管网，加固病险水库，加强对地质灾害易发区和堤防等重要险段的巡查。

第十六条 与气候条件密切相关的下列规划和建设项目应当按照国家有关规定，由县级以上气象主管机构组织开展气候可行性论证：

（一）城乡规划、重点领域或者区域发展建设规划。

（二）重大基础设施建设、公共工程和大型工程建设项目。

（三）重大区域性经济开发、区域农（牧）业结构调整建设项目。

（四）大型太阳能、风能等气候资源开发利用建设项目。

前款规定的规划和建设项目在立项和审批时，应当有气候可行性论证报告。

第十七条 按照国家相关标准和气象灾害防御规划的要求，对可能遭受气象灾害危害的建设工程，建设单位应当配套建设气象灾害防御工程。

气象灾害防御工程的规划、设计、施工和验收应当与主体工程同时进行。气象灾害防御工程未经验收或者验收不合格的，主体工程不得投入使用。

第十八条 雷电灾害风险评估按照国家有关规定执行。

县级以上人民政府应当组织气象主管机构对下列区域或者建设项目进行雷电灾害风险评估：

（一）学校、医院、旅游景区和其他城乡雷电易发区域。

（二）化工、工矿企业和易燃易爆场所。

（三）太阳能、风能、垃圾发电等新能源基地。

第十九条 专门从事雷电防护装置设计、施工和检测的单位，应当依法取得国务院气象主管机构颁发的甲级防雷工程专业资质证和防雷装置检测资质证，或者省气象主管机构颁发的乙、丙级防雷工程专业资质证和防雷装置检测资质证。

从事电力、通信雷电防护装置检测的单位，应当依法取得国务院气象主管机构和国务院电力或者国务院通信主管部门共同颁发的防雷装置检测资质证。

第二十条 依法取得建设工程设计、施工资质的单位，可以在核准的资质范围内从事建设工程雷电防护装置的设计、施工，所设计、施工的雷电防护装置应当是其承担的建设主体工程的相应雷电防护装置，并与建设主体工程的设计、施工同时进行。

第二十一条 住房城乡建设等有关部门对新建、改建、扩建建（构）筑物设计文件进行审查时，应当采取共同会审或者就雷电防护装置的设计书面征求同级气象主管机构的意见。

建设单位在对前款规定的建（构）筑物组织竣工验收时，应当邀请气象主管机构参加，同时验收雷电防护装置。

雷电易发区内的矿区、旅游景点、村民集中居住区、易燃易爆场所或者投入使用的建（构）筑物、设施需要单独安装雷电防护装置的，雷电防护装置的设计审核和竣工验收由县级以上地方气象主管机构负责。

第二十二条 取得建设工程设计、施工资质的单位，不得超越资质等级或者业务范围从事雷电防护装置的设计、施工，不得从事防雷装置检测活动。

未取得防雷工程资质证和防雷装置检测资质证的单位，不得从事雷电防护装置设计、施工和检测工作。

未经验收或者验收不合格的雷电防护装置，不得投入使用。

第二十三条 县级以上气象主管机构应当指导农村地区做好雷电灾害防御工作，引导农民建设符合防雷要求的建筑设施。

新建农村学校和村民集中居住区在选址和规划审批前应当征求气象主管机构的意见或者进行雷电灾害风险评估。气象主管机构应当在15日内提出意见或者进行风险评估。

农村学校和雷电灾害风险等级较高的村民集中居住区应当安装雷电防护装置，并列入农村社会公益事业建设计划。

第二十四条 县级以上人民政府应当建立健全指挥协调机制，明确管理人员，配备必要的设施设备，在灾情出现之前及早安排气象主管机构组织实施人工影响天气作业。

实施人工影响天气作业应当遵守国家有关作业规范和操作规程，并向社会公告。

因违反规定实施人工影响天气作业造成安全事故的，由有关部门依法调查处理；因实施人工影响天气作业发生意外事故，导致人身、财产损害的，由批准该作业计划的人民政府依照有关规定处理。

第二十五条 气象灾害防御设施受法律保护，任何组织和个人不得侵占、损毁和擅自移动。

气象灾害防御设施因不可抗力或者其他因素遭受破坏时，县级以上人民政府应当及时组织修复，确保气象灾害防御设施正常运行、使用。

第二十六条 县级人民政府应当建立乡（镇）人民政府、街道办事处、村（居）民委员会的气象灾害防御协理员、信息员制度，组织相关培训，配备必要设备，给予必要经费补助。

气象灾害防御协理员、信息员负责气象预警信息的传递和气象灾情的收集上报。

第三章 监测、预报和预警

第二十七条 县级以上人民政府应当加强气象监测网络建设，并履行下列职责：

（一）加快移动应急观测系统、应急通信保障系统建设。

（二）建立气象灾害立体观测网，加强天气雷达、乡（镇）自动气象站和偏远山区、地质灾害多发点、监测站点稀疏区的监测设施建设。

（三）加密对暴雨、雷电、冰雹易发地的气象监测网络布点，实现灾害易发区乡村的监测设施全覆盖。

（四）加强粮食和烟叶等重点经济作物主产区、重点林区、生态保护重点区、水资源开发利用和保护重点区的旱情监测。

交通运输、通信管理等有关部门和单位应当加强交通和通信干线、重要输电线路沿线、重要输油（气）设施、重要水利工程、重点经济开发区、重点林区和旅游区等项目和区域的气象监测设施建设。

第二十八条 气象、水利、林业、国土资源等部门应当加强城市和乡村以及江河流域、水库库区等重点区域气象灾害监测，建立综合临近预警系统，加强对突发暴雨、强对流天气等监测、预警和雷电灾害、地质灾害、高火险天气的监测、预报。

县级以上气象主管机构应当建立气象灾害预测预报体系和分灾种预报业务系统，对灾害性天气、气候事件组织会商、分析和预测预警，及时向当地人民政府报告，并通报相关防灾减灾机构和有关部门。

第二十九条 县级以上人民政府应当组织气象、公安、民政、国土资源、环境保护、住房城乡建设、交通运输、农业、林业、水利、卫生、安全生产监管、旅游、铁路、通信、民航、电力等部门和单位，建立气象灾害监测信息共享机制。

气象主管机构应当按照本级人民政府的要求建立气象灾害监测信息共享平台，有关部门和单位应当及时提供水旱灾害、森林火险、地质灾害、农业灾害、环境污染等与气象灾害有关的监测信息。

第三十条 气象灾害等级、预警信号的种类、级别的实施方案和防御指南，由省气象主管机构拟定报省人民政府批准后公布执行。

县级以上人民政府应当加强重大气象灾害预警系统建设，建立重大气象灾害预警信息紧急发布制度，明确预警信息发布权限、流程、渠道和工作机制。

第三十一条 气象主管机构所属的气象台站应当通过广播、电视、报纸、互联网、手机短信等方式，及时并无偿向社会公众发布气象灾害预警信号、突发性气象灾害预警信息，并适时补充或者订正。

国土资源、水利、农业、林业等有关部门应当制作或者会同气象主管机构联合制作地质灾害、洪涝灾害、病虫害、森林火灾等因气象因素引发的衍生、次生灾害预警信息，根据政府授权按照预警级别分级发布。

第三十二条 广播、电视、报纸、互联网等媒体应当及时、准确、无偿播发或者刊载气象灾害预警信息，情况紧急时采用滚动字幕、加开视频窗口或者中断正常播出等方式，迅速播报预警信息及有关防范知识。

基础电信运营企业应当按照政府及其有关部门的要求，及时向灾害预警区域手机用户免费发布预警信息。

第三十三条 县级以上人民政府及其有关部门应当在学校、医院、社区、机场、港口、车站、旅游景点等人员密集区、公共场所和乡村设置气象灾害预警信息接收和传播设施；加强农村偏远地区预警信息接收终端建设。

乡级以上人民政府和有关部门、学校、医院、社区、工矿企业、建筑工地等应当明确人员负责气象灾害预警信息接收传递工作，建立基层社区传递机制和气象灾害预警信息直通传播渠道；收到灾害性天气预警信息后，应当采取措施，及时传递预警信息，迅速组织群众防灾避险。乡（镇）人民政府、村（居）民委员会等可以利用有线广播、高音喇叭、鸣锣吹哨等方式及时传递灾害预警信息。

人员密集区、公共场所和中型以上水库、高速公路、重点建设工程项目等气象灾害风险区域的管理单位应当利用气象灾害预警信息接收和传播设施，向公众持续播发灾害性天气预报、警报。

第四章 应急处置

第三十四条 县级以上人民政府应当建立重大气象灾害应急机制。根据气象主管机构提供的气象灾害监测、预报、预警信息和气象灾害的严重性、紧急程度，启动相应级别的气象灾害应急预案，向社会公布，并报告上一级人民政府。

第三十五条 县级以上人民政府根据气象灾害应急处置需要，可以采取下列措施：

（一）划定并公告气象灾害危险区域。

（二）组织人员、车辆、船只和其他可移动财产撤离危险区域。

（三）组织有关部门抢修被损坏的道路、通信、供（排）水、供电、供气等基础设施。

（四）实行交通管制。

（五）决定停产、停工、停业、停运、停课。

（六）对基本生活必需品和药品实行统一分配发放。

（七）法律、法规以及预警应急预案规定的其他措施。

第三十六条 县级以上人民政府应当建立气象灾害应急处置协调机制。下列有关部门和单位应当按照职责和气象灾害应急预案确定的分工，做好应急处置有关工作：

（一）民政部门应当及时核查灾情、上报灾情信息，紧急调集救灾物资，设置避难场所和物资供应点，保障受灾群众的基本生活需要，配合灾区人民政府组织灾区群众开展自救互救工作。

（二）卫生主管部门应当根据气象灾害危害程度，及时启动应急响应，组织医疗卫生救援力量开展医疗救治、卫生防疫、心理干预和健康教育等处置工作，组织医疗机构提供医疗卫生应急物资和设备，保障供给。

（三）公路、铁路、民航等交通运输部门和单位应当开辟快捷运输通道，优先运送伤员和食品、药品、设备等救灾物资，及时抢修被毁损的道路和交通设施。

（四）住房城乡建设部门应当及时组织专业人员勘察受损建（构）筑物并开展安全评估，标注安全警示，保障供水、供气等市政公用设施的安全运行。

（五）电力、通信主管部门应当做好电力、通信应急保障工作，保证突发性气象灾害应急处置的电力、通信畅通，根据低温、冰冻、大风、雷电、暴雨（雪）等气象灾害发生情况，组织有关单位立即抢修被破坏的电力、通信等公共设施。

（六）国土资源部门应当组织开展地质灾害监测、预防工作，标明地质灾害危险区域，防范地质灾害扩大和衍生、次生灾害发生。

（七）农业主管部门应当组织开展农业抗灾救灾、生产自救，加强农业生产技术指导工作。

（八）水行政主管部门应当统筹协调主要河流、湖泊、水库的水量调度，及时抢修损毁的防汛水利设施，组织开展防汛抗旱工作。

（九）公安部门应当维护灾区的社会治安和道路交通秩序，协助组织灾区群众紧急转移，配合相关救援机构实施应急救援工作，在危险区域划定警戒区，封锁危险场所。

（十）粮食主管部门应当及时组织灾区粮食供应，确保粮食市场稳定。

（十一）安全生产监管部门应当及时调查处理因气象灾害导致的生产安全事故，督促有关单位监控重大危险源，消除安全隐患，避免发生次生灾害。

其他部门和单位在有关人民政府的统一领导下，做好应急处置相关工作。

第三十七条 发生或者可能发生严重、特别严重气象灾害危险区域的当地人民政府、村（居）民委员会和企业、学校、医院等单位，应当及时动员并组织受到灾害威胁的人员转移、疏散。

单位和个人应当服从当地人民政府的指挥与安排，及时转移疏散，开展自救互救，协助维护社会秩序。

第三十八条 县级以上人民政府应当按照有关规定，统一、准确、及时发布重大气象灾害的发生、发展和应急处置工作信息。广播、电视、报纸、互联网等媒体应当将政府发布的信息及时、准确地向社会传播。

任何单位和个人不得编造或者传播有关重大气象灾害事态发展和应急处置工作的虚假信息。

第三十九条 县级以上人民政府及其有关部门应当按照有关规定适时调整气象灾害级别并重新发布；作出解除气象灾害应急措施决定时，应当立即向社会公布，并解除已经采取的有关措施。

第四十条 气象灾害应急处置工作结束后，县级以上人民政府应当组织气象、民政等有关部门对气象灾害造成的损失进行调查、核实、评估，组织受灾地区尽快恢复生产、生活、工作和社会秩序，制定恢复重建计划，并向上一级人民政府报告。

第五章 法律责任

第四十一条 各级人民政府、气象主管机构和其他有关部门及其工作人员违反本条例规定，有下列行为之一的，由其上级机关或者监察机关责令改正；情节严重的，对直接负责的主管人员和其他直接责任人员依法给予处分；构成犯罪的，依法追究刑事责任：

（一）未依法编制气象灾害防御规划或者气象灾害应急预案的。

（二）未按照规定采取气象灾害预防措施的。

（三）隐瞒、谎报或者玩忽职守导致重大漏报、错报灾害性天气警报、气象灾害预警信号的。

（四）未及时采取气象灾害应急措施或者采取措施不力的。

（五）收到灾害性天气预警信息后，未采取措施及时向公众传播的。

（六）对未按照规定进行气候可行性论证的项目审批立项的。

（七）审批气象灾害防御的行政许可事项时，未依法征求有关部门或者单位意见的。

（八）气象主管机构所属气象台站未及时向社会发布灾害性天气预警信息，或者未适时补充、订正的。

（九）不依法履行职责的其他行为。

第四十二条 违反本条例规定，侵占、损毁和擅自移动气象灾害防御设施的，由县级以上气象主管机构责令改正，限期恢复原状或者采取其他补救措施；逾期不改正的，处1000元以上1万元以下罚款；情节严重的，处1万元以上5万元以下罚款；造成损失的，依法承担赔偿责任；构成犯罪的，依法追究刑事责任。

第四十三条 违反本条例规定，有下列行为之一的，由县级以上气象主管机构责令改正，给予警告，可以并处3万元以下罚款；情节严重的，处3万元以上5万元以下罚款；构成违反治安管理行为的，由公安机关依法给予处罚；构成犯罪的，依法追究刑事责任：

（一）广播、电视、报纸、互联网等媒体未及时、准确、无偿播发或者刊载气象灾害预警信息，情况紧急时未按照规定的方式迅速播报预警信息及有关防范知识的。

（二）基础电信运营企业未按照政府及其有关部门的要求，及时向灾害预警区域手机用户免费发布预警信息的。

（三）编造或者传播有关重大气象灾害事态发展和应急处置工作的虚假信息的。

第四十四条 违反本条例规定的其他行为，依照有关法律、法规的规定予以处罚。

第六章　附　　则

第四十五条　本条例中下列用语的含义：

专门从事雷电防护装置设计、施工和检测的单位，是指依法取得省级以上气象主管机构颁发的防雷工程专业资质证和防雷装置检测资质证的单位，不包括依法取得国务院气象主管机构和国务院电力或者国务院通信主管部门共同颁发的资质证，从事电力、通信雷电防护装置检测的单位。

电力、通信雷电防护装置，是指变电站、枢纽机房等专业性、安全性有特别要求的专项设施的雷电防护装置，但不包括电力、通信部门的建筑物、铁塔、基站等设施或者其他安装在公共场所设施上的雷电防护装置。

第四十六条　本条例自 2012 年 10 月 1 日起施行。

4

国家、云南省、云南省交通运输厅关于交通运输防灾减灾相关预案

4－1　国家突发公共事件总体应急预案

（国务院2006年1月8日发布）

1　总　　则

1.1　编制目的

提高政府保障公共安全和处置突发公共事件的能力，最大程度地预防和减少突发公共事件及其造成的损害，保障公众的生命财产安全，维护国家安全和社会稳定，促进经济社会全面、协调、可持续发展。

1.2　编制依据

依据宪法及有关法律、行政法规，制定本预案。

1.3　分类分级

本预案所称突发公共事件是指突然发生，造成或者可能造成重大人员伤亡、财产损失、生态环境破坏和严重社会危害，危及公共安全的紧急事件。

根据突发公共事件的发生过程、性质和机理，突发公共事件主要分为以下四类：

（1）自然灾害。主要包括水旱灾害，气象灾害，地震灾害，地质灾害，海洋灾害，生物灾害和森林草原火灾等。

（2）事故灾难。主要包括工矿商贸等企业的各类安全事故，交通运输事故，公共设施和设备事故，环境污染和生态破坏事件等。

（3）公共卫生事件。主要包括传染病疫情，群体性不明原因疾病，食品安全和职业危害，动物疫情，以及其他严重影响公众健康和生命安全的事件。

（4）社会安全事件。主要包括恐怖袭击事件，经济安全事件和涉外突发事件等。

各类突发公共事件按照其性质、严重程度、可控性和影响范围等因素，一般分为四级：Ⅰ级（特别重大）、Ⅱ级（重大）、Ⅲ级（较大）和Ⅳ级（一般）。

1.4　适用范围

本预案适用于涉及跨省级行政区划的，或超出事发地省级人民政府处置能力的特别重大突发公共事件应对工作。

本预案指导全国的突发公共事件应对工作。

1.5　工作原则

（1）以人为本，减少危害。切实履行政府的社会管理和公共服务职能，把保障公众健康和生命财产安全作为首要任务，最大程度地减少突发公共事件及其造成的人员伤亡和危害。

（2）居安思危，预防为主。高度重视公共安全工作，常抓不懈，防患于未然。增强忧患意识,坚持预防与应急相结合,常态与非常态相结合,做好应对突发公共事件的各项准备工作。

(3)统一领导,分级负责。在党中央、国务院的统一领导下,建立健全分类管理、分级负责,条块结合、属地管理为主的应急管理体制,在各级党委领导下,实行行政领导责任制,充分发挥专业应急指挥机构的作用。

(4)依法规范,加强管理。依据有关法律和行政法规,加强应急管理,维护公众的合法权益,使应对突发公共事件的工作规范化、制度化、法制化。

(5)快速反应,协同应对。加强以属地管理为主的应急处置队伍建设,建立联动协调制度,充分动员和发挥乡镇、社区、企事业单位、社会团体和志愿者队伍的作用,依靠公众力量,形成统一指挥、反应灵敏、功能齐全、协调有序、运转高效的应急管理机制。

(6)依靠科技,提高素质。加强公共安全科学研究和技术开发,采用先进的监测、预测、预警、预防和应急处置技术及设施,充分发挥专家队伍和专业人员的作用,提高应对突发公共事件的科技水平和指挥能力,避免发生次生、衍生事件;加强宣传和培训教育工作,提高公众自救、互救和应对各类突发公共事件的综合素质。

1.6　应急预案体系

全国突发公共事件应急预案体系包括:

(1)突发公共事件总体应急预案。总体应急预案是全国应急预案体系的总纲,是国务院应对特别重大突发公共事件的规范性文件。

(2)突发公共事件专项应急预案。专项应急预案主要是国务院及其有关部门为应对某一类型或某几种类型突发公共事件而制定的应急预案。

(3)突发公共事件部门应急预案。部门应急预案是国务院有关部门根据总体应急预案、专项应急预案和部门职责为应对突发公共事件制定的预案。

(4)突发公共事件地方应急预案。具体包括:省级人民政府的突发公共事件总体应急预案、专项应急预案和部门应急预案;各市(地)、县(市)人民政府及其基层政权组织的突发公共事件应急预案。上述预案在省级人民政府的领导下,按照分类管理、分级负责的原则,由地方人民政府及其有关部门分别制定。

(5)企事业单位根据有关法律法规制定的应急预案。

(6)举办大型会展和文化体育等重大活动,主办单位应当制定应急预案。

各类预案将根据实际情况变化不断补充、完善。

2　组织体系

2.1　领导机构

国务院是突发公共事件应急管理工作的最高行政领导机构。在国务院总理领导下,由国务院常务会议和国家相关突发公共事件应急指挥机构(以下简称“相关应急指挥机构”)负责突发公共事件的应急管理工作;必要时,派出国务院工作组指导有关工作。

2.2　办事机构

国务院办公厅设国务院应急管理办公室,履行值守应急、信息汇总和综合协调职责,发挥运转枢纽作用。

2.3 工作机构

国务院有关部门依据有关法律、行政法规和各自的职责,负责相关类别突发公共事件的应急管理工作。具体负责相关类别的突发公共事件专项和部门应急预案的起草与实施,贯彻落实国务院有关决定事项。

2.4 地方机构

地方各级人民政府是本行政区域突发公共事件应急管理工作的行政领导机构,负责本行政区域各类突发公共事件的应对工作。

2.5 专家组

国务院和各应急管理机构建立各类专业人才库,可以根据实际需要聘请有关专家组成专家组,为应急管理提供决策建议,必要时参加突发公共事件的应急处置工作。

3 运行机制

3.1 预测与预警

各地区、各部门要针对各种可能发生的突发公共事件,完善预测预警机制,建立预测预警系统,开展风险分析,做到早发现、早报告、早处置。

预警级别和发布:

根据预测分析结果,对可能发生和可以预警的突发公共事件进行预警。预警级别依据突发公共事件可能造成的危害程度、紧急程度和发展势态,一般划分为四级:Ⅰ级(特别严重)、Ⅱ级(严重)、Ⅲ级(较重)和Ⅳ级(一般),依次用红色、橙色、黄色和蓝色表示。

预警信息包括突发公共事件的类别、预警级别、起始时间、可能影响范围、警示事项、应采取的措施和发布机关等。

预警信息的发布、调整和解除可通过广播、电视、报刊、通信、信息网络、警报器、宣传车或组织人员逐户通知等方式进行,对老、幼、病、残、孕等特殊人群以及学校等特殊场所和警报盲区应当采取有针对性的公告方式。

3.2 应急处置

(1)信息报告

特别重大或者重大突发公共事件发生后,各地区、各部门要立即报告,最迟不得超过4小时,同时通报有关地区和部门。应急处置过程中,要及时续报有关情况。

(2)先期处置

突发公共事件发生后,事发地的省级人民政府或者国务院有关部门在报告特别重大、重大突发公共事件信息的同时,要根据职责和规定的权限启动相关应急预案,及时、有效地进行处置,控制事态。

在境外发生涉及中国公民和机构的突发事件,我驻外使领馆、国务院有关部门和有关地方人民政府要采取措施控制事态发展,组织开展应急救援工作。

(3)应急响应

对于先期处置未能有效控制事态的特别重大突发公共事件,要及时启动相关预案,由国务院相关应急指挥机构或国务院工作组统一指挥或指导有关地区、部门开展处置工作。

现场应急指挥机构负责现场的应急处置工作。

需要多个国务院相关部门共同参与处置的突发公共事件，由该类突发公共事件的业务主管部门牵头，其他部门予以协助。

(4)应急结束

特别重大突发公共事件应急处置工作结束，或者相关危险因素消除后，现场应急指挥机构予以撤销。

3.3　恢复与重建

(1)善后处置

要积极稳妥、深入细致地做好善后处置工作。对突发公共事件中的伤亡人员、应急处置工作人员，以及紧急调集、征用有关单位及个人的物资，要按照规定给予抚恤、补助或补偿，并提供心理及司法援助。有关部门要做好疫病防治和环境污染消除工作。保险监管机构督促有关保险机构及时做好有关单位和个人损失的理赔工作。

(2)调查与评估

要对特别重大突发公共事件的起因、性质、影响、责任、经验教训和恢复重建等问题进行调查评估。

(3)恢复重建

根据受灾地区恢复重建计划组织实施恢复重建工作。

3.4　信息发布

突发公共事件的信息发布应当及时、准确、客观、全面。事件发生的第一时间要向社会发布简要信息，随后发布初步核实情况、政府应对措施和公众防范措施等，并根据事件处置情况做好后续发布工作。

信息发布形式主要包括授权发布、散发新闻稿、组织报道、接受记者采访、举行新闻发布会等。

4　应急保障

各有关部门要按照职责分工和相关预案做好突发公共事件的应对工作，同时根据总体预案切实做好应对突发公共事件的人力、物力、财力、交通运输、医疗卫生及通信保障等工作，保证应急救援工作的需要和灾区群众的基本生活，以及恢复重建工作的顺利进行。

4.1　人力资源

公安(消防)、医疗卫生、地震救援、海上搜救、矿山救护、森林消防、防洪抢险、核与辐射、环境监控、危险化学品事故救援、铁路事故、民航事故、基础信息网络和重要信息系统事故处置，以及水、电、油、气等工程抢险救援队伍是应急救援的专业队伍和骨干力量。地方各级人民政府和有关部门、单位要加强应急救援队伍的业务培训和应急演练，建立联动协调机制，提高装备水平；动员社会团体、企事业单位以及志愿者等各种社会力量参与应急救援工作；增进国际间的交流与合作。要加强以乡镇和社区为单位的公众应急能力建设，发挥其在应对突发公共事件中的重要作用。

中国人民解放军和中国人民武装警察部队是处置突发公共事件的骨干和突击力量，按照有关规定参加应急处置工作。

4.2 财力保障

要保证所需突发公共事件应急准备和救援工作资金。对受突发公共事件影响较大的行业、企事业单位和个人要及时研究提出相应的补偿或救助政策。要对突发公共事件财政应急保障资金的使用和效果进行监管和评估。

鼓励自然人、法人或者其他组织（包括国际组织）按照《中华人民共和国公益事业捐赠法》等有关法律、法规的规定进行捐赠和援助。

4.3 物资保障

要建立健全应急物资监测网络、预警体系和应急物资生产、储备、调拨及紧急配送体系，完善应急工作程序，确保应急所需物资和生活用品的及时供应，并加强对物资储备的监督管理，及时予以补充和更新。

地方各级人民政府应根据有关法律、法规和应急预案的规定，做好物资储备工作。

4.4 基本生活保障

要做好受灾群众的基本生活保障工作，确保灾区群众有饭吃、有水喝、有衣穿、有住处、有病能得到及时医治。

4.5 医疗卫生保障

卫生部门负责组建医疗卫生应急专业技术队伍，根据需要及时赴现场开展医疗救治、疾病预防控制等卫生应急工作。及时为受灾地区提供药品、器械等卫生和医疗设备。必要时，组织动员红十字会等社会卫生力量参与医疗卫生救助工作。

4.6 交通运输保障

要保证紧急情况下应急交通工具的优先安排、优先调度、优先放行，确保运输安全畅通；要依法建立紧急情况社会交通运输工具的征用程序，确保抢险救灾物资和人员能够及时、安全送达。

根据应急处置需要，对现场及相关通道实行交通管制，开设应急救援“绿色通道”，保证应急救援工作的顺利开展。

4.7 治安维护

要加强对重点地区、重点场所、重点人群、重要物资和设备的安全保护，依法严厉打击违法犯罪活动。必要时，依法采取有效管制措施，控制事态，维护社会秩序。

4.8 人员防护

要指定或建立与人口密度、城市规模相适应的应急避险场所，完善紧急疏散管理办法和程序，明确各级责任人，确保在紧急情况下公众安全、有序的转移或疏散。

要采取必要的防护措施，严格按照程序开展应急救援工作，确保人员安全。

4.9 通信保障

建立健全应急通信、应急广播电视保障工作体系，完善公用通信网，建立有线和无线相结合、基础电信网络与机动通信系统相配套的应急通信系统，确保通信畅通。

4.10 公共设施

有关部门要按照职责分工，分别负责煤、电、油、气、水的供给，以及废水、废气、固体废弃物等有害物质的监测和处理。

4.11 科技支撑

要积极开展公共安全领域的科学研究；加大公共安全监测、预测、预警、预防和应急处置技术研发的投入，不断改进技术装备，建立健全公共安全应急技术平台，提高我国公共安全科技水平；注意发挥企业在公共安全领域的研发作用。

5 监督管理

5.1 预案演练

各地区、各部门要结合实际，有计划、有重点地组织有关部门对相关预案进行演练。

5.2 宣传和培训

宣传、教育、文化、广电、新闻出版等有关部门要通过图书、报刊、音像制品和电子出版物、广播、电视、网络等，广泛宣传应急法律法规和预防、避险、自救、互救、减灾等常识，增强公众的忧患意识、社会责任意识和自救、互救能力。各有关方面要有计划地对应急救援和管理人员进行培训，提高其专业技能。

5.3 责任与奖惩

突发公共事件应急处置工作实行责任追究制。

对突发公共事件应急管理工作中做出突出贡献的先进集体和个人要给予表彰和奖励。

对迟报、谎报、瞒报和漏报突发公共事件重要情况或者应急管理工作中有其他失职、渎职行为的，依法对有关责任人给予行政处分；构成犯罪的，依法追究刑事责任。

6 附 则

预案管理。根据实际情况的变化，及时修订本预案。

4－2　国家安全生产事故灾难应急预案

（国务院2006年1月22日发布）

1　总　　则

1.1　编制目的

规范安全生产事故灾难的应急管理和应急响应程序，及时有效地实施应急救援工作，最大程度地减少人员伤亡、财产损失，维护人民群众的生命安全和社会稳定。

1.2　编制依据

依据《中华人民共和国安全生产法》、《国家突发公共事件总体应急预案》和《国务院关于进一步加强安全生产工作的决定》等法律法规及有关规定，制定本预案。

1.3　适用范围

本预案适用于下列安全生产事故灾难的应对工作：

（1）造成30人以上死亡（含失踪），或危及30人以上生命安全，或者100人以上中毒（重伤），或者需要紧急转移安置10万人以上，或者直接经济损失1亿元以上的特别重大安全生产事故灾难。

（2）超出省（区、市）人民政府应急处置能力，或者跨省级行政区、跨多个领域（行业和部门）的安全生产事故灾难。

（3）需要国务院安全生产委员会（以下简称"国务院安委会"）处置的安全生产事故灾难。

1.4　工作原则

（1）以人为本，安全第一。把保障人民群众的生命安全和身体健康、最大程度地预防和减少安全生产事故灾难造成的人员伤亡作为首要任务。切实加强应急救援人员的安全防护。充分发挥人的主观能动性，充分发挥专业救援力量的骨干作用和人民群众的基础作用。

（2）统一领导，分级负责。在国务院统一领导和国务院安委会组织协调下，各省（区、市）人民政府和国务院有关部门按照各自职责和权限，负责有关安全生产事故灾难的应急管理和应急处置工作。企业要认真履行安全生产责任主体的职责，建立安全生产应急预案和应急机制。

（3）条块结合，属地为主。安全生产事故灾难现场应急处置的领导和指挥以地方人民政府为主，实行地方各级人民政府行政首长负责制。有关部门应当与地方人民政府密切配合，充分发挥指导和协调作用。

（4）依靠科学，依法规范。采用先进技术，充分发挥专家作用，实行科学民主决策。采用先进的救援装备和技术，增强应急救援能力。依法规范应急救援工作，确保应急预案的科学性、权威性和可操作性。

(5)预防为主,平战结合。贯彻落实“安全第一,预防为主”的方针,坚持事故灾难应急与预防工作相结合。做好预防、预测、预警和预报工作,做好常态下的风险评估、物资储备、队伍建设、完善装备、预案演练等工作。

2 组织体系及相关机构职责

2.1 组织体系

全国安全生产事故灾难应急救援组织体系由国务院安委会、国务院有关部门、地方各级人民政府安全生产事故灾难应急领导机构、综合协调指挥机构、专业协调指挥机构、应急支持保障部门、应急救援队伍和生产经营单位组成。

国家安全生产事故灾难应急领导机构为国务院安委会,综合协调指挥机构为国务院安委会办公室,国家安全生产应急救援指挥中心具体承担安全生产事故灾难应急管理工作,专业协调指挥机构为国务院有关部门管理的专业领域应急救援指挥机构。

地方各级人民政府的安全生产事故灾难应急机构由地方政府确定。

应急救援队伍主要包括消防部队、专业应急救援队伍、生产经营单位的应急救援队伍、社会力量、志愿者队伍及有关国际救援力量等。

国务院安委会各成员单位按照职责履行本部门的安全生产事故灾难应急救援和保障方面的职责,负责制订、管理并实施有关应急预案。

2.2 现场应急救援指挥部及职责

现场应急救援指挥以属地为主,事发地省(区、市)人民政府成立现场应急救援指挥部。现场应急救援指挥部负责指挥所有参与应急救援的队伍和人员,及时向国务院报告事故灾难事态发展及救援情况,同时抄送国务院安委会办公室。

涉及多个领域、跨省级行政区或影响特别重大的事故灾难,根据需要由国务院安委会或者国务院有关部门组织成立现场应急救援指挥部,负责应急救援协调指挥工作。

3 预警预防机制

3.1 事故灾难监控与信息报告

国务院有关部门和省(区、市)人民政府应当加强对重大危险源的监控,对可能引发特别重大事故的险情,或者其他灾害、灾难可能引发安全生产事故灾难的重要信息应及时上报。

特别重大安全生产事故灾难发生后,事故现场有关人员应当立即报告单位负责人,单位负责人接到报告后,应当立即报告当地人民政府和上级主管部门。中央企业在上报当地政府的同时应当上报企业总部。当地人民政府接到报告后应当立即报告上级政府,国务院有关部门、单位、中央企业和事故灾难发生地的省(区、市)人民政府应当在接到报告后2小时内,向国务院报告,同时抄送国务院安委会办公室。

自然灾害、公共卫生和社会安全方面的突发事件可能引发安全生产事故灾难的信息,有关各级、各类应急指挥机构均应及时通报同级安全生产事故灾难应急救援指挥机构,安全生产事故灾难应急救援指挥机构应当及时分析处理,并按照分级管理的程序逐级上报,紧急情况下,可越级上报。

发生安全生产事故灾难的有关部门、单位要及时、主动向国务院安委会办公室、国务院有关部门提供与事故应急救援有关的资料。事故灾难发生地安全监管部门提供事故前监督检查的有关资料,为国务院安委会办公室、国务院有关部门研究制订救援方案提供参考。

3.2 预警行动

各级、各部门安全生产事故灾难应急机构接到可能导致安全生产事故灾难的信息后,按照应急预案及时研究确定应对方案,并通知有关部门、单位采取相应行动预防事故发生。

4 应急响应

4.1 分级响应

Ⅰ级应急响应行动(具体标准见1.3)由国务院安委会办公室或国务院有关部门组织实施。当国务院安委会办公室或国务院有关部门进行Ⅰ级应急响应行动时,事发地各级人民政府应当按照相应的预案全力以赴组织救援,并及时向国务院及国务院安委会办公室、国务院有关部门报告救援工作进展情况。

Ⅱ级及以下应急响应行动的组织实施由省级人民政府决定。地方各级人民政府根据事故灾难或险情的严重程度启动相应的应急预案,超出其应急救援处置能力时,及时报请上一级应急救援指挥机构启动上一级应急预案实施救援。

4.1.1 国务院有关部门的响应

Ⅰ级响应时,国务院有关部门启动并实施本部门相关的应急预案,组织应急救援,并及时向国务院及国务院安委会办公室报告救援工作进展情况。需要其他部门应急力量支援时,及时提出请求。

根据发生的安全生产事故灾难的类别,国务院有关部门按照其职责和预案进行响应。

4.1.2 国务院安委会办公室的响应

(1)及时向国务院报告安全生产事故灾难基本情况、事态发展和救援进展情况。

(2)开通与事故灾难发生地的省级应急救援指挥机构、现场应急救援指挥部、相关专业应急救援指挥机构的通信联系,随时掌握事态发展情况。

(3)根据有关部门和专家的建议,通知相关应急救援指挥机构随时待命,为地方或专业应急救援指挥机构提供技术支持。

(4)派出有关人员和专家赶赴现场参加、指导现场应急救援,必要时协调专业应急力量增援。

(5)对可能或者已经引发自然灾害、公共卫生和社会安全突发事件的,国务院安委会办公室要及时上报国务院,同时负责通报相关领域的应急救援指挥机构。

(6)组织协调特别重大安全生产事故灾难应急救援工作。

(7)协调落实其他有关事项。

4.2 指挥和协调

进入Ⅰ级响应后,国务院有关部门及其专业应急救援指挥机构立即按照预案组织相关应急救援力量,配合地方政府组织实施应急救援。

国务院安委会办公室根据事故灾难的情况开展应急救援协调工作。通知有关部门及其应急机构、救援队伍和事发地毗邻省(区、市)人民政府应急救援指挥机构,相关机构按照各自应急预案提供增援或保障。有关应急队伍在现场应急救援指挥部统一指挥下,密切配合,共同实施抢险救援和紧急处置行动。

现场应急救援指挥部负责现场应急救援的指挥,现场应急救援指挥部成立前,事发单位和先期到达的应急救援队伍必须迅速、有效地实施先期处置,事故灾难发生地人民政府负责协调,全力控制事故灾难发展态势,防止次生、衍生和耦合事故(事件)发生,果断控制或切断事故灾害链。

中央企业发生事故灾难时,其总部应全力调动相关资源,有效开展应急救援工作。

4.3　紧急处置

现场处置主要依靠本行政区域内的应急处置力量。事故灾难发生后,发生事故的单位和当地人民政府按照应急预案迅速采取措施。

根据事态发展变化情况,出现急剧恶化的特殊险情时,现场应急救援指挥部在充分考虑专家和有关方面意见的基础上,依法及时采取紧急处置措施。

4.4　医疗卫生救助

事发地卫生行政主管部门负责组织开展紧急医疗救护和现场卫生处置工作。

卫生部或国务院安委会办公室根据地方人民政府的请求,及时协调有关专业医疗救护机构和专科医院派出有关专家、提供特种药品和特种救治装备进行支援。

事故灾难发生地疾病控制中心根据事故类型,按照专业规程进行现场防疫工作。

4.5　应急人员的安全防护

现场应急救援人员应根据需要携带相应的专业防护装备,采取安全防护措施,严格执行应急救援人员进入和离开事故现场的相关规定。

现场应急救援指挥部根据需要具体协调、调集相应的安全防护装备。

4.6　群众的安全防护

现场应急救援指挥部负责组织群众的安全防护工作,主要工作内容如下:

(1)企业应当与当地政府、社区建立应急互动机制,确定保护群众安全需要采取的防护措施。

(2)决定应急状态下群众疏散、转移和安置的方式、范围、路线、程序。

(3)指定有关部门负责实施疏散、转移。

(4)启用应急避难场所。

(5)开展医疗防疫和疾病控制工作。

(6)负责治安管理。

4.7　社会力量的动员与参与

现场应急救援指挥部组织调动本行政区域社会力量参与应急救援工作。

超出事发地省级人民政府处置能力时,省级人民政府向国务院申请本行政区域外的社会力量支援,国务院办公厅协调有关省级人民政府、国务院有关部门组织社会力量进行

支援。

4.8 现场检测与评估

根据需要,现场应急救援指挥部成立事故现场检测、鉴定与评估小组,综合分析和评价检测数据,查找事故原因,评估事故发展趋势,预测事故后果,为制订现场抢救方案和事故调查提供参考。检测与评估报告要及时上报。

4.9 信息发布

国务院安委会办公室会同有关部门具体负责特别重大安全生产事故灾难信息的发布工作。

4.10 应急结束

当遇险人员全部得救,事故现场得以控制,环境符合有关标准,导致次生、衍生事故隐患消除后,经现场应急救援指挥部确认和批准,现场应急处置工作结束,应急救援队伍撤离现场。由事故发生地省级人民政府宣布应急结束。

5 后期处置

5.1 善后处置

省级人民政府会同相关部门(单位)负责组织特别重大安全生产事故灾难的善后处置工作,包括人员安置、补偿,征用物资补偿,灾后重建,污染物收集、清理与处理等事项。尽快消除事故影响,妥善安置和慰问受害及受影响人员,保证社会稳定,尽快恢复正常秩序。

5.2 保险

安全生产事故灾难发生后,保险机构及时开展应急救援人员保险受理和受灾人员保险理赔工作。

5.3 事故灾难调查报告、经验教训总结及改进建议

特别重大安全生产事故灾难由国务院安全生产监督管理部门负责组成调查组进行调查;必要时,国务院直接组成调查组或者授权有关部门组成调查组。

安全生产事故灾难善后处置工作结束后,现场应急救援指挥部分析总结应急救援经验教训,提出改进应急救援工作的建议,完成应急救援总结报告并及时上报。

6 保障措施

6.1 通信与信息保障

建立健全国家安全生产事故灾难应急救援综合信息网络系统和重大安全生产事故灾难信息报告系统;建立完善救援力量和资源信息数据库;规范信息获取、分析、发布、报送格式和程序,保证应急机构之间的信息资源共享,为应急决策提供相关信息支持。

有关部门应急救援指挥机构和省级应急救援指挥机构负责本部门、本地区相关信息收集、分析和处理,定期向国务院安委会办公室报送有关信息,重要信息和变更信息要及时报送,国务院安委会办公室负责收集、分析和处理全国安全生产事故灾难应急救援有关

信息。

6.2 应急支援与保障

6.2.1 救援装备保障

各专业应急救援队伍和企业根据实际情况和需要配备必要的应急救援装备。专业应急救援指挥机构应当掌握本专业的特种救援装备情况,各专业队伍按规程配备救援装备。

6.2.2 应急队伍保障

矿山、危险化学品、交通运输等行业或领域的企业应当依法组建和完善救援队伍。各级、各行业安全生产应急救援机构负责检查并掌握相关应急救援力量的建设和准备情况。

6.2.3 交通运输保障

发生特别重大安全生产事故灾难后,国务院安委会办公室或有关部门根据救援需要及时协调民航、交通和铁路等行政主管部门提供交通运输保障。地方人民政府有关部门对事故现场进行道路交通管制,根据需要开设应急救援特别通道,道路受损时应迅速组织抢修,确保救灾物资、器材和人员运送及时到位,满足应急处置工作需要。

6.2.4 医疗卫生保障

县级以上各级人民政府应当加强急救医疗服务网络的建设,配备相应的医疗救治药物、技术、设备和人员,提高医疗卫生机构应对安全生产事故灾难的救治能力。

6.2.5 物资保障

国务院有关部门和县级以上人民政府及其有关部门、企业,应当建立应急救援设施、设备、救治药品和医疗器械等储备制度,储备必要的应急物资和装备。

各专业应急救援机构根据实际情况,负责监督应急物资的储备情况、掌握应急物资的生产加工能力储备情况。

6.2.6 资金保障

生产经营单位应当做好事故应急救援必要的资金准备。安全生产事故灾难应急救援资金首先由事故责任单位承担,事故责任单位暂时无力承担的,由当地政府协调解决。国家处置安全生产事故灾难所需工作经费按照《财政应急保障预案》的规定解决。

6.2.7 社会动员保障

地方各级人民政府根据需要动员和组织社会力量参与安全生产事故灾难的应急救援。国务院安委会办公室协调调用事发地以外的有关社会应急力量参与增援时,地方人民政府要为其提供各种必要保障。

6.2.8 应急避难场所保障

直辖市、省会城市和大城市人民政府负责提供特别重大事故灾难发生时人员避难需要的场所。

6.3 技术储备与保障

国务院安委会办公室成立安全生产事故灾难应急救援专家组,为应急救援提供技术支持和保障。要充分利用安全生产技术支撑体系的专家和机构,研究安全生产应急救援重大问题,开发应急技术和装备。

6.4 宣传、培训和演习

6.4.1 公众信息交流

国务院安委会办公室和有关部门组织应急法律法规和事故预防、避险、避灾、自救、互救常识的宣传工作,各种媒体提供相关支持。

地方各级人民政府结合本地实际,负责本地相关宣传、教育工作,提高全民的危机意识。

企业与所在地政府、社区建立互动机制,向周边群众宣传相关应急知识。

6.4.2 培训

有关部门组织各级应急管理机构以及专业救援队伍的相关人员进行上岗前培训和业务培训。

有关部门、单位可根据自身实际情况,做好兼职应急救援队伍的培训,积极组织社会志愿者的培训,提高公众自救、互救能力。

地方各级人民政府将突发公共事件应急管理内容列入行政干部培训的课程。

6.4.3 演习

各专业应急机构每年至少组织一次安全生产事故灾难应急救援演习。国务院安委会办公室每两年至少组织一次联合演习。各企事业单位应当根据自身特点,定期组织本单位的应急救援演习。演习结束后应及时进行总结。

6.5 监督检查

国务院安委会办公室对安全生产事故灾难应急预案实施的全过程进行监督检查。

7 附　　则

7.1 预案管理与更新

随着应急救援相关法律法规的制定、修改和完善,部门职责或应急资源发生变化,以及实施过程中发现存在问题或出现新的情况,应及时修订完善本预案。

本预案有关数量的表述中,“以上”含本数,“以下”不含本数。

7.2 奖励与责任追究

7.2.1 奖励

在安全生产事故灾难应急救援工作中有下列表现之一的单位和个人,应依据有关规定给予奖励:

(1)出色完成应急处置任务,成绩显著的。

(2)防止或抢救事故灾难有功,使国家、集体和人民群众的财产免受损失或者减少损失的。

(3)对应急救援工作提出重大建议,实施效果显著的。

(4)有其他特殊贡献的。

7.2.2 责任追究

在安全生产事故灾难应急救援工作中有下列行为之一的,按照法律、法规及有关规定,对有关责任人员视情节和危害后果,由其所在单位或者上级机关给予行政处分;其中,对国家公务员和国家行政机关任命的其他人员,分别由任免机关或者监察机关给予行政处分;属于违反治安管理行为的,由公安机关依照有关法律法规的规定予以处罚;构成犯罪的,由司法机关依法追究刑事责任:

(1)不按照规定制订事故应急预案,拒绝履行应急准备义务的。

(2)不按照规定报告、通报事故灾难真实情况的。

(3)拒不执行安全生产事故灾难应急预案,不服从命令和指挥,或者在应急响应时临阵脱逃的。

(4)盗窃、挪用、贪污应急工作资金或者物资的。

(5)阻碍应急工作人员依法执行任务或者进行破坏活动的。

(6)散布谣言,扰乱社会秩序的。

(7)有其他危害应急工作行为的。

7.3　国际沟通与协作

国务院安委会办公室和有关部门积极建立与国际应急机构的联系,组织参加国际救援活动,开展国际间的交流与合作。

7.4　预案实施时间

本预案自印发之日起施行。

4-3 国家安全生产应急平台体系建设指导意见

(国家安全生产监督管理总局2006年10月4日发布)

依据《国民经济和社会发展第十一个五年规划纲要》、《国务院关于实施国家突发公共事件总体应急预案的决定》(国发〔2005〕11号)、《国务院关于全面加强应急管理工作的意见》(国发〔2006〕24号)和《安全生产"十一五"规划》,就国家安全生产应急平台体系建设提出以下指导意见:

一、指导思想和基本原则

(一)指导思想

以邓小平理论和"三个代表"重要思想为指导,坚持"以人为本",全面落实科学发展观,坚持"安全发展"的原则,贯彻"安全第一、预防为主、综合治理"的方针,充分利用现有资源,依靠信息技术和安全科技,建设国家安全生产应急平台体系,为有效预防和妥善处置安全生产事故提供先进的技术手段,为全面提高安全生产应急救援和应急管理能力,最大限度地减少人员伤亡和财产损失做出贡献。

(二)基本原则

1. 统筹规划,分级实施。安全生产应急平台体系建设涉及各级政府、各专业部门和各中央企业的安全生产应急管理和协调指挥机构,要按照条块结合、属地为主的原则进行统筹规划、总体设计、分步实施和分级管理,以大、中城市辐射带动周边地区。实现业务系统和技术支撑系统的有机结合。

2. 因地制宜,整合资源。各地区、各有关部门的安全生产应急管理和协调指挥机构,要根据各地区的实际情况和部门职责,本着节约的原则,突出建设重点,注重高效实用,防止重复建设。整合自身应急平台所需资源,以国家安全生产信息系统为主体进行建设,同时考虑政府电子政务系统和部门业务系统的利用,采用接口转换等技术手段,实现与国家安全生产应急救援指挥中心应急平台以及其他相关应急平台的互联互通,信息共享。

3. 注重内容,讲求实效。既要重视应急平台硬件和软件建设,更要重视应用开发和信息源建设,保证应急平台的实用性;既要立足应急响应,又要满足平时应用,防止重建设、轻应用,重硬件、轻软件的倾向,充分发挥应急平台的作用。

4. 技术先进,安全可靠。要依靠科技,注重系统设备的可靠性和先进性,采用符合当前发展趋势的先进技术,并充分考虑技术的成熟性。加强核心技术的自主研发和应用,建立安全防护和容灾备份机制,保障应急平台安全平稳运行。

5. 立足当前,着眼长远。安全生产应急平台建设工作要以需求为导向,把当前和长远结合起来,既要满足当前安全生产应急管理工作需要,又要适应技术和应用的发展,不断提升安全生产应急平台技术应用水平。

二、主要建设任务

(一)总体建设要求

国家安全生产应急平台体系建设要在国家安全生产应急救援体系构架下,以国家安全生产信息系统为主体,同时考虑政府电子政务系统的利用,搭建以国家安全生产应急救援指挥中心应急平台为中心,以 11 个国家专业应急管理与协调指挥机构、中央企业安全生产应急管理与协调指挥机构、32 个省级安全生产应急救援指挥中心、28 个省级矿山救援指挥中心和 333 个市(地)级安全生产应急管理与协调指挥机构应急平台为支撑,以 23 个国家级矿山应急救援基地、20 个国家级危险化学品应急救援基地、11 个国家级矿山排水基地、1 个国家级矿山医疗救护中心、18 个国家级矿山医疗救护基地、16 个国家级危险化学品医疗救护基地、各专业部门及中央企业下属的安全生产应急管理与协调指挥机构和救援队伍为终端节点,形成上下贯通、左右衔接、互联互通、信息共享、互有侧重、互为支撑的国家安全生产应急平台体系。

整合现有国家安全生产应急救援资源,依托国家安全生产现有通信资源及信息系统和国家公共通信资源,建设安全生产应急平台体系的基础支撑系统和综合应用系统,实现生产安全事故灾难的监测监控、预测预警、信息报告、综合研判、辅助决策和总结评估等主要功能,满足本地区、本部门、本单位以及国家安全生产应急救援指挥中心、国务院应急办对生产安全事故的应急救援协调指挥和应急管理的需要。

各省(区、市)、市(地)、各有关部门和中央企业的安全生产应急平台向下延伸的节点范围和数量,由各省(区、市)、市(地)、各有关部门和中央企业决定。

(二)基础支撑系统

省(区、市)、市(地)、各有关部门和中央企业安全生产应急管理与协调指挥机构应急平台的基础支撑系统建设应主要包括以下内容:

1. 完善应急指挥厅和值班室等应急指挥场所,建设(或完善)本地区、本部门、本单位的视频会议系统,并与国家安全生产监督管理总局视频会议系统、国家安全生产应急救援指挥中心应急平台联通,实现能够召开本地区、本部门、本单位的视频会议和接收全国安全生产视频会议信息;实现能够全天候、全方位接收和显示来自事故现场、救援队伍、社会公众各渠道的信息并对各种信息进行全面监控管理;实现能够对本地区、本部门、本单位应急救援资源协调和管理;实现能够值守应急,在发生生产安全事故时进行救援资源调度、异地会商和决策指挥等,切实满足安全生产应急管理工作的需要。

应急指挥厅和值班室要配备:DLP 大屏幕拼接显示系统、辅助显示系统、专业摄像系统、多媒体录音录像设备、多媒体接口设备、智能中央控制系统、视频会议系统、有线和无线通信系统、手机屏蔽设备、终端显示管理软件、UPS 电源保障系统、专业操控台及桌面显示系统、多通道广播扩声系统和电控玻璃幕墙及常用办公设备等。

国家安全生产应急救援指挥中心应急平台主机系统与即将建设的国家安全生产信息系统共用主机房、共用专网和外网网站信息发布系统、共用数据中心的软件测试平台和软件维护平台、共用安全系统。

各省(区、市)、各有关部门和各中央企业及各市(地)应急平台要配备局域网交换机、小型机服务器、视频会议终端、系统支撑平台软件、系统管理软件及其附属设备。关键设备要

双机备份。各救援基地和救护中心节点平台应考虑联入应急平台系统所需配备的局域网交换机、路由器及其附属和维护更新本节点信息所需的设备。

2. 国家电子政务统一网络平台已经建立，国务院办公厅与各省（区、市）、各部门的网络已经开通运行，各省级政府与市（地）、县的网络建设也在加快实施，国家安全生产信息系统的专网建设将覆盖各省级安全生产监管部门、煤矿安全监察部门，国家安全生产信息系统和应急救援指挥系统即将建设联结各级安全生产监管、监察机构的计算机专网系统，将全国各级安全生产应急救援指挥机构、救援基地联入专网，并建设能保障实时救灾指挥的电话通信、无线接入通信和应急指挥卫星通信的通信信息基础平台。各省（区、市）、市（地）、各有关部门和中央企业的安全生产应急管理与协调指挥机构要充分利用现有的网络基础和资源，配备专用的网络服务器、数据库服务器和应用服务器等必要设备，适当补充平台设备和租用线路，完善安全生产应急平台体系的通信网络环境，满足图像传输、视频会议和指挥调度等功能要求，通过数据交换平台，实现与国家安全生产应急救援指挥中心应急平台和其他相关应急平台、终端的互联互通和信息共享。按照国家保密的有关规定，采取加密等技术手段，确保信息的保密和安全，实现与政务外网上的应用系统整合。

3. 以有线通信系统作为值守应急的基本通信手段，配备专用保密通信设备，以及电话调度、多路传真和数字录音等系统，确保国家安全生产应急救援指挥中心与各地区、各部门的安全生产应急管理与协调指挥机构之间联络畅通。利用卫星、蜂窝移动或集群等多种通信手段，实现事故现场与国家安全生产应急救援指挥中心、各省（区、市）、市（地）、各有关部门和中央企业应急平台间的视频、语音和数据等信息传输。

4. 租用卫星信道，建立固定与移动相结合的卫星综合通信系统，卫星主站设在国家安全生产监督管理总局主机房，由国家安全生产监督管理总局承担对整个卫星通信系统的运行、管理、控制和维护。各省（区、市）、市（地）、各有关部门和中央企业的应急救援指挥机构要建立固定卫星站，配备车载式卫星小站的应急救援通信指挥车，便携式移动卫星小站以及相应的配套设备，建设移动应急平台，装备便携式信息采集和现场监测等设备，满足卫星通信、无线微波摄像、无线数据、IP 电话以及视频会议等功能要求，在实现现场各种通信系统之间互联互通的基础上，保证救援现场与异地应急平台间能够进行数据、语音（包括 IP 电话）和视频的实时、双向通信，除供现场应急指挥和处置决策时使用外，实现与国家安全生产应急救援指挥中心应急平台和其他相关应急平台的连接，实现并强化救援工作现场与应急平台的视频会商和协调指挥功能。

（三）综合应用系统

运用计算机技术、网络技术和通信技术、GIS、GPS 等高技术手段，对重大危险源进行监控，通过整合全国各级安全生产应急资源，构建一个各级安全生产应急救援指挥机构、应急救援基地和相关部门互联互通的通信信息基础平台，充分利用即将建设的国家安全生产信息系统的主要应用系统，通过开发形成满足安全生产应急救援协调指挥和应急管理需要的综合应用系统。

系统能够采集、分析和处理应急救援信息，为应急救援指挥机构协调指挥事故救援工作提供参考依据。系统能够满足全天候、快速反应安全生产事故信息处理和抢险救灾调度指挥的需要，使其具备事故快报功能，并以地理信息系统和视频会议系统为平台，以数据库为核心，快速进行事故受理，与救灾资源和社会救助联动，及时、有效地进行抢险救灾调度指挥。

省（区、市）、市（地）、有关部门和中央企业安全生产应急管理与协调指挥机构应急平台的综合应用系统应包括的子系统及其功能如下：

1. 应急值守管理子系统：实现生产安全事故的信息接收、屏幕显示、跟踪反馈、专家视频会商、图像传输控制、电子地图 GIS 管理和情况综合等应急值守业务管理。利用本地区、本部门监测网络，掌握重大危险源空间分布和运行状况信息，进行动态监测，分析风险隐患，对可能发生的特别重大事故进行预测预警。

通过应急平台在事发 3 小时内向国家安全生产应急救援指挥中心报送特别重大、重大生产安全事故信息及事故现场音视频信息。市（地）级应急值守管理子系统要增加辅助接警功能，与当地公安、消防、交警、急救形成的统一接警平台相连接，处理生产安全事故应急救援接报信息。

2. 应急救援决策支持子系统：生产安全事故发生后，通过汇总分析相关地区和部门的预测结果，结合事故进展情况，对事故影响范围、影响方式、持续时间和危害程度等进行综合研判。在应急救援决策和行动中，能够针对当前灾情，采集相应的资源数据、地理信息、历史处置方案，通过调用专家知识库，对信息综合集成、分析、处理、评估，研究制定相应技术方案和措施，对救援过程中遇到的技术难题提出解决方案，实现应急救援的科学性和准确性。

3. 应急救援预案管理子系统：遵循分级管理、属地为主的原则。根据有关应急预案，利用生产安全事故的研判结果，通过应急平台对有关法律法规、政策、安全规程规范、救援技术要求以及处理类似事故的案例等进行智能检索和分析，并咨询专家意见，提供应对生产安全事故的措施和应急救援方案。根据应急救援过程不同阶段处置效果的反馈，在应急平台上实现对应急救援方案的动态调整和优化。

4. 应急救援资源和调度子系统：在建立集通信、信息、指挥和调度于一体的应急资源和资产数据库的基础上，实施对专业队伍、救援专家、储备物资、救援装备、通信保障和医疗救护等应急资源的动态管理。在突发重大事件时，应急指挥人员通过应急平台，迅速调集救援资源进行有效的救援，为应急指挥调度提供保障。与此同时，自动记录事故的救援过程，根据有关评价指标，对救援过程和能力进行综合评估。

5. 应急救援培训与演练子系统及其应具有的功能：事故模拟和应急预案模拟演练；合理组织应急资源的调派（包括人力和设备等）；协调各应急部门、机构、人员之间的关系；提高公众应急意识，增强公众应对突发重大事故救援的信心；提高救援人员的救援能力；明确救援人员各自的岗位和职责；提高各预案之间的协调性和整体应急反应能力。

6. 应急救援统计与分析子系统：实现快速完成复杂的报表设计和报表格式的调整。对数据库中的数据可任意查询、统计分析，如叠加汇总、选择汇总、分类汇总、多维分析、多年（月）数据对比分析、统计图展示等，可以将各种分析结果打印输出，也可将分析结果发布到互联网上，为各级应急救援单位的管理者提供决策依据。

7. 应急救援队伍资质评估子系统：准确判断本区域（或领域）内，某一救援队伍的应急救援能力，了解某一区域内某专业救援队伍的应急救援能力，为应急救援协调指挥、应急救援预案管理、应急救援培训演练以及应急救援资源调度提供准确、可靠依据。

8.基础数据库和专用数据库：要按照条块结合、属地为主的原则，充分利用国家安全生产信息系统即将建成的基础数据库，建设满足应急救援和管理要求的安全生产综合共用基础数据库和安全生产应急救援指挥应用系统的专用数据库，收集存储和管理管辖范围内与安全生产应急救援有关的信息和静态、动态数据，可供国家安全生产应急救援指挥中心应急平台和其他相关应急平台远程运用，数据库建设要遵循组织合理、结构清晰、冗余度低、便于操作、易于维护、安全可靠、扩充性好的原则，并建立数据库系统实时更新以及各地区和各有关部门安全生产应急管理与协调指挥机构应急平台间的数据共享机制。

数据库包括存储安全生产事故接报信息、预测预警信息、监测监控信息以及应急指挥过程信息等内容的应急信息数据库；存储各类应急救援预案的预案数据库；存储应急资源信息（包括指挥机构及救援队伍的人员、设施、装备、物资以及专家等）、危险源、人口、自然资源等内容的应急资源和资产数据库；存储数字地图、遥感影像、主要路网管网、避难场所分布图和救援资源分布图等内容的地理信息数据库；存储各类事故趋势预测与影响后果分析模型、衍生与次生灾害预警模型和人群疏散避难策略模型等内容的决策支持模型库；存储有关法律法规、应对各类安全生产事故的专业知识和技术规范、专家经验等内容的知识管理数据库；存储国内外特别是本地区或本行业有重大影响的、安全生产事故典型案例的事故救援案例数据库；存储应急救援人员或队伍评估情况的应急资质评估数据库；存储各类事故的应急救援演练情况和演练方案等信息的演练方案数据库；存储对各级各类应急救援数据统计分析信息的统计分析数据库。

为确保各级安全生产应急救援指挥机构、应急救援基地和相关部门应急平台的指标体系、数据结构、业务流程、系统平台等技术基础和功能协调一致、互联互通、信息共享，避免多单位同时重复开发应用系统，由国家安全生产应急救援指挥中心组织专门力量，利用现有资源，并与已有的安全生产信息系统的应用系统有机结合，对安全生产应急平台的综合应用系统进行统一规划、统一设计、分步实施。

（四）技术标准规范

国家安全生产应急平台体系建设是一项涉及面广的系统工程，规范和统一标准是实现信息资源共享的基本条件。要遵循通信、网络、数据交换等方面的相关国家或行业标准，规范网络互联、视频会议和图像接入等建设工作，采用国家有关部门发布的人口基础信息、社会经济信息、自然资源信息、基础空间地理信息等数据标准规范，按照电子政务建设和国家安全生产信息系统建设相关标准规范和地方兼容中央、下级兼容上级的模式，形成全国应急平台在功能规范、业务流程、数据定义与编码、数据交换上的统一标准化体系，保证国家安全生产应急平台体系技术标准一致。

（五）平台安全保障

严格遵守国家保密规定，利用国家安全生产信息系统和电子政务网络信息安全保障体系，采用专用加密设备等技术手段，严格用户权限控制，确保涉密信息传输、交换、存储和处理安全。加强应急平台的供配电、空调、防火、防灾等安全防护，对计算机操作系统、数据库、网络、机房等进行安全检测和关键系统及数据的容灾备份，逐步完善安全生产应急平台安全管理机制。

三、建设与运行管理

（一）建设工作

各地区、各有关部门的安全生产应急管理与协调指挥机构要高度重视安全生产应急平台建设，规范有序地开展工作，同时做好本地区、本部门应急平台向下延伸工作。

已建成或正在建设应急平台的省（区、市）、市（地）、有关部门和中央企业安全生产应急管理与协调指挥机构，要充分利用生产安全事故预防监测、预测预警和应急处置等方面的科技成果，不断完善应急平台各项功能。

（二）运行管理

为规范应急平台建设，做好衔接工作，各地、各有关部门的安全生产应急管理与协调指挥机构，要将应急平台建设方案报送上级管理部门和国家安全生产应急救援指挥中心备案。

各级安全生产应急管理机构要承担并加强本单位应急平台日常管理工作，要做好应急平台的安全测评、系统验收和人员培训等工作，配备必要的技术管理人员，理顺工作流程，建立健全保密、运行维护等各项管理制度，加强通信平台、网络平台、计算机和服务器系统平台、应用平台、系统安全平台的日常运行维护，进行信息的及时更新，保障安全生产应急平台的高效安全运行。

4-4　防范和应对自然灾害引发生产安全事故应急预案

（国家安全生产监督管理总局2008年7月）

第一章　总　　则

第一条　目的。为有效预防自然灾害引发生产安全事故，规范自然灾害可能引发生产安全事故预报预警和应急响应程序，建立统一指挥、分级负责、反应快捷的应急工作机制，最大程度地减少人员伤亡和财产损失，制定本预案。

第二条　编制依据。依据《中华人民共和国突发事件应对法》、《中华人民共和国安全生产法》和《国家突发公共事件总体应急预案》、《国家安全生产事故灾难应急预案》、《国家防汛抗旱应急预案》、《国家地震应急预案》、《国家突发地质灾害应急预案》、《国家处置重、特大森林火灾应急预案》等。

第三条　适用范围。本预案适用于自然灾害可能引发生产安全事故的预防、预报、预警信息处置、应急响应和重大事故处置。

自然灾害包括水旱灾害、气象灾害、地震灾害、地质灾害、海洋灾害、森林草原火灾等。

第四条　工作原则。

（1）安全第一，预防为主。把预防和减少自然灾害引发事故造成人员伤亡和危害，保障人民群众的生命安全和身体健康放在首位。消除各类自然灾害可能引发生产安全事故的隐患；加强预防、预报、预警工作；做好应对各类自然灾害的思想准备、组织准备、预案准备、技术准备、物资准备和工作准备。

（2）统一领导，分级负责。在国务院统一领导下，国家安全生产监督管理总局（以下简称"总局"）负责指导、协调自然灾害引发的特别重大生产安全事故应急救援工作。各地和国务院有关部门及中央企业按照各自职责和权限，负责相关自然灾害引发生产安全事故的应急处置工作。

（3）落实责任，常备不懈。建立和完善自然灾害可能引发事故灾难应急管理工作机制，不断改进和完善预警、预防手段和措施，加强应急救援装备建设，提高防范和应急救援处置能力。指导各地和中央企业按照国家相关专项应急预案制订本地区、本单位相关应急预案，落实工作责任，完善工作机制。

第二章　组织机构与职责

总局成立应对自然灾害引发生产安全事故应急工作领导小组（以下简称"领导小组"），

在国务院统一领导下，指导、协调自然灾害引发生产安全事故应急救援工作。领导小组的组成及成员单位主要职责：

组长：总局局长

副组长：总局副局长和国家煤矿安全监察局（以下简称“煤矿安监局”）领导

成员单位：办公厅、政策法规司、规划科技司、安全生产协调司、调度统计司、安全监督管理一司、安全监督管理二司、危险化学品安全监督管理司、煤矿安监局综合司、煤矿安监局事故调查司、应急指挥中心。

（1）办公厅：负责向中办、国办报送总局有关信息，向总局领导报送预警信息。负责将总局领导同志的批示转相关司局和单位；接收党中央、国务院领导同志的重要批示、指示，及时呈报总局领导同志阅批，遵照总局领导指示转相关司局和单位办理并负责督办；当总局领导率工作组前往现场协助救援时，及时通报国务院有关部门和事发地政府。

（2）政策法规司：负责向有关新闻媒体通报安全监管监察系统积极应对自然灾害的信息，协助有关部门做好自然灾害引发生产安全事故的新闻发布工作，正确引导媒体和公众舆论。

（3）规划科技司：根据工作需要，组织国家安全生产专家参与自然灾害引发事故灾难应急救援和隐患排查及相关灾后恢复重建工作。

（4）安全生产协调司：根据总局领导同志指示，组织协调安全监察专员赶赴受灾地区参与隐患排查和指导地方安全监管部门、煤矿安全监察机构做好恢复生产期间的安全生产监督管理工作。

（5）调度统计司：负责应急值守，接收、处置自然灾害引发的生产安全事故信息，按照信息处置办法及时调度跟踪事故情况，传送安全监管总局办公厅值班室、应急指挥中心、总局和煤矿安监局有关司局。

（6）安全监督管理一司：按照职责分工，负责指导地方安全监管部门排查、消除非煤矿山企业及冶金、有色、建材等行业因自然灾害造成的可能引发事故的隐患，防范事故发生。

（7）安全监督管理二司：按照职责分工，负责指导地方安全监管部门排查、消除机械、轻工、纺织、烟草、贸易等行业自然灾害可能引发事故的隐患，防范事故发生。

（8）危险化学品安全监督管理司：按照职责分工，负责指导地方安全生产监督管理部门排查、消除化工、医药和烟花爆竹等行业自然灾害可能引发事故的隐患，防范事故发生。

（9）煤矿安监局综合司：负责将上级领导对自然灾害引发煤矿事故灾难的批示及时报送煤矿安监局领导。

（10）煤矿安监局事故调查司：按照职责分工，负责因自然灾害引发煤矿事故灾难的跟踪了解和调查处理，并指导协调应急救援工作。

（11）应急指挥中心：承担领导小组日常工作。负责应急值守，与国土资源、林业、地震、气象、海洋、防汛等部门建立自然灾害预警工作机制；负责预警信息的接收、研判、报告，根据自然灾害发展趋势及影响，起草总局预警通知；跟踪各地和中央企业应对自然灾害所采取措施的情况，及时向总局领导报告；根据总局领导指示下达有关指令，提出应急救援建议方案，根据需要协调、调动有关救援力量和专家参加应急救援工作。

第三章　预防与预警

第五条　事故预防。总局和煤矿安监局有关业务司、应急指挥中心指导省级安全监管部门、煤矿安全监察机构建立应对自然灾害可能引发事故的应急工作机制，分类指导各类企业排查、消除自然灾害可能引发事故的隐患，制定相关应急预案，完善应急管理体系，通过演练提高企业应急处置能力。重大自然灾害发生后，指导省级安全监管部门、煤矿安全监察机构督促相关企业、单位排查、消除自然灾害造成的可能引发事故的隐患，防范次生事故发生。

第六条　可能影响的领域和引发的重大事故。台风、风暴潮经过的海域和区域，可能影响的领域有海上运输、海上石油开采、渔业捕捞和矿山开采、电力、建筑施工、危险品生产、经营、使用和储运、交通运输等。可能引发海上运输、生产设施翻沉，水淹生产区、停电、停水、油气管线泄漏、建筑物垮塌、物体打击，以及火灾、爆炸和中毒等事故，造成人员伤亡和财产损失。

暴雨、山洪可能影响的领域有矿山开采、交通运输及易受淹地区各类企业。可能引发山体滑坡、泥石流，淹井、水淹生产区、井工矿透水、尾矿库垮坝、交通事故等，造成人员伤亡和财产损失。

暴雪可能影响的领域有电力、交通运输、建筑施工、矿山开采等。可能引发大面积停电、交通运输事故、建筑物垮塌等事故，造成人员伤亡和财产损失。

雷电可能影响的领域有矿山开采、危险品生产储运经营、航空运输、烟花爆竹、民爆企业、建筑施工等。可能引发火灾、爆炸、电气设备损坏、露天作业人员遭雷击等事故，造成人员伤亡和财产损失。

山体滑坡、泥石流可能影响的领域有矿山开采、交通运输、电力及山前地区的企业等；可能引发设备损毁，尾矿库垮坝，路桥垮塌被埋，输电线路、通信线路、基础设施和房屋倒塌等，造成人员伤亡和财产损失。

大江大河、大型湖泊、大型水库超保证水位，泄洪、病险水库、堤坝险情可能影响的领域有矿山开采及易淹地区的企业等。可能引发矿山透水或淹井、水淹生产区、尾矿库垮坝等事故，造成人员伤亡和财产损失。

海浪、海啸可能影响的领域有海上运输、海上石油开采、近海作业、渔业、海港、沿海地区生产企业等。可能引发水淹生产区、沿岸设施破坏、海上运输、生产设施翻沉等事故，造成人员伤亡和财产损失。

海冰可能影响的领域有海上运输、海上石油开采、渔业捕捞等。可能引发触冰、设施沉没等事故，造成人员伤亡和财产损失。

破坏性地震可能影响各类生产经营单位，重点领域有电力、通信、交通运输、建筑、矿山开采、危险品生产经营储运、石油天然气开采输送等。可能引发断电、断水、断气、通信中断，尾矿库垮坝、矿井坍塌或透水、房屋倒塌、重大设施和设备严重毁损，大型水利设施和桥梁严重破坏，交通中断，火灾、爆炸和危险化学品泄漏等事故，造成人员伤亡和财产损失。

森林、草原火灾可能影响的领域有油气管道输送，危险品生产经营储运，电力和通信等。可能引发油气管道、储罐、危险品等泄漏和爆炸，输电和通信线路中断等事故，造成人员伤亡和财产损失。

第七条 预警信息通报部门和内容。

(1)按照总局与国务院有关部门建立的工作机制,由国家防总办公室向我局通报大江大河、大型湖泊、大型水库超保证水位警报及病险水库、堤坝险情、泄洪、山洪、泥石流等橙色、红色预警信息。

(2)国土资源部向我局通报泥石流、山体滑坡等预警信息。

(3)林业局向我局通报森林、草原火灾等预警信息。

(4)地震局向我局通报地震预警信息。

(5)气象局向我局通报台风、暴雨、暴雪、寒潮、大风、高温、沙尘暴、雷电、山体滑坡、泥石流等橙色、红色预警信息及警报、紧急警报。

(6)海洋局向我局通报海浪、海啸、风暴潮等橙色、红色预警信息及海冰警报。

预警信息主要包括可能造成的危害程度、影响范围、作用时间及发展态势。

第八条 预警信息处置。

(1)办公厅、应急指挥中心负责自然灾害预警信息处置工作。接到预警信息后,进行初步研判,根据预警级别进行预警。

接到国务院办公厅(或国务院应急办)预警通知和有关部门橙色以上预警信息,由办公厅报总局局长或分管副局长批示,按照总局领导要求,应急指挥中心立即起草总局预警明电或通知,对受影响地区和可能引发事故的行业及中央企业进行预警并提出意见和要求。总局预警明电经应急指挥中心负责人审核后,由办公厅按程序报总局领导核签。总局领导签批后,由办公厅发送有关省(区、市)安全监管部门、省级煤矿安全监察机构,由应急指挥中心发送有关中央企业,分送总局和煤矿安监局有关司局。办公厅编辑信息上报中办、国办,报总局、煤矿安监局领导,抄送国务院有关部门和专门机构。

根据预警信息及灾害变化情况,总局及时发布预警通知。预警通知和紧急预警通知由应急指挥中心起草,经应急指挥中心负责人审定后加盖预警通知专用章,传发相关地区安全监管部门、煤矿安全监察机构和有关中央企业,送办公厅报总局、煤矿安监局领导,抄送总局和煤矿安监局有关司局。

(2)办公厅接到中央领导关于预警方面的批示后,报总局领导阅示;按照总局领导批示,负责将总局领导关于贯彻落实中央领导批示件的指示转相关司局和单位办理并督办。

(3)应急指挥中心负责预警信息落实情况的跟踪工作。橙色预警和警报每天跟踪反馈一次,红色预警和紧急警报每12小时跟踪反馈一次,紧急情况随时跟踪。反馈情况汇总后,经应急指挥中心负责人审核,送办公厅按程序报总局领导,并抄送有关司局。

第四章 应急响应

第九条 启动应急工作领导小组。根据自然灾害严重程度和影响范围,总局启动应急工作领导小组,建立会商制度,明确各司局和相关单位工作职责,加强工作值班和相关信息调度,做好应对自然灾害可能引发生产安全事故防范工作。

第十条 会商和信息沟通。应急指挥中心负责跟踪、调度各地、各部门的应对情况,根据需要组织应急处置工作会商，编发每日情况简报，按照要求报送国务院应对自然灾害指挥机构，抄送国务院有关部门、总局和煤矿安监局有关司局。重大情况，由办公厅负责上报中央办公厅、国务院办公厅。

调度统计司负责调度受灾地区可能受影响企业的安全生产情况，负责处置受灾地区上报的事故信息。

总局和煤矿安监局有关业务司局按照工作职责，跟踪了解受灾地区相关行业和领域的安全生产情况，并提出处理意见和建议。

应急指挥中心负责跟踪可能发生次生灾害隐患和险情的处理情况，根据自然灾害危害程度和现场救援需要提出应急响应工作建议；作为联络员单位同国务院应对自然灾害指挥机构建立工作联系，按照应急工作领导小组的授权处理有关问题；将每日应急值班和调度的信息形成应急工作专报，报总局和煤矿安监局领导，送总局和煤矿安监局有关司局。

第十一条　防范次生事故应急工作。根据自然灾害危害程度和影响范围，总局和煤矿安监局有关司局负责组织、指导地方安全监管部门、煤矿安全监察机构督促相关企业、单位排查、消除可能引发生产安全事故的隐患和险情，并提出具体处理意见和应对措施。

应急指挥中心具体负责指导自然灾害引发生产安全事故的应急处置工作。应急指挥中心按照自然灾害危害程度和受灾地区影响的领域，提出应急处置方案建议和可调用应急救援资源，通知有关专家和应急队伍做好应急准备。

第十二条　自然灾害引发事故应急处置。调度统计司负责受灾地区引发事故的调度跟踪工作。接到事故报告后，及时报告总局领导，同时转送相关司局和单位。

重大、特别重大事故发生后，根据事故类别，及时启动相关事故应急预案，有关司局和单位按照相关预案要求做好事故救援和调查处理工作。

第十三条　参与组织、指导自然灾害应急救援工作。根据自然灾害危害程度和影响范围，应急指挥中心根据总局应急工作领导小组授权和受灾地区提出的要求，及时协调调集应急队伍和设备赴灾区参与抢险救援，并对调动的队伍进行跟踪，明确联络员和联系方式，协调应急队伍和应急装备调动和应急处置工作中遇到的问题。

第十四条　工作与协调。受灾地区安全监管部门根据自然灾害危害程度和影响范围，成立相应的现场工作组，在应对自然灾害现场指挥部的统一领导下开展应急救援工作。总局根据自然灾害严重程度或可能引发生产安全事故的等级，指派有关人员协助地方开展现场应急救援工作。工作需要时，总局在重点受灾地区成立应急工作协调组，协助地方协调和调度有关应急救援资源，协调解决应急救援工作中存在的问题。

第十五条　宣传报道与信息沟通。本着实事求是、及时准确的工作原则，政策法规司负责联系有关新闻媒体做好安全监管监察系统参与应对自然灾害工作情况和英雄事迹的宣传报道，配合有关部门做好自然灾害引发重大事故的新闻发布工作。

第十六条　应急评估。受灾害地区安全监管监察部门和参加应急救援的队伍，对参加自然灾害应急救援和引发生产安全事故应急救援工作进行总结评估，并将总结评估报告在应急工作结束后一个月内报总局。

参加自然灾害应急救援总结评估包括救援基本情况，救援效果及存在问题，救援工作人员、技术装备和经费投入，救援工作建议等内容。参加引发生产安全事故应急救援总结评估报告包括企业和事故基本情况，救援方案制订和实施情况，救援工作人员、技术装备和经费投入，存在问题和工作建议等内容。

第五章 保障措施

第十七条 通信信息。总局与国家防总办公室、国土资源部、林业局、地震局、气象局、海洋局等有关部门分别建立自然灾害预警信息通报机制，明确预警信息的标准、时限、内容，建立快速、准确、全面、连续的预警信息传送机制。

地方各级安全监管部门按照总局有关通知要求，同当地防汛、国土资源、林业、地震、气象、海洋等职能部门建立相应的预警工作机制，完善相关应急预案，落实各项安全措施，做好防范应对工作；下发的自然灾害预警通知应抄报上一级安全监管部门。

第十八条 应急队伍。国家矿山应急救援基地（排水基地）和骨干队伍、国家危险化学品应急救援基地和骨干队伍以及交通、铁路、民航等相关部门、行业的应急救援队伍为总局应对自然灾害和自然灾害引发生产安全事故可调用或协调的应急救援队伍。

第十九条 宣传教育和培训。应急指挥中心负责指导地方各级安全监管监察部门开展自然灾害可能引发生产安全事故应急救援的宣传教育和培训工作，指导重点企业完善相关应急预案，提高企业应对自然灾害的能力，增强企业职工和社会公众自然灾害引发事故预防、避险、避灾、自救、互救的常识。

第六章 附则

第二十条 预案管理与更新。总局每三年组织对本预案进行一次评审，并根据评审结论组织修订。

特别重大自然灾害发生后，根据评估报告需要对本预案进行修订的，报请总局领导批准后进行修改，并将修改内容通知相关部门。

第二十一条 预案解释部门。应急指挥中心负责解释。

第二十二条 预案实施时间。本预案自发布之日起施行。

第七章 附件

（略）

4-5 国家突发地质灾害应急预案

(国务院2006年1月13日发布)

第一章 总 则

第一条 编制目的。高效有序地做好突发地质灾害应急防治工作,避免或最大程度地减轻灾害造成的损失,维护人民生命、财产安全和社会稳定。

第二条 编制依据。依据《地质灾害防治条例》、《国家突发公共事件总体应急预案》、《国务院办公厅转发国土资源部建设部关于加强地质灾害防治工作意见的通知》,制定本预案。

第三条 适用范围。本预案适用于处置自然因素或者人为活动引发的危害人民生命和财产安全的山体崩塌、滑坡、泥石流、地面塌陷等与地质作用有关的地质灾害。

第四条 工作原则。预防为主,以人为本。建立健全群测群防机制,最大程度地减少突发地质灾害造成的损失,把保障人民群众的生命财产安全作为应急工作的出发点和落脚点。

统一领导、分工负责。在各级党委、政府统一领导下,有关部门各司其职,密切配合,共同做好突发地质灾害应急防治工作。

分级管理,属地为主。建立健全按灾害级别分级管理、条块结合、以地方人民政府为主的管理体制。

第二章 组织体系和职责

国务院国土资源行政主管部门负责全国地质灾害应急防治工作的组织、协调、指导和监督。

出现超出事发地省级人民政府处置能力,需要由国务院负责处置的特大型地质灾害时,根据国务院国土资源行政主管部门的建议,国务院可以成立临时性的地质灾害应急防治总指挥部,负责特大型地质灾害应急防治工作的指挥和部署。

省级人民政府可以参照国务院地质灾害应急防治总指挥部的组成和职责,结合本地实际情况成立相应的地质灾害应急防治指挥部。

发生地质灾害或者出现地质灾害险情时,相关市、县人民政府可以根据地质灾害抢险救灾的需要,成立地质灾害抢险救灾指挥机构。

第三章　预防和预警机制

第五条　预防预报预警信息。

(1)监测预报预警体系建设

各级人民政府要加快建立以预防为主的地质灾害监测、预报、预警体系建设,开展地质灾害调查,编制地质灾害防治规划,建设地质灾害群测群防网络和专业监测网络,形成覆盖全国的地质灾害监测网络。国务院国土资源、水利、气象、地震部门要密切合作,逐步建成与全国防汛监测网络、气象监测网络、地震监测网络互联,连接国务院有关部门、省(区、市)、市(地、州)、县(市)的地质灾害信息系统,及时传送地质灾害险情灾情、汛情和气象信息。

(2)信息收集与分析

负责地质灾害监测的单位,要广泛收集整理与突发地质灾害预防预警有关的数据资料和相关信息,进行地质灾害中、短期趋势预测,建立地质灾害监测、预报、预警等资料数据库,实现各部门间的共享。

第六条　预防预警行动。

(1)编制年度地质灾害防治方案

县级以上地方人民政府国土资源主管部门会同本级地质灾害应急防治指挥部成员单位,依据地质灾害防治规划,每年年初拟订本年度的地质灾害防治方案。年度地质灾害防治方案要标明辖区内主要灾害点的分布,说明主要灾害点的威胁对象和范围,明确重点防范期,制订具体有效的地质灾害防治措施,确定地质灾害的监测、预防责任人。

(2)地质灾害险情巡查

地方各级人民政府国土资源主管部门要充分发挥地质灾害群测群防和专业监测网络的作用,进行定期和不定期的检查,加强对地质灾害重点地区的监测和防范,发现险情时,要及时向当地人民政府和上一级国土资源主管部门报告。当地县级人民政府要及时划定灾害危险区,设置危险区警示标志,确定预警信号和撤离路线。根据险情变化及时提出应急对策,组织群众转移避让或采取排险防治措施,情况危急时,应强制组织避灾疏散。

(3)"防灾明白卡"发放

为提高群众的防灾意识和能力,地方各级人民政府要根据当地已查出的地质灾害危险点、隐患点,将群测群防工作落实到具体单位,落实到乡(镇)长和村委会主任以及受灾害隐患点威胁的村民,要将涉及地质灾害防治内容的"明白卡"发到村民手中。

(4)建立地质灾害预报预警制度

地方各级人民政府国土资源主管部门和气象主管机构要加强合作,联合开展地质灾害气象预报预警工作,并将预报预警结果及时报告本级人民政府,同时通过媒体向社会发布。当发出某个区域有可能发生地质灾害的预警预报后,当地人民政府要依照群测群防责任制的规定,立即将有关信息通知到地质灾害危险点的防灾责任人、监测人和该区域内的群众;各单位和当地群众要对照"防灾明白卡"的要求,做好防灾的各项准备工作。

第七条　地质灾害速报制度。

(1)速报时限要求

县级人民政府国土资源主管部门接到当地出现特大型、大型地质灾害报告后,应在4小时内速报县级人民政府和市级人民政府国土资源主管部门,同时可直接速报省级人民政府国土资源主管部门和国务院国土资源主管部门。国土资源部接到特大型、大型地质灾害险情和灾情报告后,应立即向国务院报告。

县级人民政府国土资源主管部门接到当地出现中、小型地质灾害报告后,应在12小时内速报县级人民政府和市级人民政府国土资源主管部门,同时可直接速报省级人民政府国土资源主管部门。

(2)速报的内容

灾害速报的内容主要包括地质灾害险情或灾情出现的地点和时间、地质灾害类型、灾害体的规模、可能的引发因素和发展趋势等。对已发生的地质灾害,速报内容还要包括伤亡和失踪的人数以及造成的直接经济损失。

第四章　地质灾害险情和灾情分级

地质灾害按危害程度和规模大小分为特大型、大型、中型、小型地质灾害险情和地质灾害灾情四级:

(1)特大型地质灾害险情和灾情(Ⅰ级)。

受灾害威胁,需搬迁转移人数在1000人以上或潜在可能造成的经济损失1亿元以上的地质灾害险情为特大型地质灾害险情。

因灾死亡30人以上或因灾造成直接经济损失1000万元以上的地质灾害灾情为特大型地质灾害灾情。

(2)大型地质灾害险情和灾情(Ⅱ级)。

受灾害威胁,需搬迁转移人数在500人以上、1000人以下,或潜在经济损失5000万元以上、1亿元以下的地质灾害险情为大型地质灾害险情。

因灾死亡10人以上、30人以下,或因灾造成直接经济损失500万元以上、1000万元以下的地质灾害灾情为大型地质灾害灾情。

(3)中型地质灾害险情和灾情(Ⅲ级)。

受灾害威胁,需搬迁转移人数在100人以上、500人以下,或潜在经济损失500万元以上、5000万元以下的地质灾害险情为中型地质灾害险情。

因灾死亡3人以上、10人以下,或因灾造成直接经济损失100万元以上、500万元以下的地质灾害灾情为中型地质灾害灾情。

(4)小型地质灾害险情和灾情(Ⅳ级)。

受灾害威胁,需搬迁转移人数在100人以下,或潜在经济损失500万元以下的地质灾害险情为小型地质灾害险情。

因灾死亡3人以下,或因灾造成直接经济损失100万元以下的地质灾害灾情为小型地质灾害灾情。

第五章 应急响应

地质灾害应急工作遵循分级响应程序,根据地质灾害的等级确定相应级别的应急机构。

第八条 特大型地质灾害险情和灾情应急响应(Ⅰ级)。

出现特大型地质灾害险情和特大型地质灾害灾情的县(市)、市(地、州)、省(区、市)人民政府立即启动相关的应急防治预案和应急指挥系统,部署本行政区域内的地质灾害应急防治与救灾工作。

地质灾害发生地的县级人民政府应当依照群测群防责任制的规定,立即将有关信息通知到地质灾害危险点的防灾责任人、监测人和该区域内的群众,对是否转移群众和采取的应急措施做出决策;及时划定地质灾害危险区,设立明显的危险区警示标志,确定预警信号和撤离路线,组织群众转移避让或采取排险防治措施,根据险情和灾情具体情况提出应急对策,情况危急时应强制组织受威胁群众避灾疏散。特大型地质灾害险情和灾情的应急防治工作,在本省(区、市)人民政府的领导下,由本省(区、市)地质灾害应急防治指挥部具体指挥、协调、组织财政、建设、交通、水利、民政、气象等有关部门的专家和人员,及时赶赴现场,加强监测,采取应急措施,防止灾害进一步扩大,避免抢险救灾可能造成的二次人员伤亡。

国土资源部组织协调有关部门赴灾区现场指导应急防治工作,派出专家组调查地质灾害成因,分析其发展趋势,指导地方制订应急防治措施。

第九条 大型地质灾害险情和灾情应急响应(Ⅱ级)。

出现大型地质灾害险情和大型地质灾害灾情的县(市)、市(地、州)、省(区、市)人民政府立即启动相关的应急预案和应急指挥系统。

地质灾害发生地的县级人民政府应当依照群测群防责任制的规定,立即将有关信息通知到地质灾害危险点的防灾责任人、监测人和该区域内的群众,对是否转移群众和采取的应急措施做出决策;及时划定地质灾害危险区,设立明显的危险区警示标志,确定预警信号和撤离路线,组织群众转移避让或采取排险防治措施,根据险情和灾情具体情况提出应急对策,情况危急时应强制组织受威胁群众避灾疏散。

大型地质灾害险情和大型地质灾害灾情的应急工作,在本省(区、市)人民政府的领导下,由本省(区、市)地质灾害应急防治指挥部具体指挥、协调、组织财政、建设、交通、水利、民政、气象等有关部门的专家和人员,及时赶赴现场,加强监测,采取应急措施,防止灾害进一步扩大,避免抢险救灾可能造成的二次人员伤亡。

必要时,国土资源部派出工作组协助地方政府做好地质灾害的应急防治工作。

第十条 中型地质灾害险情和灾情应急响应(Ⅲ级)。

出现中型地质灾害险情和中型地质灾害灾情的县(市)、市(地、州)人民政府立即启动相关的应急预案和应急指挥系统。

地质灾害发生地的县级人民政府应当依照群测群防责任制的规定,立即将有关信息通知到地质灾害危险点的防灾责任人、监测人和该区域内的群众,对是否转移群众和采取的应急措施做出决策;及时划定地质灾害危险区,设立明显的危险区警示标志,确定预警信号和撤离路线,组织群众转移避让或采取排险防治措施,根据险情和灾情具体情况提出应急对

策,情况危急时应强制组织受威胁群众避灾疏散。

中型地质灾害险情和中型地质灾害灾情的应急工作,在本市(地、州)人民政府的领导下,由本市(地、州)地质灾害应急防治指挥部具体指挥、协调、组织建设、交通、水利、民政、气象等有关部门的专家和人员,及时赶赴现场,加强监测,采取应急措施,防止灾害进一步扩大,避免抢险救灾可能造成的二次人员伤亡。

必要时,灾害出现地的省(区、市)人民政府派出工作组赶赴灾害现场,协助市(地、州)人民政府做好地质灾害应急工作。

第十一条 小型地质灾害险情和灾情应急响应(Ⅳ级)。

出现小型地质灾害险情和小型地质灾害灾情的县(市)人民政府立即启动相关的应急预案和应急指挥系统,依照群测群防责任制的规定,立即将有关信息通知到地质灾害危险点的防灾责任人、监测人和该区域内的群众,对是否转移群众和采取的应急措施作出决策;及时划定地质灾害危险区,设立明显的危险区警示标志,确定预警信号和撤离路线,组织群众转移避让或采取排险防治措施,根据险情和灾情具体情况提出应急对策,情况危急时应强制组织受威胁群众避灾疏散。

小型地质灾害险情和小型地质灾害灾情的应急工作,在本县(市)人民政府的领导下,由本县(市)地质灾害应急指挥部具体指挥、协调、组织建设、交通、水利、民政、气象等有关部门的专家和人员,及时赶赴现场,加强监测,采取应急措施,防止灾害进一步扩大,避免抢险救灾可能造成的二次人员伤亡。

必要时,灾害出现地的市(地、州)人民政府派出工作组赶赴灾害现场,协助县(市)人民政府做好地质灾害应急工作。

第十二条 应急响应结束。经专家组鉴定地质灾害险情或灾情已消除,或者得到有效控制后,当地县级人民政府撤销划定的地质灾害危险区,应急响应结束。

第六章 应 急 保 障

第十三条 应急队伍、资金、物资、装备保障。加强地质灾害专业应急防治与救灾队伍建设,确保灾害发生后应急防治与救灾力量及时到位。专业应急防治与救灾队伍、武警部队、乡镇(村庄、社区)应急救援志愿者组织等,平时要有针对性地开展应急防治与救灾演练,提高应急防治与救灾能力。

地质灾害应急防治与救灾费用按《财政应急保障预案》规定执行。

地方各级人民政府要储备用于灾民安置、医疗卫生、生活必需等必要的抢险救灾专用物资。保证抢险救灾物资的供应。

第十四条 通信与信息传递。加强地质灾害监测、预报、预警信息系统建设,充分利用现代通信手段,把有线电话、卫星电话、移动手机、无线电台及互联网等有机结合起来,建立覆盖全国的地质灾害应急防治信息网,并实现各部门间的信息共享。

第十五条 应急技术保障。

(1)地质灾害应急防治专家组

国土资源部和省(区、市)国土资源行政主管部门分别成立地质灾害应急防治专家组,为地质灾害应急防治和应急工作提供技术咨询服务。

(2)地质灾害应急防治科学研究

国土资源部及有关单位要开展地质灾害应急防治与救灾方法、技术的研究,开展应急调查、应急评估、地质灾害趋势预测、地质灾害气象预报预警技术的研究和开发,各级政府要加大对地质灾害预报预警科学研究技术开发的工作力度和投资,同时开展有针对性的应急防治与救灾演习和培训工作。

第十六条 宣传与培训。加强公众防灾、减灾知识的宣传和培训,对广大干部和群众进行多层次多方位的地质灾害防治知识教育,增强公众的防灾意识和自救互救能力。

第十七条 信息发布。地质灾害灾情和险情的发布按《国家突发公共事件新闻发布应急预案》执行。

第十八条 监督检查。国土资源部会同有关部门对上述各项地质灾害应急防治保障工作进行有效的督导和检查,及时总结地质灾害应急防治实践的经验和教训。

地方各级人民政府应组织各部门、各单位负责落实相关责任。

第七章 预案管理与更新

第十九条 预案管理。可能发生地质灾害地区的县级以上地方人民政府负责管理地质灾害防治工作的部门或者机构,应当会同有关部门参照国家突发地质灾害应急预案,制定本行政区域内的突发地质灾害应急预案,报本级人民政府批准后实施。各省(区、市)的应急预案应当报国务院国土资源主管部门备案。

第二十条 预案更新。本预案由国土资源部负责每年评审一次,并根据评审结果进行修订或更新后报国务院批准。

突发地质灾害应急预案的更新期限最长为5年。

第八章 责任与奖惩

第二十一条 奖励。对在地质灾害应急工作中贡献突出需表彰奖励的单位和个人,按照《地质灾害防治条例》相关规定执行。

第二十二条 责任追究。对引发地质灾害的单位和个人的责任追究,按照《地质灾害防治条例》相关规定处理;对地质灾害应急防治中失职、渎职的有关人员按国家有关法律、法规追究责任。

第九章 附 则

第二十三条 名词术语的定义与说明。

地质灾害易发区:指具备地质灾害发生的地质构造、地形地貌和气候条件,容易发生地质灾害的区域。

地质灾害危险区:指已经出现地质灾害迹象,明显可能发生地质灾害且将可能造成人员伤亡和经济损失的区域或者地段。

次生灾害:指由地质灾害造成的工程结构、设施和自然环境破坏而引发的灾害,如水灾、爆炸及剧毒和强腐蚀性物质泄漏等。

生命线设施:指供水、供电、粮油、排水、燃料、热力系统及通信、交通等城市公用设施。

直接经济损失:指地质灾害及次生灾害造成的物质破坏,包括建筑物和其他工程结构、设施、设备、物品、财物等破坏而引起的经济损失,以重新修复所需费用计算。不包括非实物财产,如货币、有价证券等损失。

本预案有关数量的表述中,“以上”含本数,“以下”不含本数。

第二十四条 预案的实施。

本预案自印发之日起实施。

4－6　破坏性地震应急条例

（1995年2月11日中华人民共和国国务院令第172号公布　自1995年4月1日起施行）

第一章　总　　则

第一条　为了加强对破坏性地震应急活动的管理，减轻地震灾害损失，保障国家财产和公民人身、财产安全，维护社会秩序，制定本条例。

第二条　在中华人民共和国境内从事破坏性地震应急活动，必须遵守本条例。

第三条　地震应急工作实行政府领导、统一管理和分级、分部门负责的原则。

第四条　各级人民政府应当加强地震应急的宣传、教育工作，提高社会防震减灾意识。

第五条　任何组织和个人都有参加地震应急活动的义务。

中国人民解放军和中国人民武装警察部队是地震应急工作的重要力量。

第二章　应 急 机 构

第六条　国务院防震减灾工作主管部门指导和监督全国地震应急工作。国务院有关部门按照各自的职责，具体负责本部门的地震应急工作。

第七条　造成特大损失的严重破坏性地震发生后，国务院设立抗震救灾指挥部，国务院防震减灾工作主管部门为其办事机构；国务院有关部门设立本部门的地震应急机构。

第八条　县级以上地方人民政府防震减灾工作主管部门指导和监督本行政区域内的地震应急工作。

破坏性地震发生后，有关县级以上地方人民政府应当设立抗震救灾指挥部，对本行政区域内的地震应急工作实行集中领导，其办事机构设在本级人民政府防震减灾工作主管部门或者本级人民政府指定的其他部门；国务院另有规定的，从其规定。

第三章　应 急 预 案

第九条　国家的破坏性地震应急预案，由国务院防震减灾工作主管部门会同国务院有关部门制定，报国务院批准。

第十条　国务院有关部门应当根据国家的破坏性地震应急预案，制定本部门的破坏性地震应急预案，并报国务院防震减灾工作主管部门备案。

第十一条　根据地震灾害预测，可能发生破坏性地震地区的县级以上地方人民政府防震减灾工作主管部门应当会同同级有关部门以及有关单位，参照国家的破坏性地震应急预

案，制定本行政区域内的破坏性地震应急预案，报本级人民政府批准；省、自治区和人口在100万以上的城市的破坏性地震应急预案，还应当报国务院防震减灾工作主管部门备案。

第十二条 部门和地方制定破坏性地震应急预案，应当从本部门或者本地区的实际情况出发，做到切实可行。

第十三条 破坏性地震应急预案应当包括下列主要内容：

（一）应急机构的组成和职责。

（二）应急通信保障。

（三）抢险救援的人员、资金、物资准备。

（四）灾害评估准备。

（五）应急行动方案。

第十四条 制定破坏性地震应急预案的部门和地方，应当根据震情的变化以及实施中发现的问题，及时对其制定的破坏性地震应急预案进行修订、补充；涉及重大事项调整的，应当报经原批准机关同意。

第四章 临震应急

第十五条 地震临震预报，由省、自治区、直辖市人民政府依照国务院有关发布地震预报的规定统一发布，其他任何组织或者个人不得发布地震预报。

任何组织或者个人都不得传播有关地震的谣言。发生地震谣传时，防震减灾工作主管部门应当协助人民政府迅速予以平息和澄清。

第十六条 破坏性地震临震预报发布后，有关省、自治区、直辖市人民政府可以宣布预报区进入临震应急期，并指明临震应急期的起止时间。

临震应急期一般为10日；必要时，可以延长10日。

第十七条 在临震应急期，有关地方人民政府应当根据震情，统一部署破坏性地震应急预案的实施工作，并对临震应急活动中发生的争议采取紧急处理措施。

第十八条 在临震应急期，各级防震减灾工作主管部门应当协助本级人民政府对实施破坏性地震应急预案工作进行检查。

第十九条 在临震应急期，有关地方人民政府应当根据实际情况，向预报区的居民以及其他人员提出避震撤离的劝告；情况紧急时，应当有组织地进行避震疏散。

第二十条 在临震应急期，有关地方人民政府有权在本行政区域内紧急调用物资、设备、人员和占用场地，任何组织或者个人都不得阻拦；调用物资、设备或者占用场地的，事后应当及时归还或者给予补偿。

第二十一条 在临震应急期，有关部门应当对生命线工程和次生灾害源采取紧急防护措施。

第五章 震后应急

第二十二条 破坏性地震发生后，有关的省、自治区、直辖市人民政府应当宣布灾区进入震后应急期,并指明震后应急期的起止时间。

震后应急期一般为10日;必要时,可以延长20日。

第二十三条 破坏性地震发生后,抗震救灾指挥部应当及时组织实施破坏性地震应急预案,及时将震情、灾情及其发展趋势等信息报告上一级人民政府。

第二十四条 防震减灾工作主管部门应当加强现场地震监测预报工作,并及时会同有关部门评估地震灾害损失;灾情调查结果,应当及时报告本级人民政府抗震救灾指挥部和上一级防震减灾工作主管部门。

第二十五条 交通、铁路、民航等部门应当尽快恢复被损毁的道路、铁路、水港、空港和有关设施,并优先保证抢险救援人员、物资的运输和灾民的疏散。其他部门有交通运输工具的,应当无条件服从抗震救灾指挥部的征用或者调用。

第二十六条 通信部门应当尽快恢复被破坏的通信设施,保证抗震救灾通信畅通。其他部门有通信设施的,应当优先为破坏性地震应急工作服务。

第二十七条 供水、供电部门应当尽快恢复被破坏的供水、供电设施,保证灾区用水、用电。

第二十八条 卫生部门应当立即组织急救队伍,利用各种医疗设施或者建立临时治疗点,抢救伤员,及时检查、监测灾区的饮用水源、食品等,采取有效措施防止和控制传染病的暴发流行,并向受灾人员提供精神、心理卫生方面的帮助。医药部门应当及时提供救灾所需药品。其他部门应当配合卫生、医药部门,做好卫生防疫以及伤亡人员的抢救、处理工作。

第二十九条 民政部门应当迅速设置避难场所和救济物资供应点,提供救济物品等,保障灾民的基本生活,做好灾民的转移和安置工作。其他部门应当支持、配合民政部门妥善安置灾民。

第三十条 公安部门应当加强灾区的治安管理和安全保卫工作,预防和制止各种破坏活动,维护社会治安,保证抢险救灾工作顺利进行,尽快恢复社会秩序。

第三十一条 石油、化工、水利、电力、建设等部门和单位以及危险品生产、储运等单位,应当按照各自的职责,对可能发生或者已经发生次生灾害的地点和设施采取紧急处置措施,并加强监视、控制,防止灾害扩展。

公安消防机构应当严密监视灾区火灾的发生;出现火灾时,应当组织力量抢救人员和物资,并采取有效防范措施,防止火势扩大、蔓延。

第三十二条 广播电台、电视台等新闻单位应当根据抗震救灾指挥部提供的情况,按照规定及时向公众发布震情、灾情等有关信息,并做好宣传、报道工作。

第三十三条 抗震救灾指挥部可以请求非灾区的人民政府接受并妥善安置灾民和提供其他救援。

第三十四条 破坏性地震发生后,国内非灾区提供的紧急救援,由抗震救灾指挥部负责接受和安排;国际社会提供的紧急救援,由国务院民政部门负责接受和安排;国外红十字会和国际社会通过中国红十字会提供的紧急救援,由中国红十字会负责接受和安排。

第三十五条 因严重破坏性地震应急的需要,可以在灾区实行特别管制措施。省、自治区、直辖市行政区域内的特别管制措施,由省、自治区、直辖市人民政府决定;跨省、自治区、直辖市的特别管制措施,由有关省、自治区、直辖市人民政府共同决定或者由国务院决定;中

断干线交通或者封锁国境的特别管制措施,由国务院决定。

特别管制措施的解除,由原决定机关宣布。

第六章　奖励和处罚

第三十六条　在破坏性地震应急活动中有下列事迹之一的,由其所在单位、上级机关或者防震减灾工作主管部门给予表彰或者奖励:

(一)出色完成破坏性地震应急任务的。

(二)保护国家、集体和公民的财产或者抢救人员有功的。

(三)及时排除险情,防止灾害扩大,成绩显著的。

(四)对地震应急工作提出重大建议,实施效果显著的。

(五)因震情、灾情测报准确和信息传递及时而减轻灾害损失的。

(六)及时供应用于应急救灾的物资和工具或者节约经费开支,成绩显著的。

(七)有其他特殊贡献的。

第三十七条　有下列行为之一的,对负有直接责任的主管人员和其他直接责任人员依法给予行政处分;属于违反治安管理行为的,依照治安管理处罚条例的规定给予处罚;构成犯罪的,依法追究刑事责任:

(一)不按照本条例规定制定破坏性地震应急预案的。

(二)不按照破坏性地震应急预案的规定和抗震救灾指挥部的要求实施破坏性地震应急预案的。

(三)违抗抗震救灾指挥部命令,拒不承担地震应急任务的。

(四)阻挠抗震救灾指挥部紧急调用物资、人员或者占用场地的。

(五)贪污、挪用、盗窃地震应急工作经费或者物资的。

(六)有特定责任的国家工作人员在临震应急期或者震后应急期不坚守岗位,不及时掌握震情、灾情,临阵脱逃或者玩忽职守的。

(七)在临震应急期或者震后应急期哄抢国家、集体或者公民的财产的。

(八)阻碍抗震救灾人员执行职务或者进行破坏活动的。

(九)不按照规定和实际情况报告灾情的。

(十)散布谣言,扰乱社会秩序,影响破坏性地震应急工作的。

(十一)有对破坏性地震应急工作造成危害的其他行为的。

第七章　附　　则

第三十八条　本条例下列用语的含义:

(一)“地震应急”,是指为了减轻地震灾害而采取的不同于正常工作程序的紧急防灾和抢险行动。

(二)“破坏性地震”,是指造成一定数量的人员伤亡和经济损失的地震事件。

(三)“严重破坏性地震”,是指造成严重的人员伤亡和经济损失,使灾区丧失或者部分丧失自我恢复能力，需要国家采取对抗行动的地震事件。

（四）“生命线工程”，是指对社会生活、生产有重大影响的交通、通信、供水、排水、供电、供气、输油等工程系统。

（五）“次生灾害源”，是指因地震而可能引发水灾、火灾、爆炸等灾害的易燃易爆物品、有毒物质储存设施、水坝、堤岸等。

第三十九条 本条例自1995年4月1日起施行。

4－7 公路交通突发事件应急预案

（中华人民共和国交通运输部2009年5月12日发布）

第一章 总 则

第一条 编制目的。为切实加强公路交通突发事件的应急管理工作，建立完善应急管理体制和机制，提高突发事件预防和应对能力，控制、减轻和消除公路交通突发事件引起的严重社会危害，及时恢复公路交通正常运行，保障公路畅通，并指导地方建立应急预案体系和组织体系，增强应急保障能力，满足有效应对公路交通突发事件的需要，保障经济社会正常运行，制定本预案。

第二条 编制依据。依据《中华人民共和国突发事件应对法》、《中华人民共和国公路法》、《中华人民共和国道路运输条例》等法律法规，《国家突发公共事件总体应急预案》及国家相关专项预案和部门预案制订本预案。

第三条 分类分级。本预案所称公路交通突发事件是指由下列突发事件引发的造成或者可能造成公路以及重要客运枢纽出现中断、阻塞、重大人员伤亡、大量人员需要疏散、重大财产损失、生态环境破坏和严重社会危害，以及由于社会经济异常波动造成重要物资、旅客运输紧张需要交通运输部门提供应急运输保障的紧急事件。

（1）自然灾害。主要包括水旱灾害、气象灾害、地震灾害、地质灾害、海洋灾害、生物灾害和森林草原火灾等。

（2）公路交通运输生产事故。主要包括交通事故、公路工程建设事故、危险货物运输事故。

（3）公共卫生事件。主要包括传染病疫情、群体性不明原因疾病、食品安全和职业危害、动物疫情，以及其他严重影响公众健康和生命安全的事件。

（4）社会安全事件。主要包括恐怖袭击事件、经济安全事件和涉外突发事件。

各类公路交通突发事件按照其性质、严重程度、可控性和影响范围等因素，一般分为四级：Ⅰ级（特别重大）、Ⅱ级（重大）、Ⅲ级（较大）和Ⅳ级（一般）。

第四条 适用范围。本预案适用于涉及跨省级行政区划的，或超出事发地省级交通运输主管部门处置能力的，或由国务院责成的，需要由交通运输部负责处置的特别重大（Ⅰ级）公路交通突发事件的应对工作，以及需要由交通运输部提供公路交通运输保障的其他紧急事件。

本预案指导地方公路交通突发事件应急预案的编制。

第五条 工作原则。

（1）以人为本，平急结合，科学应对，预防为主。

切实履行政府的社会管理和公共服务职能,把保障人民群众生命财产安全作为首要任务,高度重视公路交通突发事件应急处置工作,提高应急科技水平,增强预警预防和应急处置能力,坚持预防与应急相结合,常态与非常态相结合,提高防范意识,做好预案演练、宣传和培训工作,做好有效应对公路交通突发事件的各项保障工作。

(2)统一领导,分级负责,属地管理,联动协调。

本预案确定的公路交通突发事件应急工作在人民政府的统一领导下,由交通运输主管部门具体负责,分级响应、条块结合、属地管理、上下联动,充分发挥各级公路交通应急管理机构的作用。

(3)职责明确,规范有序,部门协作,资源共享。

明确应急管理机构职责,建立统一指挥、分工明确、反应灵敏、协调有序、运转高效的应急工作机制和响应程序,实现应急管理工作的制度化、规范化。加强与其他部门密切协作,形成优势互补、资源共享的公路交通突发事件联动处置机制。

第六条 应急预案体系。公路交通突发事件应急预案体系包括:

(1)公路交通突发事件应急预案。公路交通突发事件应急预案是全国公路交通突发事件应急预案体系的总纲及总体预案,是交通运输部应对特别重大公路交通突发事件的规范性文件,由交通运输部制定并公布实施,报国务院备案。

(2)公路交通突发事件应急专项预案。交通突发事件应急专项预案是交通运输部为应对某一类型或某几种类型公路交通突发事件而制定的专项应急预案,由交通运输部制定并公布实施。主要涉及公路气象灾害、水灾与地质灾害、地震灾害、重点物资运输、危险货物运输、重点交通枢纽的人员疏散、施工安全、特大桥梁安全事故、特长隧道安全事故、公共卫生事件、社会安全事件等方面。

(3)地方公路交通突发事件应急预案。地方公路交通突发事件应急预案是由省级、地市级、县级交通运输主管部门按照交通运输部制定的公路交通突发事件应急预案的要求,在上级交通运输主管部门的指导下,为及时应对辖区内发生的公路交通突发事件而制订的应急预案(包括专项预案)。由地方交通运输主管部门制订并公布实施,报上级交通运输主管部门备案。

(4)公路交通运输企业突发事件预案。由各公路交通运输企业根据国家及地方的公路交通突发事件应急预案的要求,结合自身实际,为及时应对企业范围内可能发生的各类突发事件而制订的应急预案。由各公路交通运输企业组织制订并实施。

第二章 应急组织体系

公路交通应急组织体系由国家级(交通运输部)、省级(省级交通运输主管部门)、市级(市级交通运输主管部门)和县级(县级交通运输主管部门)四级应急管理机构组成(图1)。

国家级公路交通应急管理机构包括应急领导小组、应急工作组、日常管理机构、专家咨询组、现场工作组等。省级、市级、县级交通运输主管部门可参照本预案,根据各地的实际情况成立应急管理机构,明确相关职责。

第七条 应急领导小组。公路交通突发事件应急工作领导小组（以下简称“应急领导小组”）是Ⅰ级公路交通突发事件的指挥机构，由交通运输部部长任组长，分管部领导任副组长，交通运输部内相关司局负责人为成员。

日常状态下的职责如下：

（1）审定相关公路交通应急预案及其政策、规划。

（2）审定应急经费预算。

（3）其他相关重大事项。

应急状态下的职责如下：

（1）决定启动和终止Ⅰ级公路交通突发事件预警状态和应急响应行动。

（2）负责统一领导Ⅰ级公路交通突发事件的应急处置工作，发布指挥调度命令，并督促检查执行情况。

（3）根据国务院要求，或根据应急处置需要，指定成立现场工作组，并派往突发事件现场开展应急处置工作。

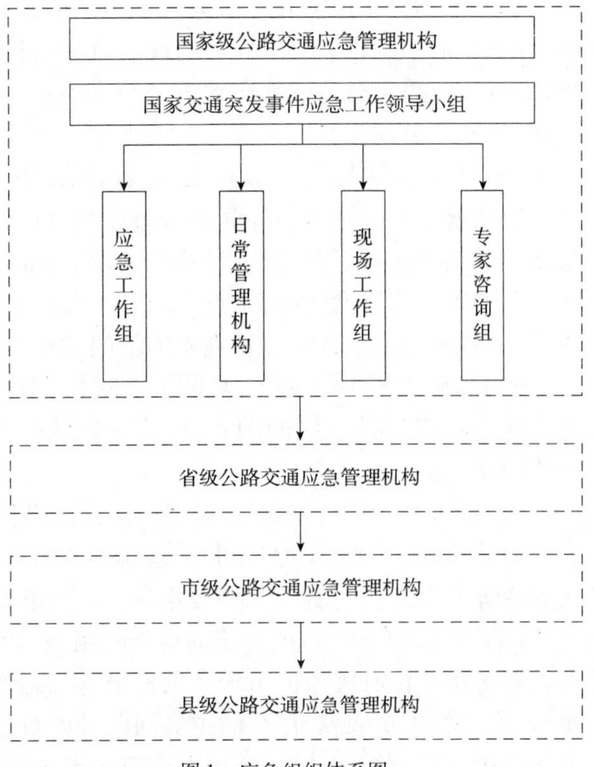

图1 应急组织体系图

（4）根据需要，会同国务院有关部门，制定应对突发事件的联合行动方案，并监督实施。

（5）当突发事件由国务院统一指挥时，应急领导小组按照国务院的指令，执行相应的应急行动。

（6）其他相关重大事项。

第八条 应急工作组。应急工作组在应急领导小组决定启动Ⅰ级公路交通突发事件预警状态和应急响应行动时自动成立，由交通运输部内相关司局组建，在应急领导小组统一领导下具体承担应急处置工作。应急工作组分为八个应急工作小组：

（1）综合协调小组：由办公厅主任任组长，公路局、安全监督司分管领导任副组长，办公厅、公路局、安全监督司相关处室人员组成。负责起草重要报告、综合类文件；根据应急领导小组和其他应急工作组的要求，统一向党中央、国务院和相关部门报送应急工作文件；承办应急领导小组交办的其他工作。

（2）公路抢通小组：由公路局局长任组长，公路局分管副局长任副组长，公路局相关处室人员组成。负责组织公路抢修及保通工作，根据需要组织、协调跨省应急队伍调度和应急机械及物资调配；拟定跨省公路绕行方案并组织实施；负责协调社会力量参与公路抢通工作；拟定抢险救灾资金补助方案；承办应急领导小组交办的其他工作。

（3）运输保障小组：由道路运输司司长任组长，道路运输司分管副司长任副组长，道路运输司相关处室人员组成。负责组织、协调人员、物资的应急运输保障工作；负责协调与其他运输方式的联运工作；拟定应急运输征用补偿资金补助方案；承办应急领导小组交办的其他工作。

(4)通信保障小组:由科技司司长任组长,办公厅、通信中心分管领导任副组长,科技司、办公厅、通信中心相关处室人员组成。负责信息系统通信保障工作;负责电视电话会议通信保障工作;保障交通运输部向地方公路交通应急管理机构下发应急工作文件的传真和告知工作;承办应急领导小组交办的其他工作。

(5)新闻宣传小组:由政策法规司司长任组长,政策法规司分管副司长任副组长,政策法规司相关处室人员及新闻办联络员组成。负责收集、处理相关新闻报道,及时消除不实报道带来的负面影响;按照应急领导小组要求,筹备召开新闻发布会,向社会通报突发事件影响及应急处置工作进展情况;负责组织有关新闻媒体,宣传报道应急处置工作中涌现出的先进事迹与典型;指导地方应急管理机构新闻发布工作;承办应急领导小组交办的其他工作。

(6)后勤保障小组:由机关服务中心主任任组长,机关服务中心分管副主任任副组长,机关服务中心相关部门人员组成。负责应急状态期间24小时后勤服务保障工作;承办应急领导小组交办的其他工作。

(7)恢复重建小组:由综合规划司司长任组长,公路局、财务司、质监总站分管领导任副组长,综合规划司、公路局、财务司、质监总站相关处室人员组成。负责公路受灾情况统计,组织灾后调研工作;拟定公路灾后恢复重建方案并组织实施;承办应急领导小组交办的其他工作。

(8)总结评估小组:由公路局局长任组长,由其他应急工作小组、专家咨询组、交通运输部直属科研单位有关人员组成。负责编写应急处置工作大事记;对突发事件情况、应急处置措施、取得的主要成绩、存在的主要问题等进行总结和评估,提出下一步工作建议,并向应急领导小组提交总结评估报告;承办应急领导小组交办的其他工作。

综合协调小组、公路抢通小组、运输保障小组、通信保障小组、后勤保障小组在应急领导小组决定终止Ⅰ级公路交通突发事件预警状态和应急响应行动时自动解散;新闻宣传小组、恢复重建小组、总结评估小组在相关工作完成后,由应急领导小组宣布解散。

第九条　日常管理机构。交通运输部设立公路网管理与应急处置中心(以下简称“路网中心”),作为国家级公路交通应急日常管理机构,在应急领导小组领导下开展工作。

日常状态下的职责如下:

(1)负责国家高速公路网、普通国道干线公路、重要客运枢纽的运行监测及有关信息的收集和处理,向社会发布公路出行信息。

(2)负责与国务院相关应急管理机构和地方交通运输应急管理机构的联络、信息上传与下达等日常工作。

(3)拟定、修订与公路交通运输相关的各类突发事件应急预案及有关规章制度。

(4)指导地方公路交通应急预案的编制和实施。

(5)组织公路交通应急培训和演练。

(6)组织有关应急科学技术研究和开发,参加有关的国际合作。

(7)提出年度应急工作经费预算建议。

(8)参与公路交通应急规划的编制。

(9)根据地方公路交通应急管理机构的请求,进行应急指导或协调行动。

(10)负责督导国家公路交通应急物资储备点建设与管理。

(11)承办应急领导小组交办的其他工作。

应急状态下的职责如下：

(1)负责24小时值班接警工作。

(2)负责接收、处理应急协作部门预测预警信息，跟踪了解与公路交通运输相关的突发事件，及时向应急领导小组提出启动Ⅰ级预警状态和应急响应行动建议。

(3)负责收集、汇总突发事件信息及应急工作组开展应急处置工作的相关信息，编写应急工作日报。

(4)根据应急领导小组和应急工作组的要求，负责应急处置的具体日常工作，统一向地方公路交通应急管理机构下发应急工作文件。

(5)承办应急领导小组交办的其他工作。

第十条 专家咨询组。专家咨询组是由公路交通运输行业及其他相关行业工程技术、科研、管理、法律等方面专家组成的应急咨询机构。专家咨询组具体职责如下：

(1)参与拟定、修订与公路交通运输相关的各类突发事件应急预案及有关规章制度。

(2)负责对应急准备以及应急行动方案提供专业咨询和建议。

(3)负责对应急响应终止和后期分析评估提出咨询意见。

(4)承办应急领导小组或路网中心委托的其他事项。

第十一条 现场工作组。现场工作组是由应急领导小组按照国务院要求，或发布公路交通运输Ⅰ级预警和响应时，或根据地方交通运输主管部门请求，指定成立并派往事发地的临时机构。当现场工作组由国务院统一组建时，交通运输部派出部级领导参加现场工作组；当现场工作组由国务院其他部门统一组建时，交通运输部派出司局级领导参加现场工作组。现场工作组具体职责如下：

(1)按照国务院的统一部署，参与地方人民政府组织开展的突发事件应急处置工作，并及时向应急领导小组报告现场有关情况。

(2)负责跨省公路交通应急队伍的现场指挥和调度，并保障作业安全。

(3)提供公路交通运输方面技术支持。

(4)协助有关部门开展公路建设工程、道路运输、客货运站安全事故的应急处置工作。

(5)承办应急领导小组交办的其他工作。

第十二条 应急协作部门职责。公路交通突发事件预警和处置，需要有关部门积极配合和共同实施。在突发事件应急响应中，应急管理机构根据突发事件的级别和类型，在国务院应急管理机构的统一领导下，协调相关部门参加应急协作，各协作部门的应急任务分工据其职责而定。

武警交通部队纳入国家应急救援力量体系，作为国家公路交通突发事件专业应急队伍。国家公路交通突发事件应急专业队伍参与公路交通突发事件应急处置工作按国家有关规定执行。

第三章 运 行 机 制

第十三条 预测与预警。

(一)预警信息

涉及公路交通突发事件的预警及相关信息包括：

(1)气象监测、预测、预警信息

每日24小时全国降水实况图及图示最严重区域降水、温度、湿度等监测天气要素平均值和最大值。

72小时内短时天气预报(含图示),重大交通事件(包括黄金周、大型活动等常规及各类突发交通事件)天气中期趋势预报(含图示),气象灾害集中时期(汛期、冬季等)天气长期态势预报。

各类气象灾害周期预警信息专报(包括主要气象灾害周期的天气类型、预计发生时间、预计持续时间、影响范围、预计强度等)和气象主管部门已发布的台风、暴雨、雪灾、大雾、道路积冰、沙尘暴预警信息。

(2)强地震(烈度5.0以上)监测信息

地震强度、震中位置、预计持续时间、已经和预计影响范围(含图示)、预计受灾人口与直接经济损失数量、预计紧急救援物资运输途经公路线路和需交通运输主管部门配合的运力需求。

(3)突发地质灾害监测、预测信息

突发地质灾害监测信息包括突发地质灾害发生时间、发生地点、强度、预计持续时间、受影响道路名称与位置、受灾人口数量、疏散(转移)出发地、目的地、途经公路路线和需交通运输主管部门配合的运力需求。

突发地质灾害预测信息包括突发地质灾害预报的等级、发生时间、发生地点、预计持续时间、预计影响范围。

(4)洪水、堤防决口与库区垮坝信息

洪水的等级、发生流域、发生时间、洪峰高度和当前位置、泄洪区位置、已经和预计影响区域(含图示)、预计受灾人口与直接经济损失数量、需疏散(转移)的人口数量、出发地、目的地、途经路线、需交通运输主管部门配合的运力需求。

堤防决口与库区垮坝的发生时间、发生地点、已经和预计影响区域(含图示)、预计受灾人口与直接经济损失数量、需疏散(转移)的人口数量、出发地、目的地、途经路线、需交通运输主管部门配合的运力需求。

(5)海啸灾害预测预警信息

风暴潮、海啸灾害预计发生时间、预计影响区域(含图示)、预计受灾人口与直接经济损失、预计紧急救援物资、人口疏散运输的运力要求和途经公路线路。

(6)重大突发公共卫生事件信息

突发疾病的名称、发现事件、发现地点、传播渠道、当前死亡和感染人数、预计受影响人数、需隔离、疏散(转移)的人口数量、该疾病对公路交通运输的特殊处理要求,紧急卫生和救援物资运输途经公路线路、需交通运输主管部门配合的公路干线、枢纽交通管理手段和运力需求。

(7)环境污染事件影响信息

危险化学品(含剧毒品)运输泄漏事件的危险品类型、泄漏原因、扩散形式、发生时间、发生地点、所在路段名称和位置、影响范围、影响人口数量和经济损失、预计清理恢复时间,应急救援车辆途经公路路线。

因环境事件需疏散(转移)群众事件的原因、疏散(转移)人口数量、疏散(转移)时间、出发地、目的地、途经路线、需交通运输主管部门配合的运力需求。

(8)重大恶性交通事故影响信息

重大恶性交通事故的原因、发生时间、发生地点、已造成道路中断、阻塞情况、已造成道路设施直接损失情况,预计处理恢复时间。

(9)因市场商品短缺及物价大幅波动引发的紧急物资运输信息

运输物资的种类、数量、来源地和目的地、途经路线、运载条件要求、运输时间要求等。

(10)公路损毁、中断、阻塞信息和重要客运枢纽旅客滞留信息

公路损毁、中断、阻塞的原因、发生时间、起止位置和桩号、预计恢复时间、已造成道路基础设施直接损失、已滞留和积压的车辆数量和排队长度、已采取的应急管理措施、绕行路线等。

重要客运枢纽车辆积压、旅客滞留的原因、发生时间、当前滞留人数和积压车辆数及其变化趋势、站内运力情况、应急运力储备与使用情况、已采取的应急管理措施等。

(11)其他

其他需要交通运输部门提供应急保障的紧急事件信息。

(二)预测、预警支持系统

建立面向交通行业的气象灾害、地震、地质灾害等突发事件影响的预测、预警支持系统。建立各级预警联系人常备通讯录及信息库,建立公路交通突发事件风险源数据库,建立公路交通突发事件影响的预测评估系统。

联合相关应急协作部门,建立长效预测、预警机制。

路网中心负责交通运输部预测预警支持系统的建设,省级交通运输主管部门在路网中心指导下建设本省各级预测、预警支持系统。

(三)预警分级

根据突发事件发生时对公路交通的影响和需要的运输能力分为四级预警,分别为Ⅰ级预警(特别严重预警)、Ⅱ级预警(严重预警)、Ⅲ级预警(较重预警)、Ⅳ级预警(一般预警),分别用红色、橙色、黄色和蓝色来表示,见表1。交通运输部负责Ⅰ级预警的启动和发布,省、市、县交通运输主管部门负责Ⅱ级、Ⅲ级和Ⅳ级预警的启动和发布。

公路交通突发事件预警级别 表1

预警级别	级别描述	颜色标示	事件情形
Ⅰ级	特别严重	红色	因突发事件可能导致国家干线公路交通毁坏、中断、阻塞或者大量车辆积压、人员滞留,通行能力影响周边省份,抢修、处置时间预计在24小时以上时; 因突发事件可能导致重要客运枢纽运行中断,造成大量旅客滞留,恢复运行及人员疏散预计在48小时以上时; 发生因重要物资缺乏、价格大幅波动可能严重影响全国或者大片区经济整体运行和人民正常生活,超出省级交通运输主管部门运力组织能力时; 其他可能需要由交通运输部提供应急保障时

续上表

预警级别	级别描述	颜色标示	事件情形
Ⅱ级	严重	橙色	因突发事件可能导致国家干线公路交通毁坏、中断、阻塞或者大量车辆积压、人员滞留，抢修、处置时间预计在12小时以上时； 因突发事件可能导致重要客运枢纽运行中断，造成大量旅客滞留，恢复运行及人员疏散预计在24小时以上时； 发生因重要物资缺乏、价格大幅波动可能严重影响省域内经济整体运行和人民正常生活时； 其他可能需要由省级交通运输主管部门提供应急保障时
Ⅲ级	较重	黄色	Ⅲ级预警分级条件由省级交通运输主管部门负责参照Ⅰ级和Ⅱ级预警等级，结合地方特点确定
Ⅳ级	一般	蓝色	Ⅳ级预警分级条件由省级交通运输主管部门负责参照Ⅰ级、Ⅱ级和Ⅲ级预警等级，结合地方特点确定

（四）预警启动程序

公路交通突发事件Ⅰ级预警时，交通运输部按如下程序启动预警：

（1）路网中心提出公路交通突发事件Ⅰ级预警状态启动建议。

（2）应急领导小组在2小时内决定是否启动Ⅰ级公路交通突发事件预警，如同意启动，则正式签发Ⅰ级预警启动文件，并向国务院应急管理部门报告，交通运输部各应急工作组进入待命状态。

（3）Ⅰ级预警启动文件签发后1小时内，由路网中心负责向相关省级公路交通应急管理机构下发，并电话确认接收。

（4）根据情况需要，由应急领导小组决定此次Ⅰ级预警是否需面向社会发布，如需要，在12小时内联系此次预警相关应急协作部门联合签发。

（5）已经联合签发的Ⅰ级预警文件由新闻宣传小组联系新闻媒体，面向社会公布。

（6）路网中心立即开展应急监测和预警信息专项报送工作，随时掌握并报告事态进展情况，形成突发事件动态日报制度，并根据应急领导小组要求增加预警报告频率。

（7）交通运输部各应急工作组开展应急筹备工作，公路抢通组和运输保障组开展应急物资的征用准备。

Ⅱ、Ⅲ、Ⅳ级预警启动程序由各级地方交通运输主管部门参考Ⅰ级预警启动程序，结合当地特点，自行编制；在预警过程中，如发现事态扩大，超过本级预警条件或本级交通运输主管部门处置能力，应及时上报上一级交通运输主管部门，建议提高预警等级。

（五）预警终止程序

Ⅰ级预警降级或撤销情况下，交通运输部采取如下预警终止程序。

（1）路网中心根据预警监测追踪信息，确认预警涉及的公路交通突发事件已不满足Ⅰ级预警启动标准,需降级转化或撤销时,向应急领导小组提出Ⅰ级预警状态终止建议。

(2)应急领导小组在同意终止后,正式签发Ⅰ级预警终止文件,明确提出预警后续处理意见,并在24小时内向国务院上报预警终止文件,交通运输部各应急工作组自行撤销。

(3)如预警降级为Ⅱ级,路网中心负责在1小时内通知Ⅱ预警涉及的省级交通运输主管部门,省级交通运输主管部门在12小时内启动预警程序,并向路网中心报送已正式签发的Ⅱ预警启动文件。

(4)如预警降级为Ⅲ或Ⅳ级,路网中心负责通知预警涉及的省级交通运输主管部门,由省级交通运输主管部门组织涉及的市或县启动预警。

(5)如预警直接撤销,路网中心负责在24小时内向预警启动文件中所列部门和单位发送预警终止文件。

(6)Ⅱ、Ⅲ、Ⅳ级预警终止程序由各级地方交通运输主管部门参考Ⅰ级预警终止程序,结合当地特点,自行编制。

Ⅰ级预警在所对应的应急响应启动后,预警终止时间与应急响应终止时间一致,不再单独启动预警终止程序。

(六)应急资源征用

公路抢通小组和运输保障小组应根据预警事件的特征和影响程度与范围,提出公路交通应急保障资源征用方案,经应急领导小组同意后下发。

在交通运输部征用通知下发后24小时内,相关省级交通运输主管部门应按照通知的要求,负责组织和征用相关应急保障资源,签署公路交通应急保障资源征用通知书并下发相关单位,征调相关公路抢险保通和运输保障的人员、车辆、装备和物资,并到指定地点集结待命。

第十四条 应急处置。

(一)分级响应

(1)响应级别

公路交通突发事件按照其可控性、严重程度和影响范围分为特别重大事件(Ⅰ级)、重大事件(Ⅱ级)、较大事件(Ⅲ级)和一般事件(Ⅳ级)四个等级。

交通运输部负责Ⅰ级应急响应的启动和实施,省级交通运输主管部门负责Ⅱ级应急响应的启动和实施,市级交通运输主管部门负责Ⅲ级应急响应的启动和实施,县级交通运输主管部门负责Ⅳ级应急响应的启动和实施。

特别重大事件(Ⅰ级):对符合本预案第十三条(四)款的公路交通Ⅰ级预警条件的公路交通突发事件或由国务院下达的紧急物资运输等事件,由应急领导小组予以确认,启动并实施本级公路交通应急响应,同时报送国务院备案。

重大事件(Ⅱ级):对符合本预案第十三条(四)款的公路交通Ⅱ级预警条件的公路交通突发事件或由交通运输部下达的紧急物资运输等事件,由省级交通运输主管部门在省级人民政府的领导下予以确认,启动并实施本级公路交通应急响应,同时报送交通运输部备案。

较大事件(Ⅲ级):符合由省级交通运输主管部门确定的公路交通运输Ⅲ级预警条件的公路交通突发事件,由市级交通运输主管部门在市级人民政府的领导下,启动并实施本级公路交通应急响应,同时报送省级交通运输主管部门备案。

一般事件(Ⅳ级):符合由省级交通运输主管部门确定的公路交通运输Ⅳ级预警条件的公路交通突发事件,由县级交通运输主管部门在县级人民政府的领导下,启动并实施本级公路交通应急响应,同时报送市级交通运输主管部门备案。

(2)交通运输部负责的其他突发事件

除Ⅰ级预警或应急响应外,交通运输部根据突发事件的严重性、紧急程度、可控性、敏感程度、影响范围等,还负责处置如下突发事件:

①根据路网中心的日常监测或对已启动的Ⅱ级应急响应事件的重点跟踪,已经发展为特别严重事件(Ⅰ级)或已引起国务院和公众特别关注的、交通运输部认为需要在不启动Ⅰ级应急响应的情况下予以协调处置的突发事件。

②根据省级应急管理机构请求,需要交通运输部协调处置的突发事件。

③按照国务院部署由交通运输部负责协助处置的突发事件。

(二)应急响应启动程序

Ⅰ级响应时,交通运输部按下列程序和内容启动响应:

(1)路网中心提出公路交通突发事件Ⅰ级应急响应启动建议。

(2)应急领导小组在2小时内决定是否启动Ⅰ级应急响应。如同意启动,则正式签发Ⅰ级应急响应启动文件,报送国务院,并于24小时内召集面向国务院各相关部门、相关地方交通运输主管部门的电话或视频会议,由应急领导小组组长正式宣布启动Ⅰ级应急响应,并由新闻宣传小组负责向社会公布Ⅰ级应急响应文件。

(3)Ⅰ级应急响应宣布后,应急领导小组根据需要指定成立现场工作组,赶赴现场指挥公路交通应急处置工作。

(4)Ⅰ级应急响应宣布后,路网中心和各应急工作组立即启动24小时值班制,根据本预案第八条、第九条的规定开展应急工作。

各地应急管理机构可以参照Ⅰ级响应程序,结合本地区实际,自行确定Ⅱ、Ⅲ、Ⅳ级公路交通突发事件应急响应程序。需要有关应急力量支援时,及时向上一级公路交通应急管理机构提出请求。

(三)信息报送与处理

建立部际信息快速通报与联动响应机制,明确各相关部门的应急日常管理机构名称和联络方式,确定不同类别预警与应急信息的通报部门,建立信息快速沟通渠道,规定各类信息的通报与反馈时限,形成较为完善的突发事件信息快速沟通机制。

建立完善部省公路交通应急信息报送与联动机制,路网中心汇总上报的公路交通突发事件信息,及时向可能受影响的省(区、市)发布,并提供跨区域出行路况信息服务。

严重以上预警信息发布和应急响应启动后,事件所涉及的省级公路交通应急管理机构应当将进展情况及时上报路网中心,并按照“零报告”制度,形成每日情况简报。路网中心及时将进展信息汇总形成每日公路交通突发事件情况简报,上报应急领导小组,并通报各应急工作组。

信息报告内容包括:事件的类型、发生时间、地点、影响范围和程度、已采取的应急处置措施和成效。

公路交通运输管理有关单位在发现或接到社会公众报告的公路交通突发事件后，经核实后，应依据职责分工，立即组织调集力量开展应急处置工作，全力控制事态发展，并在2小时内向交通运输主管部门报告。

（四）指挥与协调

（1）部省路网协调与指挥机制

当发生Ⅱ级以上公路交通突发事件时，路网中心和事发地公路交通应急管理机构均进入24小时应急值班状态，确保部省两级日常应急管理机构的信息畅通。

建立交通运输部与相关省份省级交通运输主管部门之间的定期视频应急会商机制。

路网中心协调各省级公路交通应急管理机构，科学实施跨区域公路网绕行分流措施，同时及时发布路况信息。

（2）部门间协调机制

当发生Ⅰ级公路交通突发事件时，交通运输部与公安部等部门建立协调机制，按照职责分工，加强协作，共同开展应急处置工作。同时，指导地方公路交通应急管理机构建立与公安交警的联合调度指挥机制，实现路警“联合指挥、联合巡逻、联合执法、联合施救”。

（3）现场指挥协调机制

现场工作组负责指导、协调Ⅰ级公路交通突发事件现场的应急处置工作，并及时收集、掌握相关信息，根据应急物资的特性及其分布、受灾地点、区域路网结构及其损坏程度、天气条件等，优化措施，研究备选方案，及时上报最新事态和运输保障情况。

（五）国家应急物资调用

当省级应急物资储备在数量、种类及时间、地理条件等受限制的情况下，需要调用国家公路交通应急物资储备时，由使用地省级公路交通应急管理机构提出申请，经应急领导小组同意，由路网中心下达国家公路交通应急物资调用指令，应急物资储备管理单位接到路网中心调拨通知后，应在48小时内完成储备物资发运工作。

（六）跨省支援

在交通运输部协调下，建立省际应急资源互助机制，合理充分利用各省级应急物资储备和应急处置力量，以就近原则，统筹协调各地方应急力量支援行动。对于跨省应急力量的使用，各受援地方应当给予征用补偿。

（七）应急响应终止程序

Ⅰ级应急响应终止时，交通运输部采取如下终止程序：

（1）路网中心根据掌握的事件信息，确认公路交通恢复正常运行，公路交通突发事件平息，向应急领导小组提出Ⅰ级应急响应状态终止建议。

（2）应急领导小组决定是否终止Ⅰ级应急响应状态，如同意终止，签发Ⅰ级应急响应终止文件，提出应急响应终止后续处理意见，并在24小时内向国务院及相关部门报送。

（3）新闻宣传小组负责向社会宣布Ⅰ级应急响应结束，说明已经采取的措施和效果以及应急响应终止后将采取的各项措施。

Ⅱ、Ⅲ、Ⅳ级应急响应终止程序由各级应急管理机构参照Ⅰ级应急响应终止程序，结合本地区特点，自行编制。

第十五条 恢复与重建。

(一)善后处置

(1)抚恤和补助

事发地各级公路交通运输主管部门配合属地人民政府,对参加应急处置的有关人员按照有关规定,给予补助;对因参与应急处理工作致病、致残、死亡的人员,按照国家有关规定,给予相应的补助和抚恤,并提供相关心理和司法援助。

(2)救援救助

事发地各级公路交通运输主管部门配合民政部门及时组织救灾物资、生活必需品和社会捐赠物品的运送,保障群众基本生活。

(3)奖励

应急响应终止后,各级公路交通运输主管部门应对参加突发事件应急处置过程中做出贡献的先进集体和个人进行表彰和奖励。

(二)调查与评估

总结评估小组具体负责Ⅰ级响应的调查与评估工作。

省级公路交通应急管理机构应按照国家公路交通应急管理机构的要求上报总结评估材料,包括突发事件情况、采取的应急处置措施、取得的成效、存在的主要问题、建议等。

(三)补偿

(1)国家公路交通应急物资储备的补偿

在由交通运输部负责处置的Ⅰ级突发事件中使用国家公路交通应急物资储备,采取"无偿使用"原则,对可回收重复使用的应急储备物资由使用地交通运输主管部门负责回收、清洗、消毒和整理,由代储单位清点后入库。损耗、损毁的物资由交通运输部负责补充。其他等级突发事件中经交通运输部同意使用国家公路交通应急物资储备的,按照"谁使用,谁补偿"的原则,根据有关规定进行补偿。

(2)征用补偿

各级交通运输主管部门负责相应级别的公路交通应急保障资源的征用补偿工作,并上报上级交通运输主管部门。

公路交通应急保障行动结束后,由被征用单位(人)向交通运输主管部门递交应急征用补偿申请书。交通运输主管部门接到补偿申请后,按规定发出行政补偿受理通知书,并结合有关征用记录和事后调查评估的情况,对补偿申请予以审核,审核通过后,发出应急征用补偿通知单,并按有关规定予以补偿。

行政征用补偿形式包括:现金补偿、财政税费减免、实物补偿和其他形式的行政性补偿等。

(四)恢复重建

恢复重建小组负责组织Ⅰ级响应的恢复重建工作,省级公路交通运输主管部门负责具体实施。

其他等级事件需要交通运输部援助的,由省级公路交通运输主管部门向交通运输部提出请求,路网中心根据调查评估报告提出建议和意见,报经应急领导小组批准后组织援助,必要时组织专家组进行现场指导。

第十六条 信息发布与宣传。

(一)信息共享

(1)由路网中心负责建立信息共享机制与渠道,负责全国公路交通突发事件信息的汇总和处理。

(2)国务院相关部门按照国家应急管理要求和部门职责及时提供相关突发事件信息;地方交通运输主管部门和单位及时提供各类事件的信息报告和必要的基础数据。

(3)路网中心将信息及时通报应急工作组,应急工作组经复核确认后上报应急领导小组。

(二)信息发布

(1)特别重大公路交通突发事件信息发布由路网中心负责。其他公路交通突发事件发布由各级公路交通应急管理机构负责。

(2)发布渠道包括内部业务系统、交通运输部网站和路网中心管理的服务网站、以及经交通运输部授权的各媒体。

(3)公路交通突发事件相关信息发布应当加强同新闻宣传小组的协调和沟通,及时提供各类相关信息。

(三)新闻发布与宣传

(1)Ⅰ级公路交通突发事件的新闻发布与宣传工作由新闻宣传小组负责,承担新闻发布的具体工作。其他级别事件分别由地方公路交通应急管理机构负责组织发布,并按要求及时上报上级公路交通应急管理机构备案。

(2)新闻宣传小组负责组织发布公路交通突发事件新闻通稿、预案启动公告、预警启动与应急响应启动公告、预警终止与应急响应终止公告,传递事态进展的最新信息,解释说明与突发事件有关的问题、澄清和回应与突发事件有关的错误报道,宣传公路交通应急管理工作动态,组织召开突发事件相关各单位、部门参加的联席新闻发布会。

(3)新闻发布主要媒体形式包括电视、报纸、广播、网站等;新闻发布主要方式包括新闻发布会、新闻通气会、记者招待会、接受多家媒体的共同采访或独家媒体专访、发布新闻通稿。

(4)Ⅰ级公路交通突发事件相关新闻发布材料包括新闻发布词、新闻通稿、答问参考和其他发布材料,由其他应急工作小组及时提供相关材料,新闻宣传小组汇总审核,其中Ⅰ级公路交通突发事件相关新闻发布材料须经应急领导小组审定。

(5)涉外突发事件由交通运输部商外交部,统一组织宣传和报道。

(6)同相关部门建立多部门重大信息联合发布机制,并以会议纪要或者其他规范性文件的形式予以规定。

第四章 应急保障

第十七条 应急队伍。

(一)组建原则

各级交通运输主管部门按照“平急结合、因地制宜,分类建设、分级负责,统一指挥、协调运转”的原则建立公路交通突发事件应急队伍。

（二）专业应急队伍的组建

（1）公路交通应急抢险保通队伍

①国家公路交通应急抢险保通队伍

武警交通部队纳入国家应急救援力量体系，作为国家公路交通应急抢险保通队伍，兵力调动使用按照有关规定执行。

②地方公路交通应急抢险保通队伍

省、市级公路交通应急管理机构负责应急抢通保障队伍的组建和日常管理。构建以高速公路及普通国省干线公路养护管理部门、路政管理部门、公路经营管理单位、公路养护工程企业为主体的公路交通应急抢通保障队伍，按照路网规模、结构、地域分布特点，采取全社会范围内的公开招投标的方式择优选择公路养护工程企业，并与之签订合作合同，明确技术管理要求、应急征用的条件和程序、征用补偿的标准和程序以及违约责任等，规范公路交通应急抢通保障行为，保障参与公路交通应急抢通保障企业的利益。

省、市公路交通应急管理机构统一调度本预案第十八条（二）款（2）项规定的本级应急救援物资储备点的各类应急物资、机械设备，由本级应急抢通保障队伍用于公路的应急抢险。在发生Ⅰ级公路突发事件时，由公路抢通小组统一调度各类储备物资和设备，组织实施跨省的应急抢险、救援工作。

（2）公路交通应急运输保障队伍

①应急运输保障队伍

地方交通运输主管部门负责所辖区域内的应急运输保障队伍建设工作，按照“平急结合、分级储备、择优选择、统一指挥”的原则在本辖区内建立应急运力储备，选择达到一定标准的道路客货运输企业，通过协商签订突发事件运力调用协议，明确纳入应急运力储备的车辆及其吨（座）位数、类型、技术状况，以及对运输人员和车辆管理的要求、应急征用的条件和程序、征用补偿的标准和程序以及违约责任等，通过协议规范应急运输保障行为，并保障参与应急运输保障企业的利益。

在发生特别重大公路突发事件（Ⅰ级）时，由运输保障小组负责协调运力调配，保障各类重点物资、抢险救灾物资的运输和人员的疏散。

②运输装备及技术状况

应急运输保障车辆的技术等级要求达到二级以上技术标准，车辆使用年限不超过5年，或行驶里程不超过15万公里。建立应急运输车辆技术档案制度，及时了解和掌握车辆的技术状况。应急运输车辆所属单位负责保持应急运输储备车辆处于良好的技术状况，并强化应急运输车辆的日常养护与保养工作。

地方交通运输主管部门应结合所辖区域内突发事件的特征确定相应的应急运输装备，以满足不同种类的应急运输需求。

③应急运输人员

公路交通应急管理机构和执行应急运输保障单位按照相关标准确定从事应急运输的人员，包括现场管理人员、驾驶员、押运员和装卸员。应急运输人员年龄原则上控制在20～55岁之间、身体健康、政治素质高、熟悉有关政策法规等。

应急运输人员在执行应急运输任务时，由公路交通应急管理机构统一配发证件和必要的用品。

④应急运力的备案管理

建立相应的应急运力储备档案，包括运力单位、车辆及其吨（座）位数、类型及人员数量等，并上报上级公路交通应急管理机构备案。每年针对储备运力的技术状况、单位及人员变动情况进行审查，对运力储备及时进行调整、补充，及时上报上级应急管理机构更新备案。

（3）社会力量动员与参与

各级应急管理机构应根据属地的实际情况和突发事件特点，制订社会动员方案，明确动员的范围、组织程序、决策程序。在公路交通自有应急力量不能满足应急处置需求时，向同级人民政府提出请求，请求动员社会力量，协调人民解放军、武警部队参与应急处置工作。

（4）应急人员安全防护

应急管理机构应协调有关部门提供不同类型公共突发事件应急人员的安全防护装备并发放使用说明，采取必要的安全防护措施。

应急管理机构应为应急处置过程中有安全风险的工作人员投保人身意外险。

第十八条 物资设备保障。

（一）应急物资设备种类

建立实物储备与商业储备相结合、生产能力储备与技术储备相结合、政府采购与政府补贴相结合的应急物资储备方式，强化应急物资储备能力。

应急物资包括公路抢通物资和救援物资两类。公路抢通物资主要包括沥青、碎石、砂石、水泥、钢桥、钢板、木材、编织袋、融雪剂、防滑料、吸油材料等；救援物资包括方便食品、饮水、防护衣物及装备、医药、照明、帐篷、燃料、安全标志、车辆防护器材及常用维修工具、应急救援车辆等。

地方交通运输主管部门应采取社会租赁和购置相结合的方式，储备一定数量的机械，如挖掘机、装载机、平地机、撒布机、汽车起重机、清雪车、平板拖车、运油车、发电机和大功率移动式水泵等。

（二）应急物资设备储备体系

（1）国家公路交通应急物资储备

根据全国高速公路的分布情况，确保应急物资调运的时效性和覆盖区域的合理性，以“因地制宜、规模适当、合理分布、有效利用”为原则，结合各地区的气候与地质条件，建立若干国家公路交通应急物资储备点。

（2）地方公路交通应急物资储备

省、市交通运输主管部门应根据辖区内公路交通突发事件发生的种类和特点，结合公路抢通和应急运输保障队伍的分布，依托行业内养护施工企业和道路运输企业的各类设施资源，合理布局、统筹规划建设本地区公路交通应急物资储备点。

（三）应急物资管理制度

国家公路交通应急物资储备实行应急物资代储管理制度，由交通运输部负责监管，物资的调度和使用须经交通运输部同意。担负国家公路交通应急物资储备任务的省级交通运输主管部门为代储单位,负责具体建设与管理工作。

代储单位应对储备物资实行封闭式管理,专库存储,专人负责。要建立健全各项储备管理制度,包括物资台账和管理经费会计账等。储备物资入库、保管、出库等要有完备的凭证手续。代储单位应按照交通运输部要求,对新购置入库物资进行数量和质量验收,并在验收工作完成后5个工作日内将验收入库的情况上报路网中心。

地方公路交通运输主管部门应建立完善的各项应急物资管理规章制度,制定采购、储存、更新、调拨、回收各个工作环节的程序和规范,加强物资储备过程中的监管,防止储备物资设备被盗用、挪用、流失和失效,对各类物资及时予以补充和更新。

第十九条 通信与信息保障。在充分整合现有交通通信信息资源的基础上,加快建立和完善"统一管理、多网联动、快速响应、处理有效"的公路交通应急平台体系。

公路交通应急平台体系包括交通运输部、省、市三级公路交通应急平台,以及依托中心城市辐射覆盖到城乡基层的面向公众紧急信息接报平台和面向公众的信息发布平台。

各级公路交通应急平台根据公路交通领域突发公共事件信息的接报处理、跟踪反馈和应急处置等应急管理需要,实现与上下级公路交通应急平台的互联互通,具有风险隐患监测、综合预测预警、信息接报与发布、综合研判、辅助决策、指挥调度、异地会商、应急保障、应急评估、模拟演练和综合业务管理等功能,并能够及时向上级公路交通应急平台提供数据、图像、资料等。

公路交通应急平台的基本构成包括:应急指挥场所、移动应急平台、基础支撑系统、数据库系统、综合应用系统、信息接报与发布系统、安全保障体系和标准规范体系。

第二十条 技术支撑。

(1)科技支撑

依托科研机构,加强应对公路交通突发事件技术支撑体系研究,建立突发事件管理技术的开发体系和储备机制;制订研发计划,借鉴国际先进经验,重点加强智能化的应急指挥通信技术装备、辅助决策技术装备、特种应急抢险技术装备的研制工作;开展预警、分析、评估模型研究,提高防范和处置重大公路交通突发事件的决策水平。

(2)应急数据库

建立包括专家咨询、知识储备、应急预案、应急资源等数据库。

第二十一条 资金保障。公路交通应急保障所需的各项经费,应按照现行事权、财权划分原则,分级负担,并按规定程序列入各级交通运输主管部门年度财政预算中。

国家和地方公路交通专业应急队伍建设以及应急物资储备点的物资采购、运输、储存的相关费用,纳入各级财政预算。

路网中心要根据每年开展宣传、教育、培训、演练等日常工作所需经费编列年度预算,报应急领导小组审批,并统一负责该项工作经费的管理与使用。

对受突发事件影响较大和财政困难的地区,应省级交通运输主管部门的请求,交通运输部根据实际情况给予适当支持。

鼓励自然人、法人或者其他组织按照有关法律、法规的规定进行捐赠和援助。

各级交通运输主管部门应建立有效的监管和评估体系,对公路交通突发事件应急保障资金的使用和效果进行监管和评估。

第五章 监督管理

第二十二条 预案演练。路网中心负责协同有关部门制订应急演练计划并组织部省联合应急演练活动。

地方公路应急管理机构要结合所辖区域实际,有计划、有重点地组织预案演练。

第二十三条 宣传与培训。路网中心会同有关部门组织编写统一的公路交通突发事件应急处置培训大纲和教材,编印各类通俗读本,做到图文并茂、通俗易懂、携带方便、快速查询,提高宣传与培训效果,并通过广播、电视、网络、报刊、图书等多种渠道,加强公路交通应急保障的宣传工作。

各级交通运输主管部门应将应急宣传教育培训工作纳入日常管理工作并作为年度考核指标,定期开展应急培训工作。原则上,应急保障相关人员每两年应至少接受一次相关知识的培训,并依据培训记录和考试成绩实施应急人员的动态管理,提高公路交通应急保障人员的素质和专业技能。

第二十四条 应急能力建设评估。各级公路交通应急管理机构应定期开展公路交通突发事件应急能力评估工作,建立规范化的评估机制,综合路网规模、组织体系、重大危险源分布、通信保障、应急队伍数量、规模、分布等因素,制定客观、科学的评价指标,提出评估方法和程序。

第二十五条 责任与奖惩。公路交通突发事件应急处置工作实行行政领导负责制和责任追究制。

对应急管理工作中做出突出贡献的先进集体和个人要及时地给予宣传、表彰和奖励。

对迟报、谎报、瞒报和漏报重要信息或者应急管理工作有其他失职、渎职行为的,依法对有关责任人给予行政处分。构成犯罪的,依法追究刑事责任。

第六章 附 则

第二十六条 预案管理与更新。路网中心会同有关部门定期对相关应急预案的执行情况进行检查,发现问题和提出改进意见,并根据实际情况的变化,及时修订本预案,上报国务院备案,并抄报有关部门。

下列情况,本预案应进行更新:

(1)本预案所依据的法律法规做出调整或修改,或国家出台新的应急管理相关法律法规。

(2)原则上每两年组织修订、完善应急预案。

(3)根据日常应急演练和特别重大公路交通突发事件应急行动结束后取得的经验,需对预案做出修改。

(4)因机构改革需要对应急管理机构进行调整。

(5)其他。

公路交通应急抢险保通和应急运输保障队伍及物资的数据资料应每年更新一次。

地方交通运输主管部门应根据形势变化和实际需要，及时修订和更新相关应急预案。

第二十七条 制定与解释部门。本预案由交通运输部制定，由路网中心负责解释与组织实施。交通运输部有关部门和省级交通运输主管部门按照本预案的规定履行职责，并制定相应的应急预案。

本预案自发布之日起实施。

4-8 云南省人民政府突发公共事件总体应急预案

第一章 总 则

第一条 目的。建立统一、快速、协调、高效的突发公共事件应急处理机制,有效预防和及时处置突发公共事件,保障公众的生命和财产安全,维护国家利益和社会稳定。

第二条 编制依据。根据国家有关法律、法规、规章以及相关规范性文件,结合本省实际,制定本预案。

第三条 工作原则。遵循预防为主、以人为本的方针,贯彻统一领导、分级负责,条块结合、属地为主,职责明确、密切配合,反应及时、规范有序,依靠科技、措施果断,平战结合、军民结合的原则。

第四条 突发公共事件的界定和分类。本预案所指的突发公共事件是指突然发生,造成或者可能造成重大人员伤亡、重大财产损失、重大生态环境破坏和对全省或者一个地区经济、社会稳定构成重大威胁,有重大社会影响的涉及公共安全的紧急事件。我省突发公共事件分为以下4类:

(1)自然灾害。主要包括水旱灾害、水库堤坝险情,暴雨、冰雹、雪、雷电等气象灾害,破坏性地震,山体崩塌、滑坡、泥石流、地面塌陷等地质灾害,森林火灾和重大生物灾害等。

(2)事故灾难。主要包括铁路、民用航空器、公路、水运和工矿企业、建设工程、公共场所以及相关企事业单位发生的重特大伤亡事故,重特大火灾、建筑物倒塌事故,重大电力、通信和大中城市供水、供气设施事故等。环境污染和生态破坏事故包括主要河流、湖泊、水库以及县以上城镇水源地发生重大水污染事故,危险化学品泄漏,放射性物质丢失、泄漏,辐射事故等。

(3)公共卫生事件。主要包括造成或可能造成社会公众健康严重损害的重大传染病(如鼠疫、霍乱、肺炭疽、O157、SARS、群体性流感等)疫情,群体性不明原因疾病、重大食物中毒,急性职业病,传染病菌种、毒种丢失,口蹄疫、猪水泡病、高致病性禽流感等动物疫情,以及其他严重影响公众健康的事件。

(4)社会安全事件。主要包括重大群体性事件、重大刑事案件、涉外突发事件和恐怖袭击事件等。群体性事件包括金融行业(银行、保险、证券等)突发事件,冲击县以上党政机关和要害部门,阻断铁路、公路等重要交通设施,非法集会、集体静坐、请愿和游行示威等。重大刑事案件包括杀人、爆炸、放火、抢劫、劫机,走私、诈骗、偷渡,攻击和破坏公共计算机网络、通信传输系统等特别严重或影响社会稳定的犯罪案件。涉外突发事件包括省内发生的涉及外国驻滇领事馆、驻滇机构和在滇人员以及港澳台同胞并造成重大伤亡和财产损失的事件等。恐怖袭击事件指境内外恐怖组织和恐怖分子在我省境内实施恐怖袭击,给国家利益、国家安全和我省社会秩序及公众生命财产造成重大危害的事件。

第五条 突发公共事件的分级。根据突发公共事件的影响范围和严重程度，我省突发公共事件分为4级，从轻到重依次为：

(1)一般(Ⅳ级)。指在一个县(市、区)行政区域内发生或可能发生造成人员伤亡、财产损失、生态环境破坏、影响社会稳定的突发公共事件。

(2)较大(Ⅲ级)。指在一个州(市)行政区域内发生或可能发生造成较大人员伤亡、财产损失、生态环境破坏和影响社会稳定的突发公共事件。

(3)重大(Ⅱ级)。指在州(市)人民政府所在地城市或一个以上州(市)行政区域内发生或可能发生造成严重的人员伤亡、财产损失、生态环境破坏和影响社会稳定的突发公共事件。

(4)特别重大(Ⅰ级)。指在省会城市或全省行政区域范围内发生或者可能发生造成特别严重的人员伤亡、财产损失、生态环境破坏和影响社会稳定的突发公共事件。

各类突发公共事件的等级标准，由相关部门根据事件的性质、严重程度、可控性和影响范围等因素在专项预案或其他文件中具体规定。

第六条 预案适用范围。

(1)在本省范围内发生的突发公共事件的预防和处置，以及发生在外省区或者境外，但对我省可能造成影响的突发公共事件的预防和处置，适用本预案。

(2)本预案包括云南省重特大自然灾害救助应急预案、云南省破坏性地震应急预案、云南省防汛抗旱应急预案、云南省地质灾害应急预案、云南省特大森林火灾应急预案、云南省生产安全事故应急预案、云南省环境污染和生态破坏事故应急预案、云南省突发公共卫生事件应急预案、云南省重大动物疫情应急预案、云南省重大食品安全事件应急预案、云南省重大群体性事件应急预案、云南省重大刑事案件应急预案、云南省涉外突发事件应急预案、云南省突发公共事件财政应急保障预案、云南省恐怖袭击事件应急预案、云南省劫机事件应急预案和云南省突发公共事件新闻报道应急预案等17个专项应急预案。

(3)省人民政府依照本预案组织、管理全省各级各类突发公共事件的应急工作。省人民政府有关部门要结合本预案，根据各自工作职责编制突发公共事件的部门应急预案。本预案是全省各地、各部门编制和修订应急预案的依据。

第二章 组织机构与职责

第七条 应急组织机构与职责。

(1)领导机构

成立云南省人民政府突发公共事件应急委员会(以下简称“省应急委”)，作为我省常设的协调指挥机构，统一领导全省突发公共事件的应急处置工作。

省应急委主任由省长担任，副主任由副省长、省长助理和秘书长担任，委员由有关部门、驻滇解放军、武警部队负责同志担任。

省应急委主要职责是：贯彻执行国家有关应急工作的法律、法规和政策，研究制定全省预防和处置突发公共事件的重大措施和指导意见，统一领导各地、各部门的突发公共事件处理工作,督促检查各项工作措施的落实情况,宣布启动和停止实施突发公共事件总体应急预案,承担国家应急领导机构安排的其他应急工作。

(2)指挥机构

省应急委领导省级各专项指挥部、领导小组和委员会开展应急指挥工作。经省人民政府批准设立的省防火安全委员会、省安全生产委员会、省防汛抗旱指挥部、省抗震救灾指挥部、省护林防火指挥部、省处置突发公共卫生事件领导小组等作为省应急委处置有关突发公共事件的专门应急指挥机构,对专项应急处置工作进行指挥和协调。其他突发公共事件的应急指挥和协调,由省应急委和相关部门负责。

各专门应急指挥机构的主要职责是:贯彻执行国家应急领导机构和省应急委的决定,负责全省专项突发公共事件的监测预警工作,负责启动和停止实施专项应急预案,负责组织指挥专项突发公共事件的应急处置工作,向省应急委报告专项突发公共事件的处置情况,承担处置专项突发公共事件的日常工作,承担省应急委交办的其他工作。

(3)日常工作机构

省应急委办公室(以下简称"省应急办")设在省政府办公厅,负责办理省应急委的日常事务,具体工作由总值班室承担。省应急办主任由省人民政府秘书长兼任,副主任由分管副秘书长兼任。

省应急办的主要职责是:组织编制、修订突发公共事件总体预案,指导有关部门编制、修订突发公共事件专项预案,协调全省重、特大突发公共事件的应急处置工作,建立完善突发公共事件信息报送和预测预警系统,发布预警信息和重要新闻,建立全省统一的信息技术平台,指导、协调各地、各部门开展应急处置工作,承担国家应急领导机构和省应急委交办的其他工作。

(4)专家咨询机构

省应急委聘请有关专家组成专家组,主要职责是为省应急委提供决策咨询和工作建议,必要时参与省应急办或现场指挥部的相关工作。

第八条 组织体系。

(1)省应急委统一领导全省突发公共事件的预防和处置工作,负责直接指挥、协调重大(Ⅱ级)、特别重大(Ⅰ级)突发公共事件的处置工作。

(2)县以上人民政府要成立应急工作机构,包括领导机构、指挥机构和日常工作机构,负责本行政区域范围内突发公共事件的预防和处置工作。

(3)各有关部门在本级人民政府及其应急工作机构的统一领导下,按照各自的职责,迅速反应,密切配合,及时、准确传递信息,快速有效地处理突发公共事件。

(4)我省发生突发公共事件的预测、预警、报警、接警、处置、结束、善后和灾后重建的主管部门、协作部门、参与单位,分别由省级有关部门根据各自职责任务承担,一旦宣布启动本预案或有关专项应急预案,各相关部门在预案中规定的责任和义务也随之自动生效。

(5)自然灾害由省民政厅、省国土资源厅、省水利厅、省林业厅、省地震局等部门牵头负责处理,事故灾难由省安全生产监督管理局、省环保局等部门牵头负责处理,公共卫生事件由省卫生厅、省农业厅、省食品药品监督管理局等部门牵头负责处理,社会安全事件由省公安厅、省外办牵头负责处理,涉及的有关部门要配合牵头部门处理好各类突发公共事件。

(6)各级人民政府应当加强对突发公共事件预防和处置工作的领导,将其纳入国民经济和社会发展计划,制定应急预案,储备保障物资,建立健全调动社会人力、物力和财力应对突发公共事件的有效机制,定期进行检查和演练,在预案制定、信息报送、预警预防、应急处置等方面与上下级政府和有关部门做好衔接。

第九条 联动机制。

(1)发生突发公共事件时,事发地各单位和个人均应服从现场指挥部的统一指挥。现场指挥部各工作组要按照职责分工,各司其职,协同作战,全力以赴做好各项应急处置工作,工作中要做到互相联动,互相支持,密切配合。

(2)省应急办及各有关职能部门要与中央驻滇机构和云南省军区、驻滇集团军、武警云南省总队等建立应急联动机制,及时通报有关情况。

第三章 信息报送

第十条 信息监测预测。

(1)各地、各部门要充分利用现代化的技术监测手段,有计划地开展突发公共事件隐患调查,监测并掌握可能导致突发公共事件的各种因素。

(2)省政府各有关部门和各州、市人民政府要遵循早预防、早发现、早报告、早处置的原则,组织相关单位和专家,对各类突发公共事件进行预测分析。预测分析主要包括以下内容:

①事件的基本情况和可能涉及的因素,如发生的时间、地点,所处的气候条件,周边的建筑、交通和人口密度情况,以及可能引发的次生、衍生灾害等。

②事件的危害程度,如可能造成的人员伤亡、财产损失和社会影响,对经济发展和社会稳定造成的危害。

③事件可能达到的等级,以及需要采取的应对措施。

(3)通过预测分析,若发生突发公共事件的几率较高、影响较大,省政府各有关部门和各州、市人民政府要及早采取预防和应对措施,同时迅速报告省应急办。

第十一条 信息报告。

(1)突发公共事件的信息报送以政务值班系统为主渠道。县以上人民政府的应急工作机构、各有关部门的监测机构、其他与突发公共事件发生有密切关系的单位是受理报告和向上级报告突发公共事件的责任主体。

(2)遇有紧急重大突发情况时,当地群众应当迅速向本地或上级人民政府以及有关部门报告。

(3)各级政务值班部门关于突发公共事件的报告工作依照国务院办公厅《重大突发事件信息报送标准》执行。

①发生一般(IV级)突发公共事件,县(市、区)人民政府必须在接报后2小时内将有关情况报州、市人民政府,由州、市人民政府在2小时内向省应急办和省级有关部门报告,根据工作需要,县(市、区)人民政府可以同时直接向省应急办报告。

②发生较大(III级)突发公共事件,州、市人民政府必须在接报后2小时内将基本情况和采取的措施报省应急办和省级有关部门,省应急办和省级有关部门视突发公共事件轻重程度将基本情况和采取的措施上报国务院办公厅和国家有关部门。

③发生重大(II级)突发公共事件,省应急办接到报告后,根据本预案和各专项预案,在1小时内提出处理意见报省应急委,并由省政府办公厅在2小时内将基本情况和处理意见上报国务院办公厅和国务院有关部门,同时抄报省委办公厅、省人大常委会办公厅、省政协办公厅。

④发生特别重大(I级)突发公共事件,省应急办在30分钟内提出启动本预案和相关专项预案的意见,报省应急委主任或副主任审定后,由省人民政府在2小时内将基本情况和处理意见上报国务院,抄送国务院有关部门,报告省委、省人大常委会,并向省政协通报。

(4)报告的内容包括:事件种类,发生时间、地点、范围、程度,隐患,采取的措施,请求帮助解决的问题等。

(5)信息报告分为基本情况报告和后续情况报告,基本情况报告要做到快速准确,后续情况报告要做到系统全面。

(6)有关法律、法规对突发公共事件的信息报告工作另有规定的,从其规定。

第十二条 信息共享。

(1)各地、各部门要建立健全突发公共事件应急信息共享系统,在可能发生或者发生突发公共事件时,除另有保密要求规定的以外,要及时互通情况,通报所采取的措施和对策。

(2)如突发公共事件涉及或影响到相邻省区,可能或已经发生一般(IV级)、较大(III级)突发公共事件时,经上一级人民政府批准后,由事发地县以上人民政府负责及时通报相邻地区。

(3)可能或已经发生重大(II级)、特别重大(I级)突发公共事件时,经国务院批准后,由省应急办或省人民政府负责及时通报相邻省、区。

(4)如突发公共事件中有外籍人员或港澳台同胞伤亡、失踪、被困的,由省人民政府外事部门及时向国务院有关部门报告。

第四章　预　　警

第十三条 发布预警信息。

(1)县以上人民政府根据专业监测机构、下级人民政府或有关部门的报告,按照突发公共事件可能发生、发展的趋势和危害程度,经报请批准后,可以发布预警信息。

(2)根据突发公共事件等级、紧急程度和严重性,预警发布级别分为4级,从轻到重依次用蓝色、黄色、橙色和红色表示,分别代表可能发生一般(IV级)、较大(III级)、重大(II级)和特别重大(I级)4个级别的突发公共事件。

①县(市、区)人民政府根据接报信息和专家分析,实地了解情况后,报请省应急办同意后,发布蓝色预警,表示可能发生一般(IV级)突发公共事件。

②州、市人民政府根据接报信息和专家分析,进一步核实情况,报请省应急办同意后,发

布黄色预警,表示可能发生较大(III 级)突发公共事件。

③省级各专项应急指挥机构、相关部门和省应急办根据接报信息和专家分析,进一步核实情况,报请省应急委同意后,发布橙色预警,表示可能发生重大(II 级)突发公共事件。

④省级各专项应急指挥机构、相关部门和省应急办根据接报信息和专家分析,并进一步核实情况,由省应急委报请国务院应急委同意后,由国务院有关部门或省人民政府发布红色预警,表示可能发生特别重大(I 级)突发公共事件。

(3)预警信息的内容包括突发公共事件名称、预警级别、预警区域或场所、预警期起止时间、影响估计及应对措施、发布机关等。

(4)预警信息发布后,需要变更预警内容的,应当及时发布变更公告。

(5)法律、法规对突发公共事件预警级别和发布另有明确规定的,从其规定。

第十四条 支持系统。

(1)突发公共事件预警公告的发布可以使用广播、电视、通信网络、警报器和组织人员逐户通知等方式,对精神病人等特殊人群以及学校等特殊场所和警报盲区应当采取有针对性的公告方式。

(2)新闻、通信、人防等部门和机关、团体、企事业单位以及其他社会组织有义务按照省应急办要求向社会发布突发公共事件预警信息。

(3)县以上人民政府根据预警级别采取相应的应急措施。

第五章 应急响应

第十五条 分级负责。

(1)省内发生突发公共事件,由各级人民政府和有关部门按照各自的职责,根据以下规定分级负责处理。

①发生一般(IV 级)突发公共事件,由县(市、区)人民政府启动本级预案并负责处理,相关州、市人民政府做好指挥、协调工作,省应急办和省级有关部门根据工作需要进行指导。

②发生较大(III 级)突发公共事件,由州、市人民政府启动本级预案并负责处理,省应急委成员率有关部门人员赶赴现场协助、指导。

③发生重大(II 级)突发公共事件,由事发地县以上人民政府负责做好先期处置工作,省应急委接报后迅速启动省级预案进行处理。

④发生特别重大(I 级)突发公共事件,由事发地县以上人民政府负责做好前期处置工作,省应急委接报后迅速启动省级预案进行处理。

(2)上级预案启动后,相关的下级预案随之启动。

第十六条 先期处置。

(1)发生或即将发生突发公共事件的信息得到核实后,在尚未划定突发公共事件级别之前,由事发地县(市、区)人民政府负责先期处置。

(2)事发地县(市、区)人民政府负责人接报后要立即赶赴现场,迅速组织指挥有关应急救援队伍进行先期处置。先期处置可采取如下应急措施:

①实施紧急疏散和救援行动,组织群众开展自救互救。

②紧急调配辖区内的应急资源用于应急处置。

③划定警戒区域,采取必要管制措施。

④实施动态监测,进一步调查核实情况。

⑤向社会发出避险警告或预警信息。

⑥有可能波及其他县(市、区)的,要及时相互通报。

⑦其他必要的先期处置措施。

(3)在采取以上措施的同时,事发地县(市、区)人民政府要对事件的性质、类别、危害程度、影响范围等因素进行初步评估,迅速向相关州、市人民政府和省应急办报告。

(4)在采取先期处置措施基础上,达到一般(Ⅳ级)突发公共事件标准的,由县(市、区)人民政府负责处置,相关州、市人民政府和省级各专项应急工作机构进行指导和协助。

第十七条 扩大应急。

(1)在采取先期处置措施基础上,根据事发地县(市、区)人民政府报告的情况,达到较大(Ⅲ级)突发公共事件标准的,由州、市人民政府启动本级预案,采取进一步的措施进行处理,同时向省应急办详细报告工作进展情况。

(2)在采取先期处置措施基础上,根据事发地州、市人民政府和县(市、区)人民政府报告的情况,达到重大(Ⅱ级)突发公共事件标准的,由省应急办报请省应急委决定启动专项预案或本预案,采取进一步的措施进行处理。专项预案或本预案启动后,预案中规定的处置机制自动生效,省应急委委员和有关部门人员应迅速就位。省应急委和省应急办根据实际情况,可以采取如下应急措施:

①抽调人员到省应急办集中办公。

②发布启动相关应急预案的指令。

③对事发地人民政府作出具体指示,责成省人民政府有关部门采取相应的应急措施。

④派出工作组和专家组,成立现场指挥部,必要时由当地人民政府派出掌握少数民族语言的工作人员参加处置工作。

⑤调集专业处置力量和抢险救援物资增援,必要时请求驻滇部队和武警部队给予支援。

⑥根据突发公共事件的级别和发展态势,省应急委副主任赶赴事发地靠前指挥。必要时,请省应急委主任到现场指挥。

⑦向省委和国务院报告,必要时,请求国务院或有关部门给予支持,向周边省、区通报情况。

⑧落实党中央、国务院和省委领导的指示。及时将党中央、国务院和省委、省政府领导指示传达到事发地各级人民政府和省有关专项应急工作机构。保持与现场指挥部的联系,跟踪了解事件发展动态,及时反馈工作进展情况。

(3)在采取先期处置措施的基础上,根据州、市人民政府和县(市、区)人民政府报告的情况,达到特别重大(Ⅰ级)突发公共事件标准的,由省应急委启动本预案进行处置的同时,可根据实际情况和需要,请求国务院依法决定我省发生突发公共事件的地区进入紧急状态。进入紧急状态后,根据有关法律法规的规定进行处置。处置结束后,再请示国务院依法决定解除紧急状态。

第十八条 现场指挥。

(1)本预案或有关专项预案启动后,省应急办和省级各专项应急指挥机构要立即组织事发地人民政府和有关部门按预案要求研究部署各种行动方案,责成各有关部门和单位的领导及工作人员立即进入岗位,做好应急处置的各项准备工作。

(2)省应急委和省级专项应急指挥机构负责人到达事发地后,要认真了解先期处置的情况,根据事件的性质、严重程度和应急处置的需要,成立现场指挥部,研究制定各种应急处置方案。根据实际情况,可以开展以下工作:

①对应急行动中的重大事项作出决策。

②指挥协调现场抢险救援。

③组织指挥人群疏散、安置。

④组织协调有关方面搞好保障和支援。

⑤向省委、省政府报告事态发展和处置情况。

(3)现场指挥部可根据应急处置的实际需要,成立以下工作组:

①抢险救援组:由公安、消防、地震、安全生产监督管理等部门和有关部队组成,组织专业抢险和现场救援力量,进行现场处置。根据需要,随时调遣后续处置和增援队伍。

②医疗救护和卫生防疫组:由卫生、畜牧等部门组成,负责医疗救护、疾病控制、心理救助和人畜间疫情控制等工作。

③交通管制组:由公安、交通、铁路、民航、水运等部门组成,负责事发地水陆交通或空中交通管制工作,确保运输畅通。

④治安警戒组:由公安等部门组成,负责实施现场警戒,维护治安秩序。

⑤人员疏散和安置组:由民政、公安、教育、建设、人防等部门组成,负责人员紧急疏散和安置工作。必要时,采取强制疏散措施,保证被疏散人员的基本生活。

⑥社会动员组:由事发地人民政府、宣传、工会、共青团、妇联、红十字会、慈善总会等部门和组织组成,负责动员社会力量参与应急处置工作。

⑦物资和经费保障组:由发展改革、经济、财政、民政、粮食、供销等部门组成,负责调集、征用应急物资、设备、房屋、场地等。

⑧应急通信组:由通信管理、信息产业部门、省人防办通信站和电信运营企业组成,负责现场应急通信保障工作,确保现场通信畅通。

⑨综合信息组:由现场指挥部抽调专门人员组成,负责综合文字、信息整理工作。

⑩生活保障组:由事发地人民政府组织有关部门组成,负责应急工作人员必需的食宿等生活保障工作。

⑪新闻报道组:由政府新闻办、报社、电台、电视台等部门和单位组成,负责制定新闻报道方案,请政府新闻发言人适时向媒体发布事件进展和处置情况,同时组织新闻媒体向公众做好自救防护等知识宣传。

⑫涉外工作组:由省外办、侨办、台办等部门组成,负责涉及外籍人员和港澳台同胞的有关事宜,接待外国及港澳台新闻媒体的采访。

第十九条 新闻报道。

(1)突发公共事件的宣传报道严格执行《中共中央办公厅、国务院办公厅关于进一步改进和加强国内突发事件新闻报道工作的通知》(中办发〔2003〕22号)规定,做到及时主动、准确把握、正确引导、讲究方式、注重效果、遵守纪律、严格把关。

(2)各新闻单位必须严格遵守新闻纪律,加强对新闻从业人员的教育,严格把关,不炒作,不扩大,充分发挥舆论宣传的正面引导作用。

(3)发生一般(Ⅳ级)、较大(Ⅲ级)突发公共事件后,根据现场指挥部新闻报道组提供的情况,在省政府新闻办指导下,由事发地州、市人民政府新闻发言人召开新闻发布会,向媒体和公众及时通报突发公共事件的相关情况。

(4)发生重大(Ⅱ级)、特别重大(Ⅰ级)突发公共事件后,根据现场指挥部新闻报道组提供的情况,由省政府新闻发言人或部门新闻发言人召开新闻发布会,向媒体和公众及时通报突发公共事件的相关情况。

(5)新闻发布会主要发布突发公共事件的基本情况、采取的应急措施、救援工作情况、存在的困难以及下一步工作打算等信息。

第二十条 应急结束。现场指挥部确认突发公共事件得到有效控制,危害已经消除后,由发出预警信息或指挥应急救援工作的机关在相应的范围内发布指令,解除预警和应急措施,转入正常工作。必要时,通过新闻媒体向社会发布应急结束的信息。

第二十一条 后期处置。

(一)善后工作

(1)事发地县以上人民政府负责按照国家有关规定,对辖区内发生的突发公共事件中致病、致残、死亡的人员,给予相应的补助和抚恤。

(2)事发地县以上人民政府应当依法对启用或者征用的安置场所、应急物资的所有人给予适当补偿。

(3)事发地县以上人民政府负责组织有关部门或专业机构进行突发公共事件现场清理工作,使事发现场恢复到相对稳定、安全的基本状态,防止发生次生事故。必要时对潜在的隐患进行监测与评估,发现问题及时处理。

(4)事发地县以上人民政府采取有效措施,确保受灾群众的正常生活。所需救济经费由事发地县级财政安排,省财政根据情况可给予补助,必要时申请中央财政补助。

(二)社会救助

建立健全与社会主义市场经济相适应的救济救助制度,积极鼓励和利用社会资源进行救济救助,要逐步加大社会救助的比重,积极提倡和鼓励企事业单位和个人捐助。

省红十字会、省慈善总会等社会公益组织要广泛动员和开展救助捐赠活动,并加强与国际红十字会等国际组织的交流与合作,积极吸纳国际非政府组织捐赠的款物。

(三)保险

各级保险公司要根据投保合同及损失情况,及时进行理赔。

(四)调查

事发地县以上人民政府应当根据有关法律、法规组成调查组,及时组织对突发公共事件进行调查,突发公共事件的责任单位和涉及的相关单位要予以配合。

突发公共事件调查组应当及时、准确地查清事件性质,查明事件的原因和责任,提出防范和改进的措施。属于责任事件的,应当对负有责任的单位和个人提出处理意见;涉嫌犯罪的,移交司法机关依法追究刑事责任。

(五)总结

负责处置突发公共事件的县以上人民政府要及时总结经验教训,将应急工作的全过程记录整理后,形成系统的书面材料报上级人民政府和省应急办备案,为今后妥善处置突发公共事件积累经验。

第六章 保障措施

第二十二条 通信保障。

(1)省应急办、省通信管理局和省信息产业办负责牵头做好通信与信息保障工作,各有关部门积极配合。

(2)省应急办要逐步建成全省自然资源与地理空间信息应用平台、法人单位信息应用平台、人口信息库、医疗卫生资源库、建筑档案库、危险品存放点地图库、专家信息库等突发公共事件应急处理信息资源库,并与各专项指挥机构和相关部门实现信息共享。

(3)各级人民政府和参与突发公共事件应急处理的部门要建立可靠快捷的通信方式和分级联系方式,完善稳定、便捷、保密的通信手段,确保突发公共事件处理期间信息畅通。

(4)各地、各有关部门要结合实际,逐步建成针对性、实用性强的地方、部门突发公共事件应急处理通信联络专业系统。条件成熟时,建成全省统一的突发公共事件应急处理通信联络系统。

(5)省通信管理局、各电信运营商要认真做好通信设备和线路的维护管理,确保突发公共事件应急处理期间的通信畅通。在紧急情况下,要迅速安排人员和通信设备,保障通信畅通,积极支持和配合各级人民政府处理突发公共事件。

第二十三条 现场救援和工程抢险装备保障。

(1)各州、市人民政府和省直有关部门负责牵头做好装备保障工作。

(2)各地、各部门要建立本系统现场救援和工程抢险装备数据库。数据库应当载明现场救援和工程抢险装备类型、数量、性能、存放位置等。

(3)应急装备拥有单位应当切实加强维护、保养,科学规划存放地点,确保装备性能完好,并定期进行调试,及时更新补充。执行应急任务时,必须对现场救援和工程抢险装备进行必要的检查,并配备专业技术人员跟踪服务。各地、各有关部门要调查并掌握现场救援和工程抢险装备现状,建立科学规范的登记管理制度,并针对突发公共事件现场救援可能遇到的情况,有计划地购置、储备现场救援和工程抢险装备。

第二十四条 队伍保障。

(1)公安、地震、卫生、安全生产监管、环保、水利、林业等部门负责牵头做好应急队伍保障工作,高危行业、企业组建的专业或预备应急队伍负责配合。

(2)要发挥解放军、武警、预备役部队和民兵等在处置突发公共事件中的骨干作用;充分发挥机关、团体、企事业单位、公益团体和志愿者队伍等社会力量的作用。

第二十五条 交通运输保障。

(1)省交通厅、省公安厅、昆明铁路局、云南机场集团公司、东航云南公司等部门负责牵头做好交通运输保障工作。

(2)要加强应急交通保障,为突发公共事件紧急处置工作提供快速、高效、顺畅的道路设施、设备工具、运行秩序等交通保障条件。

(3)发生突发公共事件后,要及时对事件现场实行道路交通管制,根据需要和可能组织开设应急救援“绿色通道”;道路设施受损时要迅速组织有关部门和专业队伍进行抢修,尽快恢复良好状态;根据应急需要,及时开通水上和空中紧急运输;加强交通战备建设,确保组织和调集交通工具应急,紧急输送疏散人员和物资;必要时,可依法紧急动员和征用其他部门及社会交通设施装备。

(4)应急交通保障的相关责任单位必须全力以赴,确保应急工作所需的物资、器材和人员能够按时输送到指定位置。

第二十六条 医疗卫生保障。

(1)省卫生厅、省食品药品监督管理局、云南医药集团公司负责牵头做好医疗卫生保障工作。

(2)卫生部门要加强公共卫生体系建设,充分发挥疾病控制监测网络的优势,研究制定适应不同类别突发公共事件的应急准备措施,与云南医药集团公司一起做好医疗设施装备、药品储备工作,实现应急卫生资源的有机整合,全面提高公共卫生管理和紧急处置能力。

(3)院前急救网络应当逐步实现省、州(市)、县三级急救网络的整合。根据区域特点和辐射半径,合理布设和建立急救站,确保有效实施现场救治、防疫防病工作。

第二十七条 治安保障。

(1)省公安厅负责牵头做好治安保障工作,各有关部门积极配合。

(2)各级人民政府应当做好突发公共事件现场工作人员和应急专业队伍的安全保障工作,加强事件发生地的治安管理和安全保卫,预防和打击违法犯罪活动,维护社会稳定。

(3)突发公共事件发生后,要迅速组织现场治安警戒和治安管理,严防趁火打劫和制造事端的犯罪行为,加强对重点地区、重点场所、重点人群、重要物资设备的防范保护;属地公安部门、基层政府和社区组织要立即在现场周围设立警戒区和警戒哨,维持秩序,及时疏散受灾群众;对重要场所、目标加强警卫。

(4)加强治安保障工作,确保紧急处置工作有序进行,救灾物资、装备免受人为破坏,社会秩序保持正常。

第二十八条 物资保障。

(1)省发改委、省经委、省民政厅等部门负责牵头做好物资保障工作,各有关部门积极配合。

(2)建立健全全省处理突发公共事件的物资储存、调拨和紧急配送系统,积极提高和切实保证经济动员能力,确保处理公共突发事件所需的物资器材和生活用品的应急供应。

(3)在保证一定数量的处理公共突发事件必需物资储存的基础上,积极探索由实物储备向生产潜力和信息储备发展的路子,通过建立应急生产启动运行机制,实现物资动态储备;

要加强对储备物资的管理,防止储备物资被盗用、挪用、流散和失效,一旦出现上述情况,要及时予以补充和更新;与其他省市和地区建立物资调剂供应渠道,以便需要时迅速从其他省市和地区调入物资;必要时,可依法及时动员和征用社会物资。

第二十九条 经费保障。

(1)省财政厅负责牵头做好经费保障工作,相关部门根据职责范围对口做好经费保障工作。

(2)财政部门安排预算时,按照有关规定安排应急工作预备费。各部门安排资金计划时,要留有一定比例的不可预见费,保障应急支出需要。要逐步建立与经济社会发展水平相适应的应急管理投入机制。

(3)突发公共事件的应急和善后工作经费由事发地人民政府负责承担。发生重大(II级)、特别重大(I级)突发公共事件后,省人民政府和有关部门视情况给予必要的经费补助和物资支持,并积极争取国务院和国家有关部门的支持。

(4)中央和省级安排的资金必须专款专用,财政、监察、审计部门要加强对资金使用的管理、监督,确保资金的使用效益。

第三十条 保险保障。各级人民政府应重视保险在突发公共事件处理工作中的重要作用,鼓励机关、团体、企事业单位、其他组织和公民积极参加事故保险。支持和鼓励保险公司开展突发公共事件的保险业务。

第三十一条 社会动员保障。各州、市人民政府负责牵头做好社会动员保障工作。发生突发公共事件,各级人民政府可以在本辖区范围内进行社会动员,组织和动员机关、企事业单位、学校、解放军、武警部队和社会各界积极参与和支持突发公共事件的处理。

第三十二条 紧急避难场所保障。

(1)省发改委、省建设厅、省人防办等部门负责牵头做好紧急避难场所保障工作。

(2)要把避难场所建设纳入经济和社会发展计划以及城市总体规划、村镇建设规划,逐步建成一批设施完备,布局科学,能够满足人员紧急疏散的避难基础设施,确保疏散避难人员的生活基本需要。

(3)城市可以与公园、广场等市政公共设施和各类人防工程的建设和改造相结合,预留避难场所建设场地,完善紧急避难功能,增强应急避难能力。农村可结合本地地形、地貌特点,在方便生活并较为安全的地区开辟临时避难场所。

第三十三条 技术储备保障。

(1)省科技厅负责牵头做好技术储备保障工作,加强对突发公共事件应急技术的研究开发,各有关部门积极配合。

(2)各州、市人民政府和省级有关部门可以根据工作的实际需要,依托有专长的专业技术人员,组建多形式、多层次的处理突发公共事件专家组,为处理突发公共事件提供支持和服务。专家组要认真分析各种突发公共事件信息,进行前瞻性研究和预测,对有关专业问题及时提出意见,为决策提供正确参考。

(3)积极鼓励和支持有关机构开展突发公共事件应急技术研究,密切跟踪和掌握国际突发公共事件应急处理技术的发展趋势,加强技术储备,不断提高应急处理技术水平。

第七章　宣传、培训和演习

第三十四条　公众宣传教育。利用各种媒体，采取多种形式，在全社会广泛宣传突发公共事件应急法律、法规，宣传预防、避险、自救、互救的常识，加强对在校大中小学生的教育，不断增强社会公众防范、应对突发公共事件的意识和能力。

第三十五条　培训。各州、市人民政府和省级有关部门工作人员要加强学习，利用多种形式进行培训，不断提高处理突发公共事件的综合能力和协调能力。各地、各部门参与处理突发公共事件的工作人员要不断提高信息处理的效率和协助参与指挥的能力，努力做到业务精通、工作踏实、反应迅速、认真细致，确保机构高效运转。

第三十六条　演习。各州、市人民政府和省级有关部门可以根据实际情况，适时组织突发公共事件预警演习和应急救援演练，提高应急处理人员素质，增强应急处理的实战能力。演习场所、范围、要求、组织等内容应在演习演练前30天报省应急办备案。

第八章　奖　　惩

第三十七条　表彰奖励。在处理公共突发事件中信息准确、预警及时、预案周密、处置有力、措施得当、成绩显著的单位和个人，按照《云南省行政奖励暂行规定》及相关规定，给予表彰奖励。

第三十八条　责任追究。在处理突发公共事件中玩忽职守、麻痹大意、隐瞒实情、措施不当、工作不力、造成恶劣影响或严重后果的单位和个人，按照有关规定追究责任。

第九章　附　　则

第三十九条　总体预案框架图(图1)。

第四十条　应急工作流程图(图2)。

第四十一条　专项预案目录。

(1)云南省重特大自然灾害救助应急预案

(2)云南省破坏性地震应急预案

(3)云南省防汛抗旱应急预案

(4)云南省地质灾害应急预案

(5)云南省特大森林火灾应急预案

(6)云南省生产安全事故应急预案

(7)云南省环境污染和生态破坏事故应急预案

(8)云南省突发公共卫生事件应急预案

(9)云南省重大动物疫情应急预案

(10)云南省重大食品安全事件应急预案

(11)云南省重大群体性事件应急预案

(12)云南省重大刑事案件应急预案

(13)云南省涉外突发事件应急预案

(14)云南省突发公共事件财政应急保障预案

(15)云南省恐怖袭击事件应急预案

(16)云南省劫机事件应急预案

(17)云南省突发公共事件新闻报道应急预案

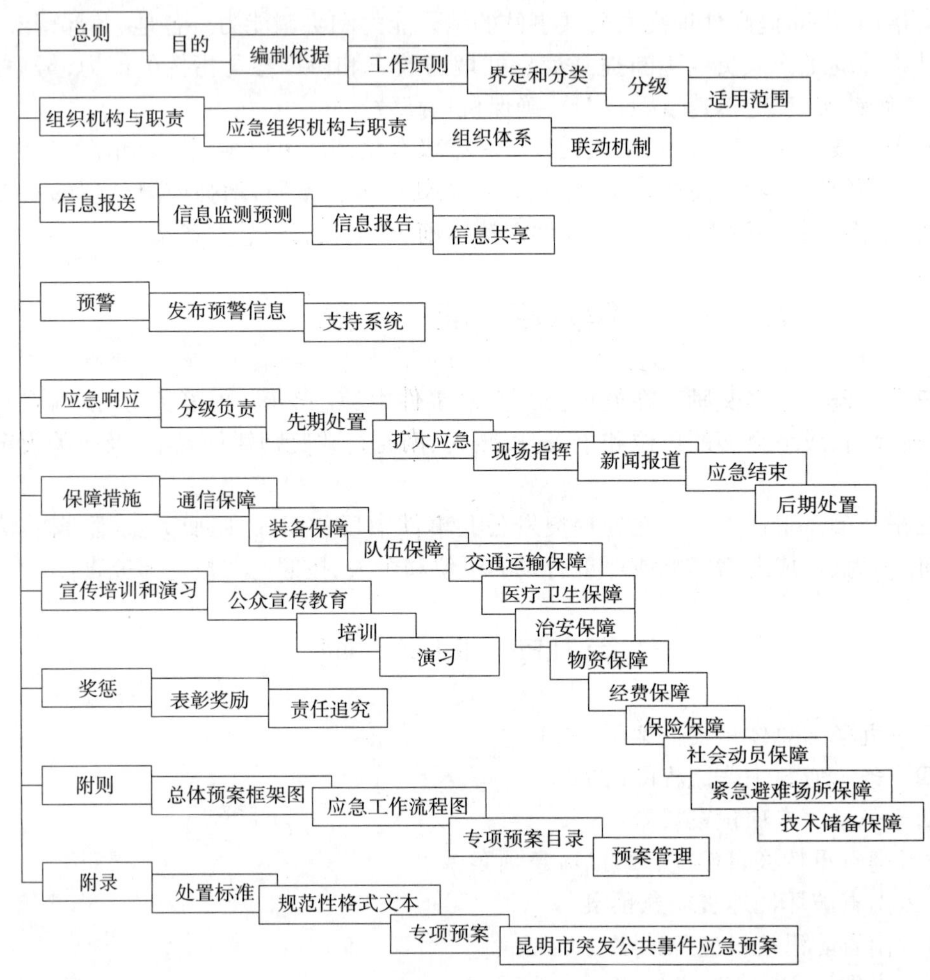

图1　总体预案框架图

第四十二条　预案管理。

(1)本预案由云南省人民政府制定,由云南省人民政府办公厅负责解释。

(2)本预案自2005年1月1日起施行。

(3)省人民政府可根据实际情况,适时对本预案进行修改和完善。

(4)各州、市、县人民政府和各有关部门要根据本预案,组织制定或修订相应的预案和保障计划,并报省应急委备案。

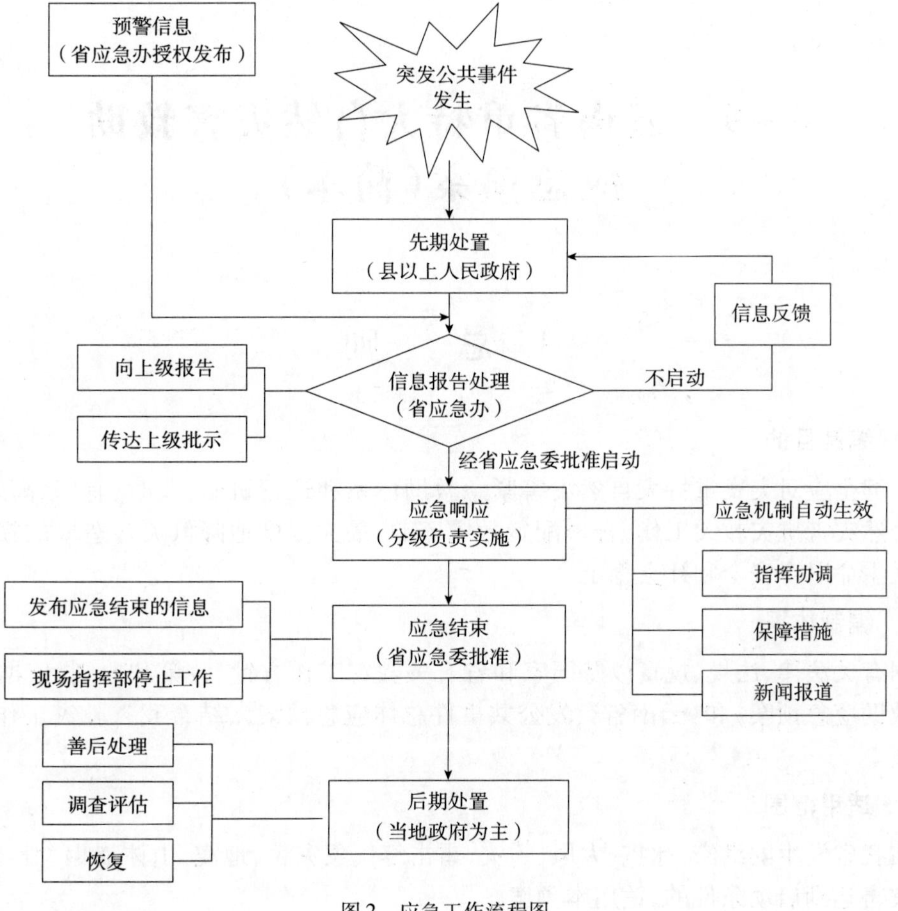

预警信息
（省应急办授权发布）
突发公共事件
发生
先期处置
（县以上人民政府）
信息反馈
向上级报告
传达上级批示
信息报告处理
（省应急办）
不启动
经省应急委批准启动
应急响应
（分级负责实施）
应急机制自动生效
指挥协调
保障措施
新闻报道
发布应急结束的信息
现场指挥部停止工作
应急结束
（省应急委批准）
善后处理
调查评估
恢复
后期处置
（当地政府为主）

图2　应急工作流程图

4-9 云南省重特大自然灾害救助应急预案(简本)

1 总 则

1.1 编制目的

建立健全应对突发重特大自然灾害紧急救助体系和运行机制,及时、有序、高效地开展重特大自然灾害抗灾救灾工作,合理配置救灾资源,最大限度地降低灾害造成的损失,保障人民群众生命财产安全和社会稳定。

1.2 编制依据

依据有关法律、法规、规章以及国家和省有关救灾工作方针、政策和原则,依据《国家自然灾害救助应急预案》和《云南省突发公共事件总体应急预案》,结合我省救灾工作实际,制定本预案。

1.3 适用范围

凡在我省发生的洪涝、冰雹、大风、雪灾、雷击等气象灾害,地震、山体崩塌、滑坡、泥石流等地质灾害达到启动条件的,适用本预案。

1.4 工作原则

(1)以人为本,最大程度地保护人民群众的生命和财产安全。

(2)政府统一领导,分级管理,条块结合,以块为主。

(3)部门密切配合,分工协作,各司其职,各尽其责。

(4)依靠群众,充分发挥基层群众自治组织和公益性社会团体的作用。

2 自然灾害等级划分

自然灾害等级分为4级:特大自然灾害(Ⅰ级)、重大自然灾害(Ⅱ级)、较大自然灾害(Ⅲ级)、一般自然灾害(Ⅳ级)。

本预案只对特大、重大自然灾害的抗灾救灾作出应急响应。

较大自然灾害的应急处理主要由州(市)、县(市、区)两级人民政府负责,省级相关部门视情况予以适当指导与帮助。

一般自然灾害的应急处理由州(市)、县(市、区)两级人民政府负责。

3 组织指挥体系

3.1 省自然灾害抗灾救灾指挥机构

省人民政府设立省自然灾害抗灾救灾领导小组，负责组织协调全省抗灾救灾工作。

3.2 省自然灾害抗灾救灾领导小组办公室

省自然灾害抗灾救灾领导小组办公室负责综合协调救助保障工作。

3.3 省自然灾害抗灾救灾领导小组各工作组

省级有关部门根据职责分工，成立若干工作组，明确组成人员，明确工作职责，一旦预案启动，立即按职责开展工作。

(1)抢险救灾和灾民安置组。

省民政厅牵头，省发展和改革委、经委、教育厅、公安厅、财政厅、国土资源厅、建设厅、交通厅、农业厅、水利厅、地震局、通信管理局，省红十字会，云南电网公司，省慈善总会等有关部门(团体)参加。

(2)查灾核灾组。

省民政厅牵头，省发展和改革委、经委、教育厅、财政厅、建设厅、交通厅、农业厅、林业厅、水利厅、卫生厅、地震局等有关部门参加。

(3)医疗卫生组。

省卫生厅牵头，省农业厅、食品药品监管局等有关部门参加。

(4)安全保卫组省公安厅牵头，省安全厅等有关部门参加。

(5)新闻宣传组。

省政府新闻办牵头，省民政厅、国土资源厅、交通厅、农业厅、水利厅、广电局、省政府外事办、省地震局、气象局等有关部门参加。

(6)接收捐赠组。

省民政厅牵头，省财政厅、商务厅，省政府外事办、省红十字会，昆明海关，省慈善总会等有关部门(团体)参加。

(7)督察组。

省监察厅牵头，省发展和改革委、民政厅、财政厅、审计厅等有关部门参加。

4 应 急 准 备

4.1 预警准备

各地、各有关部门要加强灾情数据库和信息系统建设，不断完善预案和预警机制，切实做好灾害的预警工作。制订危险地段群众转移路线和安置地点的应急预案，有计划地组织基础设施恢复和抢救、转移安置等工作的模拟演练。对可能发生的重、特大自然灾害，省气象台、地震监测中心、地震预报研究中心、防汛抗旱指挥调度中心、农业气象与卫星遥感中心、地质灾害监测总站等部门要严密监测并及时预报，建立和完善灾害预警系统，落实防范措施，进行经常性的检查和督促。

4.2 物资准备

逐步推进县以上救灾物资储备库的建设,完善救灾物资储备、管理、调运、使用制度,以实现就地就近物资调运及保障。各级救灾物资储备中心要备足各类救灾物资。省管救灾物资的使用,根据灾情由省人民政府统一调拨和安排。省有关部门应当掌握各地医院、病床、常用药品、可动用医疗及疾病预防控制队伍人员的数量和分布情况,协调好应急通信设备、应急供电设备及应急交通工具的紧急调用。

4.3 资金准备

按照救灾工作分级负责、救灾资金分级负担的原则,各级财政部门应安排救灾资金预算以及救灾仓库建设、救灾物资储备和救灾物资管理调运经费。在救灾预算资金不足时,各级人民政府的预备费要重点用于灾民生活救助。

5 应急响应

5.1 灾情报告

灾情发生后,当地人民政府应迅速作出反应,统一指挥行政区域内的救灾工作,按程序启动本级救灾应急预案,迅速调查核实灾情,按照民政部自然灾害报告制度的规定,将灾害发展情况及时向上级人民政府和有关部门报告。

5.2 灾民转移安置

重特大自然灾害对人的居住和生活造成威胁时必须进行转移安置。转移安置工作由县级或乡级人民政府组织实施。一般采取投亲靠友、借住公房、搭建帐篷等方式就近安置。由县级或乡级人民政府发出转移安置通知或进行动员,安排运输力量,按照指定的路线进行转移,保障转移安置灾民的基本生活和转移安置地及灾区的社会稳定。同时,防止灾区发生次生灾害。

5.3 预案启动后的响应

发生重、特大自然灾害时,启动本预案,并作出相应的应急响应。

6 应急救灾经费和物资保障

(1)各级民政部门应会同财政等有关部门根据灾区损失的实际情况,及时制定救灾款分配方案,迅速下拨救灾应急经费,督促检查灾区做好救灾款的使用、发放工作。

(2)对重、特大自然灾害,省人民政府视灾情和灾区财力状况给予必要的经费补助,省级有关部门根据灾情和灾区提出的紧急支援项目,尽力筹措资金和物资支援灾区。

(3)抗灾救灾经费和物资必须按规定专款专用,专物专用,重点使用。民政、财政、审计、监察等部门要加强对救灾经费及物资的管理和监督,防止截留、克扣、私分、挤占、滥用、挪用、贪污等违法违纪行为的发生。

7 奖　惩

(1)对在重、特大自然灾害救助工作中作出突出贡献的单位和个人,由各级人民政府或主管部门予以精神和物质奖励。

(2)对在重、特大自然灾害救助工作中玩忽职守造成损失的,依据国家和省有关法律法规追究当事人的责任,构成犯罪的,由司法机关依法追究刑事责任。

8 其他事项

本预案由省自然灾害抗灾救灾领导小组办公室负责管理。省级有关部门应根据本预案制定具体实施办法。各州(市)、县(市、区)人民政府要制定本地区自然灾害救助应急预案,并报省自然灾害抗灾救灾领导小组办公室备案。

4－10　突发气象灾害预警信号及防御指南

(一)突发气象灾害预警信号及防御指南(台风)

(台风预警信号分四级,分别以蓝色、黄色、橙色和红色表示)

图　　例	含　　义	防　御　指　南
台风 蓝 TYPHOON (蓝色)	24小时内可能或者已经受热带气旋影响,沿海或者陆地平均风力达6级以上,或者阵风8级以上并可能持续	1. 政府及相关部门按照职责做好防台风准备工作; 2. 停止露天集体活动和高空等户外危险作业; 3. 相关水域水上作业和过往船舶采取积极的应对措施,如回港避风或者绕道航行等; 4. 加固门窗、围板、棚架、广告牌等易被风吹动的搭建物,切断危险的室外电源
台风 黄 TYPHOON (黄色)	24小时内可能或者已经受热带气旋影响,沿海或者陆地平均风力达8级以上,或者阵风10级以上并可能持续	1. 政府及相关部门按照职责做好防台风应急准备工作; 2. 停止室内外大型集会和高空等户外危险作业; 3. 相关水域水上作业和过往船舶采取积极的应对措施,加固港口设施,防止船舶走锚、搁浅和碰撞; 4. 加固或者拆除易被风吹动的搭建物,人员切勿随意外出,确保老人小孩留在家中最安全的地方,危房人员及时转移
台风 橙 TYPHOON (橙色)	12小时内可能或者已经受热带气旋影响,沿海或者陆地平均风力达10级以上,或者阵风12级以上并可能持续	1. 政府及相关部门按照职责做好防台风抢险应急工作; 2. 停止室内外大型集会、停课、停业(除特殊行业外); 3. 相关应急处置部门和抢险单位加强值班,密切监视灾情,落实应对措施; 4. 相关水域水上作业和过往船舶应当回港避风,加固港口设施,防止船舶走锚、搁浅和碰撞; 5. 加固或者拆除易被风吹动的搭建物,人员应当尽可能待在防风安全的地方,当台风中心经过时风力会减小或者静止一段时间,切记强风将会突然吹袭,应当继续留在安全处避风,危房人员及时转移; 6. 相关地区应当注意防范强降水可能引发的山洪、地质灾害

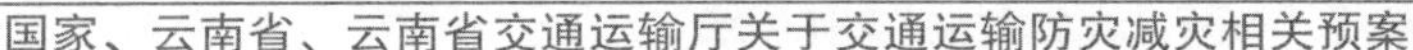

续上表

图　例	含　义	防 御 指 南
（红色）	6小时内可能或者已经受热带气旋影响，沿海或者陆地平均风力达12级以上，或者阵风达14级以上并可能持续	1. 政府及相关部门按照职责做好防台风应急和抢险工作； 2. 停止集会、停课、停业（除特殊行业外）； 3. 回港避风的船舶要视情况采取积极措施，妥善安排人员留守或者转移到安全地带； 4. 加固或者拆除易被风吹动的搭建物，人员应当待在防风安全的地方，当台风中心经过时风力会减小或者静止一段时间，切记强风将会突然吹袭，应当继续留在安全处避风，危房人员及时转移； 5. 相关地区应当注意防范强降水可能引发的山洪、地质灾害

（二）突发气象灾害预警信号及防御指南（暴雨）

（暴雨预警信号分四级，分别以蓝色、黄色、橙色、红色表示）

图　例	含　义	防 御 指 南
（蓝色）	12小时内降雨量将达50毫米以上，或者已达50毫米以上且降雨可能持续	1. 政府及相关部门按照职责做好防暴雨准备工作； 2. 学校、幼儿园采取适当措施，保证学生和幼儿安全； 3. 驾驶人员应当注意道路积水和交通阻塞，确保安全； 4. 检查城市、农田、鱼塘排水系统，做好排涝准备
（黄色）	6小时内降雨量将达50毫米以上，或者已达50毫米以上且降雨可能持续	1. 政府及相关部门按照职责做好防暴雨工作； 2. 交通管理部门应当根据路况在强降雨路段采取交通管制措施，在积水路段实行交通引导； 3. 切断低洼地带有危险的室外电源，暂停在空旷地方的户外作业，转移危险地带人员和危房居民到安全场所避雨； 4. 检查城市、农田、鱼塘排水系统，采取必要的排涝措施
（橙色）	3小时内降雨量将达50毫米以上，或者已达50毫米以上且降雨可能持续	1. 政府及相关部门按照职责做好防暴雨应急工作； 2. 切断有危险的室外电源，暂停户外作业； 3. 处于危险地带的单位应当停课、停业，采取专门措施保护已到校学生、幼儿和其他上班人员的安全； 4. 做好城市、农田的排涝，注意防范可能引发的山洪、滑坡、泥石流等灾害

续上表

图　例	含　义	防御指南
暴雨 红 RAIN STORM（红色）	3 小时内降雨量将达 100 毫米以上，或者已达 100 毫米以上且降雨可能持续	1. 政府及相关部门按照职责做好防暴雨应急和抢险工作； 2. 停止集会、停课、停业(除特殊行业外)； 3. 做好山洪、滑坡、泥石流等灾害的防御和抢险工作

(三)突发气象灾害预警信号及防御指南(暴雪)

(暴雪预警信号分四级，分别以蓝色、黄色、橙色、红色表示)

图　例	含　义	防御指南
暴雪 蓝 SNOW STORM（蓝色）	12 小时内降雪量将达 4 毫米以上，或者已达 4 毫米以上且降雪持续，可能对交通或者农牧业有影响	1. 政府及有关部门按照职责做好防雪灾和防冻害准备工作； 2. 交通、铁路、电力、通信等部门应当进行道路、铁路、线路巡查维护，做好道路清扫和积雪融化工作； 3. 行人注意防寒防滑，驾驶人员小心驾驶，车辆应当采取防滑措施； 4. 农牧区和种养殖业要储备饲料，做好防雪灾和防冻害准备； 5. 加固棚架等易被雪压的临时搭建物
暴雪 黄 SNOW STORM（黄色）	12 小时内降雪量将达 6 毫米以上，或者已达 6 毫米以上且降雪持续，可能对交通或者农牧业有影响	1. 政府及相关部门按照职责落实防雪灾和防冻害措施； 2. 交通、铁路、电力、通信等部门应当加强道路、铁路、线路巡查维护，做好道路清扫和积雪融化工作； 3. 行人注意防寒防滑，驾驶人员小心驾驶，车辆应当采取防滑措施； 4. 农牧区和种养殖业要备足饲料，做好防雪灾和防冻害准备； 5. 加固棚架等易被雪压的临时搭建物
暴雪 橙 SNOW STORM（橙色）	6 小时内降雪量将达 10 毫米以上，或者已达 10 毫米以上且降雪持续，可能或者已经对交通或者农牧业有较大影响	1. 政府及相关部门按照职责做好防雪灾和防冻害的应急工作； 2. 交通、铁路、电力、通信等部门应当加强道路、铁路、线路巡查维护，做好道路清扫和积雪融化工作； 3. 减少不必要的户外活动； 4. 加固棚架等易被雪压的临时搭建物，将户外牲畜赶入棚圈喂养

续上表

图　例	含　义	防　御　指　南
暴雪 红 SNOW STORM （红色）	6小时内降雪量将达15毫米以上，或者已达15毫米以上且降雪持续，可能或者已经对交通或者农牧业有较大影响	1. 政府及相关部门按照职责做好防雪灾和防冻害的应急和抢险工作； 2. 必要时停课、停业（除特殊行业外）； 3. 必要时飞机暂停起降，火车暂停运行，高速公路暂时封闭； 4. 做好牧区等救灾救济工作

（四）突发气象灾害预警信号及防御指南（寒潮）

（寒潮预警信号分四级，分别以蓝色、黄色、橙色、红色表示）

图　例	含　义	防　御　指　南
℃ 寒潮 蓝 COLD WAVE （蓝色）	48小时内最低气温将要下降8℃以上，最低气温小于等于4℃，陆地平均风力可达5级以上；或者已经下降8℃以上，最低气温小于等于4℃，平均风力达5级以上，并可能持续	1. 政府及有关部门按照职责做好防寒潮准备工作； 2. 注意添衣保暖； 3. 对热带作物、水产品采取一定的防护措施； 4. 做好防风准备工作
℃ 寒潮 黄 COLD WAVE （黄色）	24小时内最低气温将要下降10℃以上，最低气温小于等于4℃，陆地平均风力可达6级以上；或者已经下降10℃以上，最低气温小于等于4℃，平均风力达6级以上，并可能持续	1. 政府及有关部门按照职责做好防寒潮工作； 2. 注意添衣保暖，照顾好老、弱、病人； 3. 对牲畜、家禽和热带、亚热带水果及有关水产品、农作物等采取防寒措施； 4. 做好防风工作
℃ 寒潮 橙 COLD WAVE （橙色）	24小时内最低气温将要下降12℃以上，最低气温小于等于0℃，陆地平均风力可达6级以上；或者已经下降12℃以上，最低气温小于等于0℃，平均风力达6级以上，并可能持续	1. 政府及有关部门按照职责做好防寒潮应急工作； 2. 注意防寒保暖； 3. 农业、水产业、畜牧业等要积极采取防霜冻、冰冻等防寒措施，尽量减少损失； 4. 做好防风工作
℃ 寒潮 红 COLD WAVE （红色）	24小时内最低气温将要下降16℃以上，最低气温小于等于0℃，陆地平均风力可达6级以上；或者已经下降16℃以上，最低气温小于等于0℃，平均风力达6级以上，并可能持续	1. 政府及相关部门按照职责做好防寒潮的应急和抢险工作； 2. 注意防寒保暖； 3. 农业、水产业、畜牧业等要积极采取防霜冻、冰冻等防寒措施，尽量减少损失； 4. 做好防风工作

(五)突发气象灾害预警信号及防御指南(大风)

(大风预警信号分四级,分别以蓝色、黄色、橙色和红色表示)

图 例	含 义	防 御 指 南
大风 蓝 GALE (蓝色)	24 小时内可能受大风影响,平均风力可达 6 级以上,或者阵风 7 级以上;或者已经受大风影响,平均风力为 6 ~ 7 级,或者阵风 7 ~8 级并可能持续	1. 政府及相关部门按照职责做好防大风工作; 2. 关好门窗,加固围板、棚架、广告牌等易被风吹动的搭建物,妥善安置易受大风影响的室外物品,遮盖建筑物资; 3. 相关水域水上作业和过往船舶采取积极的应对措施,如回港避风或者绕道航行等; 4. 行人注意尽量少骑自行车,刮风时不要在广告牌、临时搭建物等下面逗留; 5. 有关部门和单位注意森林、草原等防火
大风 黄 GALE (黄色)	12 小时内可能受大风影响,平均风力可达 8 级以上,或者阵风 9 级以上;或者已经受大风影响,平均风力为 8 ~ 9 级,或者阵风 9 ~10 级并可能持续	1. 政府及相关部门按照职责做好防大风工作; 2. 停止露天活动和高空等户外危险作业,危险地带人员和危房居民尽量转到避风场所避风; 3. 相关水域水上作业和过往船舶采取积极的应对措施,加固港口设施,防止船舶走锚、搁浅和碰撞; 4. 切断户外危险电源,妥善安置易受大风影响的室外物品,遮盖建筑物资; 5. 机场、高速公路等单位应当采取保障交通安全的措施,有关部门和单位注意森林、草原等防火
大风 橙 GALE (橙色)	6 小时内可能受大风影响,平均风力可达 10 级以上,或者阵风 11 级以上;或者已经受大风影响,平均风力为 10 ~11级,或者阵风11 ~12 级并可能持续	1. 政府及相关部门按照职责做好防大风应急工作; 2. 房屋抗风能力较弱的中小学校和单位应当停课、停业,人员减少外出; 3. 相关水域水上作业和过往船舶应当回港避风,加固港口设施,防止船舶走锚、搁浅和碰撞; 4. 切断危险电源,妥善安置易受大风影响的室外物品,遮盖建筑物资; 5. 机场、铁路、高速公路、水上交通等单位应当采取保障交通安全的措施,有关部门和单位注意森林、草原等防火
大风 红 GALE (红色)	6 小时内可能受大风影响,平均风力可达 12 级以上,或者阵风 13 级以上;或者已经受大风影响,平均风力为 12 级以上,或者阵风 13 级以上并可能持续	1. 政府及相关部门按照职责做好防大风应急和抢险工作; 2. 人员应当尽可能停留在防风安全的地方,不要随意外出; 3. 回港避风的船舶要视情况采取积极措施,妥善安排人员留守或者转移到安全地带; 4. 切断危险电源,妥善安置易受大风影响的室外物品,遮盖建筑物资; 5. 机场、铁路、高速公路、水上交通等单位应当采取保障交通安全的措施,有关部门和单位注意森林、草原等防火

(六)突发气象灾害预警信号及防御指南(沙尘暴)

(沙尘暴预警信号分三级,分别以黄色、橙色、红色表示)

图　例	含　义	防　御　指　南
(黄色)	12 小时内可能出现沙尘暴天气(能见度小于 1000 米),或者已经出现沙尘暴天气并可能持续	1. 政府及相关部门按照职责做好防沙尘暴工作; 2. 关好门窗,加固围板、棚架、广告牌等易被风吹动的搭建物,妥善安置易受大风影响的室外物品,遮盖建筑物资,做好精密仪器的密封工作; 3. 注意携带口罩、纱巾等防尘用品,以免沙尘对眼睛和呼吸道造成损伤; 4. 呼吸道疾病患者、对风沙较敏感人员不要到室外活动
(橙色)	6 小时内可能出现强沙尘暴天气(能见度小于 500 米),或者已经出现强沙尘暴天气并可能持续	1. 政府及相关部门按照职责做好防沙尘暴应急工作; 2. 停止露天活动和高空、水上等户外危险作业; 3. 机场、铁路、高速公路等单位做好交通安全的防护措施,驾驶人员注意沙尘暴变化,小心驾驶; 4. 行人注意尽量少骑自行车,户外人员应当戴好口罩、纱巾等防尘用品,注意交通安全
(红色)	6 小时内可能出现特强沙尘暴天气(能见度小于 50 米),或者已经出现特强沙尘暴天气并可能持续	1. 政府及相关部门按照职责做好防沙尘暴应急抢险工作; 2. 人员应当留在防风、防尘的地方,不要在户外活动; 3. 学校、幼儿园推迟上学或者放学,直至特强沙尘暴结束; 4. 飞机暂停起降,火车暂停运行,高速公路暂时封闭

(七)突发气象灾害预警信号及防御指南(高温)

(高温预警信号分三级,分别以黄色、橙色、红色表示)

图　例	含　义	防　御　指　南
(黄色)	连续 3 天日最高气温将在 35℃以上	1. 有关部门和单位按照职责做好防暑降温准备工作; 2. 午后尽量减少户外活动; 3. 对老、弱、病、幼人群提供防暑降温指导; 4. 高温条件下作业和白天需要长时间进行户外露天作业的人员应当采取必要的防护措施

续上表

图　例	含　义	防　御　指　南
高温 橙 HEAT WAVE （橙色）	24 小时内最高气温将升至 37℃以上	1. 有关部门和单位按照职责落实防暑降温保障措施； 2. 尽量避免在高温时段进行户外活动，高温条件下作业的人员应当缩短连续工作时间； 3. 对老、弱、病、幼人群提供防暑降温指导，并采取必要的防护措施； 4. 有关部门和单位应当注意防范因用电量过高，以及电线、变压器等电力负载过大而引发的火灾
高温 红 HEAT WAVE （红色）	24 小时内最高气温将升至 40℃以上	1. 有关部门和单位按照职责采取防暑降温应急措施； 2. 停止户外露天作业（除特殊行业外）； 3. 对老、弱、病、幼人群采取保护措施； 4. 有关部门和单位要特别注意防火

（八）突发气象灾害预警信号及防御指南（干旱）

（干旱预警信号分二级，分别以橙色、红色表示；干旱指标等级划分，以国家标准《气象干旱等级》GB/T 20481—2006 中的综合气象干旱指数为标准）

图　例	含　义	防　御　指　南
干旱 橙 DROUGHT （橙色）	预计未来一周综合气象干旱指数达到重旱（气象干旱为 25 ~ 50 年一遇），或者某一县（区）有 40% 以上的农作物受旱	1. 有关部门和单位按照职责做好防御干旱的应急工作； 2. 有关部门启用应急备用水源，调度辖区内一切可用水源，优先保障城乡居民生活用水和牲畜饮水； 3. 压减城镇供水指标，优先经济作物灌溉用水，限制大量农业灌溉用水； 4. 限制非生产性高耗水及服务业用水，限制排放工业污水； 5. 气象部门适时进行人工增雨作业
干旱 红 DROUGHT （红色）	预计未来一周综合气象干旱指数达到特旱（气象干旱为 50 年以上一遇），或者某一县（区）有 60% 以上的农作物受旱	1. 有关部门和单位按照职责做好防御干旱的应急和救灾工作； 2. 各级政府和有关部门启动远距离调水等应急供水方案，采取提外水、打深井、车载送水等多种手段，确保城乡居民生活和牲畜饮水； 3. 限时或者限量供应城镇居民生活用水，缩小或者阶段性停止农业灌溉供水； 4. 严禁非生产性高耗水及服务业用水，暂停排放工业污水； 5. 气象部门适时加大人工增雨作业力度

（九）突发气象灾害预警信号及防御指南（雷电）

（雷电预警信号分三级，分别以黄色、橙色、红色表示）

图　例	含　　义	防　御　指　南
（黄色）	6小时内可能发生雷电活动，可能会造成雷电灾害事故	1. 政府及相关部门按照职责做好防雷工作； 2. 密切关注天气，尽量避免户外活动
（橙色）	2小时内发生雷电活动的可能性很大，或者已经受雷电活动影响，且可能持续，出现雷电灾害事故的可能性比较大	1. 政府及相关部门按照职责落实防雷应急措施； 2. 人员应当留在室内，并关好门窗； 3. 户外人员应当躲入有防雷设施的建筑物或者汽车内； 4. 切断危险电源，不要在树下、电杆下、塔吊下避雨； 5. 在空旷场地不要打伞，不要把农具、羽毛球拍、高尔夫球杆等扛在肩上
（红色）	2小时内发生雷电活动的可能性非常大，或者已经有强烈的雷电活动发生，且可能持续，出现雷电灾害事故的可能性非常大	1. 政府及相关部门按照职责做好防雷应急抢险工作； 2. 人员应当尽量躲入有防雷设施的建筑物或者汽车内，并关好门窗； 3. 切勿接触天线、水管、铁丝网、金属门窗、建筑物外墙，远离电线等带电设备和其他类似金属装置； 4. 尽量不要使用无防雷装置或者防雷装置不完备的电视、电话等电器； 5. 密切注意雷电预警信息的发布

（十）突发气象灾害预警信号及防御指南（冰雹）

（冰雹预警信号分二级，分别以橙色、红色表示）

图　例	含　　义	防　御　指　南
（橙色）	6小时内可能出现冰雹天气，并可能造成雹灾	1. 政府及相关部门按照职责做好防冰雹的应急工作； 2. 气象部门做好人工防雹作业准备并择机进行作业； 3. 户外行人立即到安全的地方暂避； 4. 驱赶家禽、牲畜进入有顶篷的场所，妥善保护易受冰雹袭击的汽车等室外物品或者设备； 5. 注意防御冰雹天气伴随的雷电灾害

续上表

图　　例	含　　义	防　御　指　南
冰雹 红 HALL （红色）	2小时内出现冰雹可能性极大，并可能造成重雹灾	1. 政府及相关部门按照职责做好防冰雹的应急和抢险工作； 2. 气象部门适时开展人工防雹作业； 3. 户外行人立即到安全的地方暂避； 4. 驱赶家禽、牲畜进入有顶篷的场所，妥善保护易受冰雹袭击的汽车等室外物品或者设备； 5. 注意防御冰雹天气伴随的雷电灾害

（十一）突发气象灾害预警信号及防御指南（霜冻）

（霜冻预警信号分三级，分别以蓝色、黄色、橙色表示）

图　例	含　　义	防　御　指　南
霜冻 蓝 FROST （蓝色）	48小时内地面最低温度将要下降到0℃以下，对农业将产生影响，或者已经降到0℃以下，对农业已经产生影响，并可能持续	1. 政府及农林主管部门按照职责做好防霜冻准备工作； 2. 对农作物、蔬菜、花卉、瓜果、林业育种要采取一定的防护措施； 3. 农村基层组织和农户要关注当地霜冻预警信息，以便采取措施加强防护
霜冻 黄 FROST （黄色）	24小时内地面最低温度将要下降到零下3℃以下，对农业将产生严重影响，或者已经降到零下3℃以下，对农业已经产生严重影响，并可能持续	1. 政府及农林主管部门按照职责做好防霜冻应急工作； 2. 农村基层组织要广泛发动群众，防灾抗灾； 3. 对农作物、林业育种要积极采取田间灌溉等防霜冻、冰冻措施，尽量减少损失； 4. 对蔬菜、花卉、瓜果要采取覆盖、喷洒防冻液等措施，减轻冻害
霜冻 橙 FROST （橙色）	24小时内地面最低温度将要下降到零下5℃以下，对农业将产生严重影响，或者已经降到零下5℃以下，对农业已经产生严重影响，并将持续	1. 政府及农林主管部门按照职责做好防霜冻应急工作； 2. 农村基层组织要广泛发动群众，防灾抗灾； 3. 对农作物、蔬菜、花卉、瓜果、林业育种要采取积极的应对措施，尽量减少损失

(十二)突发气象灾害预警信号及防御指南(大雾)

(大雾预警信号分三级,分别以黄色、橙色、红色表示)

图　例	含　义	防　御　指　南
大雾 黄 HEAVY FOG (黄色)	12 小时内可能出现能见度小于 500 米的雾,或者已经出现能见度小于 500 米、大于等于 200 米的雾并将持续	1. 有关部门和单位按照职责做好防雾准备工作; 2. 机场、高速公路、轮渡码头等单位加强交通管理,保障安全; 3. 驾驶人员注意雾的变化,小心驾驶; 4. 户外活动注意安全
大雾 橙 HEAVY FOG (橙色)	6 小时内可能出现能见度小于 200 米的雾,或者已经出现能见度小于 200 米、大于等于 50 米的雾并将持续	1. 有关部门和单位按照职责做好防雾工作; 2. 机场、高速公路、轮渡码头等单位加强调度指挥; 3. 驾驶人员必须严格控制车、船的行进速度; 4. 减少户外活动
大雾 红 HEAVY FOG (红色)	2 小时内可能出现能见度小于 50 米的雾,或者已经出现能见度小于 50 米的雾并将持续	1. 有关部门和单位按照职责做好防雾应急工作; 2. 有关单位按照行业规定适时采取交通安全管制措施,如机场暂停飞机起降,高速公路暂时封闭,轮渡暂时停航等; 3. 驾驶人员根据雾天行驶规定,采取雾天预防措施,根据环境条件采取合理行驶方式,并尽快寻找安全停放区域停靠; 4. 不要进行户外活动

(十三)突发气象灾害预警信号及防御指南(霾)

(霾预警信号分二级,分别以黄色、橙色表示)

图　例	含　义	防　御　指　南
霾 黄 HAZE (黄色)	12 小时内可能出现能见度小于 3000 米的霾,或者已经出现能见度小于 3000 米的霾且可能持续	1. 驾驶人员小心驾驶; 2. 因空气质量明显降低,人员需适当防护; 3. 呼吸道疾病患者尽量减少外出,外出时应戴上口罩
霾 橙 HAZE (橙色)	6 小时内可能出现能见度小于 2000 米的霾,或者已经出现能见度小于 2000 米的霾且可能持续	1. 机场、高速公路、轮渡码头等单位加强交通管理,保障安全; 2. 驾驶人员谨慎驾驶; 3. 空气质量差,人员需适当防护; 4. 人员减少户外活动,呼吸道疾病患者尽量避免外出,外出时应戴上口罩

（十四）突发气象灾害预警信号及防御指南（道路结冰）

（道路结冰预警信号分三级，分别以黄色、橙色、红色表示）

图 例	含 义	防 御 指 南
道路结冰 黄 ROAD ICING （黄色）	当路表温度低于0℃，出现降水，12小时内可能出现对交通有影响的道路结冰	1. 交通、公安等部门要按照职责做好道路结冰应对准备工作； 2. 驾驶人员应当注意路况，安全行驶； 3. 行人外出尽量少骑自行车，注意防滑
道路结冰 橙 ROAD ICING （橙色）	当路表温度低于0℃，出现降水，6小时内可能出现对交通有较大影响的道路结冰	1. 交通、公安等部门要按照职责做好道路结冰应急工作； 2. 驾驶人员必须采取防滑措施，听从指挥，慢速行使； 3. 行人出门注意防滑
道路结冰 红 ROAD ICING （红色）	当路表温度低于0℃，出现降水，2小时内可能出现或者已经出现对交通有很大影响的道路结冰	1. 交通、公安等部门做好道路结冰应急和抢险工作； 2. 交通、公安等部门注意指挥和疏导行驶车辆，必要时关闭结冰道路交通； 3. 人员尽量减少外出

5

其　　他

5-1 交通运输部安全委员会成员单位安全生产工作职责

根据国务院批准的交通运输部“三定”规定和有关法律法规以及《国务院安全生产委员会成员单位安全生产工作职责》,现将部安委会成员单位安全生产工作职责明确如下:

一、办公厅

(一)承担部有关重大政策研究,参与交通运输有关安全生产和应急重大政策的制订。

(二)负责交通运输安全生产和应急方面有关文电和领导批示的批转和督办。

二、政策法规司

(一)承担交通运输安全生产和应急立法规划、计划的编制和立法组织协调工作。

(二)承担交通运输安全生产和应急法律、行政法规草案和规章的审核及报请审议工作。

(三)拟订交通运输安全生产和应急新闻宣传有关规定,并监督实施。

(四)指导交通运输行业安全生产和应急新闻宣传工作,负责部安全生产和应急新闻发布、重大宣传活动的组织协调与舆情分析。

(五)指导交通运输安全生产和应急方面有关行业体制改革工作。

(六)指导交通运输执法和宣传队伍建设。组织对交通运输安全生产和应急工作先进单位和个人进行评比表彰。

三、综合规划司

(一)参与组织编制交通运输安全生产和应急体系建设发展规划,负责相关建设项目的前期工作。

(二)负责安排交通运输有关安全生产监管和应急方面基础设施、装备建设以及专项治理所需项目和投资。

四、财务司

(一)承担交通运输安全生产和应急方面财务预算的编报、执行和管理工作,落实交通运输安全生产和应急工作所需专项资金。

(二)配合有关部门对安全生产专项资金的使用情况进行监督检查。

五、人事劳动司

(一)拟订部机关和部属单位安全生产和应急方面有关干部人事、机构编制、劳动安全卫生等方面的制度、标准,并监督实施。

(二)承担交通运输安全生产和应急救助部门部管干部的考核、任免、调配、培训、监督、奖惩及后备干部管理工作。

(三)承担部属安全生产和应急救助部门机关编制管理和体制改革工作。

(四)负责在部机关工作人员职业教育、继续教育和培训学习计划中纳入交通运输安全生产和应急法律、行政法规及安全生产知识，并组织实施。

（五）指导公路、水路行业安全生产和应急领域各类专业技术人才、技能人才队伍建设工作。

（六）指导公路、水路行业爱国卫生和职业病防治工作。

（七）会同有关部门制定交通运输安全生产领域职业资格相关政策。

六、公路局

（一）拟订公路建设、养护、路政、运营的安全生产和应急相关政策、制度、标准和应急预案，起草相关法规并监督实施。

（二）指导公路行业安全生产和应急管理以及体系建设，指导有关公路建设相关企业安全生产工作。

（三）提出公路安全保障工程、危桥改造、灾害防治、水毁抢修等工程安排建议，并监督实施；组织开展相关安全生产专项治理工作。

（四）指导全国公路养护管理工作，组织协调干线公路抢修保通工作；承担国家高速公路及重要干线路网运行监测和协调；承担公路出行信息服务和气象灾害预警工作；组织实施公路应急处置工作。

（五）指导公路建设、养护、路政、运营队伍建设工作；指导相关企业和从业人员的安全教育培训工作。

七、水运局

（一）拟订水路运输企业、水路工程建设、港口、航道安全生产和应急管理的相关政策、制度、标准和应急预案，起草相关法规并监督实施。

（二）指导相关安全生产和应急处置体系建设；指导相关水路运输企业安全生产工作；参与水路运输相关安全生产事故调查处理。

（三）提出水路运输相关安全生产和应急方面的规划；承担国家重点水路工程和部管理的支持系统有关安全生产和应急项目设计审批、招投标管理、施工许可、实施监督和竣工验收工作；指导水路行业基础设施建设、运营和维护。

（四）承担航道及有关航道设施、通航建筑物、航电枢纽的维护安全运行、保通的管理工作；负责内河航道划定及河道采砂涉及航道的管理。

（五）拟订水路危险货物运输政策和标准；负责港口危险品从业人员资质认定和监督管理；承担有关危险品和水路运输国际公约、规则制定和修订的相关工作；承担相关国际公约的履约工作。

（六）提出水路运输安全保障工程、老码头改造工程、灾害防治、水毁抢修等工程安排建议，并监督实施；组织开展相关安全生产专项治理工作；组织协调紧急客货水路运输；承担港口设施保安和港口安全评价的管理工作。

（七）指导水路运输、港口、航道、水路建设队伍建设工作；负责水路建设行业有关咨询、设计、施工、监理企业资质和个人职业资格的管理，指导相关企业和从业人员的安全教育培训工作。

八、道路运输司

（一）拟订道路运输安全生产和应急相关政策、制度、标准和应急预案，起草相关法规并监督实施。

（二）指导相关安全生产和应急处置体系建设；指导道路运输企业安全生产工作。

（三）指导道路运输枢纽、场站安全生产和应急管理工作；参与相关规划的编制工作，并监督实施；组织协调紧急客货道路运输；组织开展相关安全生产专项治理工作。

（四）提出道路运输安全生产和应急发展规划；指导城市客运（含城市地铁和轨道交通）运营的安全生产和应急管理工作。

（五）拟订道路危险货物运输政策和标准；负责危险品道路运输从业人员资质认定和监督管理；承担有关危险品道路运输国际公约、规则制定和修订的相关工作。

（六）指导道路运输应急队伍建设工作；指导相关企业和从业人员的安全教育培训和资质管理工作。

九、安全监督司

（一）组织落实安全生产和应急工作方针、政策，并监督检查相关工作的执行情况；组织拟订安全生产和应急体系建设发展规划，并监督实施。

（二）组织拟订公路、水路安全生产政策；拟订综合性安全生产政策和有关规章制度，起草相关法规并监督实施；指导公路、水路应急预案的拟订，并监督实施。

（三）指导并部署公路、水路行业安全生产和应急管理工作；协调部内有关应急值班工作；统一组织开展季节性安全生产和应急管理工作、安全生产大检查和专项督查；组织或参与由部或国家负责的安全生产事故的调查处理；会同相关部门督查事故调查处理和责任追究落实情况。

（四）承担部安全、应急信息统计汇总、分析等工作，提出加强安全生产和应急管理的建议。

（五）承担部安委会办公室、应急办公室的日常工作；负责与国务院应急办、国务院安委办和国家安全生产监督管理总局的联系协调。

（六）指导公路、水路行业中央企业的安全生产监督管理工作；承担公路、水路中央企业安全生产督查和安全绩效考核工作。

（七）指导公路、水路行业安全生产和应急队伍建设工作；指导相关安全生产和应急处置的宣传教育和培训工作。

十、科技司

（一）组织拟订公路、水路行业安全生产和应急方面科技、教育和信息化政策；拟订公路、水路行业安全生产和应急方面科技与教育的发展规划，并监督实施。

（二）指导公路、水路行业安全和应急学科专业建设、职业教育和培训工作。

（三）承担安全生产和应急方面标准化管理有关工作；负责公路、水路安全生产和应急的有关国家标准、行业标准的相关管理工作。

（四）组织协调公路、水路有关国家级、部级安全生产和应急科技项目研究；指导行业安全生产科技成果转化和推广应用工作。

十一、国际合作司

（一）指导公路、水路行业安全生产和应急方面国际合作和交流；承担公路、水路安全生产和应急政府间国际组织事务和双边、区域合作机制的有关工作。

（二）组织协调有关安全生产和应急方面国际公约的履约和协定的执行工作。

十二、公安局

（一）拟订航运、海事和港口公安保卫工作中支持、保障安全生产和应急的有关规章、制度，并监督实施。

（二）指导交通公安预防、打击危害安全生产的违法犯罪，强化相关治安行政管理工作。

（三）指导港航火灾扑救和抢险救援工作、调查火灾事故、对消防法规定的港口建设项目消防审核和验收；负责港航消防监督检查的管理工作。

（四）指导港口道路交通管理，维护港口正常交通秩序。

十三、中国海上搜救中心总值班室

（一）负责组织、协调和指挥重大海上（含内河水域）搜救、船舶污染事故等突发事件的应急处置（以下简称“海上突发事件应急处置”）行动；负责海上突发事件应急处置职守；指导和督查地方海上突发事件应急处置工作；承担保安报警、海上预警和打击海盗值守工作；受部委托，承担水上应急值班工作；承担交通运输突发事件信息的接收与报告工作；承担国家防汛抗旱（防抗台风）总指挥部成员单位联络员部门工作。

（二）起草海上搜救有关政策法规，制订重大海上搜救和船舶污染事故应急反应预案及有关规章制度。

（三）组织制定全国海上搜救处置力量和物资的布局规划，指导并组织实施海上搜救物资储备工作；承担海上突发事件应急处置信息系统建设工作；指导地方政府和企事业单位的海上突发事件应急处置能力建设。

（四）负责海上搜救演习、培训、科普宣教、统计分析、总结评估和奖励补偿工作；负责社会海上搜救单位的能力评估。

（五）负责建立海上搜救的部际和部省协作机制；协调海上突发事件应急处置力量参加国家特大突发事件处置行动。

（六）承担国家海上搜救部际联系会议的日常工作；履行有关国际公约，开展与有关国家和国际组织在海上搜救和船舶污染事故应急方面的交流与合作。

（七）代部海事局履行重要通航水域清障和海上安全值班工作。

十四、监察局

（一）督促行政监察对象依法履行安全生产监督和应急管理职责。

（二）参加重大及以上安全生产事故调查处理，查处安全生产事故涉及的违法违纪行为，督促落实对事故责任人的责任追究。

十五、质监总站

（一）拟定公路、水运工程安全生产的管理规定；指导公路、水运工程施工安全生产和应急管理工作，发布建设工程应急预案。

（二）负责公路、水运工程安全生产监督的指导工作；承担公路、水运工程建设安全生产统计分析工作。

（三）组织公路、水运工程安全生产监督检查。

（四）受理公路、水运工程质量和重大安全生产问题的投诉，参与对重大工程质量和安全生产事故的调查处理。

（五）组织公路、水运工程施工安全生产管理人员的业务培训及考核。

十六、海事局

（一）拟订和组织实施水上安全监督管理和防止船舶污染、船舶及海上设施检验、航海保障安全生产方面的方针、政策、法规和技术规范、标准；组织编制全国海事系统中长期发展规划和有关计划；负责全国海事系统业务指导和统计工作。

（二）负责水上交通安全监管和船舶防污染管理工作。负责船舶载运危险货物的安全监督；负责管理并组织航运企业安全生产条件和安全管理体系审核发证工作；负责水上交通、船舶污染有关事故的调查处理。

（三）负责船舶、海上设施检验行业管理以及船舶适航和船舶技术管理；管理船舶及海上设施法定检验、发证工作；负责船舶检验机构和验船师资质的认定及监督管理；负责中国籍船舶登记、发证、检查和进出港（境）签证；负责外国籍船舶入出境及在我国港口、水域的监督管理；负责船舶保安、防海盗等的相关政策、规则、标准拟订和管理监督工作。

（四）负责船员、引航员适任资格培训、考试、发证管理；审核和监督管理船员、引航员培训机构资质及其质量体系；负责海员证件的管理工作。

（五）监督和管理通航秩序、通航环境。负责禁航区、航道（路）、交通管制区、港区锚地和安全作业区等水域的划定和监督管理；核定船舶靠泊安全条件；核准与通航安全有关的岸线使用和水上水下施工、作业；管理沉船沉物打捞和碍航物清除；负责河道采砂涉及通航安全的管理工作；管理和发布航行警（通）告。

（六）负责航海保障工作。管理沿海航标无线电导航和水上安全通信；管理海区港口航道测绘并组织编印相关航海图书资料；归口管理交通行业测绘工作。

（七）组织实施相关国际海事公约；依法维护国家主权；负责有关海事业务国际组织事务和有关国际合作、交流事宜。

十七、救助打捞局

（一）拟订救助打捞行业有关安全生产政策、法规、标准、规范，并监督实施。组织行业发展战略研究；组织编制救助打捞系统中长期发展规划和有关计划；指导行业信息化建设。

（二）负责航行在我国沿海水域的国内外船舶、海上设施和遇险的国内外航空器及其他方面的人命救助。

（三）负责船舶和海上设施财产救助、沉船沉物打捞，承担沿海港口航道清障、沉船存油和难船溢油应急清除的有关工作。

（四）承担国家指定的特殊的政治、军事、救灾等抢险救助、打捞任务；负责救助打捞系统的安全生产和应急管理工作，履行有关国际公约和双边海运协定等国际义务。

（五）负责统一部署救助船舶、直升机（飞机）等救助值班待命力量，承担实施有关救助指挥调度和协调工作。

（六）负责管理与海（水）上救助和打捞有关的涉外事宜；组织开展对外业务合作与技术交流。

（七）负责打捞、潜水机构资质审核；管理从事产业潜水作业的潜水员及与救助打捞相关的其他特殊工种的考核发证工作。

十八、中国海员建设工会

（一）调查研究安全生产工作中涉及交通运输系统职工合法权益的重大问题；参与涉及职工切身利益的有关安全生产政策、措施、制度和法律、法规草案的拟订工作。

（二）指导相关联委会参与职工劳动安全卫生的培训和教育工作，开展群众性劳动卫生活动。

（三）参加严重职业危害事故的调查处理，代表职工监督防范和整改措施的落实。

5-2　云南省交通运输厅安全生产委员会成员单位安全生产和应急工作职责

根据《云南省交通运输厅主要职责内设机构和人员编制规定》（云政办发〔2009〕150号）、《云南省交通运输厅关于印发厅内设机构主要职责的通知》（云交人〔2011〕64号）、《云南省交通运输厅安全生产委员会工作规则》和有关法律、法规，参照《交通运输部安全委员会成员单位安全生产工作职责》（交安委发〔2010〕1号），现将厅安委会成员单位安全生产和应急工作职责明确如下：

一、办公室

（一）承担厅有关重大政策研究，参与有关安全生产和应急工作重大政策的制定。

（二）负责有关安全生产和应急工作文电和领导批示的批转和督办，确保相关文电办理及时、准确。

（三）落实有关安全生产和应急政务保障。

（四）负责本室内部的安全生产管理。

（五）完成上级交办的有关安全生产和应急工作任务。

二、综合规划处

（一）负责将安全生产和应急工作纳入交通运输综合规划进行统筹编制；指导、参与组织编制安全生产和应急体系建设发展规划。

（二）负责将安全生产和应急体系建设纳入相关建设项目的前期工作。

（三）负责安排有关交通运输安全生产和应急方面的基础设施、技术改造、队伍建设、装备建设、物资储备以及专项治理所需项目和投资。

（四）组织开展交通运输国防动员潜力调查工作，承办战时公路交通、船舶运输、海事和救捞力量动员的协调工作，指导国防交通专业保障队伍建设。

（五）负责本处内部的安全生产管理。

（六）完成上级交办的有关安全生产和应急工作任务。

三、政策法规处

（一）指导、参与有关交通运输安全生产、应急政策的制定。

（二）承担有关交通运输安全生产和应急工作的立法规划、计划的编制和立法组织协调工作；承担有关安全生产和应急工作的地方性法规、规章草案和机关规范性文件的合法性审核及报请审议工作。

（三）监督、指导涉及交通运输安全生产和应急工作的依法行政工作，以及相应的行政执法和执法队伍建设。

（四）统一负责厅安全生产和应急工作的信息公开、新闻发布、宣传报道、舆情分析；拟订厅安全生产和应急工作新闻宣传的规章制度并监督实施；组织、指导、协调、参与交通运输重大安全生产和应急工作的宣传活动。

（五）参与、指导交通运输安全生产和应急体制改革工作。

（六）负责将安全文化纳入交通运输精神文明和行风建设的主要内容，实施统筹规划、部署和建设，并监督落实。

（七）负责本处内部的安全生产管理。

（八）完成上级交办的有关安全生产和应急工作任务。

四、运输管理处

（一）组织拟订城乡道路、水路运输安全和应急工作的发展规划、政策、制度、标准、规范和应急预案，并监督落实。

（二）组织起草城乡道路、水路运输安全和应急工作的地方性法规、规章和规范性文件草案；监督相关法律、法规、规章和规范性文件的贯彻执行。

（三）指导城市公共汽车、出租汽车、汽车租赁、城市地铁、轨道交通、道路运输枢纽、场站的安全运营和应急管理工作。

（四）指导法定监管职责内的交通运输安全生产、应急体系建设；指导道路运输企业相关的安全生产工作；指导相关从业人员的安全教育培训工作，指导 GPS 安装应用工作；组织开展相关安全生产专项治理工作。

（五）组织落实应急运输资源和力量，组织协调道路、水路、城市公交、出租车、城市地铁、轨道交通的紧急客货运输。

（六）受理运输安全生产问题的投诉，参与相关事故的调查处理。

（七）负责本处内部的安全生产管理。

（八）完成上级交办的有关安全生产和应急工作任务。

五、资产财务处

（一）按部门预算编制的规定，承担交通运输安全生产和应急方面的财务预算编报、执行和管理工作，落实安全生产和应急所需专项资金。

（二）配合有关部门对安全生产、应急方面专项资金的使用情况实施监督检查。

（三）负责本处内部的安全生产管理。

（四）完成上级交办的有关安全生产和应急工作任务。

六、基本建设管理处（公路建设安全生产专业委员会）

（一）组织拟订并监督落实交通运输基本建设安全生产和应急管理工作的政策、制度、标准、规范和应急预案。

（二）组织起草交通运输基本建设安全生产和应急管理工作的地方性法规、规章、规范性文件的草案；监督相关法律、法规、规章和规范性文件的贯彻执行。

（三）依法组织、监督、指导、协调、实施：交通运输基本建设安全生产和应急管理工作以及体系建设；开展交通运输基本建设安全生产、应急管理工作的监督检查和专项整治。

（四）组织、监督、指导、实施：交通运输基本建设工程有关安全资质和条件的审查审批、安全评价；落实新建公路安全评价和“安全设施与主体工程同时设计、同时施工、同时竣工验收投入使用”的“三同时”措施。

（五）受理交通运输基本建设工程安全生产问题的投诉；参与有关事故的调查处理。

（六）指导法定职责范围内交通运输基本建设相关企业安全生产、应急工作和队伍建设、从业人员安全教育培训工作。

（七）承担厅安委会公路建设安全生产专业委员会的工作，归口监管全省公路建设安全生产和应急管理工作。

（八）负责本处内部的安全生产管理。

（九）完成上级交办的有关安全生产和应急工作任务。

七、管理养护处（公路养护安全生产专业委员会）

（一）组织拟订并监督落实公路管理养护安全生产和应急管理工作的政策、规划、制度、标准、规范和应急预案。

（二）组织起草关于公路管理养护安全生产和应急管理工作的地方性法规、规章和规范性文件草案，并监督相关的法律、法规、规章、文件的贯彻执行。

（三）依法组织、监督、指导、协调、实施：公路管理养护安全生产和应急管理工作以及体系建设；公路、水路管理养护施工安全生产方案的审查审批；在用公路安全设施以及安全标志、标线、信号的设置、管理和维护；桥梁和隧道养护的监督管理工作；公路管理养护安全生产监督检查和专项整治；超限运输管理和治超工作。

（四）负责在用公路危险路段整治、安全保障工程、危桥改造、抢修保通、灾害防治、水毁抢修和恢复等有关管理工作。

（五）组织、指导、协调路政管理和审批工作中的安全生产和应急工作。

（六）组织协调公路抢修保通工作，承担路网运行监测和协调；承担公路出行信息服务和气象灾害预警工作；组织实施公路应急处置工作。

（七）受理公路管理养护安全生产问题的投诉，参与有关事故的调查处理。

（八）指导法定职责范围内公路管理部门、公路公司有关安全生产工作和从业人员安全教育培训工作。

（九）承担厅安委会公路养护安全生产专业委员会的工作，归口监管全省公路养护安全生产和应急管理工作。

（十）负责本处内部的安全生产管理。

（十一）完成上级交办的有关安全生产和应急工作任务。

八、安全监督处（厅安委办、直属单位安全生产专业委员会、厅应急办）

（一）组织拟订并监督实施综合性的安全生产和应急工作的方针政策、发展规划、规章制度、规范标准和应急预案。

（二）起草交通运输安全生产和应急管理工作的地方性法规、规章和规范性文件的草案；监督相关法律、法规、规章、规范性文件的贯彻落实。

（三）组织、部署、监督、指导、协调、实施：安全生产和应急工作；安全生产和应急体系、制度（法制、体制、机制）、队伍和预案建设；落实安全生产和应急责任制；开展安全生产和应急管理工作监督检查、隐患整治和预案演练。

（四）承担厅安委会、应急办的日常工作，负责与省政府办公厅（省政府应急办）、省安委办和省安监局的联系协调。

（五）代表厅安委会监督、指导、协调各安全生产专业委员会和各成员单位的工作；组织起草安全生产和应急管理工作的综合性文件、材料，统一组织开展综合性的安全生产和应急工作大检查或专项督查；对厅属单位的安全生产和应急工作进行监督、指导、考核、奖惩。

（六）承担厅安全生产、应急工作信息的统计、分析和报送，提出加强安全生产和应急工作的建议。

（七）指导水上搜救工作；依法组织、协调或参与有关重大及以上生产安全事故和突发事件的应急处置。

（八）依法组织或参与有关重大及以上生产安全事故的调查处理；监督事故查处和责任追究措施的落实。

（九）指导交通运输安全生产和应急队伍建设工作，指导相关安全生产和应急方面的宣传教育和培训工作。组织对交通运输安全生产和应急工作先进单位和个人进行评比表彰。

（十）指导交通运输系统的消防、森林防火、抗震救灾工作，负责公共卫生工作中的突发性事件工作。

（十一）负责本处内部的安全生产管理。

（十二）完成上级交办的有关安全生产和应急工作任务。

九、科技教育处

（一）组织拟订并监督落实交通运输安全生产、应急方面科技、教育和信息化的政策、规划、制度。

（二）负责安全生产和应急方面的科研项目的管理（含调研、报批、立项、研发、评审、鉴定、实施、验收），加大安全生产和应急科研经费的投入力度。

（三）指导交通运输安全生产和应急学科专业建设、职业教育和培训工作；负责安全生产和应急方面科技成果的交流、成果转化和推广应用；组织、指导安全生产和应急方面的新技术、新工艺、新材料的推广应用。

（四）负责安全生产和应急方面的标准化管理工作；组织涉及安全生产和应急工作的标准的起草、评审、鉴定和报备。

（五）按照教育主管部门的要求，监督、指导、协调厅属院校的安全生产和应急工作。参与有关事故的调查处理。

（六）负责本处内部的安全生产管理。

（七）完成上级交办的有关安全生产和应急工作任务。

十、对外合作处（通道办）

（一）组织、协调、指导安全生产和应急方面的对外合作与交流；负责有关安全生产和应急工作涉外事务的协调联系，牵头落实涉外应急工作；参与有关涉外事故的调查处理。

（二）组织拟订涉外事务中安全生产和应急方面的政策、制度、预案。

（三）指导、协调、参与关于安全生产和应急方面的国际公约和协定的起草、签订、履约、执行。

（四）负责本处内部的安全生产管理。

（五）完成上级交办的有关安全生产和应急工作任务。

十一、人事劳动处

（一）拟订并监督落实厅机关和厅属单位安全生产和应急方面有关干部人事、机构编制、劳动安全卫生等方面的制度、标准。

（二）承担交通运输安全生产和应急救助部门厅管干部的考核、任免、调配、培训、监督、奖惩及后备干部管理工作。

（三）承担厅属安全生产和应急救助部门机关编制管理和体制改革工作。

（四）负责厅机关并指导厅属单位安全生产、应急工作的职改、职评和职业资格管理工作。

（五）负责在厅机关工作人员职业教育、继续教育和培训学习计划中纳入交通运输安全生产和应急法律、行政法规及安全生产知识，并组织实施。

（六）指导交通运输系统安全生产和应急专业技术人才、技能人才队伍建设工作。

（七）指导公路、水路行业爱国卫生和职业病防治、劳动防护工作。

（八）负责本处内部的安全生产管理。

（九）完成上级交办的有关安全生产工作任务。

十二、交通公安处（交通港航公安局）

（一）承担职责内的业务值班工作。

（二）负责本处内部的安全生产管理。

（三）完成上级交办的有关安全生产和应急工作任务。

十三、监审处（驻厅监察室）

（一）督促行政监察对象依法履行安全生产监督和应急管理职责。

（二）按规定参与有关生产安全事故的调查处理，查处安全生产、应急工作中的违法违纪行为，对在安全生产和应急工作中违规违纪的单位和人员，提出监察处理建议或党纪处分建议，并监督对相关责任单位和责任人员的责任追究措施的落实。

（三）负责本处内部的安全生产管理。

（四）完成上级交办的有关安全生产和应急工作任务。

十四、直属机关党委

（一）将安全发展观和安全生产、应急知识纳入厅机关、厅属单位和厅管社会团体思想政治工作、党员教育管理、党组织领导班子建设和党务工作队伍建设的范畴。

（二）对厅机关和厅属单位中党组织与党员领导干部贯彻落实党关于安全生产和应急工作的方针、政策、决策、部署的情况实施党内监督、检查、考核与奖惩；按规定审议、审批在安全生产和应急工作中违反党纪党规的党组织和党员的处分决定。

（三）负责厅直属机关党委内部的安全生产和应急管理；监督、指导、协调厅机关、厅属单位和厅管社会团体中的党、共青团、工会、妇女工作中的安全生产和应急工作。

（四）完成上级交办的有关安全生产工作和应急工作任务。

十五、离退休人员办公室

（一）指导厅机关和厅属单位离退休工作中的安全生产工作。

（二）负责所组织的离退休人员各类活动的安全管理。

（三）组织、指导开展涉及厅机关、厅属单位离退休人员的安全生产、应急工作的宣传、教育和培训。

（四）负责本室内部的安全生产管理。

（五）完成上级交办的有关安全生产和应急工作任务。

十六、厅团委

（一）将安全发展观和安全生产、应急知识纳入厅机关、厅属单位和厅管社会团体共青团组织的思想政治工作、团员教育管理、团组织领导班子建设和共青团事务工作队伍建设的范畴。

（二）对厅机关和厅属单位中共青团组织与团员领导干部贯彻落实安全生产和应急工作的方针、政策、决策、部署的情况实施团内监督、检查、考核与奖惩；按规定审议、审批在安全生产和应急工作中违反团纪团规的团组织和团员的处分决定。

（三）负责厅团委内部的安全生产管理；监督、指导、协调厅机关、厅属单位和厅管社会团体中的各级共青团组织的安全生产和应急工作。

（四）完成上级交办的有关安全生产和应急工作任务。

十七、省交通工会

（一）参与有关安全生产和职业病防护工作的政策、规划、制度的起草，以及有关法律法规草案的拟订。

（二）组织、指导、参与交通运输系统职工劳动安全卫生、职业病防护的培训、教育和群众性劳动卫生活动。

（三）代表职工实施生产安全群众监督；调查研究安全生产、职业病防护工作中涉及系统内职工合法权益的重大问题；按规定参与有关生产安全事故和职业危害事故的调查处理，代表职工监督有关防范、整改措施的落实。

（四）负责省交通运输工会内部的安全生产管理；监督、指导、协调交通运输系统所属各级工会组织的安全生产工作。

（五）完成上级交办的有关安全生产和应急工作任务。

十八、厅规费征收办公室

（一）监督、指导、协调全省公路通行费征收管理工作中的安全生产和应急管理工作。

（二）负责本室内部的安全生产管理。

（三）完成上级交办的有关安全生产和应急工作任务。

十九、省交通安全统筹中心

（一）坚持贯彻“安全保统筹，统筹促安全”的原则，对所属各级安全统筹分理机构的安全生产工作进行指导、检查、考评和奖惩。

（二）依据安全统筹理赔和财务管理的有关规定，对安全统筹资金的管理和使用进行监督管理，做到安全统筹经费合法合规合理使用，实现安全统筹节余经费持续稳定增长，为交通运输系统安全生产奠定坚实的投入保障。

（三）负责本中心内部的安全生产管理。

（四）完成上级交办的有关安全生产和应急工作任务。

二十、厅信息中心

（一）在厅政策法规处的业务指导下，贯彻落实厅安全生产和应急工作新闻宣传的规章制度，具体负责有关安全生产和应急信息的信息公开、新闻发布、宣传报导和舆情分析。

（二）负责本中心内部的安全生产管理。

（三）完成上级交办的有关安全生产和应急工作任务。

二十一、省公路开发投资有限责任公司（公路养护安全生产专业委员会高等级公路养护安全生产办公室）

（一）全面负责所管辖公路（含服务区等公路沿线基础设施、附属设施）的管理、养护、运营工作中的安全生产管理和应急工作。

（二）落实建设单位的安全生产责任，对负责建设（含参股、控股）的公路建设工程，全面履行安全生产监督管理职责。

（三）落实企业安全生产的主体责任，全面负责公司机关及所属各级单位、部门内部的安全生产和应急管理。

（四）在厅安委会及各专业委员会的指导下，承担相关的安全生产监督管理任务。

（五）完成上级交办的有关安全生产和应急工作任务。

二十二、省公路局（公路养护安全生产专业委员会普通公路养护安全生产办公室）

（一）全面负责所管辖公路（含服务区等公路沿线基础设施、附属设施）管理、养护、运营工作中的安全生产管理和应急工作。

（二）落实建设单位的安全生产责任，对负责建设（含参股、控股）的公路建设工程，全面履行安全生产监督管理职责。

（三）在厅安委会及各专业委员会的指导下，承担相关的安全生产监督管理任务。

（四）全面负责局机关及所属各级单位、部门、企业内部的安全生产和应急管理。

（五）承担云南省公路应急机动保障大队建设，落实相关队伍建设、物资储备、培训演练、应急救援工作。

（六）完成上级交办的有关安全生产和应急工作任务。

二十三、省地方海事局（水上交通安全生产专业委员会）

（一）拟订并具体监督落实水路运输、港口经营、航道管养、水运建设工程中的安全生产，水上交通安全管理，以及相关应急管理工作的发展规划、政策、制度、标准、规范和应急预案。

（二）拟订水路运输、港口经营、航道管养、水运建设工程中的安全生产，水上交通安全管理，以及相关应急管理工作的地方性法规、规章和规范性文件草案；监督相关法律、法规、规章和规范性文件的贯彻执行。

（三）负责组织、监督、指导、协调、实施：划定并公布内河通航水域范围；内河通航水域和中央授权委托管理通航水域的水上交通安全管理；通航环境、通航秩序监管，依法实施水上交通管制；船舶防污染管理工作；碍航物体打捞清除，维护水上交通安全。

（四）负责组织、监督、指导、协调、实施：法定的船舶建造检验、船舶资质、船员资质和水运经营者的资质、资格的监管；船舶登记、运输船舶的签证管理；水路危险货物运输、港口危险品经营者、运输船舶、从业人员的资质、资格认定，水路危险货物运输经营、港口危险品经营行为的监管。

（五）负责组织、监督、指导、协调、实施：港口、航道（含助航设施、通航设施）等水运基本建设工程安全生产，以及港口、航道（含助航设施、通航设施）等水运基础设施运营、管理、养护安全生产的监督管理；对上述领域安全生产的咨询、设计、施工、监理企业的资格和个人的职业资格进行审查、审核，并负责相关项目设计审批、招投标管理、施工许可、竣工验收；水上水下施工作业项目对通航安全有重大影响的通航安全评估、运力审批前的安全评价。

（六）组织、监督、指导、协调、履行水上搜救职责；组织、指导、协调水上交通安全和应急体系建设，落实相关应急资源和力量，组织、协调水路客货应急运输。

（七）负责水上交通安全及相关事故信息的统计、分析、报送；负责组织、指导内河通航水域水上交通事故和船舶污染水域事故的调查、处理；组织开展水上交通安全和水运工程建设安全监督检查和专项整治。受理水上交通安全的投诉和举报。

（八）指导法定职责范围内水路运输、港口等相关企业有关安全生产和应急工作和从业人员安全教育培训工作。

（九）承担厅安委会水上交通安全生产专业委员会的工作，归口监管全省水上交通安全和应急工作。

（十）负责局机关和局属单位内部的安全生产管理。

（十一）完成上级交办的有关安全生产和应急工作任务。

二十四、省运管局（道路运输安全生产专业委员会）

（一）拟订并监督落实城乡道路运输安全和应急管理工作的政策、规划、制度、标准、规范和应急预案。

（二）拟订城乡道路运输安全和应急管理工作的地方性法规、规章和规范性文件草案；监督相关法律法规、规章和规范性文件的贯彻执行。

（三）依法组织、监督、指导、协调、履行道路运输管理中的“三关一监督”职责：严格把好道路运输经营市场准入关、营运车辆技术状况关、道路运输从业人员资格关，监督汽车客运站落实客运车辆出站安全检查职责；依法负责权限内的道路危险货物运输经营者、运输车辆、从业人员的资质、资格认定；指导城市公共汽车、出租汽车、汽车租赁、城市地铁、轨道交通的安全运营和应急工作；具体组织开展相应的道路运输安全监督检查和专项整治。

（四）组织、监督、指导法定职责内的安全生产和应急体系建设，承担云南省应急汽车运输大队建设工作，落实相关队伍建设、物资储备、培训演练、应急救援工作，组织、协调公路客货应急运输。

（五）归口负责城乡道路运输安全、事故和应急信息的统计、分析、报送；参与、指导城乡道路运输安全事故和涉及道路运输的交通事故的调查处理。受理道路运输安全生产的投诉和举报。

（六）指导法定职责范围内道路运输企业有关安全生产和应急工作和从业人员安全教育培训工作。

（七）承担厅安委会安全生道路运输产专业委员会的工作，归口监管全省道路运输安全生产和应急工作。

（八）负责局机关内部的安全生产管理。

（九）完成上级交办的有关安全生产和应急工作任务。

二十五、厅工程质量监督局（公路建设安全生产专业委员会办公室）

（一）在厅基建处指导下，承担厅公路建设安全生产专业委员会办公室的工作，完成该专业委员会布置的工作。

(二)依法组织、监督、指导、协调、实施:全省公路建设工程的安全生产监督管理;公路建设工程安全条件审批;受理公路建设工程安全生产违法违规行为和生产安全事故的投诉和举报。

(三)归口负责公路建设工程安全生产、事故和应急工作信息的分析、汇总和报送;参与有关事故的调查处理。

(四)负责局机关内部的安全生产管理。

(五)完成上级交办的有关安全生产和应急工作任务。

二十六、省公路路政管理总队(公路养护安全生产专业委员会路政安全生产管理办公室)

(一)在厅管养处指导下,承担厅公路养护安全生产委员会路政安全生产管理办公室的工作,完成该专业委员会布置的工作。

(二)拟订并监督落实权限范围内公路路政安全生产和应急工作的政策、规划、制度和应急预案。

(三)承担权限范围内的公路路政管理和有关审批事项中的安全生产工作,实施路政执法,维护路产路权,保证公路完好、畅通。

(四)参与有关公路路况、自然灾害信息的分析、预警、发布工作;参与公路公共突发事件的应急处置;参与有关事故的调查处理。

(五)负责总队机关及其下属单位内部的安全生产管理和应急工作。

(六)完成上级交办的有关安全生产和应急工作任务。

5-3 关于进一步加强公路交通气象服务工作的通知

(交公路发〔2010〕456号)

各省、自治区、直辖市交通运输厅(委)、气象局,国家气象中心,国家气象信息中心,中国气象局气象探测中心,中国气象局公共气象服务中心,交通运输部公路科学研究院:为进一步落实《交通运输部与中国气象局共同开展公路交通气象监测预报预警工作备忘录》和《交通运输部与中国气象局深化交通气象合作会谈纪要》的有关精神,促进全国公路交通气象服务的健康发展,现就有关事宜通知如下:

一、共同推进公路交通气象观测站点网络建设

各地公路交通、气象部门要根据各地实际,围绕公路交通气象服务需求,以雾、雨、雪、低温冰冻、沙尘暴等影响公路交通安全的灾害性天气监测为重点,按职责分工,在高速公路、国省干线公路以及由公路部门管养的重点旅游公路沿线,积极推动建立专门的交通气象观测站网和视频实景观测系统。

各地气象部门要加快对公路沿线附近气象站的升级改造,特别是要加强能见度的观测,以满足交通气象服务的需要。各地公路交通部门要加强对已建成公路气象设施的维护,使气象监测设施处于良好运行状态,并逐步实现与气象部门观测系统的联网。对于新建高速公路、国省干线公路项目,建设单位要根据公路沿线气象状况及对交通安全的影响程度,将交通气象观测设施建设纳入工程设计与项目概算中,同步建设。气象部门要为公路交通气象观测系统的建设、运行维护提供技术保障。对于已建公路需增加气象观测设施的,由两部门共同协商,采用多种方式,争取多方支持,共同建设。

二、认真做好公路交通气象预报预警服务工作

各地公路交通、气象部门要加强沟通和交流,共同分析和把握不同用户、地域、时段对公路交通气象服务的需求。气象部门要根据服务需求,进一步加强公路沿线灾害性天气的监测、预报和预警服务工作,努力提高对影响公路交通的雾、雨、雪、低温冰冻、沙尘暴等灾害性天气的预报预警水平。同时,应大力引进和发展公路交通气象专业预报模式,逐步提供针对性更强的公路交通气象专业预报预警产品。

公路交通、气象部门以京港澳高速公路、京津塘高速公路、江苏省联网高速公路为试点,在交通气象监测站网建设、数据共享、精细化预报预警服务等方面联合开展研究与示范应用,在总结试点经验的基础上逐步推广应用。各地公路交通、气象部门应联合通过电视、广播、网络、手机短信、公路电子显示屏等,及时向社会公众提供公路交通气象监测预警信息和出行安全提示,为社会公众提供准确、便捷的公路交通气象服务。

三、建立健全有效的公路交通气象应急工作联动机制

各地公路交通部门要与气象部门建立应对恶劣天气和不利气象条件的应急联动工作机

制。公路交通部门应根据气象部门提供的交通气象预警信息，加强应急值守，一旦发生影响公路交通的灾害性天气，要及时启动相关应急预案，切实做好灾害性天气应对防范工作。气象部门应加强交通灾害性天气的监测、预报与预警服务保障工作，根据公路灾害情况，组织开展加密观测和有针对性的预报会商，及时提供气象服务信息，并提出相关防范意见和措施建议。各地公路交通、气象部门要进一步加强应急联动能力建设，完善双方的信息互通制度，拓展灾害应急联动方式渠道，丰富应急联动的技术手段。双方要明确各自的责任部门、联络人员及联系方式，做到责任到人。

四、促进公路交通气象服务的信息共享和集约化发展

进一步建立健全公路交通、气象部门的信息共享机制，结合公路交通气象监测设施的建设，推动双方在部、省级信息共享渠道与平台的建设，并将其内容分别纳入公路网管理与应急处置中心和交通气象服务业务系统的建设范围。公路交通部门与气象部门要联合制定信息交互与共享方案及相关技术要求，建立信息共享流程和渠道，明确信息共享的具体内容、传输时间和传输方式等。各地公路交通部门应向气象部门提供公路交通气象观测、公路视频监测、路况等信息；气象部门应及时将公路交通气象观测信息、预报预警产品提供给公路交通部门。

五、加强交通气象服务标准化建设

要大力推进公路交通气象业务标准体系建设。双方要联合制定公路交通气象站设置安装、检测校准、通信协议、信息交换共享、预报服务产品制作、信息发布等方面的规范和标准。要充分利用各自的资源和技术优势，形成合力，共同加快相关标准和规范的编制工作，促进公路交通气象业务的规范化发展。

六、研究探索建立多样化的公路交通气象合作模式

各地公路交通、气象部门要根据各地特点和需求，探索建立符合本地实际的公路交通气象业务发展长效合作机制，建立多方参与、权责明晰的公路交通气象监测系统建设、运营维护与服务提供模式。对于面向公众的灾害性天气预报预警、实况监测信息等服务，属气象部门公益服务范畴的，由各级气象部门无偿提供。对于相关部门和单位提出的个性化公路气象服务需求，由气象部门按照有关规定通过协议方式予以提供。

5－4　云南省政府领导参加处置突发公共事件的标准

发生下列之一的突发公共事件，云南省政府领导对事件作出明确批示，并视情况或召开紧急会议，或派出工作组，或到事发地现场协调指挥：

——自然灾害死亡人数在10人以上；或者直接经济损失在2亿元以上；或者某一州、市局部地区集中遭受毁灭性灾害，损失达1亿元以上；少数民族地区、边境地区和贫困地区受灾，标准可酌情降低。

——事故灾难死亡人数在10人以上；或者造成50人以上中毒（其中有人死亡）；或者直接经济损失超过500万元；或者造成大面积环境严重污染。

——公共卫生事件造成人间或者动物间发生特大传染病暴发或者流行；或者一次食物中毒人数超过50人并出现死亡病例；或者放射事故超剂量照射人数50人以上；或者重度放射损伤人数超过10人。

——社会安全事件影响局部地区政治经济秩序和社会治安秩序稳定；或者涉及敏感问题的事件。

——经省政府有关部门建议，或者有关州、市人民政府请求，需要省政府领导参加处置的其他突发公共事件。

5－5　应急预案写作的方法和注意事项

一般说来,应急预案的格式包括以下几个项目:

一、应急预案标题

标题的写法主要有三种:一是适用范围(包括国家、地区、单位等)＋事由＋文种,如《国家通信保障应急预案》、《××市特大洪涝灾害救灾应急预案》;二是期限＋事由＋文种,如《2005年中晚稻最低收购价执行预案》;三是事由＋文种,如《供电事故应急预案》。

此外,总体预案应当在标题中注明“总体”二字,如《××市突发公共事件总体应急预案》;需要限定该预案所涉及的突发公共事件级别的,多在标题中提示,如《国家处置重、特大森林火灾应急预案》、《××省特大自然灾害救灾应急预案》;试行性预案往往在标题这后标明“试行”等字样,并外加圆括号,如《化学品安全事故应急预案》(试行)。

二、应急预案目录

包括一、二级序数和小标题。总体预案以及其他条文较多的预案需要加目录,显示其基本轮廓,起到导读的作用。

三、应急预案正文

(一)基本内容

应急预案正文的基本内容有下列几项:

(1)目的。即该预案的预期效果,大多起笔交代。写法有两种:一是用“为(为了)……,制定本预案”的句式;二是直接用一组动宾短语说明,如“有效预防、及时控制和消除突发公共卫生事件及其危害,指导和规范各类突发公共卫生事件的应急处理工作,最大程度地减少突发公共卫生事件对公众健康造成的危害,保障公众身心健康与生命安全”(《国家突发公共卫生事件应急预案》)。

(2)工作原则。如以人为本,依法规范、职责明确,统一领导、分级负责,条块结合、以块为主,资源整合、信息共享,依据科学、反应及时、措施果断,平战结合、军民结合、公众参与等。要切合实际、抓住要点。

(3)编制依据。即制定该预案所根据的有关法律、法规、上级机关文件、其他情况等。用“根据(依据)……,制定本预案”的句式表述,如“根据《中华人民共和国传染病防治法》、《突发公共卫生事件应急条例》、《××省突发公共卫生事件应急预案》,制定本预案”(《××省防治人禽流感卫生应急处置预案》)。有时将编制依据与目的合写。

(4)现状。简述有关突发公共事件的现状与趋势。如《××市突发公共事件总体预案》划分了××市主要突发事件4大类13分类34种类型,概括了“以非自然因素为主,灾害种类多、损失重、影响大、连发性强、处置难度大”等特点,并作出“大风及沙尘暴、浓雾、冰雪、强降雨和雷电等气象灾害仍将是××城市的主要自然灾害。环境灾害、地质灾害、地震、信息灾害、超大地下空间、超高层建筑等特殊场所综合事故、城市工业化灾害与重大危险源、传染病疫情等将是主要潜在灾害”的预测。

(5)适用范围。指出适用于该预案的各类突发公共事件。如“本预案适用于处置自然因素或者人为活动引发的危害人民生命和财产安全的山体崩塌、滑坡、泥石流、地面塌陷等与地质作用有关的地质灾害”(《国家突发地质灾害应急预案》)。

(6)组织机构与职责。明确领导、指挥、日常工作的机构及其职责、权限;以应急响应全过程为主线,多用图表描述由主管部门、协作部门、参与单位构成的组织体系框架;明确与该区域内的外驻单位、军队、武警的应急联动机制。

(7)预测、预警。包括信息监测与报告、预警、预测预警支持系统、预警级别及发布等。其中,按其严重性和紧急程度,可分为一般(Ⅳ级)、较重(Ⅲ级)、严重(Ⅱ级)和特别严重(Ⅰ级)四级预警,并依次用蓝色、黄色、橙色和红色表示。

(8)应急响应。包括分级响应、信息共享和处理、指挥与协调、新闻报道、应急结束等。其中,依可控性、严重程度和影响范围,原则上可按一般(Ⅳ级)、较大(Ⅲ级)、重大(Ⅱ)、特别重大(Ⅰ)四级启动相应预案。

(9)后期处置。说明人员安置与补偿、物资和劳务的征用补偿、灾后重建、污染物收集、现场清理与处理等善后处置;明确社会救助的程序和要求;交代保险机构的职责和任务、事件调查承办机构和审核程序。

(10)保障措施。包括通信与信息、现场救援和工程抢险装备、应急队伍、交通运输、医疗卫生、治安、物资、经费、社会动员、技术等保障。要统筹安排、落到实处。

(11)宣传、培训和演习。公布有关预案、报警电话等,广泛宣传应急法律法规和预防、避险、自救、互救、减灾等常识;明确上岗前和常规性培训的要求;交代演习的队伍、内容、范围、场所、频次、组织、评估和总结等事项。

(12)名词术语、缩写语和编码的定义与说明。包括突发公共事件类别、等级以及对应的指标定义,统一信息技术、行动方案和相关术语等编码标准。

(13)总体预案和专项预案目录。即与该预案相配套的其他预案的目录。

(14)预案管理。明确预案修订、完善、备案、评审与更新制度以及其他方式、方法和承办机构。如“本预案由国家防总办公室负责管理,并负责组织对预案进行评估。每5年对本预案评审一次,并视情况变化作出相应修改。各流域管理机构,各省、自治区、直辖市防汛抗旱指挥机构根据本预案制定相关江河、地区和重点工程的防汛抗旱应急预案”《国家防汛抗旱应急预案》)。

(15)监督检查与奖惩。明确监督主体,对预案实施的全过程进行监督检查;明确奖惩方案,写出奖惩的依据、主要规定。

(16)制定与解释。写明制定与解释该预案的机构全称或者规范化简称,并标注联系人和电话。

(17)实施时间。多在最后写“本预案自发布(印发)之日起实施(生效)”等。

上述内容在总体预案中大多载明,专项等预案则根据实际需要有所取舍。

(二)应急预案主要写法

应急预案的写法主要有以下几种:

(1)分部式。它适用于条文较多的预案。全文分成几个大部分,每个部分就是一个层次。第一部分是总则,概述目的、工作原则、编制依据、现状、适用范围等;中间各个部分是分则,具体说明有关方案;最后一个部分是附则,对名词术语、缩写语和编码的定义与说明,总体预案和专项预案目录,预案管理,监督检查与奖惩,制定与解释,实施时间等加以补充。在每个部分中,又逐级划分,分层序数依次为“1”、“1.1”、“1.1.1”等,其中一、二级序数后面多加小标题。国家预案、省级总体预案基本上采用此种写法。

(2)章条式。它适用于条文较多的预案。全文以章为序划分层次,第一章是总则,中间各章是分则,最后一章是附则。各章内分若干条,而且每条之间连续编号,也就是所谓的“章断条连”。条的序数可用“第一条”或者“一、”的形式编排,条下可以设款、项、目,款不编序数,项写成“(一)”,目写成“1.”等。《陕西省防御灾害性洪水应急预案》即采取此种写法,全文分 11 章,各章又分若干条、款、项、目。

(3)条陈式。它适用于条文较少的预案。有两种写法:一是前言 + 条陈式。第一段为开头,从第二段起分条表述。例如,《全国高致病性禽流感应急预案》的第一段以“为及时、有效地预防、控制和扑灭高致病性禽流感,确保养殖业持续发展和人民健康安全,依据《中华人民共和国动物防疫法》,制定本预案”作前言,从第二段起分六条对“疫情报告”、“疫情确认”、“疫情分级”、“应急指挥系统和部门分工”、“控制措施”、“保障措施”作了说明。二是条陈贯底式。即从第一段起就列若干条,直至最后一段,而且多用公文的“一、”、“(一)”、“1.”、“(1)”四级序数,这种写法在单位、重大活动等预案中普遍运用。

四、应急预案附录

应急预案的附录包括归属于该总体预案的各专项预案、其他与该预案相关的重要预案(如与各省、自治区总体预案密切相关的该省会或该自治区首府的预案)、各种规范化格式文本(如新闻发布、预案启动、应急结束及各种通报的格式)、相关机构和人员通讯录等。预案如有附录,在正文之后依次写明。

五、应急预案具名

一般写在正文的右下方。

六、应急预案日期

多写在具名的右下方。

需要说明,有些预案的具名和日期写在标题的正下方,也就是题注。此外,预案一般通过公文发布或印发,公文中已说明其制定机关和日期,因此有的预案不再单独具名和写日期。

编制预案是一项非常重要的工作,应当注意以下几点:其一,求实。在符合党和国家的方针、政策以及上级机关预案的前提下,根据该区域、该单位、该次活动的突发公共事件的特点,制定出切实有力的预案,确保遇事拿得出、用得上、行得通。其二,创新。要有勇于改革的意识,凭借超前思维,注重内容开放,重视制度创新,尤其是在社会资源和力量整合利用等方面提出新办法。其三,严密。在内容上,力求涵盖全面、重点突出、关联密切;在结构上,做到框架合理、项目齐全、衔接自然;在语言上,达到字端、词稳、句妥。其四,循序。预案的编制有特定的程序,成立预案编制小组、风险分析与能力评估、草拟预案、预案的评审与发布、预案的实施等环环相扣,每个环节又各有特定的内容和要求。可以说,严格的程序是预案科学化、规范化的一个重要保证。

5-6 突发公共事件预案启动格式文本

标题:关于启动云南省××××预案的请示

据××报告,××年××月××日××时许,××发生××事件。到目前为止,该事件已造成××人死亡,××人受伤,××人转移,并仍有可能危及××人的生命安全。

××年××月××日××时许,××发生××事件,……(简要介绍事件发生的经过)。

经同省应急办与××厅(委、办、局)协商,建议启动云南省××预案,成立省政府应急指挥部,指导协调全省突发××事件应急工作。

省应急委主任由×××担任,副主任由×××担任,指挥部办公室设在××××,办公室主任由×××担任,具体工作由×××承担。

5－7　公共突发事件新闻发布稿格式文本

标题:某地发生××事件

据××报告,××年××月××日××时许,××发生××事件。到目前为止,该事件造成××人死亡,××人受伤,××人转移。

据××报告,××年××月××日××时许,××发生××事件,……(详细介绍事件发生的经过)

事件发生后,×××领导高度重视,作出重要批示,……(简要介绍批示精神)

事件发生后,××政府及时启动应急预案,控制事件进一步扩大和蔓延。××政府×××按照领导批示精神,及时组织抢险和救护工作。

事件发生后,××部门按照领导批示精神,××部门××同志、……同志前往事发现场,并及时派出工作组,协助当地政府做好事故抢险和救护工作。

根据××(部门和地方政府)介绍:事件发生的原因是:……(简要介绍事件发生的原因)

5-8 云南省交通运输厅安全生产应急管理机构组成图

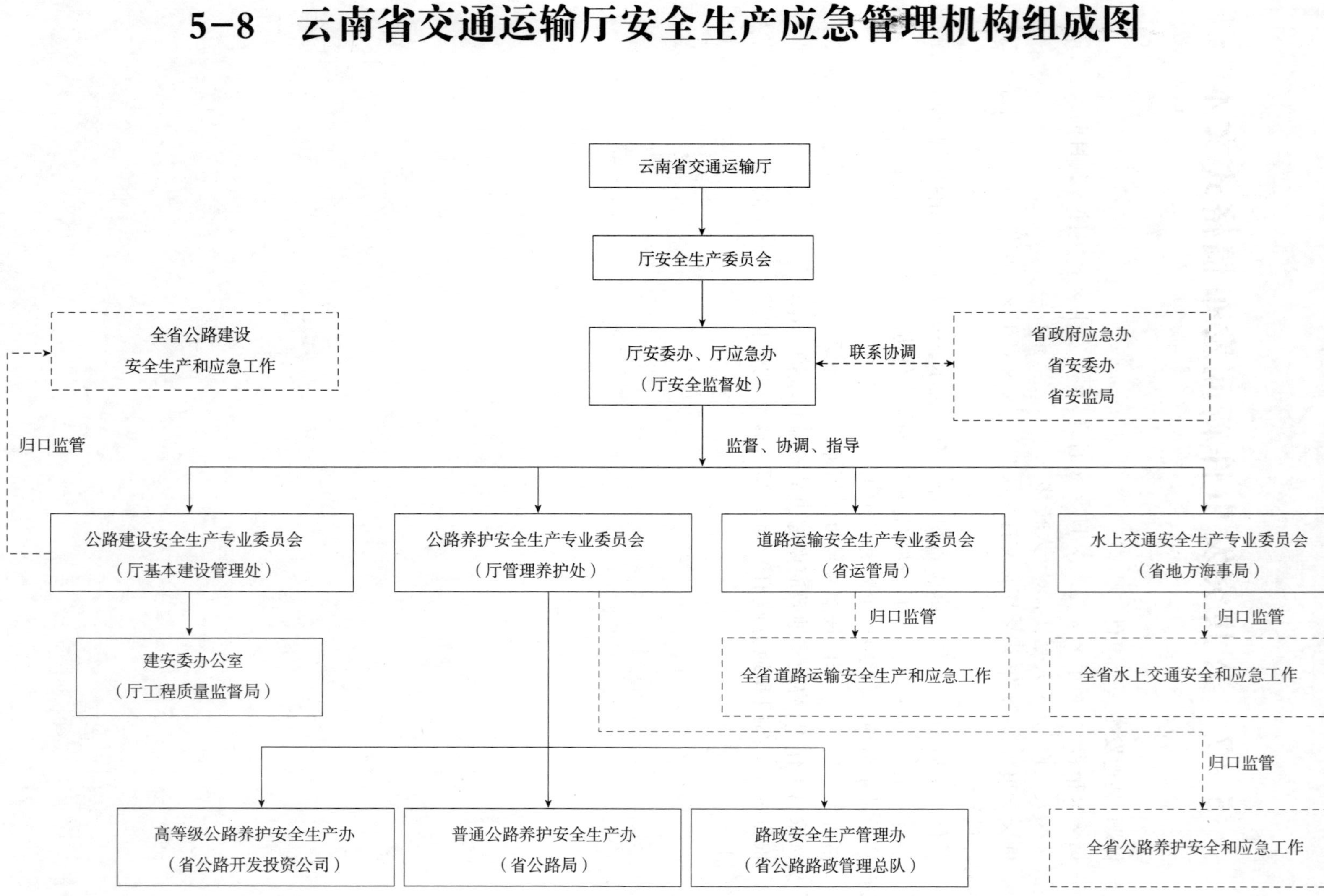

6

交通运输行业专项救援预案案例

6-1　坍塌、垮塌施工意外事故抢险应急预案

第一章　前　言

第一条　制定预案的目的：依据《中华人民共和国安全法》、《公路水运工程安全生产监督管理办法》等国家相关法律、法规，为认真贯彻落实"安全第一、预防为主"的方针，积极应对路基、高边坡施工、人工挖孔桩基施工等期间意外抢险、防坍塌、防意外等事故发生，及时、有效地组织开展救援工作，最大限度减少人员伤亡和财产损失，维护正常的生产、生活秩序，按属地管理的原则，积极配合当地应急抢险，维护社会稳定，特制定本预案。

第二条　本《预案》适用范围突出在：×××项目经理部所辖施工现场、驻地、生活区域及在施工生产经营建设管理活动过程中所发生的路基、桥梁施工、搭架垮塌、高边坡施工工程坍塌、人工挖孔桩基施工、机械设备毁坏及其他异常事故方面：

单位名称：×××

通讯地址：×××

邮政编码：×××

联系电话：×××

第三条　有下列情况之一的，应当启动本预案：

（1）本项目施工辖区范围发生路基、高边坡施工、人工挖孔桩基施工工程坍塌、机械设备毁坏等自然灾害导致的意外事故造成的人体伤亡事故超出各现场工作组应急处置能力的其他紧急事件。

（2）上级主管领导或部门批示、项目部突发事故应急救援领导小组认为需要启动以及地方政府和相关部门要求配合处置的各类应急事件。

第二章　事故应急救援组织指挥机构

第四条　组织机构及职责

由项目部成立事故应急救援领导小组，负责指挥及协调工作：

组　长：　项目经理　×××　（手机：×××）

副组长：　支部书记　×××　（手机：×××）

项目主任工程师　×××　（手机：×××）

项目副经理：　×××　（手机：×××）

成　员：　×××、×××、……

领导小组下设项目部综合办公室、安全生产办公室、资金保障组、设备物资保障组、工程技术保障组、后勤保障组、安全保通组信息联络组、现场应急工作组。各工作组实行组长负责制。

第三章　应急机构、救援队伍及职责分工及职责

第五条　应急领导小组的工作职责

决定是否启动本预案；负责事故灾难应急救援重大事项的决策；协调管理处、地方人民政府、公安、安监部门、交警、路政等参加救援工作。

(1)接到事故、险情报告后，立即启动本应急预案，及时向公司、管理处、地方政府、公安机关报告，同时上报事故、险情灾难情况，组织相关人员赶赴现场进行抢险救援工作。

(2)负责提供必要的人力、物力、财力资源支持。

(3)负责指挥事故、险情灾难抢险救援工作组的统筹、协调、运作，根据事故灾难实际情况安排整个救援抢险行动，保证行动及时有序、高效的进行。

第六条　分工及职责

应急救援实行统一指挥、分级负责、责任到人、相互支持的原则。在组织上实行A、B制，即组长不在时，由副组长自动顶替；副组长不在时，其职责由组长承担，或临时指定他人顶替，其余类推。

1.组长

(1)负责本项目事故应急救援预案的制定和修订；全面负责本项目的应急救援工作。

(2)检查督促做好重大事故的预防措施和应急救援的各项准备工作。

(3)建立事故应急救援队伍，并组织演练。

2.副组长

(1)根据组长授权，发布命令和信息。

(2)协助组长组织指挥救援队伍，实施救援行动。

(3)事故应急处理工作结束后，负责对事故的应急处理情况进行总结，并写出书面报告，经组长审查同意后上报。

3.综合办公室

值班室设在项目部综合办公室，按照项目部应急救援领导小组的指示和要求组织应急救援处置工作，并向有关部门报告应急工作进展情况。

4.安全生产办公室

安全生产办公室负责组织、领导、指挥、协调、监督、指导预防各类重特大安全生产事故。负责项目部所辖道路保通或因恐怖袭击而引发的安全生产事故的处置。

5.现场应急工作组

现场应急工作组设在各劳务施工队施工现场，各劳务施工队负责人兼任现场工作组组长，并成立具体的组织机构。

6. 资金保障组

资金保障组设在项目部财务部门(组长:×××),应急保障资金在项目部基本账中预留,保障处置工作必需的费用资金。

7. 设备物资保障组

设备物资保障组设在综合办公室(组长:×××),负责各劳务施工队抢险机械、设备和物资的统筹协调管理,及时调度抢险机械、设备和物资,保障抢险工作所需。

8. 工程技术保障组

工程技术保障组设在项目工程技术部(组长:×××),根据现场情况为处置工作做好技术支持和保障。

9. 安全保通信息联络组

安全保通信息联络组设在综合办公室(组长:×××),配合地方政府和相关部门,及时向社会发布有关抢险工作的相关信息。

10. 后勤保障组

后勤保障组设在办公室后勤部门(组长:×××),负责协调整个救援抢险过程中的医疗物资、生活必需品的保障。

11. 现场工作组

组长由各劳务施工队负责人担任,各劳务施工队负责人要成立相应的组织机构、拟细化工作要求,加强预案的可操作性演练,预备充足的机械设备及应急物资,确保抢险救援所需,组织专门的抢险救援队伍,并列出队员名单,随时处于待命状态。

第七条 事故应急救援组织机构框图(图1)

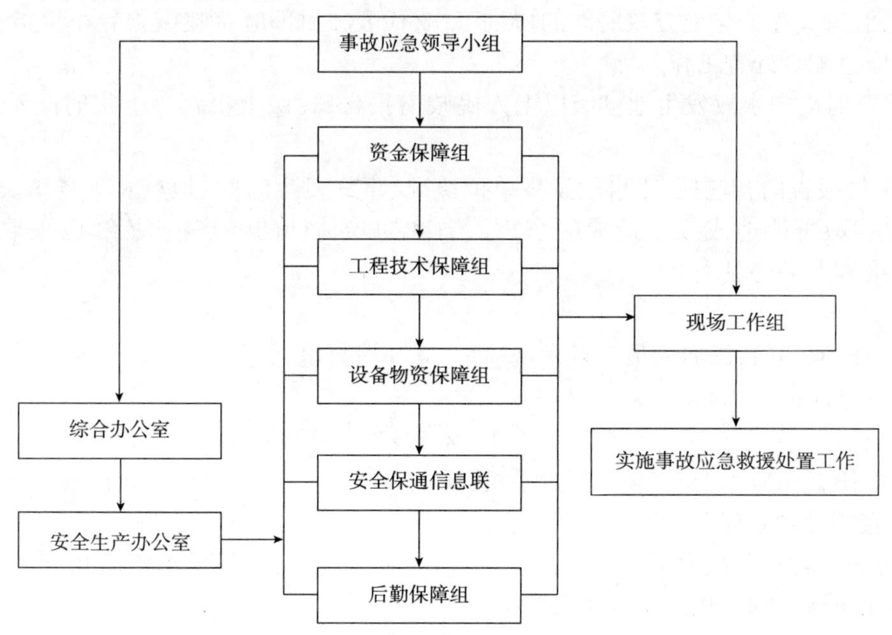

图1 事故应急救援组织机构框图

第四章　事故应急救援器材、装备

第八条　事故应急救援器材、装备

1.应急救援器材

常备药品：消毒用品、急救物品（绷带、无菌敷料）及各种常用小夹板、担架、止血袋、氧气袋、灭火器等救火物资。

2.应急装备

（1）救援人员60人。

（2）机械：汽车5辆，挖掘机10台，装载机10台。

（3）钢筋、水泥、麻包、锄头、铁铲等物资。

第五章　事故应急救援及紧急避险措施

第九条　事故应急救援报警及接警处置程序

（一）报告制度

（1）施工人员发现险情后，现场工作组立刻赶赴现场进行查勘，在保证安全的前提下认真做好先期处置和配合工作。15分钟后将初步情况报告项目部综合办公室，项目部综合办公室向应急救援领导小组负责人汇报，听取意见后及时通知现场工作组采取相应措施。

（2）项目部综合办公室根据应急救援领导小组的指示组织应急抢险工作，负责项目部各职能部门间、有关单位与地方政府间的协调工作，代表项目部应急救援领导小组指挥现场工作组实施应急配合处置工作。

（3）1小时内向事故发生地县级以上人民政府报告，逐级上报每级上报时间不得超过2小时。

（4）事故报告内容包括：①事故发生单位概况、事故发生时间、地点及现场情况；事故简要经过；②事故可能造成或已造成的伤亡人数和初步估计的经济损失；③已采取的措施；④其他应报告上午情况。

（二）报警

本项目任何部门、任何人员一旦发现险情，立即拨打电话报警。

办公室电话：　　×××

经理电话：　　　×××　　手机：×××

项目主任工程师：×××　　手机：×××

（三）接警处置程序

（1）办公室在接到报警后，一般应迅速通知领导小组组长，领导小组组长立即组织人员赶赴现场，同时启动本预案，任命现场总指挥。

（2）办公室值班室人员按照领导小组组长的要求向上级及有关部门报警，并视险情情况通知友邻单位。特殊情况下，值班室在接警后可直接先向公安、消防部门报警。

(3)通讯联络办法主要是使用项目部综合办公室的固定电话及个人移动电话进行报警联络;或利用其他通信工具如对讲机等。

第十条 事故应急救援原则及紧急避险措施

坍塌倒塌事故应急措施如下:

(1)各劳务施工队施工现场事故发生后,现场工作组应立即报告项目部应急抢险指挥领导小组。

(2)挖掘被掩埋伤员及时脱离危险区。

(3)清除伤员口、鼻内泥块、凝血块、呕吐物等,将昏迷伤员舌头拉出,以防窒息。

(4)进行简易包扎、止血或简易骨折固定。

(5)对呼吸、心跳停止的伤员予以心脏复苏。

(6)尽快与120急救中心取得联系,详细说明事故地点、严重程度,并派人到路口接应。

(7)组织人员尽快解除重物压迫,减少伤员挤压综合症的发生,并将其转移至安全地方。

(8)若有骨折时应及时用夹板等简易固定后立即送医院。

(9)基坑:

①加强排水、降水措施。

②加强支护和支持加桩板等,对边坡薄弱环节进行加固处理。

③迅速运走坡边弃土、材料、机械设备等重物。

④削去部分坡体,减缓边坡坡度。

(10)在没有人员受伤的情况下,现场负责人应根据实际情况研究补救措施,在确保人员生命安全的前提下,组织恢复正常施工秩序。

(11)现场安全员应对脚手架、井架、塔吊等施工设备倒塌事故进行原因分析,制定相应的纠正措施,认真填写伤亡事故报告表、事故调查等有关处理报告,并上报主管部门应急抢险领导小组。

第六章 应急终止

第十一条 应急行动终止必须具备以下条件:

(1)现场抢救救援工作结束。

(2)事故现场隐患得到消除。

(3)受伤人员得到妥善医治。

(4)事故得到有效控制。

(5)紧急疏散人员得到妥善安置。

(6)导致社会的不稳定因素得到有效控制。

第十二条 应急行动终止的程序

(1)由现场工作组召集各相关人员会议,进行认真分析研究后,书面向应急救援处置领导小组办公室报送终止应急行动报告。

(2)应急救援领导小组见到终止应急行动书面请示后,立即召开会议决定。

(3)由应急救援领导小组决定,向现场工作组下达结束应急行动的命令。

第七章　后期处置

第十三条　善后处理

(1)现场抢险组在应急处置工作结束后,要继续负责做好善后处理工作。

(2)善后处理工作组要配合事故发生地的安监部门继续做好以下工作:

①事故受伤人员的后期医疗处理工作。

②事后补偿、重建、保险理赔和生产生活秩序恢复工作。

③事发地群众思想工作和社会稳定工作。

第十四条　保险

事故灾难发生后,及时与保险机构联系,要及时开展应急救援人员保险受理和受灾人员保险理赔工作。

第十五条　事故调查及经验教训总结

(1)现场工作组对发生事故的调查工作要严格按照有关法律法规进行调查。必要时应急救援领导小组直接组成调查小组或授权有关部门组成调查小组进行调查。当事故应急处理工作结束后,各级领导组织机构应及时进行事故灾难及抢险救援情况的分析,总结和改进不足,严格按照“四不放过”原则进行整改。

(2)事故善后处置工作结束后,现场工作组要分析总结应急救援经验教训,提出改进应急救援工作的建议,完成应急救援总结报告,报送应急救援领导小组办公室。根据现场工作组提交的应急抢险救援总结报告,应急救援领导小组办公室应组织相关部门及人员进行分析、研究,提出改进应急救援抢险工作的意见,并抄送有关部门。

第八章　日常保障措施

第十六条　各劳务施工队现场工作组必须结合工作实际及工作特点,制定本施工区域具体实施的突发事故应急预案,全面配合本预案的宣传贯彻工作,并进行不断完善和充实,保证实施过程的适应性和有效性。

第十七条　做好通信与信息保障,逐步建立指挥监控系统;建立应急响应通信系统,各现场工作组根据应急救援需要配备相应的通信、摄影和办公器材。

第十八条　各劳务施工队现场工作组应负责组织事故预防、避险、避灾、自救等安全常识的宣传和学习,做好兼职应急救援队伍的培训,与所在地政府及相关部门建立联动机制。

第十九条　宣传、培训、演习

1.宣传

(1)应急救援领导小组办公室负责组织各劳务施工队法律法规和事故预防、避险、避灾、自救常识的教育工作。

(2)各劳务施工队负责本辖区的安全生产宣传、法律法规宣传、教育工作。

(3)应急救援领导小组办公室负责指导各劳务施工队应急处置小组的培训。

(4)各劳务施工队负责对现场工作组应急救援队伍的培训。应将安全生产事故、灾害应急管理内容列入培训课程中。

2. 演习

应急救援处置领导小组与各劳务施工队每年组织一次突发事故应急救援演习,总结应急救援演习、演练工作的不足之处。

3. 监督检查

应急救援领导小组对本预案实施的全过程进行监督检查。

第九章　附　　则

第二十条　预案的管理与更新

(1)本预案由项目部发布,由项目应急救援处置领导小组组织实施。

(2)项目应急救援领导小组每年对本预案进行 1 次评审和修改。

第二十一条　奖励与责任追究

1. 奖励

在事故应急救援工作中有下列表现的劳务施工队和个人,根据有关规定进行奖励:

(1)出色完成应急处置任务,成绩显著的。

(2)防止或在事故灾难抢救过程中,使国家、集体和人民群众的财产免受损失或者减少损失的。

(3)对应急救援工作提出重大建议,实施效果显著的。

(4)有其他贡献的。

2. 责任追究

在事故应急救援工作中有下列行为之一的,按有关规定予以追究:

(1)不按照规定拒绝履行应急救援职责和义务的。

(2)不按照规定报告、通报事故真实情况的。

(3)拒不执行应急预案,不服从指挥或在应急处置工作中临阵逃脱的。

(4)盗窃、挪用、贪污应急救援资金或物资的。

(5)阻碍应急救援工作人员执行任务或进行破坏活动的。

(6)散布谣言,扰乱社会秩序的。

(7)有其他危害应急救援工作行为的。

第二十二条　其他事项

(1)本预案由项目部负责解释。

(2)本预案自发布之日起实施。

6－2　××公路投资公司灾害性气候条件应急处置预案

第一章　总　则

第一条　依据《中华人民共和国公路法》、《中华人民共和国安全生产法》等法律法规及规定,并结合公司的实际情况,特制定本应急预案。

第二条　本预案制定的目的:公司所辖各管养项目和建设项目在大暴雨、雾、冰、雪等灾害性气候条件及由此引发紧急情况发生后,为及时有效恢复交通,实施应急抢险救援,防止事故灾难扩大,最大限度地减少财产损失及环境破坏,维护社会稳定。

第三条　本预案适用事故范围为:公司所属各公路建设项目、管理处、各养护中心管辖范围内相应路段、工程项目在灾害性气候条件下和由此引发的公路及公路设施受损、交通受阻、人员伤亡等紧急情况。

第二章　组织机构

第四条　公司灾害性气候条件应急处置领导小组

组　长:　×××

副组长:　×××

成　员:　×××、×××、……

第五条　灾害性气候条件应急管理办公室

领导小组下设“灾害性气候条件应急处置办公室”在公司养护管理处,主要负责雨、雾、冰、雪等灾害性气候条件以及由此引发人员伤亡、公路及公路设施受损(公路坍塌、滑坡、泥石流、洪灾、桥梁垮塌、路面严重冻害等工程损毁和地质灾害)、交通受阻等紧急事故的应急处置、信息传递、处置工作监督、检查、情况汇总等工作,办公室成员如下:

办公室主任:　×××

办公室副主任:　×××、×××

办公室成员:

养护管理处:　×××、×××

质量安全处:　×××、×××

工程技术处:　×××、×××

党群工作部:　×××、×××

公司办公室:　×××、×××

第六条 公司灾害性气候条件应急处置领导小组下设：

(1)现场工作组(设在公司所属各建设指挥部、管理处、养护中心)

(2)工程技术保障组(设在公司工程技术处)

(3)设备物资保障组(设在公司养护管理处)

(4)安全保通、原因调查组(设在公司质量安全监督处)

(5)资金保障组(设在公司资产财务处)

(6)后勤保障组(设在公司行政办公室)

(7)善后工作组(设在公司党群工作部和工会)

公司各相关处室负责人担任对应工作组组长,建设指挥部指挥长、管理处处长、养护中心主任担任现场工作组组长。各工作组是开展现场应急处置的先头部队,具体负责应急抢险工作的实施。实行组长负责制。

××公路投资公司灾害性气候条件应急救援组织机构框图如图1所示。

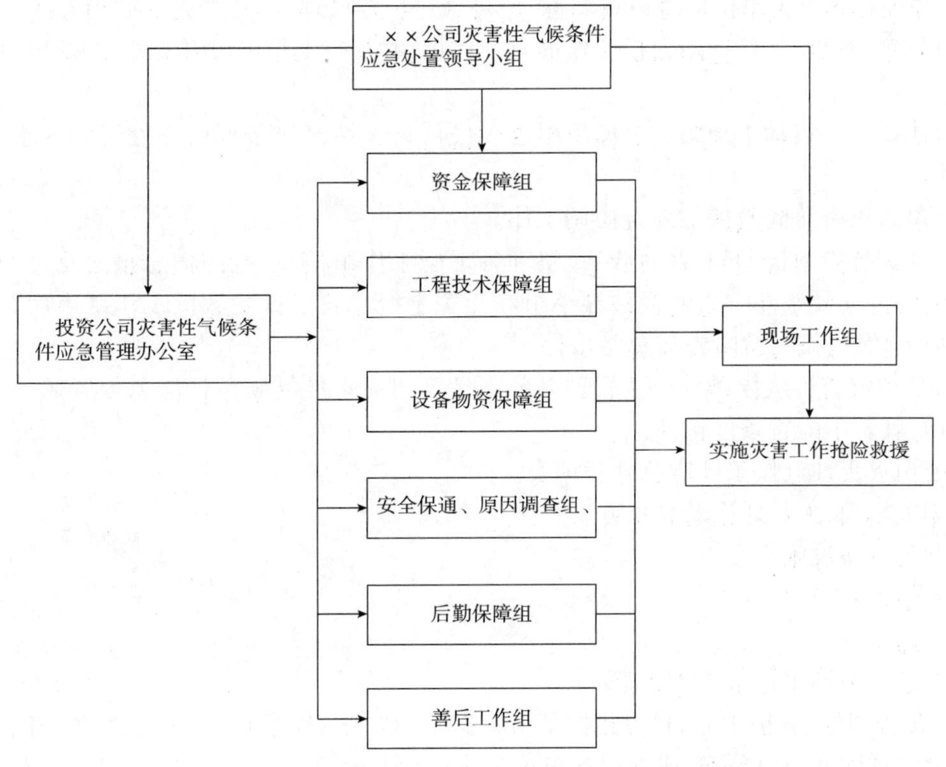

图1 ××公路投资公司灾害性气候条件应急救援组织机构框图

第三章 主要救援机构的工作职责

第七条 公司灾害性气候条件应急处置领导小组工作职责:决定是否启动本预案;组织、指挥、协调公司安全生产应急管理和事故灾难应急救援工作;负责事故灾难应急救援重大事项的决策;协调地方人民政府、安监部门、交警、路政等参加应急救援工作。

(1)接到险情报告后,根据灾情决定是否启动应急预案,及时向上级机关上报灾害情况,组织相关人员赶赴现场进行抢险救援工作。

(2)负责提供必要的人力、物力、财力资源支持。

(3)负责指挥灾害抢险救援工作组的统筹、协调、运作。根据道路受灾实际情况统筹安排整个救援抢险行动,保证行动及时、有序、高效的进行。

第八条 公司灾害性气候条件应急管理办公室工作职责

(1)负责公司灾害性气候条件应急预案的编制、修订及管理工作。期检查预案执行情况和资源配置情况,保证其有效性。负责收集有关改进预案的建议。

(2)负责督促公司所属各管理处、养护中心、指挥部相应的应急预案的制定、演练。负责落实各管理处、养护中心、指挥部应急抢险所需人员、设备、物资储备等。

(3)负责督促现场工作组收集并保存外援机构相关信息及公安、消防、医疗、安全监管、新闻媒体等部门和人员联系方式,收集并保存应急救援及事故调查分析专家名单及联系方式,收集并保存各有关单位应急设备名称、型号、数量、存放地点、负责人及调用方法。

(4)收集、整理、评估抢险救援工作的有关信息,并及时上报上级有关单位和公司应急领导小组。

(5)建议是否启动本预案。具体组织落实公司灾害性气候条件应急处置领导小组工作指令。

(6)负责灾害抢险救援的综合协调工作。

(7)因灾抢险救援期间,及时收集、整理各现场工作组信息,按照信息报送制度,及时报送公司灾害性气候条件应急处置领导小组和相关上级单位。抢险救援工作结束后,及时整理受灾损失情况,撰写抢险救援总结报告。

(8)公司灾害性气候条件应急管理办公室是公司灾害性气候条件应急处置领导小组的常设机构,其基本配置条件包括:

①公司灾害性气候条件应急处置预案。

②相关部门、人员通讯及联系方式。

③办公设备设施。

④通信设备。

⑤交通工具。

第九条 现场工作组工作职责

(1)各管理处、养护中心、建设指挥部应根据雨、雾、冰、雪等不同气候状况和不同灾害事故分别制定详细的应急预案,成立以各单位主要负责人为第一责任人的应急机构,并制定详细的应急处置方法和步骤,包括应急指挥、应急交通管制、应急疏导、应急事故处置、灾害性气候和灾害事故情况宣传等。预案应包括以下主要内容:

①组织指挥体系。各单位应急管理组织机构由本单位领导和有关业务部门组成,主要领导负责且为应急抢险的第一责任人;组织机构应明确职责、权利和义务,机构成员应责任分工,明确任务。

②应急抢险队伍。各管理处、养护中心、建设指挥部制定的应急预案中应明确在灾害发生后负责现场抢险施工、交通管制、交通疏导的人员。人员数量应根据各自管线路线长度按

照最不利灾害发生时满足应急抢险需要确定。

通车运营路段，各管理处与养护中心应密切配合，建立联动机制，管理处应加强与地方政府及交警、路政、地方安监等部门的协调优势，养护中心应充分利用日常施工队伍、人员、机械设备、材料储备等，一旦有灾情发生，管理处与养护中心密切配合，各负其责组织好现场工作。

在建设路段，指挥部应加强对施工单位的监督，督促各施工单位制定相应的应急预案。在发生灾情后，应充分利用建设项目的工料机优势，迅速调动抢险。

③应急机械设备的配置。应急机械设备应包含指挥车、巡逻车、对应的灾害所需的机械设备，如挖掘机、装载机、运输车辆、除雪车等。数量按照最大需要编制，自有不足的应提前联系落实。管理处与养护中心在所辖路段发生险情时，组织工料机积极抢险，按程序上报灾情。执行上级应急指挥机构和公司制定的灾害抢险方案等。

(2)发生灾害性气候灾害和由此导致的其他灾害时，准确判断险情大小及影响状况，组织受威胁人员撤离，控制灾害事故的扩大和蔓延。同时制定现场抢险救援方案，组织实施抢险救援工作。

(3)组织应急抢险队伍进场，并根据现场情况迅速就位实施应急处置。保证交通安全畅通，保证工程安全和人民生命财产安全。

(4)及时报告灾害及现场抢险救援情况。

(5)灾害抢险救援工作结束后，组织抢险救援队伍撤离，负责现场的清洁净化和恢复工作现场的秩序。

(6)撰写现场抢险救援报告，总结抢险救援经验，并向公司应急领导小组办公室递交书面总结报告。

第十条　资金保障组。

资金保障组每年必须储备相应的年度灾害性气候条件灾害应急保障金。公司范围内发生灾情后，提供应急抢险工作的资金保障。

第十一条　设备物资保障组。

负责落实各单位应急处置预案的制定，应急抢险所需人员、设备、物资的准备。协调公司范围内的应急抢险设备、物资的调配，保障抢险工作所需。

第十二条　工程技术保障组。

制定切实可行的抢险救援计划和技术措施、方案，现场指导抢险救援工作的开展，组织相关专家提供抢险救灾，工程防护等所需的技术支持和保障。

第十三条　安全保通组、原因调查组

负责因灾导致相应路段的交通受阻后，交通管制、疏导方案的指导、制定、审核。灾害事故原因的分析调查等。并联系相关政府部门。

第十四条　后勤保障组

负责协调现场工作组在整个抢险救援过程中的医疗物资、生活必需品的保障。负责公司范围内抢险救灾时所需的车辆调动，人员接待安排等后勤事务保障。

第十五条　善后工作组

指导现场工作组对伤亡人员及其家属的安抚、稳定、疏导、赔付、抚恤等工作，指导事故

财产损失的赔付工作,接待上访人员等善后事宜。

第四章 预警预防机制

第十六条 灾害监控与信息报告

(1)灾害性气候条件下应急处置领导小组办公室接到险情报告后,立即向公司应急领导小组报告,并协助现场工作组通知地方人民政府和相关部门。保持与现场工作组的联系,随时掌握事故灾难情况,并根据公司应急领导小组的意见,适时通报省交通运输厅,必要时上报省人民政府。同时积极组织赶赴现场组织灾害抢险。

(2)现场工作组接到报警后,必须及时赶赴现场查勘险情,全面了解事故灾难对公路运营或施工的影响程度。在确定险情后,及时向公司灾害性气候条件下应急处置领导小组办公室报告,及时组织实施抢险救援工作。

(3)各现场工作组在日常的管理工作中,要加强与当地人民政府、安监、交警及路政部门的联系,提前做好相应的预防准备工作,并建立应急抢险联动机制。

(4)各现场工作组在日常的管理工作中,进一步加强管辖工程的巡查,对存在的工程隐患进行排查,及时处治。避免因雨、雪等引发工程损毁和地质灾害。

第十七条 预警行动

(1)公司应急领导小组及办公室接到可能导致灾害抢险工作的信息后,应及时研究应急处置方案。同时通知公司下属单位采取相应行动,进行先期处置,防止事故扩大。密切关注事态进展,做好应急准备和预防工作,事态严重时要及时上报上级机关。

(2)现场工作组接到巡逻报告或报警后,必须带领应急工作组及时赶赴现场查勘,全面了解事故灾难对公路运营或施工的影响程度。充分掌握险情后,必须立即向公司应急领导小组办公室报告险情情况,并提出相应的应急措施意见。同时,专人负责联系地方人民政府、安监部门、交警、路政等部门,迅速组织应急抢险队伍,实施救援工作。

(3)在需要采取交通管制时,现场工作组必须与交警、路政部门取得联系,制定将要采取的管制措施,确定采取管制的时段,经统一意见后实施,一般情况不得中断交通。

(4)灾害发生后,经现场工作组查勘,若在力所能及的范围内,则由现场工作组启动自己的应急预案,组织实施救援抢险工作。若发生的险情超出了现场工作组力所能及的范围,需要公司应急领导小组给予协调、支持、配合或帮助的,现场工作组将具体情况及时向公司应急领导小组办公室汇报,由公司应急领导小组研究后启动本应急预案,并组织各工作小组实施抢险救援工作。现场工作组在汇报险情的同时,要做好实施救援抢险的各项准备工作。

第五章 应急响应和预案启动程序

第十八条 分级响应

(1)当发生因雨、雪、冰、雾导致的重度公路安全和交通安全影响,造成交通中断时,现场工作组必须在1小时内报告公司应急领导小组办公室、当地人民政府、安全生产主管部门、公安部门,同时现场工作组应自动启动相应预案进行先期处置,及时分流交通。

公司应急领导小组接到灾害报告后,立即启动本预案,同时赶赴事故现场,组织抢险救援工作,及时疏导和恢复交通。必要时报请上级部门启动上级预案。

(2)当发生中度级公路安全和交通安全影响,造成交通受阻,现场工作组必须在1小时内报告公司应急领导小组办公室。同时现场工作组应自动启动相应预案进行先期处置,及时组织疏导交通和限制交通等。

当发生因雨、雪、雾、冰造成的中度级公路安全和交通安全事故,但事故不可能进一步扩大,现场工作组有能力组织救援的,可不启动本预案。

(3)当发生轻微级公路安全和交通安全影响的,由现场工作组根据影响程度启动相应的应急预案,提示过往驾乘人员注意安全。并加强巡逻和监控,密切关注气候变化。

第十九条 预案启动程序(图2)

(1)根据灾害性气候条件和由此引发的其他灾害发生程度情况,由公司灾害性气候条件应急处置领导小组决定是否启动本预案。

(2)应灾害事故发生地现场工作组的请求,由公司灾害性气候条件应急处置领导小组决定是否启动本预案。

(3)应公司灾害性气候条件应急处置领导小组办公室建议,由公司灾害性气候条件应急处置领导小组决定是否启动本预案。

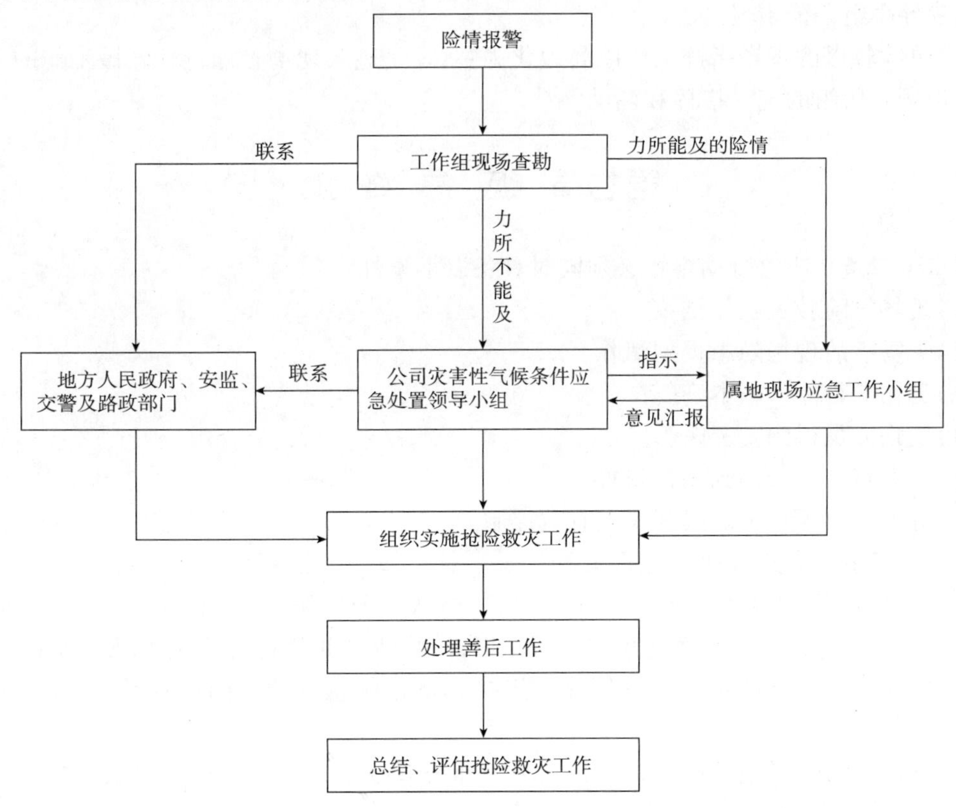

图2　××公司灾害性气候条件应急处置预案启动程序流程图

第六章 应急行动

第二十条 预案启动后公司灾害性气候条件应急处置领导小组速开展以下工作。

(1)确定进入应急工作状态的工作组和进入准备状态的工作组名单。

(2)召集有关工作组组长参加应急行动动员会议,完成应急处置力量的调集组织。

(3)下达应急行动命令,内容包括:通报灾害事故发生的时间、地点、危害程度、现场工作组已经采取的措施;各应急工作组的任务及要求等。

第二十一条 各现场工作组根据灾害性气候条件应急处置领导小组的命令分别采取以下应急行动。

(1)已经进入应急工作状态的现场工作组,由组长立即召集有关人员,传达上级指示,根据实际情况,制定抢险救援方案及措施,立即组织抢险队伍实施抢险救援工作。

(2)进入应急准备状态的现场工作组,制定抢险救援方案及措施,做好各项应急准备工作,并保持通信联络畅通,一旦接到灾害性气候条件应急处置领导小组开展应急工作的命令,立即开展工作。

(3)进入工作状态的现场工作组应按照各自职责开展工作,与灾害性气候条件应急处置领导小组办公室保持通信联络畅通,当发生无力解决的问题时,应及时向灾害性气候条件应急处置领导小组办公室报告。

(4)抢险救援的现场指挥工作以属地化为主,凡是进入现场参加抢救救援工作的人员必须服从现场工作组的统一指挥和调动。

第七章 应急终止

第二十二条 应急行动终止必须同时具备以下条件:

(1)现场抢险救灾工作结束。

(2)灾害事故现场隐患得到消除。

(3)道路通行能力基本恢复。

(4)受伤人员得到妥善医治。

(5)紧急疏散人员得到妥善安置。

(6)导致社会不稳定的因素得到有效控制。

第二十三条 应急行动终止的程序

(1)由现场工作组召集各相关人员会议,进行认真分析研究后,书面向灾害性气候条件应急处置领导小组办公室报送终止应急行动报告,并抄送事发地人民政府、安监部门。

(2)灾害性气候条件应急处置领导小组接到终止应急行动书面请示后,立即召开会议决定。

(3)由灾害性气候条件应急处置领导小组办公室根据公司灾害性气候条件应急处置领导小组决定,向现场工作组下达结束应急行动的命令,现场工作组通报事发地人民政府、安监部门。

(4)由现场工作组组织抢险救援队伍撤离现场,并在24小时内写出现场抢救救援情况的书面总结报告,分别报灾害性气候条件应急处置领导小组办公室。

第八章　后 期 处 置

第二十四条　善后处理

(1)现场抢险组在应急处置工作结束后,要继续负责做好善后处理工作。

(2)善后处理工作组要配合事故发生地的安监部门继续做好以下工作:

(3)受阻交通的疏导。

(4)事故受伤人员的后期医疗处理工作。

(5)道路设施恢复完善工作。

第二十五条　灾害事故调查及经验教训总结

现场工作组对发生因灾害性气候条件和由此引发的公路及公路设施受损,造成工程损毁及地质灾害、人员伤亡等灾害事故。在抢险救援工作结束后,现场工作组要分析总结应急抢险经验教训,提出改进应急抢险工作的建议,完成应急抢险总结报告,报送公司灾害性气候条件应急处置领导小组办公室。根据现场工作组提交的应急抢险救灾总结报告,公司灾害性气候条件应急处置领导小组办公室组织相关部门及人员进行分析、研究,提出改进应急抢险救灾工作的意见,并抄送有关部门。

第九章　附　　则

第二十六条　预案管理与更新

(1)本预案由公司发布,由公司灾害性气候条件应急处置领导小组组织实施。

(2)公司灾害性气候条件应急处置领导小组每年对本预案进行一次修改。

第二十七条　奖励与责任追究

(1)奖励

在灾害性气候条件及由此引发的灾害事故应急抢险救灾工作中有下列表现的单位和个人,应根据有关规定给予奖励:

①出色完成应急处置任务,成绩显著的。

②防止或在灾害事故抢险中,使国家、集体和人民群众的财产免受损失或者减少损失的。

③对应急救灾工作提出重大建议,实施效果显著的。

④有其他特殊贡献的。

(2)责任追究

在灾害性气候条件及由此引发的灾害事故应急抢险救灾工作中有下列行为之一的,按照法律、法规及有关规定,对有关责任人员视情况轻重,由其所在单位或者上级机关给予行政处分;构成犯罪的,由司法机关依法追究刑事责任:

①不按照规定制定灾害性气候条件及由此引发的灾害事故应急预案,拒绝履行应急抢

险救灾职责和义务的。

②不按照规定报告、通报灾害事故真实情况的。

③拒不执行公司灾害性气候条件应急处置预案,不服从命令、指挥、或在应急响应时临阵逃脱的。

④盗窃、挪用、贪污应急抢险资金或物资的。

⑤阻碍应急抢险工作人员执行任务或进行破坏活动的。

⑥散步谣言,扰乱社会秩序的。

⑦有其他危害应急抢险工作行为的。

第二十八条 其他事项

(1)本预案由云南省公路开发投资有限责任公司灾害性气候条件应急处置领导小组负责解释。

(2)本预案自发布之日起实施。